フランス法
Le droit français

第 5 版

滝沢 正…[著]

三省堂

第 5 版 は し が き

　わたくしが『フランス法』の初版を刊行したのは，1997年のことである。それ以来2002年には第2版，2008年には第3版，2010年には第4版と改訂を重ねており，今回さらに第5版を公にする運びとなった。本書を出版するに至った経緯や記述するに際しての全体的なねらいについては，「初版はしがき」において詳細に述べている。次頁に掲げておいたので併せて参照願いたい。

　第5版における改訂にあたっては，何よりもフランスにおける新たな法改正への的確な内容的対応に努めた。とりわけ2016年に実現した民法典の債務法通則分野における全面改正は，きわめて注目されるものである。本文での記述はもとより，巻末の法令原文資料でも新旧の規定を対比させるなどして理解のための工夫をこらした。同時に，改版のたびに留意してきた，より分かりやすい構成と記述，より利用しやすい資料や索引，本格的研究へのより便宜な橋渡し機能の充実といった面でも改良を加えた。

　ところで法科大学院が発足し，昨今では実践的な法学が幅を利かせている。法学が実務から遊離した空理空論であってはいけないことは確かであるとはいえ，基礎法学的な土台を欠く技術偏重の法学教育というものでは，長い目でみた場合に真にすぐれた法曹を育てることにはなるまい。実定法を専攻する者にとって考え方を深めるうえで，比較法的な広い視野をもつことが有益であることを十分に認識すべきであろう。この第5版が，2009年に刊行した『比較法』ともども，多くの読者を得て外国法に関心をもたれる方々に参照していただけるならば，まことに幸いである。

　今回の改訂にあたっては，三省堂の黒田也靖氏のお世話になった。同氏には私に対する古稀記念論文集『いのち，裁判と法』でもご支援いただいたところであり，心より感謝申し上げる。また表紙のイラストについては，第4版と同様に恩師である野田良之先生のラ・ブレード城のスケッチを利用させていただいた。

　　2018年1月

　　　　　　　　　　　　　　　　　　　　　　　　　滝　沢　　　正

初版　は　し　が　き

　本書は，主として法学部の学生諸君を念頭に置いたフランス法の概説書である。フランス法は，英米法，ドイツ法とともに，わが国の大部分の法学部において伝統的に講義がなされてきている外国法科目である。それにもかかわらず，受講者に便宜なテキストが刊行されることが，現在までほとんどなかった。もちろん，講義をなす際には必ずしもテキストの存在が不可欠というわけではない。わたくし自身も，これまでのところ，講義の概要を提示し，板書と筆記の手間を省くため専門用語とその原綴を載せ，さらに必要と思われる原資料を付した教材を配布して学習の便宜を図ってきて，とくに不都合を感じることがなかった。しかし，わたくしが担当するフランス法の受講生は当然のことながら限られており，法学を専攻する方々一般さらにはフランスに関心を有する人々にも幅広くフランス法の特徴を理解して頂きたいという希望を，以前から抱いていた。また学生諸君からも，予習や復習の便宜のためテキストの要望があり，他方不正確な内容の講義コピーなるものが出回ることは，講義担当者としてはなはだ不本意であった。さらには，全国のフランス法の講義担当者やフランス語による法学文献講読の担当者である同僚諸氏から，分量的にも内容的にも使いやすいテキストないし副教材を求める声が少なからず寄せられていた。本書は，これら様々な情況を考慮して，刊行することを決断したものである。
　執筆に際しては，フランス法さらに広くは外国法を学ぶことに十分な動機づけを与えること，また単に外国法の知識を増やすにとどまらず日本法を考える際にも参考となるように，日本法との関連を念頭に置きつつフランス法の特徴を明確に理解させることに，最大限の注意を払った。すなわち一方で，実定法以外の法分野については，それを勉強する意義が未履修者には必ずしも了解されておらず，専門家がこの点を十分に自覚させずに教えるのは不親切であり，学習意欲もわかないであろう。序において「フランス法を学ぶ意義」という項目を設けて，とくに詳細に述べているゆえんである。他方で，外国法を扱うということはその国の法体系のすべてが対象となるため，細部まで説明を加えるならば日本の実定法の全分野を勉強するのと同じになるわ

けで，内容にほとんど際限がない。またよほど強い関心を持つ者でない限り，単なる外国実定法の解説は無味乾燥なものと感じよう。しかも，実定法の内容は刻々変化してゆくものであり，その知識はすぐに陳腐化してしまう。この種の概説書として重要なことは，どれだけ実定法を詳細に紹介するかということよりも，むしろフランス法の特徴につき不正確な理解に導かない範囲でどれだけ実定法を記述しないで済ますことができるかにあろう。すなわち簡潔な中にフランス法の精髄として必要なことをもれなく，しかも日本法を勉強する者にとって知的刺激に富んだかたちで分かりやすく叙述することに努めなければならない。そのためもあって，本書では実定法の体系的な解説は一切せず，むしろその歴史的背景の説明，およびフランス実定法の基礎をなす構造の比較法的な分析を旨とした。より進んだ実定法の勉強を目ざす者のためには，かなり詳細な法資料の手引を示して対処することにした。もっとも，言うは易く行うは難しであり，本書がこの目的をどれだけ達成しえているであろうか，はなはだ心もとなく思っている。不十分な点は，大方の御批判を仰いで修正を加え，将来より良いものに改訂してゆきたい。

　本書を曲がりなりにも刊行することができたのは，筆者がフランス法を専攻して以来，多くの先生方から受けてきた学恩に負うものである。ここでは故野田良之先生，故山本桂一先生，山口俊夫先生，稲本洋之助先生のお名前をあげて感謝を捧げさせていただきたい。とりわけ野田，山口両先生には，東京大学において指導教授として格別の御配慮をいただいた。

　他方で，本書は，当然のことながら毎年わたくしが担当している講義を土台としている。冗漫であったり理解しにくい内容もあった講義を辛抱強く聴き，質問や意見によって説明の不備を指摘してくれた上智大学の学生諸君，非常勤として教えたないし現在も講義を担当している成蹊大学，早稲田大学，九州大学，東京大学，慶應義塾大学，名古屋大学（初回担当年度順）の学生諸君にも，感謝の一言をつけ加えたい。

　なお，出版にあたっては三省堂編集部の方々，とりわけ鈴木良明氏に大変お世話になった。記してお礼申し上げる。

　　1997年1月

滝　沢　　正

目　次

第 5 版はしがき
初版はしがき

序

第 1 節　フランス法を学ぶ意義　*1*
　1. 外国法研究に共通する意義　*1*
　2. フランス法研究に固有な意義　*4*
第 2 節　本書の対象および構成　*7*
　1. 本書の対象　*7*　　2. 本書の構成　*8*
第 3 節　参考文献　*9*
　1. 和書　*9*　　2. 洋書　*11*

第 1 部　フランス法の歴史的形成　*15*

第 1 編　古法時代 ——————————*19*

第 1 章　ガリア – ローマ期（前 1 世紀—5 世紀）……*20*

第 1 節　国家体制　*21*
第 2 節　裁判制度　*21*
第 3 節　法　　源　*21*

第 2 章　フランク王国期（5 世紀—10 世紀）……*22*

第 1 節　国家体制　*23*
第 2 節　裁判制度　*25*
第 3 節　法　　源　*25*

第 3 章　中世封建制度期（10 世紀—14 世紀）……*28*

第 1 節　国家体制　*28*
第 2 節　裁判制度　*29*
第 3 節　法　　源　*30*

第 4 章　近世絶対王政期（14 世紀—18 世紀）……*33*

第 1 節　国家体制　*34*
　1. 絶対王政の確立　*34*　　2. 絶対王政の理念とその動揺　*38*
第 2 節　裁判制度　*40*

第3節　法　源　*42*
　　　　1. 制定法 *42*　　2. 判例法 *44*
　　　　3. 慣習法 *45*　　4. ローマ法・教会法 *49*

第2編　中間法時代―――――――――――――――――*51*

第1章　革命高揚期（1789年―1794年）・・・・・・・・・・・・・・・・・・・・・・・・*54*

　　　第1節　国家体制　*54*
　　　　1. 統治原理 *55*　　2. 行政組織 *59*
　　　第2節　裁判制度　*60*
　　　　1. 司法裁判所 *60*　　2. 行政裁判所 *62*
　　　第3節　法　源　*63*
　　　　1. 財産法 *63*　　2. 家族法 *66*

第2章　革命終息期（1794年―1814年）・・・・・・・・・・・・・・・・・・・・・・・・*68*

　　　第1節　国家体制　*68*
　　　　1. 統治原理 *68*　　2. 行政組織 *72*
　　　第2節　裁判制度　*73*
　　　　1. 司法裁判所 *73*　　2. 行政裁判所 *74*
　　　第3節　法　源　*75*
　　　　1. 私法上の改正 *75*　　2. 法典編纂 *77*
　　　　3. 法典編纂の意義と特徴 *81*

第3編　近代法時代―――――――――――――――――*85*

第1章　旧政体復活期（1814年―1870年）・・・・・・・・・・・・・・・・・・・・・*85*

　　　第1節　国家体制　*86*
　　　　1. 統治原理 *86*　　2. 行政組織 *90*
　　　第2節　裁判制度　*90*
　　　　1. 司法裁判所 *90*　　2. 行政裁判所 *91*
　　　第3節　法　源　*92*
　　　　1. 制定法の動向 *92*　　2. その他の法源および学説 *93*

第2章　共和政確立期（1870年―現在）・・・・・・・・・・・・・・・・・・・・・・・・*97*

　　　第1節　国家体制　*97*
　　　　1. 統治原理 *97*　　2. 行政組織 *105*

第2節　裁判制度　*105*
　　　　1. 司法裁判所　*106*　　2. 行政裁判所　*107*
　　　第3節　法　　源　*108*
　　　　1. 制定法の動向　*108*　　2. その他の法源および学説　*112*

第2部　現行フランス法の基本構造　*119*

第1編　国家体制─────────────────*121*

第1章　統治機構 ·························· *121*

　　第1節　大　統　領　*125*
　　　1. 地位　*126*　　2. 権限　*128*
　　第2節　政　　府　*131*
　　　1. 組織　*131*　　2. 権限　*134*
　　第3節　国　　会　*136*
　　　1. 組織　*137*　　2. 権限　*139*
　　第4節　憲法上の諮問機関　*145*
　　　1. 司法官職高等評議会　*145*　　2. 経済社会環境評議会　*146*

第2章　行政組織 ·························· *147*

　　第1節　国家行政組織　*149*
　　　1. 中央機関　*150*　　2. 出先機関　*151*
　　第2節　分権団体　*153*
　　　1. 地方公共団体　*153*　　2. 公施設　*157*
　　第3節　公務員制度　*159*
　　　1. 身分の得喪変更　*160*　　2. 権利義務　*161*
　　第4節　公物制度　*162*
　　　1. 確定　*162*　　2. 属性　*163*

第3章　対外関係 ·························· *164*

　　第1節　旧植民地との関係　*164*
　　　1. 海外のフランス　*166*　　2. 独立した海外領土との連携　*169*
　　第2節　近隣諸国との関係　*172*
　　　1. 国境　*172*　　2. 地域共同体　*173*

第2編　裁判制度─────────────────*179*

第1章 裁判所 …………………………………………………… *179*

第1節 司法裁判所　*180*
1. 基本原理　*180*　　2. 下級裁判所　*184*
3. 上級法院　*191*　　4. 破毀院　*194*

第2節 行政裁判所　*197*
1. 基本原理　*198*　　2. 普通法裁判所　*198*
3. 例外裁判所　*199*　　4. 国務院　*200*

第3節 特殊な裁判所　*206*
1. 権限裁判所　*206*　　2. 憲法院　*209*
3. 高等院　*212*　　4. 共和国法院　*213*

第2章 法律家 ………………………………………………… *214*

第1節 法律家の養成　*214*
1. 法学教育機関　*215*　　2. 法学教育課程　*217*
3. 法学教育内容　*220*

第2節 職業的法律家　*225*
1. 裁判主宰者　*226*　　2. 裁判補助者　*234*
3. 裁判所外の法律家　*241*

第3節 社会生活と法　*242*
1. 法知識を要する社会的活動　*243*　　2. 法観念　*246*
3. 紛争解決の様式　*255*

第3編　法　源 ————————————————— *261*

第1章 法源の種類 …………………………………………… *262*

第1節 制定法　*264*
1. 憲法　*265*　　2. 法律　*267*　　3. 命令　*271*
4. 国際規範　*274*

第2節 慣習法　*277*
第3節 判例法　*281*
第4節 法の一般原理　*285*

第2章 各法分野の法源 ……………………………………… *289*

第1節 私法　*292*
1. 民法　*292*　　2. 商法　*301*　　3. 民事訴訟法　*307*

4. 刑法　*310*　　5. 刑事訴訟法　*313*
　第2節　公　　法　*315*
　　　1. 憲法　*315*　　2. 行政法　*321*
　第3節　新しい法分野　*323*
　　　1. 社会法　*323*　　2. 産業法　*327*

第3章　法資料の手引 ……………………………………………*328*
　第1節　法　　令　*329*
　　　1. 法令の形式　*329*　　2. 法令集　*331*
　第2節　判　　例　*334*
　　　1. 判決の形式　*334*　　2. 判例集　*337*
　第3節　学　　説　*342*
　　　1. 事典・辞典　*342*　　2. 雑誌　*344*　　3. 研究書　*348*
　　　4. 概説書　*349*　　5. 参考書　*351*
　　　6. データ・バンク　*351*　　7. 日本語による文献資料　*352*

法令原文資料　　*360*

邦語参考文献　　*364*

索　引
　　事項索引　*369*
　　人名索引　*377*
　　法令・判例索引　　*382*

　［＊注］　本文中で，外国人名の場合，
　　　　　　外国人名（原語，生年―没年）
　　　　　　外国人名（原語，生年―没年，〔来日年―離日年〕）
　　　　　　外国人名（原語，生年―没年，〔就任年―辞任年〕）
　　　　　日本人名の場合，
　　　　　　日本人名（生年―没年）

　　　　　　　　　　　　　　　　　　　　　カバー原画＝野田良之
　　　　　　　　　　　　　　　　　　　　　装丁＝三省堂デザイン室

序

第1節　フランス法を学ぶ意義

　法学部に入学した学生は，4年の在学期間中にさまざまな法学科目を履修することになる。ところで憲法，民法，刑法といった実定法の科目であれば，そうした名称の法規が現実に存在し社会を規律しているわけであるから，その科目を学ぶ意義について深く詮索する必要性を感じることはない。これに対して，基礎法学として一括されている実定法以外の諸科目については，それを学習する効用についてあらかじめ考えを巡らせておくことが，その学問的位置づけを知る上でも，また勉学意欲を増す上でも有益であろう。本書の対象に即していえば，なぜわざわざ外国の法を，またとりわけフランス法を学ぶ必要があるのか，ということである。この疑問に対しては，外国法研究に共通する意義とフランス法研究に固有の意義とに分けて考えることができる。

1　外国法研究に共通する意義

　(1)　**外国法の適用**　まず外国法に関する知識が直接に実用目的に役立つことがある。それはすなわち外国法を適用する必要性が生じる事態に立ち至った場合である。たとえば，外国企業との間で取引をする，国際結婚をする，外国で刑事事件に係わりをもってしまったなどの場合には，準拠すべき法が外国法であることが少なくない。また外国において生活したり営業活動をする場合には，当然にその国の法規律に服するため，当該国の法制度に対する理解が不可欠となってくる。国際的な交流が盛んになってきている今日，渉外弁護士や商社で仕事をする人でなくとも，こうした面で外国法知識の純粋に実用的な意義は益々拡大してゆくものと思われる。

　(2)　**自国法の改善**　同じく外国法が実用目的に役立つ場合であるが，外国法を参考にしてわが国の立法や解釈を深めてゆくという間接的意義も，同様に重要である。わが国においては，新しく法規を制定する際には，広く海外の有力諸国の立法例を比較参照することが慣わしとなっている。明治初年における西欧法の導入以来の伝統をそこにみることができるが，それとは別

に今日的にも，こうした方式は広い国際的な視野に立つ法規の制定に不可欠であるといえよう。

　同様に，実定法を解釈し適用する際にも，外国法の知識が役立つことが多い。明治前半期における近代法整備の段階はもとより，現在に至るまで，上述のような方法で外国法を直接に継受したりまたは参考として形成された法規が，わが国ではほとんどを占めるとみられるからである。このような性格を有する法規を解釈し運用するにあたっては，模範とされた国においてその規定がどのような経緯で設けられ，いかに適用されているのかを知ることが，大いに有益となる。

　(3)　補助学問としての効用　　外国法の学習は，以上指摘したような広い意味での実用目的のほかに，学問的にも様々な意義を有している。まず外国法に隣接する諸学問に対しては，その理解を助けるために直接に役立つ。その第1は，外国法の「法」という側面に共通項を有する分野として，比較法に対する意義がある。各国における法の発展を比較してそこに普遍的な法則を見いだしたり共通する法原理を発見する，あるいはまた世界の諸法を一定の基準で分類しつつそれぞれの法族の特徴を把握することが，比較法において試みられている。こうした法の比較研究をなす場合には，外国法それも複数の外国法の知識が当然の前提となってくる。

　第2は，外国法の「外国」という側面に共通項をもつ分野として，地域研究に対する意義がある。近時はフランス圏研究のように地域の総体的把握を正面から教育目標として打ちだす学科や専攻が増えつつある。こうした場合はもとより，そうでなくとも特定の国の政治，経済，社会，文化などについて個別に研究しようと思う場合においても，その国の法に関する知識は，各分野の深い理解には欠かせないものである。

　これに反して外国文学研究ということになると，法とはあまり深い関連性はないように一般には受けとられていよう。とりわけ学生の立場からすれば，法律や経済という面倒な社会科学的勉強が嫌いで文学部に入った人もいるわけであり，何をいまさら専攻外国文学に対応する外国法を勉強しなければならないのか，ということにもなる。しかし，こうした発想自体が，後述するように実は日本的な法意識を多分に反映している。法のあり方は世界で同一ということはなく，西欧の多くの国では，法が社会生活の相当細部に至るま

第1節　フランス法を学ぶ意義　　3

で実効的な規律を及ぼしており，また法律家が日常生活に頻繁に関与してきた伝統を有する。外国法に関する知識が，こうした背景にたって法律家が登場したり法的場面の描写が少なくない外国文学のより深い理解に役立つことは疑いない。

　(4)　比較法的な視野の拡大　　学問的にそれも法学全体に係わって，間接的ではあるがもっとも重要と思われる外国法研究の意義として，比較法的な視野の拡大という効用がある。法学部というのは，現在の日本社会を規律している法がどのようなものであるかを理解させ，この知識・技能を用いて将来仕事をする者を教育する場，換言すれば何よりも実学を修める場である。したがって，日本の実定法をまずはあるがままのかたちで理解することが重要となる。そのためには，法令の内容を正確に把握し，さらには最高裁判所の判例が採用する解釈がどのようなものであるのかも知らなければならない。重箱の隅をつつくかのような議論も中には当然含まれるけれども，それを勉強する努力を怠れば司法試験をはじめとする各種国家試験の合格も覚束なくなる。実学と割り切れば，ある意味では当然のことである。

　しかし，法学も社会科学の1つであり学問として存在しているのであれば，やはりそればかりというのでは不十分であろう。日本の実定法の現状を客観的な眼で分析し，批判する視点も，法学部では身につけなければならない。もちろん実定法の講義においてもある程度はこうした教育もなされているのであるが，そこにこそ基礎法学の重要な役割というものがあるとみうる。過度の単純化というそしりを恐れずに述べるならば，あるべき法との関連を示してくれるのが法哲学とすれば，生ける法との乖離を認識させるのが法社会学といえよう。これに対して，現在のわが国の実定法に対して，これと異なる実定法との比較という視点をもち込むのが法史学と外国法である。法の歴史を学ぶことにより，現在の法制度を固定的に捉えず，歴史のあるべき場所に正しく位置づける態度が身につく。同様に，法は世界の国々で同一のものが適用されているわけではなく，法の基本構造や法に対する考え方は国によって限りなく多様であり，このことを体得することによって法に対する柔軟な眼を養うことができる。外国法を知るということは，そのこと自体の意義とは別に，同時にこのような相対的観点から日本法の位置を知るということでもある。わが国の実定法のあり方を絶対視しないこうした見方を，法史

学的な視野の拡大と対置して，比較法的な視野の拡大と表現したわけである。

2　フランス法研究に固有な意義

　外国法研究には以上述べてきた共通する意義が認められるとしても，世界には国連加盟国だけでも193か国という国々があり，それらの外国法についてどれもすべて勉強するというわけにはいかない。そこで重要と思われる特定の外国法を選んで，学ぶことにならざるをえない。フランス法に関しては，とくに次の2点においてその研究に意義が認められる。

　(1)　世界においてフランス法が占める重要性　　フランスは，近代法の形成にあたって各法分野において世界でもっとも優れた法制度を，しかももっとも早くから発展させてきた国であって，その影響は各大陸にまたがり多くの国々に及んでいる。フランス法が模範とされた原因としては，ナポレオンによる征服や植民地大国ということもあろうが，内容的優秀さを無視することはできない。比較法において法系の分類がなされる際の基本的区別は一般に大陸法 (droit civil) と英米法 (droit commun) とされるが，フランス法は大陸法を代表するものであり，いわば大陸法的な法制度の原型を示している。そこでフランス法を学ぶことにより，その影響を受けたりそこから派生した多くの法体系の理解も容易になるわけである。

　歴史的系譜からみてフランス法が有する理念型としての重要性のほかにも，実際的な面から現在の国際社会におけるフランス法の重要性を指摘することができる。一方で，フランス法は各種の国際協定やＥＵ法の形成に重要な役割を果たしている。フランスは，アメリカ，ロシア，イギリス，中国と並んで現在国際連合 (O.N.U., Organisation des Nations Unies) の安全保障理事会 (Conseil de sécurité) の常任理事国 (membre permanent) であり，ドイツとともにヨーロッパ統合の中核である。国際舞台でのフランス法の影響力が大きいことの間接的証拠として，言葉を取りあげてみよう。フランス語は，18，19世紀を通じてラテン語にとって代わって世界の第1外交用語であったし，今日でも国際連合において英語，スペイン語と並んで3常用語の1つとされている。ヨーロッパ連合においては，裁判所をはじめとしてフランス語が依然として事実上の第1の公用語である。他方で，経済，通商の面でも，旧植民地や旧委任統治国が多く存在するアフリカや中近東，共通法としての伝統が残るヨーロッパ大陸においては，取引の準拠法としてフランス法の国際通用力に

は重要なものがある。

(2) 日本法に与えた影響の重大性　わが国は，大化の改新以降江戸時代末期までの1,000年以上の長きにわたって，基本的には中国法の影響の下に律令型の法制度を採用してきた。もっとも，時代が下るにつれて武家法を発達させるなど相当固有の運用をなしてきた。これに対して明治維新ののちは，西洋法の継受が積極的に進められる。幕末に大老井伊直弼（1815-1860）が欧米列強と締結した開国条約，いわゆる安政の条約（1858年）は，列強諸国に治外法権を認める，わが国の関税自主権を欠くなど不平等な内容であった。明治政府はこの不平等条約の改正に努めることになるが，そのためには単に国力を増強する（富国強兵，殖産興業）だけでは不十分であり，文化水準を高め（文明開化），国民の意見を反映させる政治体制を構築し（国会開設），そして何よりも近代的な法治国家の体制を整える必要があった。このようにして法典編纂は，わが国においては，国民がそれを望んでいたというよりは，いわば外圧によって余儀なくされまた緊急を要するものであった。このため，簡便に模倣しうる法体系が継受母法として便宜であった。列強諸国のうち当時第一の大国であり，薩長との結びつきから明治政府にもっとも影響力を有したのはイギリスであったが，判例法主義を採用しており，その法は難解であった。制定法主義をとり，1804年から1810年にかけて既に各種法典の編纂をなし遂げていたフランス法こそ，継受の模範とするにふさわしいものであった。

　まず明治2年（1869年）には，参議の副島種臣（1828-1905）が箕作麟祥（1846-1897）にフランス刑法典の翻訳を命じている。この翻訳をみてその水準の高さに感銘を受けた司法卿江藤新平（1834-1874）は，明治4年（1871年）に箕作に対してフランスの主要な法典すべての翻訳を依頼した。ナポレオン5法典に加えて憲法典が対象とされており，いわゆる六法の観念がこの時期に早くもわが国で成立したとされる。この作業は，参照可能な仏和辞典などあろうはずもなく，また西洋的な法観念がまったく知られていない状況の下におけるものであり，いかに困難を極めたかは想像に難くない。しかし箕作は，幾多の障害を克服して，ともかくも明治7年（1874年）までにすべての翻訳を完成させている。江藤自身は，あわよくばこの翻訳法典をもって日本の法典とする意図を有していたようである。しかし，到底そのままではわが国の法典となしえないことが，列強との交渉により次第に判明する。もっともそう

であるからといって，この翻訳作業がまったく無駄なものに終ったということは決してない。翻訳法典は，一方でわが国の法典施行前においては条理法として事実上裁判官によって適用に供されたとみうるし，他方でその後における法典編纂の際にも参考とされ，近代法形成に大きな影響を及ぼすことになる。さらに権利，義務といった法のもっとも基本的な諸々の用語も，箕作の造語によって初めてわれわれに知られるようになったのである。

わが国独自の法典を制定することに方針が固まった際に，この作業が西洋法の知識が浅い日本人のみでは手に負えそうもないことから，司法卿江藤新平やその後任となった大木喬任（1832-1899）は，諸外国からのお傭い法学者に依頼することにする。その中心となったのが，明治6年（1873年）に来日したフランス人学者ボワソナード（Gustave Boissonade, 1825-1910,〔1873-1895〕）である。ボワソナードはまず刑法典と治罪法典の編纂に従事し，これらは明治10年代に相ついで公布，施行されている。ついでボワソナードは，法典編纂の中核である民法典の作成に着手する。もっとも人事編のすべてと財産取得編のうち相続の部分は，わが国の伝統と深く係わっているため日本人起草者の手に委ねられ，ボワソナード自身は，これ以外の財産法のすべてを担当した。比較法学者でもあるボワソナードの草案には，イタリア民法典，ドイツ民法典草案，ベルギー民法典の新たな動向などが参考とされており，またボワソナードの創見にかかる部分もみられるが，フランス民法典の影響が圧倒的であった。他方商法典は，ドイツ人レースラー（Hermann Roesler, 1834-1894,〔1878-1893〕）の手により草案が作られたが，内容的には同様にフランス商法典の影響が顕著であった。

法典編纂と並んで，新しい法の運用を担う法律家の養成も急務とされた。明治4年（1871年）には，司法省内に明法寮が設けられて将来の司法官に対する教育がなされたが，そこではフランス法を中心とした養成がなされ，こうした傾向は改組された司法省法学校に引き継がれた。フランス人教師としては，前述したボワソナードのほか，ブスケ（Georges Bousquet, 1846-1937,〔1872-1876〕）やアペール（Georges Appert, 1850-1934,〔1879-1889〕）がいる。こうして，民事の諸法典が施行される以前のわが国においては，名目上の律令制復帰にもかかわらず，江戸時代からつづく慣習法制の大部分が封建遺制を基礎としていることから適用不能に陥ったため，法の担い手の面からも必然的にフラ

ンス法を規準として裁判がなされることになった。

　ところでボワソナード法典に対しては，その公布後いわゆる法典論争が起こり，商法典ともども施行延期，結局は事実上の廃棄となる。これに代わる新しい民法典と商法典の編纂は，こんどは日本人起草者によりしかもドイツ法に傾斜しつつ進められることになる。しかし，現行民法典の制定にあたっても，フランス法が相当の影響を依然として及ぼしたことは注意してよい。たとえば3人の起草委員のうち富井政章（1858-1935）と梅謙次郎（1860-1910）の2人はフランスに留学したいわゆるフランス法派の出身であり，とりわけ梅は草案の審議においてもフランス法的構成を支持することが多かった。ともかく新法典が，その編別がパンデクテン式に移行したにもかかわらず，内容的には単にドイツ法を模倣したわけではなく，箕作の訳業やボワソナードの旧民法を目のあたりにして，フランス法の存在を十分意識して比較法的立法作業をなした結果であることは疑いない。

　こうしてフランス法は，明治初年においてわが国の近代法の形成に圧倒的役割を果たし，その後においてもドイツ法とともに，今日に至るまで大きな影響力を持ちつづけてきたのである。フランス法を十分に理解することは，日本法を正確に知る上で不可欠であるといえよう。

第2節　本書の対象および構成

1　本書の対象

　本書は「フランス法」と題されているけれども，「初版はしがき」でも言及したように，日本の法学部における実定法の講義テキストにならって，フランスの法学部における実定法の講義内容を再現することを目ざすものではない。フランスの民法や刑法といった具体的分野の内容に立ち入った説明をはじめるならば，法律学全集に相当する記述が必要となり際限がなく，また到底1人の手に負えない。しかも実定法は改正が頻繁になされるため，法制度の表面的知識はさほどの重要性をもたない。それよりも，フランス実定法を研究する際に前提となる所与，フランス法全体を支えており容易には変化しない土台というべき法の枠組みを熟知することが有益である。フランスの個々の実定法については，こうした基礎知識を持ち合わせていれば，いわば応用で大部分は済むわけであり，独学してもそれほど理解を誤ることはない

はずである。一言にすれば，本書はフランス実定法の概説ではなく，フランス法の道しるべを目ざすものといってよい。

もちろん，実定法の学習が外国法の特徴をより深く理解するために有効であることは疑いない。わたくし自身も講義の際には，総論的な説明をひととおり終えたのちに残りの時間を用いて，年ごとにテーマを変えて特徴的な実定法制度を紹介するように努めている。ここでは各論的記述はすべて割愛せざるをえなかったが，関心ある方は本書の最終章「法資料の手引」に掲げた内外の文献を手掛かりとしつつ，是非そこまで積極的な学習に挑戦していただきたいものである。

2　本書の構成

本書の全体は，大きく2つの部分に分かれる。すなわち，まず第1部において，フランス法の歴史的形成過程を説明し，ついで第2部において，現行フランス法の基本構造を呈示する。フランス法は，周辺の様々な法から影響を受けつつも，基本的には自律的な発展を遂げてきた。そこで，フランス法の特徴を理解するためには，その沿革を知ることが不可欠となる。歴史的背景の検討に裏付けられていない現状紹介では，とりわけ対象が外国法である場合には，その特徴を明確に捉えることは難しい。しかしながら，逆に歴史に埋没してフランス法の現況を十分に把握させることができないというのでは，法史のテキストというのであればともかく，外国法のテキストとしては失格であろう。本書においては，両者のバランスをとりつつ，有機的に説明することに注意を払った。そのため重要な点については重複をいとわず双方で記述し，理解を深める一助とした。

有機的説明を具体化する中核として，本書では一国の法制度を支える基本的要素として国家体制，裁判制度，法源の3つに焦点をしぼり，歴史的形成を考察する際にも現行法制度の特徴を概観する際にも，共通の柱として採りあげる配慮をなした。国家体制では，全体的な社会の動向を前提としつつ，法源とりわけ制定法源を形成する機構の解明が対象とされる。裁判制度では，国家体制を構成する一機関であり判例法創造の可能性も有する裁判所が，法源を適用する役割の重要性に鑑みて，独立して検討される。なお裁判所に関連して，裁判官など法の適用を担う人的要素，すなわち法律家についても，必要に応じて言及している。法源の項は，以上の考察のまとめとしての性格

をも有し，特定の国家体制の下で創造され，裁判制度を通じて適用される法というものが，全体としてどのような特徴をもつのかが総括される。同時に，法源の内容である実定法の状況についても，説明が有益と思われるものはこの個所で紹介することになる。

第3節　参考文献

　数多く存在するフランス法に関する文献のうち，ここでは全体にわたり概説する文献のみを和書と洋書とに分けて指摘する。本書の記述の特定の部分に係わる参考文献は，主要なものについて巻末で指摘することとし，本文中の説明を敷衍する拙稿に限って，本文中にカッコ注で言及した。これに対して，フランス法を理解する助けとなる基本的文献資料については，第2部第3編第3章の「法資料の手引」において紹介している。

1　和　書

　日本語で書かれたフランス法の個別分野に関する研究書，研究論文は，フランス法が世界において占める重要性が高く，またわが国の近代法形成に与えた影響が大きいだけに，枚挙にいとまない。しかし，フランス法の全体について概観を与えてくれる書物とか講義のテキストとしてふさわしい書物ということになると，逆に指摘することができる文献がほとんど存在しない。その理由としては，フランス法の講義を設けることはなしてもその専任教員を揃えるところまでは各大学とも余裕がなかったため執筆する人材が乏しかったこと，講座の開講数とりわけ受講者数が英米法と比較して少なく出版事情が悪いこと，ドイツ法やフランス法はわが国の法体系の基礎をなしていることから，異質な法の特徴を指摘する英米法やイスラーム法と比較して，概説書を必要とする度合いが低いと感じられてきたこと，などを指摘することができる。研究には熱心であるが教育は比較的軽んじてきたわが国の大学教員の伝統的態度も，無縁ではあるまい。フランス法全体に係わる記述を含む文献としては，次のものを指摘しうるにとどまる。

　①野田良之「フランス法入門」法学セミナー25～34号（1958-1959年）
　②鈴木重武＝田中館照橘「外国法教育──フランス法」時の法令441～446, 447＝448, 450, 452, 455号（1962-1963年）
　③稲本洋之助「フランス法」早川武夫ほか『外国法の常識』（1970年，日本評論社）

④稲本洋之助「外国法の学び方——フランス法」法学セミナー216〜261号（1973-1976年）

⑤山口俊夫「フランス法」『ブリタニカ国際百科事典17巻』（1975年）

⑥稲本洋之助「政治制度」，細田直宏「法律」新倉俊一ほか編『事典現代のフランス』（1977年，大修館書店）

⑦山口俊夫『概説フランス法』（上1978年・下2004年，東京大学出版会）

⑧松川正毅「実践フランス法入門」国際商事法務21巻4号〜32巻3号（1993-2004年）

　①は雑誌に10回にわたって連載された要説である。憲法に関する記述が第4共和制であるなど内容的に古くなった個所も多いが，フランス法の特徴を良く伝えており，今日でもなお十分に意義を有する。ただし，単行書としてまとめられていないため，参照が不便である点が残念である。ちなみに，伊藤正己『アメリカ法入門』（1961年，日本評論社）は，同じシリーズで執筆された要説が単行本として刊行されたものである。②も同様に雑誌に10回連載された入門的記述を内容とする。Charles Szladits, Guide to Foreign Legal Materials, French, German, Swiss というアメリカでの外国法案内書のフランス法部分の翻訳を基本としている。政治制度の概略のほかは法体系と法源についての概説である。③は英米法を早川武夫教授，ドイツ法を村上淳一教授，社会主義法を稲子恒夫教授が分担し，主要な外国法を網羅するテキストのうち，フランス法の部分である。コンパクトな記述の中で豊富な内容を盛り込んであるため，解説的部分が少なく独学には向いていない。ただし参考文献が多く挙げられており，勉学の方向を探ることは可能である。④は雑誌に隔月で20回連載されたもので，近時の動向を中心として原資料を駆使しつつ生きたフランス法を学習することを企図している。石部雅亮教授が交互に隔月で担当された同趣旨のドイツ法と対にして参照するならば，一層有益であろう。⑤は百科事典の同名の項目の解説であるが，相当に詳細であり，フランス法の特徴を概観する上で便宜である。⑥は政治，経済，社会，芸術など多方面の内容をもつフランスに関する事典に収められた項目であるが，法制度についても梗概を知ることができる。⑦は，フランス法に関する唯一の本格的概説書である。上巻ではフランス法の歴史（山口教授による第1部）と現行フランス法を支える国家体制（同第2部）のほか，現行実定法のうち民法家族法の分

野（同第3部1，2章）が含まれている。下巻では私法（同第3部つづき），公法（同第4部），社会法（同第5部）の各領域に及ぶ各論が扱われている。ほかに山口俊夫『フランス債権法』（1986年，東京大学出版会）は，下巻の私法の一部を詳述する内容を有する。ところで，対象が大革命期までというフランス法史の中途で終っているため，ここで一般的な参考文献として掲げることはしなかったが，野田良之『フランス法概論上ⅠⅡ』（1954，55年，合本再版1969年，有斐閣）も，フランス法全体の体系的記述という壮大な構想の下に執筆された未完の名著である。野田概論が本書第1部の前半のみを扱うのに対して，山口概説上では本書が対象とする内容の大半が扱われている。また各事項につき詳細に制度を解説する記述がなされているため，通読は難儀であるが，調べたい事項を随意参照するためには極めて有用でかつ信頼に足る文献となっている。重要な参考文献も掲げられている。⑧は民事法中心であるが実務的内容に富み，見開き2頁とはいえ12年間休まず132回にわたり連載された労作である。

2 洋 書

　フランス語が読める者は，フランス語で書かれたフランスの法律書を読むことによって勉強することも可能である。さらに，フランス語で書かれた『法学入門』と銘打ったテキストは数多い。しかしそのすべてが，われわれにフランス法の基礎知識を直ちに身につけさせてくれると信ずるのは早計である。フランスの法学文献は，通常はフランス人を読者として想定して当然記述されているため，外国法研究をする者が知っておくべきフランス法の特徴を，必ずしも適切に理解させてくれないからである。ここでは外国人を念頭に置いた書物に限定した（拙稿「紹介・フランス法」比較法研究57号（1996年）参照）。洋書としては，フランス法を外国法として説明しているという点において，むしろ英米やドイツにおいてフランス法を概観する書物に参考となるものが多い。これらを第2次資料として軽視することは必ずしも妥当ではない。われわれは様々な外国研究者の手になるフランス法研究からも，謙虚に学ぶ姿勢が欠かせない。もっとも，イギリスではケース・ブック仕立てにして理解させようとしているなどその国独特の視点からフランス法の把握を試みているため，ある程度の比較法的な展望を踏まえて読む必要はある（拙稿「紹介・フランス法」比較法研究59号（1998年）参照）。なお，特定の法分野に関する文献も

少なくないが，すべて割愛した。
① René DAVID, Le droit français, 2 vol., 1960, L.G.D.J.
② René DAVID, Les grands systèmes de droit contemporains, 10ᵉ éd., 1992, par Camille JAUFFRET-SPINOSI, Dalloz
③ Nicole GUIMEZANES, Introduction au droit français, 1995, Nomos Verlags Gesellschaft
④ F. H. LAWSON, A.E. ANTON & L. Neville BROWN, Amos & Walton's Introduction to French Law, 3 ed., 1967, Oxford U.P.
⑤ Otto KAHN-FREUND, Claudine LÉVY & Bernard RUDDER, A Source-Book on French Law, 1 ed., 1973, Oxford U. P. ; 3 ed., 1991 by Bernard RUDDER, Clarendon Press
⑥ Martin WESTON, An English Reader's Guide to the French Legal System, 1991, Berg
⑦ Andrew WEST, Yvon DESDEVIES, Alain FENET, Dominique GAURIER & Marie-Clet HEUSSAFF, The French Legal System, 1992, Fourmat Publishing
⑧ Christian DADOMO & Susan FARRAN, The French Legal System, 1993, Sweet & Maxwell
⑨ Brice DICKSON, Introduction to French Law, 1994, Pitman
⑩ Welter CAIRNS & Robert MCKEON, Introduction to French Law, 1995, Cavendish
⑪ David POLLARD, Sourcebook on French Law, 1996, Cavendish
⑫ Christian DADOMO & Susan FARRAN, French Substantive Law, 1997, Sweet & Maxwell
⑬ John BELL, Sophie BOYRON & Simon WHITTAKER, Principles of French Law, 1998, Oxford U.P.
⑭ George BURMANN & Etienne PICARD, Introduction to French Law, 2008, Kluwer
⑮ Georges HUBRECHT, Grandzüge des französischen Rechts, 1973
⑯ Hans Jurgen SONNENBERGER & Eugen SCHWEINBERGER, Einführung in das französische Recht, 2. Aufl., 1986, Wissenschaftliche Buchgesellschaft
⑰ Ulrich HÜBNER & Vlad CONSTANTINESCO, Einführung in das französische

第3節　参考文献

Recht, 4. Aufl., 2002, C.H.Beck

①はフランスの代表的比較法学者が，外国人読者を念頭に置いて書いた概説書である。第1巻の総論の部分をダヴィド教授自身が執筆し，第2巻の実定諸法の部分は当時の新進教授達が分担して解説している。出版後かなりの年月を既に経ているにもかかわらず，フランス法の特徴を的確に指摘している文献として今日でも貴重である。なお第1巻部分の英訳として René DAVID translated by Michael KINDRED, French Law : Its Structure, Sources and Methodology, 1972, Louisiana State U.P. がある。さらにダヴィド教授には，Henry P. DE VRIES 教授と共に英語で著した The Frenchi Legal System, 1958, Oceania Publications という早い時期の書物もある。②は同じくダヴィド教授の手になる比較法の名著であって，展開されている法系論のうちフランス法に関する記述は同様に卓抜している。③は近時外国人読者向けに出版された実定法を中核とするフランス法概説書である（拙稿「紹介・フランス法」比較法研究58号（1997年）参照）。

④から⑭は英語文献であるが，このうち④は，Amos & Walton の1935年初版のフランス法入門を原型にする由緒ある書物である。⑤は初版においては法源と契約を扱っていたものが，3版では公法と私法に分けて憲法と民法を対象としており一層実定法的となり，ここで指摘するにあまりふさわしくなくなった。⑦は総論のほか訴訟手続を扱っており，手続法重視の思考がうかがえる。⑧と⑫は対をなしており，⑧において基礎概念が扱われ⑫においては実定法の検討がなされている。イギリスではヨーロッパ統合に伴う大陸法との緊密化に伴い，フランス法の概説書の出版が目立つが，⑬は総論，各論，文献案内を含む最近の本格的テキストであり，2007年には2版が刊行された。⑭は最新のテキストであるが，もっぱら実定法を対象としている。⑮から⑰はドイツ語文献であるが，⑨の一部は⑰の英訳である。

ほかにわが国での出版であるが，Takeshi KOJIMA, Toyo ATSUMI, Hiroshi HOKAMA et Mutsumi SHIMIZU (dir.), Système juridique français, 1992, Presses Universitaires de Chuo という，仏英両言語併用の書物もある。

第1部

フランス法の歴史的形成

(1) **地理的範囲と歴史的範囲**　フランス法の沿革の説明は，どの時点から始めるのが適当であろうか。日本のように島国であれば，国家の生成という観点で相当程度の地理的な完結性が存在しており，歴史的発展はその内部という明確な枠の中でたどることができる。これに対して今日のフランスを世界地図の上で確認するならば，ヨーロッパ大陸の一部であり，ほぼ六角形をして存在していることが分かる。そこからフランスのことを六角国（Hexagone）と呼ぶ別名も由来している。このうちの三辺は陸続きであり，北東辺はベルギー・ルクセンブルク・ドイツと，東辺はスイス・イタリアと，南西辺はスペインと国境を接している。他の三辺は海に面しているが，このうちの二辺はイギリスおよび北アフリカという対岸がわずかの距離で存在しており，古来より陸上にも増して交易が活発になされてきた。とりわけ英仏海峡（La Manche）のうちドーバー海峡（Pas de Calais）は遠泳で渡れる距離であり，1994年にユーロ・トンネルの開通によりいわば陸続きとなった。日本とアジア大陸との間隔と比較して，はるかに近接しているのである。結局，他国とまったく隔絶していたのは，16世紀のコロンブス（Christophe Colomb, 1451?-1506）によるアメリカ大陸の発見まで，大西洋を隔てた対岸との結びつきをもたない西辺1つのみであった。

多くの民族が住み，彼らが移動したり，相戦ってきたヨーロッパでは，国境はもちろんのこと国の存在そのものが時代に応じて激しく変化してきた。そこでここでは便宜的に，現在のフランス国境をかたちづくっている地域を基準として，その地域でどのような法が形成されていったのかを考察することにせざるをえない。その意味でも，フランス法を考えるにあたって，ヨーロッパの周辺地域との関係を常に念頭に置くことの重要性が理解される。

考古学的対象である先史時代には，現在のフランスの地あたりには人類の直接の祖先である新人に属するクロマニョン人（Cro-Magnon）が住んでいた。ラスコーの壁画などを残したのは彼らであると考えられている。今から数万年前のことである。歴史的研究に属する時代まで下ると，紀元前数百年の頃より，ケルト族（Celtes）の一派であるガリア人（Gaulois）がフランスの地に居住するようになっていた。そこからこの地をガリア（Gaule）と称していた。ガリア人は相当程度の文明を有していたようであり，フランスにおけるケルト的性格の残存も指摘されることがある。しかし，その法の内容にまで立ち

入って知ることは難しく，また今日までのフランス法の発展に影響を与えた形跡もほとんどない。そこで，この時期までは度外視し，カエサル（Jules César, B.C.100？-B.C.44）の征服によりガリアの地がローマの属州となったB.C. 1世紀の時点から検討することにしたい。

　(2)　時代区分　　B.C. 1世紀から起算しても，現在まで既に2,000年を超える長い法の歴史である。そこで，これを適宜時代区分して検討することが不可欠となる。フランスの法学者の間では，時代を画する2つの重要な事件を基準として，3つの時代に大別することが一般に行われている。事件の第1は，大革命の勃発（1789年）である。これによってフランスでは，旧来の比較的ゆるやかに展開してきた法体制が，根本的に覆されることになったからである。そして，大革命までの法を総称して古法（ancien droit）と呼んでいる。

　もう1つの画期をなす事件は，民法典の編纂（1804年）である。これは別名「ナポレオン法典（Code Napoléon）」と呼ばれているものであって，近代市民法の先駆けをなす極めて重要な立法である。もっともこの時期には，民法典以外にも商法典（1807年），民事訴訟法典（1806年），刑法典（1810年），治罪法典（1808年）の編纂も行われており，全体でナポレオン5法典と言われている。したがって，こちらの線引は1810年まで少し幅をもたせて考えてもよいであろう。この時期以降は，フランスは近代的な法典国家の体制を整えてゆくことになり，これを近代法（droit moderne）の時代と呼んでいる。

　このようにして古法時代と近代法時代とが画されるわけであるが，両時代に挟まれて1789年から1804年の間に，もう1つの時代が存する。古法と近代法の橋渡しをする時期であって，通常中間法（droit intermédiaire）の時代と呼ばれている。その期間はわずか15年間，すべての法典編纂が完成するまで（1810年），法典編纂を中心的に担ったナポレオンが失脚するまで（1814年）を含めても20数年間にすぎない。しかし，この短い期間に古法から近代法への根本的転換がなされたわけであり，極めて重要な意味を有する。単独で1つの時代とされるゆえんである。

　時代区分に関連して，2点留意すべき事項を指摘しておきたい。第1は，通常フランス法の歴史として本国において講義の対象とされるのは古法時代が中心であり，それ以降に延長される場合にもせいぜい中間法時代までである。その理由としては，近代法時代というのは現行法に直接つらなるもので

あるから，今日の実定法を説明する際にさかのぼって個々の歴史的沿革として話せば足りると考えられるからである。わが国で日本法制史の講義といえば，江戸時代以前を通常は射程としているのも，類似する考え方によるといえよう。もっとも，明治維新から100年以上が経過し，近時は日本近代法史の知識の重要性が自覚されるに至っている。フランスも近代法の時代のみで200年を超えており，実定法の講義でカバーしきれなくなっており，同様に近代法史の講義が別に設けられつつある。さらに外国人として現行フランス法を理解するためには，本国人にとってはある程度自明となっている近代法の時代を含めて，十分に歴史的背景を把握する必要がある。本書では当然近代法の時代にまで及んで詳細に説明を加えている。

　留意点の第2は，時代区分の相対性である。大革命が勃発してそれまでの法のあり方に否定的評価がなされ，法制度に根本的な修正が加えられたのは事実である。同様に，法典編纂によって新しい内容をもつ制定法が支配する時代の幕あけがみられたのも事実である。しかし，こうした変革は，フランスにおいては外部からもたらされたのではなく，歴史ある法文化的土壌の上でそこに住んできた者達によってもたらされた。すなわち，白紙からの新たな出発ではありえず，そこには継続性の要素が当然に認められるのである。一方では，過去の法的遺産がかたちを変えつつ積極的に受け継がれてゆくという面での継続性があり，他方では，過去の法制度に対する反省というかたちで否定的に教訓として活かしてゆくという影響がある。時代区分は，歴史的な継続と断絶との交錯という視点から相対化して考えることが常に必要であろう。連続面が目に見えるかたちで存在しているイギリス法などと対比して，一見したところ断絶面が強調されるフランス法を検討する場合に，とりわけこうした認識が重要となる。トックヴィル（Alexis de Tocqueville, 1805-1859）の『旧制度と大革命（L'Ancien régime et la Révolution）』（1850年）は，大革命をこうした視点から分析する上で格好の書物である。

第1編 古 法 時 代

　古法時代は，既に述べたように B.C. 1 世紀を起点として大革命の勃発までの1800年に及ぶ長い期間を含んでいる。その間には，一般的な時代区分におおよそ対応してかなり根本的な法の変遷がみられた。そこで古法時代をさらに4つの時期に再区分して考察する。すなわち，まずローマの属州であったガリア－ローマ期がある。ついで，ゲルマン民族の侵入によりローマの支配が終了したのちに建国された，フランク王国期がくる。さらにフランク王国が崩壊したのちは，強力な中央権力不在の中世封建制度期となる。王朝でいうならばカペー朝の時代である。最後に，こうした状況から王権が再び伸長をみせてゆくのが近世絶対王政期であり，ヴァロワ朝とブルボン朝がこれにほぼ対応する。

　次に古法時代を通じた法の基本的性格を指摘しておきたい。ガリア－ローマ期にはローマの統治とともにローマ法（droit romain）が支配し，整備された法がフランスの地で最初に適用をみた。これに対して，フランク王国期に至って，ゲルマン法（droit germanique）がゲルマン部族の侵入に伴ってもたらされる。さらには，この両者が相混淆するのを助け，またとりわけ中世封建制度期にあっては法が新たな発展をなすのにあずかって力があったのが，教会法（droit canonique）である。これら3つのフランス法の基本的構成要素が，相互に影響し合い混ざり合って，徐々に固有フランス的な法が形成されてゆく過程が，古法時代といえよう。野田良之教授がフランス法史に関する代表的な著作である『フランス法概論上』において，これら3つの要素を指摘しつつ，それらが揃ったフランク王国期から本格的な法史の叙述を始めていることは，故なきことではない。また同教授は，こうした観点から古法時代の各時期を，「3要素の混淆」，「フランス的制度の形成過程」，「フランス的制度の確立時代」と表題をつけ，正面から特徴づけている。

　ところでローマ法，ゲルマン法，教会法という諸要素は，ヨーロッパの他

の諸国においてもほぼ共通して存在するものである。非西欧法に対する関係では，西欧法を基礎づける根本的枠組みといってもよい。もっとも，それぞれの要素が占める割合や配合の時期に差があり，さらにはもちろん各国の法文化的背景の相違があって，それが国ごとの法制度の違いとなって示されてゆくとみうる。この意味においても，法の歴史的考察は，フランスのみに対象を限定するのではなく，ヨーロッパにおける法の動き全体との関連を常に念頭に置く必要がある。

他方，こうした西欧法をかたちづくった3要素は，少しく広い観点からいえば，ヨーロッパ文明全般についても指摘しうると思われる。すなわち，ギリシャ-ローマ文明，ゲルマン的伝統，キリスト教の三者が融合されて，今日の西洋的文化の中核が形成されていったと考えられる。これらのうち教会法やキリスト教については，西洋とは著しく異なる宗教的伝統をもつわが国では軽視されがちであり，また理解が難しい面がある。しかし，それだけにわれわれとしては意識してとくに注意を払う必要があろう。

第1章　ガリア－ローマ期（前1世紀―5世紀）

今日のフランスに相当するガリアの地には，ケルト系のガリア人が住んでいた。彼らは部族に分かれて互いに抗争を繰り返しており，強力な統一国家を形成していたわけではなかった。そのため，地中海沿岸の南部ガリアには，早くからローマの支配が及んでいた。北部を含めた全ガリアは，紀元前58年から51年にかけて，ユリウス・カエサルが率いるローマ軍の遠征を受ける。これに対して，ガリア人は戦闘において手強い抵抗をなした。若き王ヴェルサンジェトリックス（Vercingétorix, B.C.c.72-B.C. 46）の活躍は，伝説ともなっているほど有名である。しかし，結局は軍事力において圧倒的にまさるローマの征服するところとなる。ところでガリア人は，属州となったのちは発達したローマ文明を進んで採り入れこれに順応し，急速にローマ化した。このようなローマ支配下のガリア住民を指称してガリア－ローマ人（Gallo-Romain）という。このガリア－ローマ（La Gaule romaine）期には，国家体制，裁判制度，法源のすべての面においてローマの仕組みが全面的に用いられる。ローマの支配に伴ってキリスト教も他の属州同様にガリアにおいて広まっていった。

これに対して当初は，皇帝崇拝とからんで弾圧がなされた——177年のリヨン大虐殺など——が，313年のミラノ勅令によって公認されるに至った。

第1節　国家体制

　ローマ本土では，統治形態として王政，共和政，元首政などを経てディオクレティアヌス帝（Dioclétien, 245-313, [284-305]）の改革以降は専制君主政を採用している（297年）が，ここでは詳細に立ち入ることはしない。ガリアの地域の統治機構も時代により変化しており，ディオクレティアヌス帝前は，ルクドネンシス（北部），ベルギガ（東部），ナルボネンシス（南部），アキタニア（西部）に属州（province）が分割されていた。これに対してディオクレティアヌス帝の四分統治においては，ブリタニア，ヒスパニアを含めた広ガリアが1つの道（préfecture）とされ，その下に複数の属州が置かれた。いずれにせよ，今日のフランスに相当する区域が，国家としてはもちろんのこと，統治の単位としても単一のものとしては存在していなかったわけである。各属州には中央から任命された総督（préteur）が置かれ，ローマの意向に沿った統治が行われた。州の下には集落をもとにして村落（cité）が組織され，議会と二人官が設けられて一定の自治が行われた。

第2節　裁判制度

　ローマの属州に共通する裁判制度が，ガリアにおいても採用される。裁判権は，総督またはその代理官が管掌した。彼らは，特定地にあっては常設裁判所の役割を果たすほか，その属州内の重要都市で定期裁判を開くこともあった。各村落では，下級審として二人官が事件を審判したが，その判決に対しては審級的に総督裁判権への上訴が許されており，法の統一的適用が確保された。

第3節　法源

　ローマは，征服により版図を拡大するのに伴い，様々な法慣習を有する民族を支配したことから，法源の適用を規律する諸原則を打ち立ててゆく。ローマ市民に対しては市民法が適用され，ローマ支配下の属州の市民にはその地の固有法が適用された。このほか，異なる属州の市民間や属州民とロー

マ市民間には万民法 (droit des gens) が適用された。これは市民法が発展したものであるが，多種多様の民族，習慣，生活様式を包含する領域を維持するための法であり，当然普遍性が高くなり，自然法的要素が強かった。この万民法は，市民法に逆に影響を与えてゆくことにもなる。ガリアの地に存在した諸属州において適用された法は，当然各地の固有法であったが，ローマ化の進展によりローマ市民法に近似した内容を有するものとなっていった。なお，212年にはカラカラ帝 (Caracalla, 188-217, 〔211-217〕) によるアントニヌス勅法 (Constitution Antonine) によってガリアを含めた帝国領内の全自由民に完全なローマ市民権が付与されている。このようにして，ローマ市民法と異なるガリアに固有な法源を十分に指摘することができなくなることから，ガリア‐ローマ期の法源はローマ法そのものであるといって大きな誤解はない。したがって，その詳細は，ローマ法の概説書に譲ることが適当となろう。

第2章　フランク王国期（5世紀—10世紀）

　ローマがガリアの地を全面的に支配する状況は，4世紀後半に至って一変する。東方よりフン族 (Huns) の圧力を受けたゲルマン諸部族が，ローマの領土内に侵入してきたためである。もっとも，アッチラ (Attila, ?-453, 〔434-453〕) によって率いられたフン族は，451年にカタラウヌムの戦いで退けられ，フン族自体のそれ以上西方への進出は阻止された。しかし，ゲルマン諸部族は，406年にはすでにライン河を越えてガリアの地にも進出している。この混乱によって，テオドシウス帝 (Théodose I, le Grand, 344-395, 〔379-395〕) の死後二分していた (395年) 東西ローマ帝国のうち，西ローマ帝国が崩壊する (476年)。傭兵隊長のオドアケル (Odoacre, c.434-493) が，皇帝を廃して王を称したことによる。

　これと相前後して西ヨーロッパの各地で，ゲルマン諸部族が支配権を確立してゆくことになる。ガリアにおいては，フランク族 (Francs) の王クローヴィス (Clovis, 465-511, 〔481-511〕) が，ローマ軍をソワソン河に破って決定的な勝利を得る (486年) に及んで，この地におけるローマの支配権は完全に消滅する。クローヴィスは，フランク系諸部族を統一し，メロヴィング朝 (Mérovingiens)——486年〜751年，フン族と戦ったメロヴェ (Mérovée, ?-?)

の子孫であることからこの名前がついた——のフランク王国を建設する。フランスというのちの名称も，このフランク族から由来するものである。なお南ガリアには同じくゲルマン部族のブルグンドが王国をたて（443年），西ガリアからイベリア半島にかけては西ゴートがいち早く王国をたてた（415年）。

第1節　国家体制

　ゲルマン諸部族がうちたてた王国では，先住のローマ人の数がゲルマン人の数よりも遥かに多く，このためローマ人と不和になった王国の多くは短命であった。ヴァンダル王国は534年に，東ゴート王国は555年にいずれも東ローマ帝国によって滅ぼされている。これに対してフランク王のクローヴィスは，カトリック信者である妻との約束に基づき，対アラマン族戦の勝利ののち，家臣400人とともにレミ司教（Saint Rémi, évêque de Reims, c. 437-c. 533）のランスの教会で，ローマ人に信仰されていたアタナシウス派キリスト教に改宗する（496年）。その結果，統治下のローマ人の信頼を得ることができた。すでにガリアの地において精神的権威として存在していたキリスト教は，ローマの強大な支配権が崩壊し，王国の基礎が十分確立していない混乱期においては，人心の動揺を鎮める拠り所であった。かくしてフランク王国は，アリウス派を多く信奉していた他のゲルマン諸王国よりもはるかに強大となり，やがてブルグンド王国（534年）やロンバルド王国（774年）を征服し版図を拡大しえた。

　メロヴィング朝は集権的な古代王制を採用した。ダゴベール（Dagobert Ⅰ, c. 600-639, 〔629-639〕）が出て強権的体制を立て直したが，次第に王権が衰えていった。これに対して，7世紀後半より宮宰職（maire du Palais）を世襲するカロリング家が，政治の実権を掌握していった。732年に宮宰シャルル・マルテル（Charles Martel, c. 688-741, 〔714-741〕）は，イベリア半島から北上してきたイスラム教徒の軍をトゥール-ポワティエ間の戦い（732年）で破り，イスラム勢力の侵入を阻止した。その子ペパン（Pépin, le Bref, 714-768, 〔751-768〕）は，726年以来東ローマ教会との聖像禁止令問題で孤立化していたローマ教会と結び，教皇の支持を得て751年に王位を奪い，カロリング朝（Carolingiens）——751年～987年——を創始した。フランク王国は，ペパンの子シャルル（Charles, le Grand, 742-814, 〔768-814〕）の時代に国土を拡大した。北方のサクソ

ン族を制圧し，東方ではアジア系のアヴァール人（Avars）を退け，南方ではロンバルド王国を滅ぼし，西方ではイベリア半島のイスラム教徒をも破った。こうして西ヨーロッパの中核になる部分を掌握したシャルルは，全国を州に分けて各州に伯（comte）を置き，さらに巡察使を派遣して伯を監督させた。フランク王国の絶頂期であり，集権的な統治が行われた。

　カロリング朝の発展も，キリスト教と密接にかかわっている。まずペパンは，ローマ教皇に王位を承認されると，ラヴェンナ地方を制圧してこの地をローマ教皇に献上した（754-756年）。これがローマ教皇領の起源である。つぎのシャルルは，当時蛮族に脅かされていたローマ教皇を助け，ロンバルド王国を滅ぼしたのちイタリア王を兼ねた。さらに，ローマ教皇レオ3世（Léon Ⅲ, c. 750-816,〔759-816〕）によって800年にサン・ピエトロ大聖堂（Basilique Saint-Pierre）で西ローマ皇帝として加冠され，シャルル大帝（Charlemagne）と称した。シャルルの戴冠は，こうして単に西ローマ帝国の再興というローマ人的，世俗的発想によって行われただけではない。一方においてシャルル大帝は，これによって新しく形成された西ヨーロッパに君臨する皇帝としての地位を，教皇によって保証されたのである。他方ローマ教皇の側では，フランク王国との結びつきを強化することにより，東ローマ帝国への従属から脱して独立した地位を確立することができた。こうして戴冠によりフランク王国とローマ教会との提携は強化され，中世ヨーロッパの歴史が世俗の王権と教権の両者の力関係を軸として展開していく土壌が形成された。

　シャルル大帝の死後，ゲルマン的な分割相続制の慣習もあって後継者の争いが起こり，中央集権的な体制は急速に崩れていった。それに加えてフランク王国は，北方，西方からノルマン人（ヴァイキング），東方からマジャール人，南方からイスラム教徒などの侵攻を受けて動揺し始めた。その結果，ルイ1世（Louis Ⅰ, le Pieux, 778-840,〔814-840〕）の死後843年のヴェルダン（Verdun）条約により，ルイ（Louis Ⅱ, le Germanique, 804-876,〔843-876〕）の東フランク，シャルル（Charles Ⅱ, le Chauve, 823-877,〔843-877〕）の西フランク，ロタール（Lothaire Ⅰ, 785-855,〔840-855〕）の中部フランク・北イタリアの3つの部分に分けられ，ロタールの死後870年のメルセン（Mersen）条約により，中部フランク（Lotharingie——Lorraineの語源——）が分割されて東・西フランクに併合された。この新たな3分割により，のちのドイツ，フランス，イタリアの基礎

となる国境が形成された。

　フランスの直接の起源である西フランク王国——843年〜987年——は，フランス（Francia）の名で呼ばれるようになったが，国王の政治的実権は弱体化し，大小の封建諸侯が自立を強め，典型的な分権社会が実現していった。

第2節　裁判制度

　フランク王国の建設に伴い，裁判制度はローマのものからゲルマンの裁判所がとって代わっていく。ゲルマンでは従来人民裁判が行われていたが，軍事上の必要から伯の勢力が増大し，6世紀には人民裁判に代わって王の任命になる伯の裁判所が現われ，名士がこれを補佐した。また伯の裁判所は，当初は人民の出席のもとに裁判を行い人民裁判の要素を残していたが，シャルル大帝の時代には廃止された。

　伯の裁判は終局的なものであり，ローマ時代の審級制度はなくなった。もっとも，著しい不公平がある場合には王の監督官が裁決を是正することが行われ，また明瞭な不正義が存するときは王が任意に介入した。この方式では，伯に対する中央の統制がゆきわたっている時期には，法の統一的適用を確保することができたが，伯の自律化が進行するとこれが難しくなる宿命をもっていた。

第3節　法　源

　ゲルマン諸部族の侵入とともにガリアの地に新たにゲルマン法がもたらされた。しかし，フランク王国内において支配階級であるゲルマン人の法が，全面的に社会を規律するに至ったわけではない。彼らは，部族ごとに王に率いられ，故郷に残る者なく固有の組織と制度を保持したまま移動を繰り返し，最終定住地で建国した。すなわち，軍事的征服というよりは平和的移住が主であった。また人口的にも，先住のローマ系住民が圧倒的に多数であり，ゲルマン人は平均して3パーセント程度であった。そこで当初においては，属人法主義（personnalité des lois）が採用され，ガリア－ローマ人には従来通りローマ法を適用し，ゲルマン人にはその部族の慣習法を適用する方策が採られた。

　それでは，この時期におけるローマ法，ゲルマン法の内容はいかなるもの

であったのか。ローマ法については、当初はいまだユスチニアヌス法典は編纂されておらず、編纂されたのちもかなり長い間ガリアの地では知られることがなかった。ローマ法は、ガイウス（Gaius, 2世紀?-?）、ウルピアヌス（Ulpianus, c.170-228）などの法律家の書物のほか、テオドシウス法典（Code Théodosien, 438年）が公式な法令集として存在していた。しかし、ゲルマン諸部族の国王は、それがあまりに高度の内容を有すると考え、学説と立法を簡略化してまとめた法書を作成し、これを被征服民のためにローマ法を認識する主たる源とした。代表的なものに、西ゴート・ローマ法（506年）、ブルグンド・ローマ法（?年）がある。前者は国王アラリック2世（Alaric Ⅱ, ?-507〔484-507〕）によって制定され、通常「アラリックの簡単書（Bréviaire d'Alaric）」と呼ばれているものである。これは便宜に作られていたためフランクの諸王も用い、ユスチニアヌス法典が知られる12世紀まで、この地における学問的ローマ法を代表することになる。ところで、実際にガリア - ローマ人に適用されてゆくことになるローマ法は、学問的ローマ法とは相当に内容が異なっていた。こうした乖離は、各地方の実情の相違、ゲルマン法との混淆さらには単なる無知によってもたらされた。このような地方的変形を含んだ身近なローマ法は、卑俗法（droit vulgaire）と呼ばれた。

　これに対して、征服民であるゲルマン人は、ゲルマン法の適用を受けたのであるが、ローマ文明と比較して遥かに原始的な文明状態を反映する部族的慣習法がその法源であった。ゲルマン諸部族の国王は、その臣民のためにこうしたゲルマン慣習法を成文化することに努め、その結果以下のような法典が編纂された。サリカ法典（Loi des Francs saliens, 6世紀前半）、リプアリア法典（Loi des Francs ripuaires, 8世紀後半）、ブルグンド法典（Loi barbare des Burgondes, 5世紀）、西ゴート法典（Loi barbare des Wisigoths, 5世紀）。サリカ族はフランクの中心部族であり、リプアリア族もフランクの一部族である。これらは蛮族法（lois barbares）と呼ばれている。しかしながら、このように成文で定められているのは、ゲルマン慣習法の内容の若干の部分のみであり、実際には犯罪の種類とこれに科せられる補償の目録が中核をなした。ローマ法とは異なり、社会組織の基礎にあるその他の多くの規律は、依然として慣習法に委ねられていたわけである。

　このほか、フランク国王が発した勅法（Capitulaire）が様々な名称の下に存

在した。これは国王の意思のみに基づいて制定され，フランク王国内のすべての臣民に適用された統一法であった。勅法の発布は全王国内における法の統一の気運を作ったが，王権が常に十分強力というわけではなかったために，ローマ皇帝の勅法のような積極的役割を果たすことができなかった。

　フランク王国の下でガリア－ローマ人とゲルマン人とが平和的に共存し，さらには積極的に交流を行うようになると，両者の生活様式ひいては法が次第に接近してゆく。このようにして，ローマ法とゲルマン法との相互的影響下に新しい地方的慣習法が形成されていくと，当初の属人法主義は徐々に意味を失う。同時に，ガリア－ローマ人とゲルマン人とが互いに混在しあうようになり，また婚姻をなすこともめずらしくなくなると，個人の民族的属性を確定することが難しくなり，属人法主義は実際上適用することが不可能となる。他方では，ゲルマン人が北部に多く南部に少ないという定住化のかたよりと中央権力の弱体化に伴い，地方による法の多様化が顕著となってゆく。フランク王国末期には，こうして属地法主義（territorialité des lois）が法の適用に関する原則として取り代わることになる。

　こうした人種間の交流を促進するにあたって大きな寄与をなしたのは，既に述べたようにキリスト教である。フランク族はクローヴィスの下で改宗し，ローマ教会の教義を受けいれたことにより，ガリア－ローマ人との間で信仰に基づく一体性が成立する。しかも，神の前での全人類の平等を説くキリスト教は，人種的偏見をとり除くのに大きな働きをなした。キリスト教は，世俗権力と教権というマクロの面におけるのみならず，個人レヴェルでの法適用のあり方への影響の面でも注目に値する役割を果たしたわけである。教会法そのものはいまだこの時期にあっては十分な発展をみせていないが，ローマ法，ゲルマン法，教会法という3つの要素が相互に密接に関連しながら展開する基礎が，ここに確立することになる。

　このような各種の法源の存在を基本的出発点とし，同時に今日のフランスにほぼ相当する国土の確立を踏まえて，その後フランス的な法内容が本格的に発展してゆくことになる。こうした状況は，比較法的に視野を拡大して考えてみるならば，今日のイタリア，スペイン，ポルトガルなどいわゆるラテン諸国とかなりの部分が共通する。イギリスも広くはこれに含めうるが，逆にスペインやポルトガルはのちにイスラムの支配下に入り事情を異ならせて

いく。これと基本的に相違するのが，1つは今日のドイツや東欧，北欧にあたる地域であって，そこにはローマの支配が及ばず，その結果ゲルマンやノルマンの慣習法が一元的に支配する状況がみられた。他の1つは，今日のアルバニア，ギリシャ，ブルガリアからトルコにかけての地域であって，依然として東ローマ〔ビザンティン〕帝国——395年～1453年——の統治下にあり，ローマ法の一元的な規律に服しており，また東ローマ教会の下でギリシャ正教を信仰していた。ローマ法の成果としては，ユスチニアヌス帝（Justinien, 483-565,〔527-565〕）の下でトリボニアヌス（Tribonianus, ?-546）らが編纂したユスチニアヌス法典（Code justinien, 529-534）があり，古代ローマ法を集大成した。もっとも，これが評価されるのはのちに西ヨーロッパにおいてであって，東ローマ帝国領内における浸透は少なかった。

第3章　中世封建制度期（10世紀—14世紀）

　封建制度がいつ成立し中世がいつから始まったかは，明確な線を引くことは困難である。シャルル大帝によって確立された帝国の強大な中央権力が崩壊した頃よりすでに，地方に派遣されていた伯などの官吏やその他の豪族が，中央の権力を簒奪し，自己の支配する広大な土地に割拠し始めていた。また9世紀から10世紀にかけてはノルマン人の侵入，略奪，破壊が著しく社会が混乱し，西フランク王国のシャルル3世（Charles Ⅲ, le Simple, 879-929,〔898-923〕）は911年にノルマンディ（Normandie）の独自の支配権を認めている。しかしここでは，カロリング家の断絶後，パリ伯であるユーグ・カペー（Hugues Capet, c. 938-996,〔987-996〕）が新たにフランス王国の国王に選ばれて，カペー朝（Capétiens）——987年～1328年——を創始した10世紀末を起点としておきたい。

第1節　国家体制

　ユーグ・カペーは，ノルマン人の侵入を撃退するにつき功があったところから国王に選ばれ王朝を興したが，当初は事実上パリを中心とするイル・ド・フランス地方にのみ支配権を有するにすぎなかった。すなわち，カペー家は，国王という名称は有していたけれども，実態は封建貴族から選ばれた

その第一人者（primus inter pares）にすぎず，王権は弱体であった。カペー家に匹敵する大諸侯だけで約50もあったと言われている。ノルマンディー公国（Duché de Normandie），シャンパーニュ伯領（Comté de Champagne），ブルゴーニュ公国（Duché de Bourgogne）などである。ところがカペー家は，その後選挙制から世襲制へと巧妙に転換をなし遂げる。このカペー朝こそ，現在まで連なるフランス王家の始祖でもある。また末期に至ると王権伸長の動きが出てくるが，この点は次章で紹介することにする。

　封建制度は，従士制と恩貸地制の結合に起源を有するが，そうした当初の人的結合関係から封土（fief）を媒介とした物的契約関係へと変質してゆく。領主（seigneur）は国王から騎士に至るまで，相互に封土の授与・従軍義務で結ばれ，臣下が複数の主君に仕えることも珍しくなかった。大領主のみならず小領主たる家臣も，自らの所領（seigneurie）内では不輸不入権（immunité）をえて課税権や裁判権を行使した。この所領は荘園とよばれ，通常直営地（domaine），保有地（tenure）および共有地からなった。領主は農民に対して強制と保護をなし，農民は領主に対して直営地の耕作といった賦役と貸し出された保有地の小作料支払いといった貢納の義務を負った。

　封建社会では荘園という領主領の存在を基礎として，領主は主君に対して一定の自立を保ち，経済的のみならず行政上の支配単位を確保していた。この封建制の中には，司教や修道院長といった宗教諸侯も組み込まれていた。このうち大司教や司教は，国王のみならず教皇にも服属する関係にあった。したがって，この時代は，フランス王国の正規の発足にもかかわらず，国王の権力が相対的に弱体であり，国家権力が分散した社会であった。

第2節　裁判制度

　国王が封建諸侯のうちから当初は選挙され，その故もあって政治的実権をこれらの者に対して行使できなかったことは，国王の裁判権が，封建領主の領地には及ばなかった点にも示される。裁判権は各領地ごとに設置された領主裁判権（justice seigneuriale ou féodale）が管轄するところとなっていた。これは領主が有する経済外強制の最重要権力であり，経済関係消滅後も封建遺制として残存することになる。

　他方教会は，聖職者のために教会裁判権（juridiction ecclésiastique）を有して

おり，民衆は封建領主の裁判権のほかこの裁判権を利用することもできた。身分的な従属関係が支配していた時代であるため，領主裁判権は客観的で公平な裁判制度として完備しておらず，正しい法の適用が望み難かった。また実際に適用される法の内容の面でも，不公平な扱いを受けることが少なくなかった。これに対して，教会は当時においては唯一の古代文化の継承者として信頼され，また文字を解する聖職者によって裁判され，さらにはローマ法に由来する完備した訴訟制度も知られていた。このため，教会裁判所の方が合理的で公平であるという事情が存し，民衆は好んでこの裁判権に服した。また中世においては，教会は単に領主に寄生して精神的な影響力を有していただけではなく，教会自らがまたは修道会を通じて広大な土地所有者であり，封建法上は大封建領主であったため，そうした地域においては当然に教会裁判権が支配した。

第3節　法　源

　この時代は，属地法主義の延長上にあって，もっぱら各地の慣習法が法源とされた。慣習法は，領主の支配に服させられた各領主領において，それぞれの地域に固有な内容が形成されていった。国王が発する布令（établissement）は，慣習法を補充したり修正したりするために発することができたが，稀であった。また布令には全王国に効力をもつものよりも直轄領地に対するものが多く，後者の性格をもつ布令についていえば，他の領主も自分の領地についてこれを制定しえた。したがって，制定法源はほとんど無視しうる存在であった。判例による法の統一はといえば，領主裁判権が主体であることから，これも各地の多様な慣習法を確認する以上の意味をもちえなかった。

　各地域の慣習法は極めて多様であるが，このモザイク模様を少し離れて鳥瞰するならば，大まかにいって北部と南部でそれぞれ1個の大きなグループをかたちづくっていた。北部地方（Le Nord）においては，ゲルマン人が多数移住した関係から，その慣習法の内容にはおのずからゲルマンの古い慣習法の影響が顕著であり，この地方を慣習法地方（pays de droit coutumier）と呼ぶ。これに対して南部地方（Le Midi）においては，人的にも地理的にもガリア－ローマ期の法の影響が，地方的多様性をこえて強く残存しており，この地方を成文法地方（pays de droit écrit）と呼ぶ。慣習法地方と成文法地方との分界線

は，実際にはかなり入り組んだものであるが，西側はラ・ロシェル東側はジュネーヴを結んだ線が，ほぼこれに相当する。

ところで，慣習法地方，成文法地方という表現は，今日の用語法とは異なる意味を有していることに注意すべきであろう。なぜならば，南部の成文法地方というものも，今日的表現でいえば慣習法主義を採用していたからである。もちろん，成文の法といえば南部ではローマ法が知られていたわけであるが，慣習法が明瞭でない場合にその解釈を助けるために，あるいは慣習法に規定がない場合に補充するべくローマ法が利用されたにすぎない。第一の法源は，あくまで慣習法であった。

両地方の差異は，補充的法源としてローマ法を考慮に入れていたか否かもさることながら，慣習法の内容がゲルマン法的であるかローマ法的であるかに主たる要因がある。特徴が顕著にみられる家族法分野に例をとるならば，夫婦財産制については，北部ではゲルマンの共同体的伝統から共通財産制が実施されたのに対して，南部では別産制の一種である嫁資制（régime dotal）が採用された。また相続法については，北部では無遺言の均分相続制が流布していたのに対して，南部では個人の意思を重視するローマ法の影響の下に，遺言相続制を認めるのが一般的であった。

中世封建制度期における慣習法の多様な状況は，その後期に至ると，北部は各地でその独自性をさらに強めるかたちで変化していった。これに対して南部においては，12世紀に入るとユスチニアヌス法典の存在が知られるようになり，それに伴ってイルネリウス（Irnerius, c. 1050-av. 1130），アーゾ（Azo, c. 1150-c. 1230），アックルジウス（Accursius, c. 1183-c. 1260）らイタリアの註釈学派（glossateur）の研究も紹介される。モンペリエ大学のプラケンチヌス（Placentin, ? -1192）に示されるフランスにおけるローマ法研究も進展する。これらの動きによって，ローマ法に一層近似するかたちでの慣習法の標準的内容が，次第に明らかとなってゆく。もっとも，成文ローマ法の適用に関しては，当時北イタリアをも支配していた神聖ローマ帝国との対抗問題があり，フィリップ2世（Philippe II, Auguste, 1165-1223,〔1180-1223〕）により，公式にはその適用がむしろ禁止された（1219年）。すなわち，成文法地方がローマ法を基礎に成文法主義に転換することはなかった。これらの結果，慣習法主義の下フランスの南北における法の対立，およびとりわけ北部における各地方の慣習

法の分化は一層顕著となる。フランス王国の成立により，形式的には初めてフランス法を語ることができるようになったとはいえ，現実にはそこに無数の慣習法が成立し，単一のフランス法を指摘することは不可能であった。逆の見方をすれば，当時のヨーロッパは国家的統合がゆるやかであって，封建制度下で比較的均一な社会，経済状況が各地に出現しており，それら他国に成立した慣習法との差異も，必ずしも明瞭なものではなかった。中世および近世ヨーロッパ諸国では，ローマ法および教会法を基礎とする共通法（ius commune）が広く成立していたといってよい。

しかし，こうしたフランス法の拡散傾向の反面で，将来における統一への契機となるような動きもなかったわけではない。その第1は，ローマ法，ゲルマン法と並んでフランス法文化形成の第3の要素として指摘してきた教会法の存在である。既に述べたように，教会裁判所は慣習法地方，成文法地方の区別をこえて，カトリック信者のすべてに対して管轄権を有し，同一の教会法の適用をなした。教会法は，今日でもカトリックを信じる者にとっては現行実定法なのであるが，世俗の国家法が重要性において圧倒している。教会法が歴史上もっとも適用をみたのは，何といっても中世の時期であった。12世紀から14世紀にかけて教会法大全（Corpus juris canonici）が形成されていったのも，このような背景に基づく。フランスの教会法学者としては，サン・イヴ（Saint Yves de Chartre, 1035-1116），マケンティヌス（Macentinus, ?-1192）のような者が輩出し，その発展に寄与している。

教会法は，このようにしてその広範な適用そのものにより法の一体化――もっともそれはフランスの国境を越えての一体化にもつながる――の役割を果たしていたのはもとよりであるが，世俗法に対して及ぼした影響も無視しえない。身分関係の法，たとえば婚姻法については，次の近世絶対王政期の末に至るまで，教会が身分登録簿を管轄しており完全に規律していた。また債権法上の理論についても，民事責任の一般理論，意思主義の原則，約因理論，利息禁止など多方面にその影響がみられる。さらに，近代的な訴訟法の発展に対しては，教会法が多くの点で貢献しているのである。

第2は，商取引の活発化とそれに伴う統一慣習法形成への動きである。中世も後半に至ると，イタリアのヴェネツィアなどに発する商業の発展が，ヨーロッパ全土に拡大してゆく。それに応じて，フランスでも大規模な定期

市が各地で開催され，多数の都市が発生し，それまでの地域的な封鎖経済体制が次第に破られてゆく。こうした交易の発達に応じて，封建制度下における慣習法の内容の不明確さと多様性とが桎梏に感じられるようになる。そこで各地方の慣習法の内容を明らかにし，さらには統一させようとする動きが生じてくる。これにあずかって力があったのが，私人の手になる慣習法集（coutumier）の編纂である。以下に代表的なものを掲げる。

 Très ancien coutumier de Normandie（1199, 1200年）

 Grand coutumier de Normandie（1250年）

 Conseil à un ami（1253年）　Vermandois の慣習法集

 Livre de Jostice et de plet（1255年）　Orléanais の慣習法集

 Etablissement de Saint-Louis（1270年）　布令という名称がついているが，実際は Anjou, Touraine et Orléanais の慣習法集である。

 Coutumes de Clermont en Beauvoisis（1280年）

 Très ancienne coutume de Bretagne（1330年）

 Grande coutume de France（14世紀末）

慣習法学者としては，上記のボーヴォワジー慣習法集を編纂したボーマノワール（Philippe Beaumanoir, 1246-1294）がとりわけ有名である。これらの業績は，後述する近世絶対王政期における公式の慣習法集編纂とは異なり，純粋に私的なものであって法実務家の便宜に供されたにすぎず，裁判官に対しても何ら法的拘束力を有するものではなかった。しかし，これによって慣習法相互の比較研究が可能となり，フランス法統一の素地を作ったという点で無視しえない。

第4章　近世絶対王政期（14世紀—18世紀）

 封建制度は14世紀頃より解体を始め，これに代わって新しい経済・社会構造および絶対主義といわれる政治体制の発展がみられる。これが確立するのは16世紀であり，14世紀から16世紀にかけてはその過渡期と位置づけることができ，この形成に向けた動揺と混乱の時代であった。こうした中からフランスの統合が確立に向かい，近代的な制度の多くの萌芽が姿を現わすのであって，ダイナミックで興味ある時代といえよう。

国家的統合の意識が芽生えることにより，フランス的なるものを形成する努力がなされるのもこの時期であり，それは法の分野にも当然に影響を与えてゆく。いくつかの象徴的な事例をここで指摘しておこう。まずカトリックに関しては，シャルル7世（Charles Ⅶ, 1403-1461,〔1422-1461〕）が1438年にフランス教会の自立（Gallicanisme）を主張し，教皇庁に対するフランス教会の独立強化が図られた。またフランソワ1世（François Ⅰ, 1494-1547,〔1515-1547〕）は，ヴィレル－コトレの王令（Ordonnance de Villers-Cotterets, 1539年）を発し，公用で使う言語をラテン語からフランス語に変更し，裁判所も当然これに従った。フランス法そのものについては，フィリップ2世が既に1219年にローマ法の直接的適用を禁止したが，ルイ14世（Louis XIV, le Soleil, 1638-1715,〔1643-1715〕）は，サン－ジェルマンの王令（Edit de Saint-Germain, 1679年）を発し，大学においてローマ法，教会法のほかにフランス固有法を講義すべきことを命じている。

ローマ・カトリック教会，ラテン語，ローマ法のいずれもが，フランス法文化をかたちづくってきた重要な構成要素である。しかし，すべてイタリア起源であり，また当時北イタリアを支配しローマの正統後継国の地位を保っていた神聖ローマ帝国との対抗関係が背後に存した。国民国家としてのフランスを意識した場合に，その威厳を確保するためには，それらへの全面的依存から脱却することが必要であると意識されたのである。もっとも，こうした態度が可能となった背景として，王権の強化のほか，フランス語やフランス固有法が，この時期に至って初めて独自性を主張しうるほどの成熟をみせてきたことを忘れてはならない。

第1節　国家体制

1　絶対王政の確立

王権が当初にあっては脆弱であったカペー朝においても，11世紀には世襲制が確立し，12世紀末から王権の伸長がみられ，神聖ローマ帝国につぐ強国となってゆく。フィリップ2世は，封建諸侯と戦って王権を伸長させ，南フランスの諸侯に保護されていた異端のアルビジョワ派を攻め討って威を示した。またイギリスのジョン王（Jean sans Terre, 1167-1216,〔1199-1216〕）と戦って，国内のイギリス領の大部分を奪いとった。ルイ9世（Louis IX, le Saint, 1214 ou 15-1270,〔1226-1270〕)は十字軍を積極的に引率したが,チュニスでペストにより客死し,1297年に聖人に列せられている。フィリップ4世(Philippe Ⅳ, le Bel, 1268-1314,〔1285-1314〕)は,聖職者課税をめぐって教皇と争うために,1302年に聖職者,貴族,平民の代表者を集めて全国身分会議(Etats généraux)——意味を汲んで三部会と訳されることも多い——を開き,国内の意志統一を図った。また1303年のアナーニ事件では教皇ボニファティウス8世(Boniface Ⅷ, 1235-1303,〔1294-1303〕)を捕囚し,1309年には教皇庁のアヴィニョン移転を強行した。しかし,諸侯の力も依然として強く,両者の勢力が完全に逆転するのは,ついで生じた百年戦争ののちである。

　百年戦争の原因の1つは,フランドル問題である。王権の伸長したフランスは,毛織物工業の中心地フランドルの支配にも触手をのばした。しかし,フランドルはイギリスの羊毛輸出先であったので,フランスと利害が衝突した。他方,フランスではカペー朝の直系が絶え,フィリップ4世の甥がフィリップ6世(Philippe Ⅵ, de Valois, 1293-1350,〔1328-1350〕)として即位しヴァロワ朝——1328年〜1589年——が開かれた。ところがイギリスのエドワード3世(Edouard Ⅲ, 1312-1377,〔1327-1377〕)は,母がカペー朝最後の王シャルル4世(Charles Ⅳ, le Bel, 1295-1328,〔1322-1328〕)の姉であったところから,フランス王位継承権を主張してフランスに侵入し(1338年),百年戦争が開始した。

　戦況は,フランス国内がペストや飢饉,農民反乱——ジャックリーの乱(1358年)など——,諸侯の分裂抗争などで疲弊・混乱していたため,シャルル5世(Charles Ⅴ, le Sage, 1338-1380,〔1364-1380〕)の時代にデュ・ゲクラン(Bertrand du Guesclin, 1320-1380)の活躍で一時期フランスが盛り返したほかは,エドワード3世やその子エドワード黒太子(Edouard, le Prince Noir, 1330-1376)に率いられたイギリスが,ほぼ終始優勢であった。1356年のポワチエの戦いでは,国王ジャン2世(Jean Ⅱ, le Bon, 1319-1364,〔1350-1364〕)が捕えられている。また1420年のトロワの和約で狂王シャルル6世(Charles Ⅵ, le Bien-Aimé, 1368-1422,〔1380-1422〕)は,後継者をヘンリー5世(Henri Ⅴ, 1387-1422,〔1413-1422〕)とする約束までしている。しかし,シャルル6世の子シャルル7世の時に,救国の少女ジャンヌ・ダルク(Jeanne d'Arc, 1412-1431)が登場し,1429年にオルレアンを解放し,その後イギリス軍は敗退し始め,1453年にはカレーの地を除く全土を回復した。

長期にわたる戦争の結果，フランスでは諸侯や騎士が勢力を失い，国民感情の覚醒と常備軍の設置を背景として国王権力がさらに伸長する。シャルル7世は財務官にジャック・クール (Jacques Coeur, 1395 ?-1456) を登用し財政立て直しを図り，復興と集権化を推進する。つづくルイ11世 (Louis XI, 1423-1483, 〔1461-1483〕) も国内優先主義を採り，ブルゴーニュを併合するなどした。シャルル8世 (Charles Ⅷ, 1470-1498, 〔1483-1498〕) は，イギリスと結ぶ貴族の反抗を鎮圧し中央集権化を達成し，ついでナポリ王国の継承権を主張してイタリア遠征 (1494-1495年) をなした。この対外進出主義への転換は，ルネサンス文化の導入とともに，名実ともにフランスにおける中世の終りを象徴するものである。その後フランソワ1世も，カール5世 (Charles V, Charles Quint, 1500-1558, 〔1519-1556〕) と1519年にドイツ皇帝をめぐって争い，またハプスブルグ家と対立しイタリア戦争 (1521-1544年) を行った。その成果は少なかったが，国内的には絶対王政が確立した。

　百年戦争につづいては，宗教改革がフランスの政治と社会を大きく揺さぶる。フランスではカルヴァン派の新教徒であるユグノーの勢力が増大したが，歴代の国王の対ユグノー政策は一定しなかった。このため，国内ではカトリックとユグノーの対立が激化し，旧教徒ギーズ公 (Henri I, duc de Guise, 1550-1588) によるユグノー殺害から新旧両教派貴族間のユグノー戦争 (1562-1598年) といわれる内乱が勃発した。スペインがカトリックを支援し，これに対しイギリスは新教を援助し国をあげての混戦となり，その過程でサン・ベルテルミの虐殺 (1572年8月24日) が発生したりした。事件は国王シャルル9世 (Charles IX, 1550-1574, 〔1560-1574〕) の妹の王女マルグリット (Marguerite de France, dite la Reine Margot, 1553-1615) とナヴァール公アンリ——のちのアンリ4世——の結婚式に集まっていた新教徒を，旧教徒が不意討ちで皆殺しにしたものである。国王の母親でメジチ家からアンリ2世 (Henri Ⅱ, 1519-1559, 〔1547-1559〕) に嫁した摂政のカトリーヌ (Catherine de Médicis, 1519-1589) の陰謀といわれる。かくして新旧両派の戦いは，宮廷を巻き込んで激化する。シャルル9世の弟アンリ3世 (Henri Ⅲ, 1551-1589, 〔1574-1589〕) が暗殺されヴァロワ家が断絶し，結局，ユグノーの指導者であったアンリ4世 (Henri Ⅳ, 1553-1610, 〔1589-1610〕) がブルボン朝を開き，カトリックに改宗したのち1598年にナントの勅令を発して両派の信仰の自由を認めて，ようやく争いは鎮静

した。

　フランスの王権は，国民的統合の出発点となる勅令の下に，このブルボン朝——1589年〜1792年——のもとでさらに強化された。アンリ4世の暗殺ののちルイ13世（Louis XIII, 1601-1643, 〔1610-1643〕）が幼少で即位すると，宰相リシュリュー（Richelieu, 1585-1642, 〔1624-1642〕）は，王を補佐して貴族やユグノーを押え，さらにドイツで起こった三十年戦争（1618-1648年）に干渉して，ハプスブルグ家に対抗した。ルイ14世も幼くして即位し，マザラン（Mazarin, 1602-1661, 〔1642-1661〕）枢機卿が宰相となったが，彼は三十年戦争後のウェストファリア条約でフランスの優位を確保すると同時に，国内では貴族が起こしたフロンドの乱（1648—1653年）を鎮圧した。マザランの死後，ルイ14世は親政によって典型的な絶対主義政治を展開した。コルベール（Colbert, 1619-1683, 〔1665-1672〕）を財務長官に起用し，財政を確保し，ルーヴォワ（Louvois, 1641-1691）陸相のもと軍制を整備し，ヨーロッパ最強の軍隊を編成した。「朕は国家なり（L'Etat, c'est moi）」と豪語したのは，絶対主義君主の国家観を如実に示す台詞であり，ヴェルサイユ宮殿の造営（1682年完成）はフランス絶対王政を象徴する事業であった。

　もっとも，フランス絶対王政は，その支配権を確立するにあたって，完全に封建勢力を排除しえたわけではなく，これら旧勢力と成長しつつある有産市民勢力とを互いに競わせ，その均衡の上に力を伸長させていった。封建領主はそれまで全国身分会議において国王の実権を制約する活動を行っていたが，ルイ14世はこれを嫌い開催しなくなり，ルイ13世時代の1614年のブロワ会議が最後となった。また貴族の多くは，宮廷貴族として地方に根ざすことなく王権に従属する地位に甘んじた。しかし，貴族は高級聖職者とともになお特権身分を構成し，この有利な地位をできる限り維持しようとする。また法服貴族（noblesse de robe）として，最高法院（parlement）を牙城として国王に対抗することを止めなかった。このように封建領主勢力が温存されたのは，国王自身が古くからの封建領主の1人であり，自らが存立する経済基盤をこの封建的土地所有関係に置いていたからである。

　他方，フランス絶対王政は，ルイ14世の治下において既に衰退の兆しをみせる。すなわち，晩年になると南ネーデルランド継承戦争（1667—1668年），オランダ侵略戦争（1672—1678年），ファルツ戦争（1689—1697年），スペイン継承

戦争（1701—1713年）といった対外戦争を次々と起こしたが，みるべき成果はなく，財政が悪化して国民の不満をかった。また，1685年にはナントの勅令を廃止したが，これによりユグノーの多くが国外に逃避し，フランスの産業，経済に深刻な打撃を与えた。後継者のルイ15世（Louis XV, 1710-1774,〔1715-1774〕）は無能で，海外における植民地をイギリスとの争い——第2次百年戦争，第2部第1編第3章第1節参照——で多く失い，絶対王政が危機をむかえる。

2 絶対王政の理念とその動揺

絶対主義（absolutisme）というのは，何か「から（ab）」「解き放たれている（solut）」というのが原義であって「君主は法から解き放たれている（Princeps ab legibus solutus est）」に由来している。すなわち，国王は，その支配権を行使するにあたって，他の権力や法による拘束を何ら受けないというところに本質がある。ボシュエ（Bossuet, 1627-1704）は王権神授説をもってこれを根拠づけ，国王の支配権は王の祖先が神から直接に授けられたものであるから，失政の場合も国民に対する責任はないとした。もちろん，絶対君主といえどもあまりに放縦なことをなすと周囲の信を失って統治に支障をきたすため，通常は他の社会的権力や法を尊重するという態度を示すものである。人民の福祉を第一に考えることを標榜する啓蒙専制君主もプロイセン，オーストリア，ロシアには出現している。しかし，君主は自己の便宜のためにそうした行動をとっているのであり，自らが立法者を兼ねていたわけであるから，法に基づく統治に不都合があれば法を無視することも法体制そのものを変更することも何らの制約がなかった。ヴェルサイユ宮殿の窓から外の景色を眺めていた妃が，庭園の先にみえる庶民の粗末な家が目障りであるともらしたところ，一晩のうちに跡かたもなく撤去されていたというエピソードがある。当時は土地収用の手続を踏んで公用認定をしなければならないというような迂遠な手続は要求されていなかったわけで，人民の幸福はもっぱら君主の善政にかかっていたことになる。

経済的には重商主義（mercantilisme）の政策が採られ，東インド会社の再興（1664—1796年）など特許貿易会社の振興，保護関税，特権マニファクチュアの育成，手工業ギルドの統制と保護を行った。これらは国王の経済基盤と直結しており，これに寄生する大商人を利するものであったが，有産市民が要求

第1節　国家体制

する国民各個人の自由な営業活動とは対立した。

　こうした絶対主義の政治思想およびこれを支えた重商主義の経済思想に対しては，その後批判が生じてくる。まず人間が生まれながらにしてもつ自然権としての生存の権利を守るために，超越的で永久不変なものとして存在していると考えられる法が観念される。これは自然法思想といわれるものであり，権力者による恣意的な権力行使や理不尽と思われる実定法を批判する強力な武器となった。フランスでは，絶対主義が行き詰まりをみせた18世紀半ば以降に，啓蒙思想として発展する。理性絶対の立場にたち，権威や思想，制度や習慣に対する合理主義的批判を行い，民衆を無知の状態から解放しようとする考え方であり，ヴォルテール（Voltaire, François Marie Arouet, 1694-1778）が代表的思想家である。ほかに百科全書派に属するディドロ（Denis Diderot, 1713-1784）やダランベール（Jean d'Alembert, 1717-1783）などが出たが，とりわけルソー（Jean-Jacques Rousseau, 1712-1778）は，『人間不平等起源論（Discours sur l'origine et les fondements de l'inégalité parmi les hommes）』（1755年）を著わし自由・平等を説き，文明社会を批判し，『社会契約論（Du contrat social）』（1762年）で社会改造を主張し，革命思想に接近した。他方，モンテスキュー（Charles de Montesquieu, 1689-1755）は，『法の精神（De l'esprit des lois）』（1748年）の中で権力分立論を展開した。ここに大革命後の国家体制，公法の基礎となる考え方が形成されていったとみうる。

　他方，重商主義に対しては，絶対王政が行き詰まって財政難にあえぐフランスで18世紀後半にこれに代わって盛んに主張されたのが，重農主義（physiocratie）である。自然法に基づき，生産の増大のためには経済活動の自由が必要と説く。『経済表（Tableau économique）』（1758年）を著わしたケネー（François Quesnay, 1694-1774）やテュルゴー（Anne Robert Jacques Turgot, 1727-1781）が代表的学者である。流通過程よりも生産を重んじたことは正当と思われるが，国家や社会の富の基礎をもっぱら農業生産に求め工業生産を軽んじたことはのちに批判される点である。また，王政の財政再建に努力したにもかかわらず成功しなかった。しかし，大革命後の経済体制，私法の基礎となる自由放任主義の考え方を確立する上で，重要な意義を有した。

第2節　裁判制度

　絶対主義の確立に伴い，封建領主が有した裁判権や教会裁判権は衰退し，代わって国王の裁判権が中心となってゆく。ただし，国王はこの裁判権を自ら直接行使することは原則としてせず，至高法院（cour souveraine）およびその下に設置された上座裁判所（présidial），代官裁判所（baillage, sénéchaussée），副代官裁判所（prévauté）に委ねていた。いわゆる委任裁判（justice déléguée）制度である。もっとも，このほか多くの例外裁判所があり，また国王留保裁判も存在し複雑な様相を呈していた。

　至高法院は，大半が最高法院（parlement）――従来高等法院と訳されることも多いが，上訴手段が認められないことを示すため最高法院の訳語をあてる――という名称を有していたが，ほかに至高院（conseil souverain）という名称のものもあり，全国で16存在していた。以下では，最高法院という呼び方で代表させることにする。すなわち，最高あるいは至高というのはその管轄区域で上訴を許さないというにとどまり，フランスに１つのみではなく全国に複数の同種のものが割拠していたのである。パリ最高法院（Parlement de Paris）は管轄区域も広くその地位が高かったが，あくまで複数の最高法院の１つにすぎなかった。

　さらには，最高法院は，全国身分会議が開催されなくなってからは，国王に対抗する貴族階級がその政治的主張の足場をここに求めたことから，王権への権力集中を阻止する牙城としての役割も果たすことになった。最高法院の裁判官は，当時広く行われていた官職株の売買（vénalité des offices）すなわち売官制により，一種の身分保障を得ており，国王といえどもその保有者を罷免しえなかったためである。最高法院の裁判官職は最上級の官職であり，この株を購入することができたのは実際には貴族たちである。こうして，中世における帯剣貴族（noblesse d'épée）に代わって，近世においては法服貴族（noblesse de robe）が勢力をもった。

　法服貴族が国王の政治に有効な圧力をかけることができた背景としては，事実上の強力な身分保障があったことに加えて，最高法院が固有の裁判権のほかに，次のような各種の特権を有していたことによる。まず第１に，法規的判決（arrêt de règlement）を下す権限がある。最高法院は，個別的事件を解

第2節　裁判制度

決するにあたって，その事件に関連する事柄について立法することが認められていた。具体的には訴訟手続に関する事項が多かったが，必ずしもそれに限られるわけではなく実体法に及ぶこともあった。すなわち，積極的なかたちで立法権の行使に関与しえたわけである。第2に，法令登録権（prérogative d'enregistrement）がある。絶対王政下では国王が立法権を行使していたが，その王令は各最高法院の登録簿に記載されない限り当該最高法院の管轄区域内で適用されなかった。最高法院は，王令の適用を阻害するという消極的なかたちでも，立法権の行使に関与しえたことになる。これに対して国王は，自ら赴いて親臨法廷（lit de justice）を開催することにより，その適用を強いることができたが，最高法院はその有効性を争うなどして抵抗した。第3に，諫言権（prérogative de remontrance）があり，折にふれて国王の立法活動，行政活動に対して注文をつけることができた。

　これに対して，国王の側もただ手をこまねいていたわけではない。国王は，懸案ごとにそれを専門とする重臣が集まる国王顧問会議（Conseil du roi）を開いており，その1つに訴訟関係顧問会議（Conseil des parties, Conseil privé）を設ける。ここに王令に違反した判決の破毀事件および国王の行政・財政に係わる事件の管轄権を取り戻し，最高法院に対抗する。この制度は，宰相ダゲッソー（Henri d'Aguesseau, 1668-1751, 〔1717-1750〕）により，1738年の命令で整備された。本来絶対君主が全権力を掌握しうるという建前であるから，これは留保裁判（justice retenue）制度と呼ばれる。今日の破毀院，国務院といった司法，行政両系列の最高裁判所の起源は，当時の司法権を行使していた最高法院にあるのではなく，この国王の留保裁判にある。

　貴族階級が最高法院を根城にして国王権力と対抗し，権限の政治的濫用をなすことは，ルイ15世治下から頻繁にみられた。しかし，そのもっともよく知られているものは，ルイ16世（Louis XVI, 1754-1793, 〔1774-1792〕）の時代に国家財政の立て直しのために試みられた，経済学者テュルゴー，銀行家ネッケル（Jacques Necker, 1732-1804），財務監察官カロンヌ（Charles Calonne, 1734-1802）などの改革に抵抗し，これを挫折させたことである。税負担の増加を恐れる貴族階級が，最高法院に拠りつつ一斉に反対したためである。こうしたことから，最高法院は国王以上に反動の拠点と看做され，国民の不信の念が強かったのである。しかし，全国身分会議がまったく開催されないといっ

た閉塞した事態の下では，国王統治に掣肘を加える機関が正規な形態を採りえないのは，ある程度はやむをえないことであった。そして国王が課税問題でまさに名士会（Assemblée des notables），ついで全国身分会議を召集せざるをえない事態に立ち至ったことが，大革命の直接の引き金となったことは，よく知られている。

政治力学的観点からはこのように宥恕すべき理由があったとはいえ，裁判所による政治への干渉を目のあたりにして，国民の最高法院に対する反感は強まり，啓蒙学者たちも批判の声をあげるようになる。これが大革命後のフランスにおいて，司法権の独立ではなく司法権からの他の二権の独立に配慮がなされた権力分立をもたらすことになる。裁判制度に即して具体的にいえば，法令の解釈の統一に係わる破毀裁判権の司法権からの分離，行政裁判権の司法権からの独立すなわち二元的裁判制度の成立がそれである。これらについて具体的には第2編で詳述することにしたい。

第3節　法　源

近世の絶対王政の下においても，法源に関して基本的には慣習法主義が採用されていた。もっとも，国王が立法権を行使して積極的に法源を創造する立場を確保したため，制定法という法形式も存在しえた。また，国王裁判権の発達が，判例法の形成にどれだけ寄与するところがあったかも，関連して検討すべき課題である。さらには，伝統的に法源として中核を占め，この時期においても依然として第一の法源とされた慣習法についても，その具体的あり方の変化について考察を及ぼすことにしたい。

1　制　定　法

絶対王政は，先に述べたように貴族，有産市民の両勢力を打倒して権力を握るに至ったというよりも，その利害関係の対立を利用しつつ政治的実権を拡張してきた。国王による立法にもこうした立場が明瞭に反映していた。すなわち，貴族は，封建的地方割拠に存立の基盤を見いだしていたため，法の形式的な面での統一も内容的変革も好まなかった。これに対して有産市民は，自由で地域を超えた商取引の活性化に関心があり，貴族とまったく対立する立場にあった。国王はといえば，王権を伸長させるために法の全国的統一には熱心であり，その点では有産市民と利害が一致していた。しかし，封建的

第3節 法　源

な特権が権力の土台であったため実体法の内容に及んだ改革には消極的であり、その点では貴族と利害が一致していた。そこから、国王の立法は行政制度の確立、手続法の整備といった法の形式的領域に限られることになる。

まず、国王の実質的統治を全国に及ぼすためには、封建領主の割拠が障害となるため、これとは別に国王独自の統一的な行政制度の確立が目ざされる。その中核をなすものが地方総監 (intendant) であり、これを各地方総監区 (intendance) に派遣し、封建領主を監督させ、中央集権的施策を実現していった。もっとも、地方には地方身分会議 (Etats provinciaux) などを基礎とする地方 (province) ――身分会議地方 (pays d'Etats) といい自律性が高かったが、ほかにこれをもたない直接徴税地方 (pays d'élections) もあった――や都市といった別個の共同体が存在しており、またギルド仲間のような様々な中間団体と称される社会組織も複雑に絡み合い、一元的な政治支配の実現には程遠い状況があった。

手続法を中心とした立法作業としては、2つの時期に例外的に重要な王令が相ついで発せられた。その第1は、ルイ14世の治下において宰相コルベールが主導して、民事訴訟王令 (Ordonnance civile pour la réformation de la justice, 1667年)、刑事訴訟王令 (Ordonnance criminelle, 1670年)、陸上商事王令 (Ordonnance du commerce, 1673年)、海事王令 (Ordonnance sur la marine, 1681年) が作成された。このうち陸上商事王令は、パリの商人サヴァリ (Jacques Savary, 1622-1690) の起草になるものとされ、通常「サヴァリ法典 (Code Savary)」と呼ばれている。これらの諸王令は、いずれものちの革命期における法典編纂に多大な影響を与えることになる立法である。民事訴訟王令および刑事訴訟王令は、まさに手続法に関するものであって、法服貴族達の地方割拠の中心であった最高法院の自律性を弱めるためにも不可欠な立法であった。これに対して商事の2王令は、確かに実体法に関する立法であったが、当時の商活動は商人階級というギルド仲間でのみ可能であった。すなわち、重商主義に基づく保護政策による経済伸長を円滑に進めるために制定された立法であって、市民の自由な営業を保障するものとは認められない内容であった。

第2は、ルイ15世の治下において宰相ダゲッソーにより発せられた、贈与 (donation, 1731年)、遺言 (testament, 1731年)、信託的補充指定 (substitution fidéicommissaire, 1747年) に関する3王令である。これらのうち、信託的補充指

定とは，贈与や遺言と並ぶ財産の移転方法であって，自己の財産をあらかじめ次は誰に相続させるべきかを定め以後も同様にすべきという負担をつけた上で，特定の者に使用させる方法である。長子権（droit d'aînesse）とりわけ長男に財産を譲る長男相続制（majorat）とともに，農地の分散を防ぐ手段であり，領主の側では確固たる臣下をもつことができる利点があった。これらはいずれも民法分野の立法であって，法の近代化に大きな役割を果たしたが，権利の内容に立ち入ることなく錯綜していた方式の画一化を目ざすにとどまった。

2 判例法

判例法が占める重要性は，絶対王政の中で国王裁判所がどのような位置を占めていたかに深く係わっている。既に裁判所の個所で指摘したように，フランスでは最高法院による委任裁判が基本であったが，最高法院における司法官職の売買制とその世襲化とは，司法職団を法服貴族という特殊利益と結びつかせ，特権階級化していた。パリ最高法院をはじめとして諸最高法院が，旧制度末期に，固有の裁判権以外の様々な特権を駆使して王権と対抗した事実は，よく知られているところである。その国王政治への干渉の大きさと精神的に狭量な態度は，大革命勃発の遠因ともなっており，マクロ的にみた制度的欠陥として指摘されるところである。

同時に最高法院の裁判官は，官職株の購入に伴う出費を補塡し低額の俸給収入を補うために，正規の手数料（épice）のほかに賄賂を要求することがあり，またその多寡により判決が左右されることもみられ腐敗があった。この点は，ミクロ的な制度的欠陥といってもよい。

しかし他方で，売官制には，政治権力および行政機関からまったく独立し，一貫性を有する司法職団を創設しえたという利点があった。裁判官は，政治的にせよ金銭的にせよ自らの利害が関係していない場合には，具体的与件に基づいて柔軟に判断し，法を変革することに対して寛容であった。最高法院の功績の1つは，自由な判例法の創造をなし，時代とともに運用によって十分合理的に法を進化させることができたことである。近隣諸国との対比でいえば，神聖ローマ帝国内の諸領邦の裁判所においては，政治的恣意による裁判への干渉がしばしばみられたが，フランスでは避けられた。またイギリスでは，コモン・ロー裁判所が普通法（コモン・ロー）を厳格に適用することをなすのみであって，社会の現実に即した解決がもたらされず，司法の危機が

招来された。そこで大法官府に裁判所を設けて，普通法とは別の衡平法（エクイティ）という法規範の存在を認め矛盾の解消を図る必要があった。フランスでは，衡平（équité）が最高法院の裁判官によって判例法の中で実現され，普通法と衡平法という法規範の二重構造を避けることができたのである。

　判例法の重要性は，他方では，当時における主たる法源である慣習法が，裁判所によってその存在が確認されることによって現実にはその法的効力を獲得する，という面があったことにも由来する。慣習法が近世に至って明確化されるようになった背景には，判決を通じた裁判所の存在が大きい。たとえば，パリ最高法院は1254年以降Olimという判例集を刊行して，判例を集成している。慣習法の明確化については，裁判所はその編纂事業に協力することによっても寄与しているが，これについては次の慣習法の項に譲るのが適当であろう。

　判例法は，このように政治に左右されず衡平に基づく柔軟な解釈を展開したり，慣習法の内容を明らかにしたりする上で多大な功績があったものの，それのみでフランス法を全国的に統一することはできなかった。何よりも最高法院が16並立していたため，1つの最高法院の管轄区域内における判例法の統一は，フランス全土における法の統一を意味しなかった。また，慣習法主義を採用していたため，適用すべき慣習法の内容を明らかにすることはできたとしても，直接に慣習法を改革する権限は有していなかったし，法服貴族たちにそれを求めることは望みえないことであった。イギリスはこの点において中央集権化が司法権にまで及んでおり，国王の下に一元化された裁判所が，判例法による法の統一を可能とする状況にあった。判例法主義が採用された1つの背景である。逆にドイツにおいては，神聖ローマ帝国が形骸化の一途をたどり各領邦が割拠し，判例法はもちろんのこと慣習法の統一にも重大な障害をなした。多くの王国，公国，共和国に分裂していたイタリアも，状況は類似していた。

3　慣習法

(1) 慣習法の編纂　絶対王政下においても既に述べたように慣習法主義が採用されており，制定法が存在しない限り慣習法が適用された。ところで慣習法は，ヴォルテールが「宿場ごとに馬を換えるように慣習法が変わる」と揶揄したように地域ごとにその内容が異なっていた。また容易に万人が知

りえないことから，交易の活発化とともにその不便さが益々強く感じられるようになる。そこで王権は，シャルル7世が発したモンティル-レ-トゥールの王令（Ordonnance de Montilz-les-Tours, 1454年）により，慣習法の編纂を命じる。新たな編纂手続は，シャルル8世も1498年に定めている。中世末期に行われた慣習法の編纂が私的で断片的なものにとどまったのに対して，今回は公的なものであって，王権の主導の下に裁判所の協力を得つつ全国規模で作業が進められることになる。

　裁判所が積極的に協力した背景としては，慣習法の内容が明確化されることに裁判所が重大な利害関係を有していたことがある。訴訟において慣習法の存在を証明する義務は，今日の事実の存在を証明する責任の配分原則と同じであって，それを主張する当事者が負うこととされていた。しかし現実には，裁判所は慣習法の内容がいかなるものであるかについて，常に最終的な判断をする責任を負っていたのである。裁判官の任務は，慣習法主義の当時においては，事件の事実に既知の法規を適用することではなく，むしろ実際には，事実とともにこれに適用すべき法規範がいかなるものであるかを確定することであった。慣習法の編纂は，こうした訴訟上の手間を大いに省く効果をもっていた。

　しかし，編纂された慣習法の効力には限界があった。慣習法主義そのものは編纂にもかかわらず維持されていたわけであるから，実定法として有効なのはあくまで生ける慣習法の方であり，成文化された慣習法ではない。すなわち，編纂により固定された慣習法の内容は，その当時の法規を写しとったものであり，慣習法の変化により常に廃用によって効力を失うことがあり，また別に新たな慣習法が生まれることもありえた。多くの地方で複数の編纂が行われたのも，こうした理由に基づく。

　それはともかくとして，16世紀中に王国内のほとんどの慣習法が編纂されていった。その結果，200近い局地慣習法（coutume locale）と適用範囲の広い65ほどの普通慣習法（coutume générale）の存在が明らかになった。同一の地域に両慣習法の存在が認められるときは，局地慣習法が優先した。また普通慣習法のうちとりわけ重要なものは大慣習法（grande coutume）と呼ばれており，その代表的なものの編纂状況を列挙しておこう。

　　Coutume de Bourgogne（1459年，1575年）

第3節　法　源

Coutume d'Orléans（1509年，1583年）
Coutume de Paris（1510年，1580年）
Coutume de Poitou（1514年，1559年）
Coutume de Nivernais（1535年）
Coutume de Bretagne（1539年，1580年）
Coutume de Normandie（1583年）
Guidon de la mer（16世紀）　ルーアンで編纂された海法典，のちの海事王令に大きな影響を与えた。

(2) 慣習法の研究　このようにして慣習法の内容が明確になるにつれて，その多様性と対立が示されると同時に，これを基礎として統合を模索する動きがみられるに至る。北部では，慣習法の分化は南部よりも進んでいたが，この地方を代表する普通法としてパリ慣習法の重要性が認識され，各地でこれにならう傾向が生じる。他方南部ではユスチニアヌス法典がこれに相当する標準としての地位を占めていた。慣習法のこうした集約の過程において，ゲルマン的慣習法とローマ法との対立は一層明瞭になるのであるが，同時にそれは，フランス法の統一に向けて努力する基礎ができあがったことでもある。相違点の明確な認識なくしては，両者を統合するかたちでの統一は覚束ないからである。たとえば，ゲルマン法では十分に知られていなかった契約原理を，ローマ法の研究から導き出して慣習法に組み込む努力は，既に慣習法編纂の過程でも行われていた。こうして，ゲルマン法ともローマ法とも異なるフランス固有の法原理を樹立する試みが，全国レヴェルで始められるようになる。慣習法を研究する学者が輩出し，あるべき統一法の内容に関する提言がなされ，将来における法典編纂の基礎が形成されていった。代表的な学者に次のような者がいる。

　　DUMOULIN, Charles（1500-1566）　『フランスの諸慣習法の調和と統一に関する講話（Oratio de concordia et unione consuetudinum Franciae）』を著わして，慣習法の統一をいち早く構想した。
　　D'ARGENTRÉ, Bertrand（1510-1590）　デュムーランが平民出身であるのに対して，ブルターニュの貴族の出身であって，むしろ各地の慣習法がもつ特殊性の意義を強調した。
　　COQUILLE, Guy（1523-1604）　ニヴェルネ地方の慣習法を研究し，『フランス人

の法学講義(Institution au droit des Français)』を著わした。

LOYSEL, Antoine (1536-1617)　『慣習法概論(Institutes coutumières)』を著わし，各地の法諺を利用し慣習法の研究にすぐれた業績を残した。

LAMOIGNON, Guillaume (1617-1677)　裁判官出身の学者であって，パリ最高法院の判例を中核とする慣習法の統一を構想した。

DOMAT, Jean (1625-1696)　『自然な秩序における民事法(Les lois civiles dans leur ordre naturel)』を著わし，民法典編纂に多大な影響を与えた。

BOURJON, François (?-1751)　『フランス普通法・パリ慣習法要説(Le droit commun de la France et la coutume de Paris réduits en principe)』により，法の統一を構想した。

POTHIER, Robert Joseph (1699-1772)　オルレアン慣習法を註釈したのち，『債務法概論(Traité des obligations)』以下様々な概説書を著わして，多様な慣習法から抽出されたフランス法の原理を呈示した。ドマと並んで，民法典編纂に極めて大きな影響を与えた。

　これらのフランス慣習法学者は，当時のローマ法学者や教会法学者と対比していわゆる自然法学者に属するのであるが，大陸ヨーロッパの他の諸国における自然法学者の研究態度とは距離がある。グロチウス(Hugo Grotius, 1583-1645)――著書として『海洋自由論(Mare liberum)』(1609年)や『戦争と平和の法(De Jure Belli ac Pacis)』(1625年)――，プーフェンドルフ(Samuel Pufendorf, 1632-1694)，ヴォルフ(Christian von Wolff, 1679-1754)さらにはスペインのヴィトリア(Francisco de Vitoria, 1483-1546)やスアレス(Francisco Suàrez, 1548-1617)といった学者の著作は，普遍性の高みにその理論を展開し，それ故に世界中で読みつがれ，一級の法学者として名をなした。これに対して，フランスの自然法学者の主張は遥かに控え目であり，自然法の原理をより限定されたフランスの国家法の次元で具体化することに努めており，抽象度が低い実定法研究であった。しかし，個々の学者の業績を一見したところでは偉大なものとしなかったこととは逆に，こうした地道な研究の積み重ねの上にこそ，世界中においてまた19世紀のすべてを通じてフランス法の栄光を確保する法典編纂が，初めてなし遂げられたのである。このようにフランスでは，イギリスのように判例法による法の統一はなしえなかったが，慣習法を統合に向けてゆく努力を行うことにより，統一法の実現を見通しうる状況にあったわけ

で，自然法学者がこの任にあたった。これに対して，神聖ローマ帝国の支配地域でもスペイン王国でも，各領邦や地方の自立性が強く，到底慣習法を実定的に研究して統一法に至る展望はなかった。そうした状況では自然法学者の関心は，いきおい抽象的な法理論や国家の対外政策を反映した国際法学の構築に向かうようになったと考えられる。

4 ローマ法・教会法

最後に，ローマ法と教会法が法源として果たした役割について付言しておきたい。これらは，制定法，判例法，慣習法といった法源とは異なり，それ自身フランスの固有法といった性格をもつものではなく，西ヨーロッパに共通する普遍的な法源の存在形式を示すものである。当時は両法といわれ，これを修めることがすなわち学問的に法学を修得することであった。フランス法の形成にこれらはどのようにこの時期に係わったのであろうか。

まずローマ法は，中世後期にユスチニアヌス法典が知られるようになり，南部を中心に大きな影響を与えていく。そこでのローマ法はバルトルス（Bartole de Sassoferrato, 1316-1357）やバルドス（Baldus de Ubaldis, 1327-1406）など後期註釈学派（postglossateur）による現代的解釈に基づくものであったが，あるいは慣習法形成に寄与し，あるいは慣習法なき場合には補充的に適用をみた。さらには慣習法の標準的内容として，ローマ法が普通法として適用をみる勢いであった。しかし，近世になって慣習法の編纂によりその内容が知られるにつれて，実定法としてのローマ法の役割は，フランスにおいてむしろ阻止される方向にあった。既に指摘した，神聖ローマ帝国との対抗を軸としたローマ文明からのフランスの自律がからんでいたためである。そこで，自然法学者が慣習法を実定法的に研究したのとは対照的に，フランスのローマ法学者（mos gallicus）は，人文主義の影響を受けた復古学派（école humaniste）が主流となり，普遍的な学問的ローマ法研究をこころがけた。代表的学者として次の者がいる。

CUJAS, Jacques（1522-1590）

DONEAU, Hugues（1527-1591）

GODEFROY, Denis（1549-1622）

これとまさに逆の立場が，神聖ローマ帝国下におけるローマ法研究者（mos germanicus）についていえる。ここでは，慣習法の統一による国家法の整備が

不可能であることを自覚すると，ローマ法の継受（Rezeption des römischen Rechts）を行い，ローマ法を実定法として帝国内の共通の法規範とした。ローマ法の伝統のないゲルマンの地域が，フランスよりも一挙にローマ法的な法体系を採用することになったわけである。こうして神聖ローマ帝国では，ローマ法研究は実定法に直結するものであり，イタリアを中心に盛んとなった後期註釈学派の流れをくんで，註解学派（Kommentatoren）の研究が中心を占めた。

　他方教会法の重要性は，教会権力の世俗権力との力関係の消長が大きく係わっている。14世紀の初めに教皇ボニファティウス8世は，フランス国王フィリップ4世と争って敗北して憤死し──1303年のアナーニ事件──，教皇庁はそのため南フランスのアヴィニョンに移された。いわゆる教皇のバビロン捕囚（1309—1377年）である。その後教皇はローマに帰還したものの，アヴィニョンにも別の教皇が立ったため教会は分裂した。この大離教（Grand Schisme, 1378—1417年）を経て教会の権威が衰退し，その世俗化と腐敗も増した。またフランスの教会を王権の下に置くフランス教会の自立（Gallicanisme）の主張がなされて，教会裁判所は管轄権を縮小し，かくして教会法も相対的に影響力を低下させた。

第2編　中間法時代

(1) 大革命の勃発　　近世絶対王政の下では，第一身分の聖職者は0.5パーセント，第二身分の貴族ですら1.5パーセントにすぎなかった。すなわち，農民や市民からなる第三身分が人口の大半を占めていた。それにもかかわらず，前２身分は，広大な土地——全耕地の35～40パーセント——を保有し，王権に寄生して免税特権や領民支配権を認められた特権身分であった。これに反して，勃興する市民階級は，その実力にふさわしい政治上の権利を要求するにもかかわらず受けいれられず，農民は封建的重圧に苦しんでいた。さらにそれぞれの身分の内部でも，富裕な者と貧困な者とがあり，これら社会的諸階層の絡み合った利害関係を反映して，当時の政治・社会体制は錯綜した様相を呈していた。こうした絶対王政が行き詰まった段階を旧制度（ancien régime）と呼んでいるが，18世紀中葉より既に大きな動揺を見せつつも維持されてきた。

　絶対王政崩壊の直接の契機は財政問題であり，アメリカ独立の援助で財政危機は決定的となる。これに対処するにあたり，ルイ16世は無為かつ怠惰であり，妃でオーストリア皇帝マリア・テレジアの娘マリー・アントワネット（Marie Antoinette, 1755-1793）は，派手好きの浪費家であって，民の心に理解がなかった。財政再建のための宮廷費，貴族年金の削減は困難であり，第三身分は既に税負担の余力はなく，王権は特権階級への課税を図る。しかし，最高法院の反対に遭遇し挫折したため，新規課税につき審議権を有する全国身分会議が，1615年に停止して以来初めて1789年５月５日にヴェルサイユで開会される。そこでは議決方法をめぐって，第一，第二身分が身分別の議決を主張したのに対して，第三身分は全体での議決を主張して紛糾する。第三身分は独自に国民議会を組織し（６月20日の球戯場の誓い），国王もこれを認めたため立憲議会として発足する（７月９日）。ところが，保守的貴族に動かされて国王が武力で議会を弾圧しようとしたところから，７月14日にパリ市民が

大挙してバスティーユ監獄を襲い，ここにいた政治犯を釈放した。これに呼応して全国に暴動が起こり，大革命（Révolution）が勃発し，旧制度は根本的に覆され，新しい歴史の頁が開かれることになる。

　この革命をわれわれはよくフランス革命と呼んでいるけれども，フランスではそのように表現することは当然のことながらみられない。自国の革命であるからである。他方でフランスは，その後も7月革命，2月革命，パリ・コミューヌまたさらに近いところでは学生騒動に端を発する5月革命まで，革命と名のつく変革を多く経験してきた国柄でもある。しかし，この革命はそれらとは区別される特別に重要なものであり，大文字でRévolution としたり大革命（grande révolution）と表現することが通例である。以下においても，こうしたフランスの方式にならって，大革命と呼ぶことにしたい。

　大革命の勃発により，法的には中間法の時代が幕を開けることになる。この時代に，フランス法は形式的にも内容的にもその様相を一変させる。形式面でいえば，地域的に異なる不文の慣習法が支配する状況から，全国画一で制定法が規律する法体系が形成されてゆく。ナポレオンによる一連の法典編纂は，この変化の集大成を象徴する出来事である。

　内容面では，絶対王政と封建的社会経済体制を支えてきた法から，近代的市民法体系への転換がなされた。この点は，大革命の歴史的意義を法的観点からどのように位置づけることができるかとも関連する。すなわち，大革命は，一面において絶対王政を打倒して市民中心の政治体制をつくりあげたという政治的，行政的変革をもたらした。法的にいえば，立憲主義，基本的人権の承認，法治行政原理といった近代公法原理の構築が，この時期にみられたと評価しうる。しかし，大革命は，単にそうした政治革命にとどまるものではなく，同時に絶対主義権力による支配の基盤を形成した経済，社会体制の変革をももたらした。すなわち，封建的土地所有制度，ギルド的産業規制の体系，カトリック教会を中核とする社会規律などを廃棄し，土地所有権の絶対，営業の自由，宗教からの解放などを実現した。近代市民社会の前提をなす個人を確立し，同時に資本主義への本格的な途を拓いたわけである。有産市民による政治支配は，それを支える新しい全体的社会秩序の創設を必要としたのである。法的にいえば，私法体系にも内容的に根本的変革がもたらされたことになる。市民革命はほぼ共通してこのような特徴を有するのであ

るが，フランスにおけるそれは，その規模において格段に大きく，フランス社会を根底から変えた典型的な例であり，その影響力は全ヨーロッパに及び，世界史的にみて近代社会成立の転換点となった（拙稿「法学からみたフランス革命」ソフィア38巻2号（1989年）参照）。

(2) 時期区分　大革命は1789年に勃発し，これが中間法時代の始まりであることに異論はない。しかし，全法分野にわたる根本的変革は，一朝一夕にはなし遂げうるものではなかった。近代的市民法体系の基礎を築いた民法典は1804年に制定されており，この成立をもって中間法の終期を画すことが一般になされているところである。もっとも，法典編纂が5法典の整備というかたちで完成するに至るのは1810年であるし，また公法的観点からは，この法典編纂事業を支えてきたナポレオン帝政は，1814年まで存続している。ここでは通常なされている区分よりは終期に少し幅をもたせて，1814年までを視野に収めて考察をしてゆきたい。

中間法の時代というのは，その前後にある古法と近代法の両時代に挟まれているところから単純に名づけられており，その期間も極めて短い。しかし，法的にみて近代的制度を樹立するために多くの注目すべき努力がなされ，今日の法体系の先駆ないしは原型をなすものが相ついで出現した。すなわち，古法と近代法とを橋渡しする，極めて重要な時期である。同時に，短期間とはいえ変動が激しく，様々な観点からこの時代をさらに細かく区分することが試みられている。もっとも一般的であるのは統治形態による区分であって，立憲議会時代（1789—1791年），立法議会時代（1791—1792年），国民公会時代（1792—1795年），執政府時代（1795—1799年），統領府時代（1799—1804年），帝政時代（1804—1814年）といったものである。ここでは，中間法の時代における法制の大きな流れを捉えることに重点があるため，それほど細分化して検討する必要はなかろう。政治の舞台の主役に注目すれば，革命期（1789—1799年）とナポレオン期（1799—1814年）という二分法も考えられるが，ここでは大革命が徐々に尖鋭化，急進化していく高揚期と，ジャコバン派の独裁を頂点としてテルミドールの反動でこれが崩壊し，大革命が沈静化してゆく終息期とに二分して検討することにしたい。法の動きに明らかに異なる傾向が認められるからであり，またこの終息期の最後にナポレオンが出現し，政治的安定に達した上で法典編纂も可能となったとみうるからである。

ここで注意すべきことは，後半に反動が生じあらゆる面で後退が見られたとはいっても高揚期との比較における相対的な評価であって，決して大革命前の旧制度に逆戻りしたわけではないことである。むしろ市民革命が完璧なかたちで成就するためにたどらなければならなかった，ある意味で必然的な発展過程の一部として捉えられる。すなわち，行き着きうる限界まで旧制度を否定した上でこそ新しい試みが大胆に展開しえたわけであり，終息期は事後的に行き過ぎた点に修正を加えるという作業とみうるのであって，基本的には大革命の延長線上に位置している。ナポレオン帝政の統治方法ひとつを採りあげても，同じく独裁制であっても絶対王政とは性格をまったく異にしている。中間団体を排除し，みせかけのものとする批判はあれ，国民の同意を前提として統治をなしている点において，本質的部分について大革命の影響下にある。ナポレオンがよく大革命の限定相続人（héritier sous bénéfice d'inventaire）であるとされるのは，こうした革命終息期の性格を的確に示すものであろう。大革命の法的成果の集大成である法典編纂は，まさにこうした状況下で行われたのである。

第 1 章　革命高揚期（1789年—1794年）

1794年までの中間法時代の前半期においては，旧制度時代の統治機構，裁判制度，法内容などあらゆる面でこれを打破することに主力が注がれる。また，これに代わって設けられてゆく法制度は，改革が加えられるたびに徐々に急進化し，伝統や慣習よりも合理性を拠り所とすることに特徴がある。科学的測量結果に基づく全国共通の十進法による新しい度量衡の採用（1793年）は，当時のこうした合理主義精神を象徴するものであろう。

第 1 節　国家体制

大革命に至るまでは，国王なり封建領主なり政治的実権を掌握する者が，それぞれの流儀にのっとって統治を行うのが基本的仕組みであった。これに対して，大革命により国民が主権者であることが宣言され，統治方法にせよ行政活動にせよ，国民の意思を具現化する法によって規律される分野となる。立憲主義，法治行政主義が採用されるに至ったことの意味がそこに認められ

るわけであって、この時期以降の国家体制は近代的意味における公法のあり方として捉えられる。このこと自体が、統治の手段として存在してきたいわば括弧付きの公法からの根本的転換であり、まず指摘されなければならない特徴である。

1 統治原理

(1) 1789年8月26日の人権宣言　正式には「人および市民の権利の宣言 (Déclaration des droits de l'homme et du citoyen)」と呼ばれる。いかなる国家権力によっても侵害しえない自然的権利は「人の権利」であり、あるべき国家社会における構成員の権利は「市民の権利」ということになる。この「人」の中に女性を、「市民」の中に無産市民を含んだ上で必ずしも構想されていないことは、その後批判の的となる弱点であり、この人権宣言の限界といえよう。しかし、古典的な自由権を明確に表明するものとして、今日の世界人権宣言や各国における憲法の人権条項の先駆けをなし、多大の影響を与えることになる。人権宣言は、アメリカ独立戦争でも活躍したラファイエット (Marie de La Fayette,1757-1834) らの起草になり、アメリカ独立宣言およびルソーの啓蒙思想から多くの着想を得ている。

人権宣言は全文17条から成り立っている。1条では「人は自由かつ権利において平等なものとして生まれ、かつ、存在する。」と定める。法外的存在であった国家権力を法律の支配の下に服させ、その恣意と専断を禁止する趣旨は、「あらゆる政治的結合の目的は、人の自然で時効により消滅することのない権利の保全である。」(2条)、「あらゆる主権の原理は、本質的に国民にある。」(3条)、「法律は一般意志の表明である。」(6条) などの条文に典型的に示される。自然法に基礎を置く啓蒙思想、とりわけ社会契約思想によって、この観念はつくり出されている。他方、有産市民の経済的支配権を正当化する一切の経済的自由は、「自由とは、他人を害さない限り何でもなしうることにある。」(4条) とか、「法律によって禁じられていないことすべては、妨げられることがない。」(5条) という文言に示され、最終の17条は、「所有権は、不可侵かつ神聖な権利であり、……何人もそれを奪われることがない。」(以上につき、「法令原文資料」Ⅲ参照) と定める。これらは、同様に自然法を基礎とする重農主義の社会経済思想を盛り込んだものである。

1789年の人権宣言が公布された当時は、立憲議会 (Constituant) が設けられ

た当初であっていまだ憲法典は成立しておらず，人権宣言のみが単独で議決されており，のちに1791年の憲法典が制定された段階で，それにそのまま付加されている。すなわち，この人権宣言に限っていえば，憲法典と別のものとして存在していた。このことが，その後における多くの憲法体制の変遷にもかかわらず，人権宣言が時代を超えて影響力を持ち続けることができた原因となった。それというのも，これ以外の人権規定はすべて，当初から憲法典に付加されて宣言されているため，どんなに立派なものであってもその廃止とともに実定法としては失効するのが当然の運命であった。そしてフランスでは，正規に公布された憲法典だけでも，現在の第5共和制まで16を数えるのである。

(2) 1791年9月3日の憲法典　1789年5月に召集された全国身分会議の転身である立憲議会において，激しい議論の末に議決された，フランスにおける最初の近代的成文憲法典である。大革命当初のこの時期は，人権宣言が発布された時代背景の延長線上にあり，国民主権の原理の上に立憲君主政国家を構築しようとする穏健な内容をもつ。進歩的特権階級と第三身分とを大同団結させた共通項が，絶対王政を法律によって制限する要求であったことを考えるならば，なお王政を維持していても怪しむに足りない。共和政論者は，いまだ少数派であった。政治的に体制構築の中心となったのは，先述したラファイエットやミラボー（Gabriel Mirabeau, 1749-1791）といった貴族出身者とバルナーヴ（Antoine Barnave, 1761-1793）ら有産市民出身者であった。

もっとも，国王の法的性格はこの憲法制定によって完全に変質し，もはや昔日のように法の上にある主権者ではなく，国民から執行権を委任された執行権の首長にすぎない。すなわち，主権は国民にあり，その当然の帰結として国民の意思を体現する機関である議会に優位が認められる。この立法権優位の憲法思想は，以後のフランスにおいて抜き難い伝統となる。その背景には，法律こそが一般意志の表明であるとするルソーの思想の影響が顕著にみうけられる。国王は国家機関としては残ったが，考え方としてはむしろ共和政と紙一重のところにきているわけで，委任された執行権を適切に行使しなければ，国王といえどもその職にとどまることはもはやできないのである。

1791年憲法における統治機構の具体的内容は，『第三身分とは何か（Qu'est ce que le tiers état ?）』（1789年）を書いて大革命の理論的指導者となったシェイエ

ス〔シエース〕(Emmanuel Sieyès, 1748-1836) が中心となって起草された。その骨子は，議会における一院制および制限選挙制にある。立憲君主政か共和政かという政体の基本的なあり方とは別に，議会が一院制か二院制か，選挙権の範囲がどこまで及ぶかは，その憲法体制が政治的にどれだけ急進的か穏健かを知る有力な手掛かりである。前者に関しては，国民の一般意志が1つである以上はそれを表現する機関も1つであるべきとする考え方は理論重視の急進的主張に基づくものであり，両院によるバランス感覚はイギリスの議会制にならうもので保守的な現実論により展開された。後者に関しては，納税額により選挙人を限定するか否かはそのまま政体の支持基盤をどこに求めようとしているかを示し，第3共和制下で普通選挙制が確立するまでは，政治的思惑により選挙権の範囲の選択がなされていた。なお，1791年憲法の人権規定については，既に述べたように，1789年の人権宣言がそのまま冒頭に付加された。

　(3) 1793年6月24日の憲法条例　　1791年憲法典は，難産の末に成立したものではあったが，実は制定の時点で既に現実に遅れをとっていた。1791年6月20日のヴァレンヌ事件で国王一家がオーストリアへの逃亡をくわだてており，また同年8月27日のピルニッツ宣言でオーストリア，プロイセン両皇帝がフランス王権の回復を求めたため，国王と議会の対立は抜き差しならぬ状況となっていたからである。翌1792年4月にはオーストリアとの間に戦端が開かれたが，フランスは志願兵により常備軍を破っている――9月20日のヴァルミの戦い――。その後，王政復古を巡る8月10日事件により国王が捕えられ職務停止となり，ついで9月21日には王政廃止，翌22日に共和政宣言がなされ，立憲君主政憲法はその存立の基盤を完全に喪失する。そこで，新憲法典を制定するために国民公会 (Convention) が召集されるが，そこにおいてブリッソー (Jacques Brissot, 1754-1793) などジロンド派とジャコバン派とが激しい主導権争いを展開する。より穏健なジロンド派の憲法典草案は，啓蒙思想家として名高いコンドルセ (Antoine de Caritat Condorcet, 1743-1794) が起草したものであって，33か条の人権宣言と本文370条から成っていた。しかし，政治的混乱のうちに一部が議決されたにとどまった。その後1793年1月21日に国王が処刑され――なお，10月16日には王妃マリー・アントワネットも処刑されている――大革命は激化の一途をたどり，ジャコバン派の勝利のうちに

制定されたのが1793年の憲法条例である。この憲法典は、共和暦1年の憲法典とも呼ばれているが、それは共和政宣言に伴って暦を改めて、共和〔革命〕暦を採用したためである。

共和暦は、1793年10月5日の決定により、前年9月22日にさかのぼって施行され、1年を30日の12か月と5日のサン・キュロットの日に分けた。また月の名称も自然現象を冠し韻を踏んだ詩的な表現が採用された。共和暦は、ナポレオン治下の1805年9月にグレゴリー暦への復帰が決まる（1806年より施行）まで、10年以上続いた。事件名など場合によっては共和暦の方が通りがよいことがあるので、この期間は適宜並行して用いることにする。

1793年の憲法条例は全体で124条から成り、共和政体を初めて定める。議会は一院制で毎年改選され、選挙は普通選挙制が採られ、立法機関を特徴づける急進的要素が揃っている。もっとも普通選挙についていえば、当時は男子のみの普通選挙制であって、女子に参政権は認められていなかった。執行権は、個人に権力を委ねることが独裁への途を拓くことをおそれて、議会によりその内部で選出される合議制の執行評議会（Conseil exécutif）に委ねられた。権力分立の形態としては、これは議会統治制（régime d'assemblée）と呼ばれる独特のものである。このほかの独創的内容としては、法律の制定手続において一種の消極的国民投票制を採り入れていることである。立法について国民に一定の異議権を認め、異議が成立したときは国民投票に付すことになる。人権規定としては、1789年の人権宣言よりも詳細で徹底した35か条から成る人権宣言を有する。ここでも公の救済、抵抗権、反乱権といったより急進的な内容が盛り込まれた。

斬新な内容をもつ共和政憲法典の成立にもかかわらず、革命期の政情不安のために、この憲法は実際には一度も具体的実施をみることなく終った。その結果、1792年8月10日の国王の職務停止から次の憲法が施行される1795年10月27日までの3年余は、実定憲法が支配しない異例の時期となった。この間1793年3月には革命裁判所（tribunal révolutionnaire）が設置され、4月には政治・戦争の最高指導機関として公安委員会（Comité de salut public）、治安・警察を担当する保安委員会（Comité de sûreté générale）が組織され、ジロンド派を追放したジャコバン派による独裁が出現し、革命政府（1793年6月—1794年7月）によるいわゆる恐怖政治（La Terreur）が行われる。マラー（Jean Marat, 1743-

1793）が暗殺されたのちは，極左で理性の崇拝（culte de la raison, 1793年11月—1794年3月）を挙行したエベール（Jacques Hébert, 1757-1794）や右派のダントン（Georges Danton, 1759-1794）を打倒したロベスピエール（Maximilien de Robespierre, 1758-1794）により革命的恐怖政治が絶頂に達した。対外的には第1回対仏大同盟（1793—1797年）が締結され苦境がつづき，1793年2月には徴兵制が採用された。

2 行政組織

　行政区域については，一方では従来の地方的割拠の中心であり，封建的領主領の名残りをもつ地方（province）を廃止し，他方では国王の複雑な地方行政区画をすべて廃し，統一的行政制度への障害を排除する。その上で，全国をほぼ等しい面積の県（département）に人為的に分割し，80あまりの県が誕生した。県の首邑に48時間内に馬車で往復できる範囲が目安とされた。これをさらに同様の機械的方式でディストリクト（district），カントン（canton）にと細分化した。最下級行政区域である市町村（commune）のみが，これとは逆に旧制度下の村落や都市の区域がそのまま用いられ，人口や規模に不均一が残された。大革命期に確定されたこれらの行政区域は，その後も基本的には変更されることなく維持されて今日に至ることになる。

　地方の組織に関しては，大革命の当初は，国家次元で国民主権を実現するために選挙制が採用されたのと同じく，すべてについて直接または間接の選挙制が採用され，徹底したかたちで地方自治が実現された。執行機関は，1793年憲法における議会統治制の下の政府と同様であって，立法機関である地方議会の内部から互選された合議形態をとり，その下に従属した。これらの自治団体相互には上下の階層が存在し，最終的には国家の下に統一された枠組みに従って行動することが想定された。しかし，自治団体の活動を担ったのはその団体によって任じられた者であり，中央から派遣された監督者は存在せず，中央の混乱とも相まって地方に対する統制は事実上働かなくなる。あまりに理念に走り，国家的統合を無視した地方分権制度の弊害に対する反省から，国民公会の下で国家吏員（agent national）を派遣するなど早くも中央集権を強化する方向で是正がなされていく。この傾向は，革命終息期に至って本格化する（拙稿「フランスの地方制度——歴史的展開」地方自治大系1巻（1989年）参照）。

第2節　裁判制度

　革命高揚期における裁判制度の改革は，国王よりも守旧的と言われた最高法院を解体すると同時に，旧制度下における複雑で不合理な要素を多く含む諸々の裁判所——たとえば，上訴は6段階まで可能とされ，真の権利救済の障害となっていた——を全面的に改革することにあった。司法裁判所に関しては，これに代わって近代的裁判所制度の基礎となるものが，この時期に確立していく。しかし，行政裁判所に関しては，裁判所制度はいまだ具体的な姿を現わすには至らなかった。

1　司法裁判所

　司法裁判制度について，大革命の初期におけるもっとも基本となる立法は，1790年8月16日—24日の法律である。なお，このように革命期の法律に日付が2つあるものが多く見受けられるのは，議決の日と公布の日の双方を表示するのが当時の慣わしであったことによる。また当時の立法は様々な名称をもつが，以下では法律に統一しておく。旧制度下の多様な裁判所は，最高法院以下委任裁判権に属するものであれ，国王の留保裁判権に属するものであれすべて廃止する原則が打ち立てられた。例外は，特別に存在理由を認められた商事裁判所のみであった。この法律は，代わってまったく新しい画一的制度を設けている。通常裁判所としては，ディストリクトに1個ずつディストリクト裁判所（tribunal de district）を設置する。この裁判所の例外裁判所としては，商事裁判所のほかでは治安裁判所（justice de paix）のみが認められた。もっとも，商事裁判所は旧制度下にあってはギルド体制を支えていたが，これが否定されたため市民の自由な商活動を保障する裁判所として装いを新たにした。治安裁判所は，イギリスの治安判事制の影響の下に小額の事件を解決することを任務とし，和解前置主義を採用した。

　ディストリクト裁判所の判決に対しては，とくに控訴を扱う裁判所は設置されず，他のディストリクト裁判所がその任に当たることとされた。最高法院の復活に対する警戒および当時における平等思想の現われであると言われている。なお国民公会の下で1793年3月に設けられた革命裁判所（Tribunal révolutionnaire）は，刑事の特別裁判所であって，ジャコバン派の独裁の時代に多くの者を断頭台に送り悪名高い働きをなしたが，1795年5月に廃止されて

第2節　裁判制度

いる。

　裁判官については，旧制度時代の売官制には弊害が多くみられたためこれを廃止し，裁判官はすべて国民が直接に選挙するという制度を設けた。あらゆる国家機関の意思形成に国民の意向を反映させるという点で，論理的には肯定されよう。しかし，選挙により選ばれた者が必ずしも法学に通暁しているとは限らないため，無制限な実施は裁判運営の実際上疑問の多い制度であった。そのため一定の法実務経験を要求したので，現実には旧制度下の裁判官が多く選出された。

　破毀審については，1790年8月16日—24日の司法組織に関する法律は何ら言及しておらず，1790年11月27日—12月1日の法律が別に定めている。このことは，破毀審が当時においては司法作用の範疇に含まれるとは考えられていなかったことを意味する。旧制度下においても法の解釈を統一する任務は，司法権を委任された最高法院にあったのではなく，国王の下の訴訟関係顧問会議の権限とされていたことと関連する。裁判所は，事実に法を適用し事件に解決を与えることのみが期待され，法規を解釈することにより判例法を創造すべきではないとされたためである。司法裁判所に対する不信の念が強かった当時は，裁判所に法律の最終的解釈権限を付与することは，司法権が立法権に介入することを許容することにつながり，「司法権からの独立」が危うくされると考えられていた。

　たとえば，ボルドー最高法院の裁判官でもあったモンテスキューは，『法の精神』の中で次のように述べている。「国民の裁判官は，……法の文言を述べる口にすぎず，その力もその厳格さも緩和することができない無生物である（Les juges de la nation ne sont, …, que la bouche qui prononce les paroles de la loi ; des êtres inanimés qui n'en peuvent modérer ni la force ni la rigueur）。」（11編6章）。また，革命期の政治家であるロベスピエールも，議会で次のように演説している。「裁判所の判例という言葉は，われわれの言語から抹殺されなければならない。憲法や法律を有する国家においては，判例は法律以外の何ものでもない（Le mot de jurisprudence des tribunaux doit être effacé de notre langue ; dans un Etat qui a une constitution, une législation, la jurisprudence n'est autre chose que la loi）。」

　このような司法権の役割限定という考え方にたち，1790年の法律は，破毀裁判所（Tribunal de cassation）を司法権の最高裁判所として位置づけるのでは

なく，立法府の下に設置することとしている。司法裁判所は法律を自由に解釈することが禁じられ，破毀裁判所の判断に従うことが義務づけられた。破毀裁判所自身も，法律の解釈に疑義があるときは最終的にこれを決めることはできず，立法府諮問（référé législatif）を行わなければならなかった。法律の解釈はこれを作った機関のみが終局的には行うことができるのであって，このことによって立法権の司法権からの独立が担保されると考えられたわけである。司法権は，法律の解釈すら禁じられていたのであるから，ましてや法律の合憲性を審査する余地などあろうはずもなかった。こうして司法裁判所による違憲立法審査制度をもたない伝統が形成された。

2　行政裁判所

他方，行政裁判についても，旧制度下における最高法院の執行権への干渉に対する反省から，司法権が執行権に干渉することも同様に厳しく排除された。司法権の独立よりも司法権からの他の二権の独立が，大革命当時における関心事であった。司法裁判所が行政に関与してはならず，公務員を召喚しえない旨は，行政組織に関する1789年12月22日の法律（7条），司法組織に関する1790年8月16日―24日の法律（2章10～13条），1791年9月3日の憲法典（3章5節3条），1795年9月2日〔共和暦3年実月16日〕の法律などにおいて，繰り返し明言されている。

しかし，旧制度下において国王の行政・財政に係わる事件を留保裁判として扱っていた訴訟関係顧問会議は，絶対王政の崩壊とともに姿を消している。またこの時期においては，国王が執行権の長としてとどまっており，他方いまだ行政事件を専門にする行政裁判所は創設されるに至っておらず，行政庁への全面的な裁判権の付与には当初躊躇があり，やや複雑な動きがみられた。すなわち，1790年9月6，7日―11日の法律により直接税訴訟や公土木訴訟は行政庁自身によって判断され，他は司法裁判所に委ねられることとなった。行政庁に係属する事件では，訴訟の一方当事者が同時に裁判官となるわけで公平な判断という面で問題があり，行政不服審査制度と区別されない形態は，行政裁判としては極めて変則的なものであった。また現実問題としても，行政は革命の混乱の中で多忙であり，十分に裁判の任務に専心しえなかった。もっとも，そうであるからといっても，行政事件を司法裁判所の審理に完全に委ねてよいという考えには決して結びつかず，このことがのちに行政裁判

制度が確立してゆく布石となった。

第3節 法　源

　旧制度時代の法源は，革命高揚期に次々と改められていくが，革命の進展に伴ってその内容的変化にも激しいものがあった。公法上の法源については，憲法制定権者や立法者としての国民の意思が，国王による絶対権にとって代わる。すなわち，為政者の統治手段としての公法から，立憲主義と法治行政主義の確立に伴う国民のために為政者を規制する手段としての公法への転換がなされる。もっとも，既に前2節で関連して述べたように，旧制度の払拭には大いに成果がみられたものの，安定した法制度の確立には至っていない。また革命の混乱の中で，理念に傾き現実を無視する立法があり，また法文の文字通りの適用がままならず異なる運用がなされる事態も少なくなかった。高邁な人権宣言とはうらはらに，革命政府による明らかな人権侵害行為は，大革命の負の側面を如実に示している。

　他方，私法上の法源については，議会制の発足とともに慣習法主義から制定法主義へという大きな転換が，法源の形式面においてみられた。このことは同時に，フランス全土に画一的な法の適用を意味するものであった。もっとも，革命初期においては法改革はいまだ個別立法という形態を採用しており，本格的な法典編纂は革命終息期を待たなければならない。しかし，フランスの絶対主義的な経済，社会体制をこれまで支えてきた旧法が立法によって次々と廃止され，そのあとにまったく新しい原理に基づく法規が制定されていく経緯は，瞠目に値する。またそこには，法典の土台となる近代的私法原理がもれなく示されている。財産法と家族法とに分けて，代表的改革を概観する。

1　財産法

(1) 所有権の絶対　　財産法の分野で当時もっとも重要な課題は，封建的土地所有制度の廃止と近代的な私的所有権の確立，すなわち農地解放問題であった。旧制度下の不合理で複雑な土地に対する封建的諸負担が撤廃されることによって，土地は近代的な個人所有権の対象となることが可能となる。そこで大革命の初期においては，土地に課せられた封建税（droits féodaux）を廃止することから始められる。各地で頻発した農民反乱を目のあたりにして，

1789年8月4日の法律が，封建税撤廃の原則的宣言をまず行い，同月26日の人権宣言も所有権の絶対をうたっている。具体的には，1790年3月15日の法律が封建税を2つに区分し，賦役などの人的負担については本来的に不当なものであるから無償廃止とし，貢租など物的負担については内容が特定されているので有効とし，有償廃止すなわち対価を支払って買戻し（rachat）を要求しうることを定めた。

　土地の解放と並行して，土地所有権の内容についてその絶対性を担保する様々な規定が設けられる。たとえば，1790年12月18日―29日の法律は，永代貸借は所有権の自由を害するものと考え，土地の賃貸借関係は契約による場合といえども99年を超えることまたは4代以上にわたることができない旨を定めている。1791年6月5日―12日の法律は，土地所有権の法的自由すなわち使用，収益，処分の権利を具体的なかたちで確立している。たとえば，土地所有者は自己の土地を自由に耕作しうるのであって，耕作物についても耕作方法についても自由な選択権を有することなどが定められた。さらに1791年9月28日の法律は，従来土地所有権の上に認められてきた放牧権（vaine pâture）などの共同体的権利を廃止し，土地の囲い込みは自由であるとしている。

　その後王政が崩壊し国民公会の時期に至ると，革命は激化しており，土地制度に関してもさらに急進的な法改革が加えられた。既に1789年11月2日の法律は教会の土地を没収していたが，1793年3月28日の法律は亡命貴族（émigré）の土地をも没収し，これらを国有財産として農民に売却した。他方で，1793年7月17日の法律は，物的負担についても無償廃止という方法を採用し，農地解放は完成した。このようにして，フランスではこの時期の農地改革により，自己の所有する中小規模の土地を自己の労働によって耕作する，独立自営分割地所有農民を作り出した。その結果農民は，その既得権を守る姿勢を示して保守化し，それ以上の革命の進展に消極的となる。また政治的には，農村はその後長く保守勢力の地盤となっていく。

　(2)　営業の自由　　都市の市民にとっては，営業の自由の確立が重要であった。旧制度下にあっては，同業組合による規制が厳格であり，これに加入しなければ商工業を営むことができなかった。1791年3月2日―17日の法律は，それまで存在していた同業組合を全廃し，1791年6月14日―17日の法

律は，職業活動の自由を保障するために団体結成を禁止する。後者の法律は，提案者であるル・シャプリエ（Issac Le Chapelier, 1754-1794）の名を冠して，通常「ル・シャプリエ法（Loi Le Chapelier）」と呼ばれるものである。これがのちには，労働組合の自由や広くは結社の自由を制約する法規として，重大な意味をもつようになる。

ル・シャプリエ法が有産市民の利益擁護を図るものであるとすれば，革命が急進化した時期には，無産市民の生活確保のために，必需品や賃金などの最高価格を設ける経済統制法まで公布される。1793年5月から9月にかけて制定された最高価格令であるが，これに対しては商工業関係者の反感を買うことになる。

(3) 金融の自由　経済活動の自由を資金的な面から援助し活性化をもたらす立法として，まず1789年10月3日―12日の法律が，利息禁止制度を廃止していることが見逃せない。利息付金銭消費貸借は，中世においては教会法の影響の下に禁止されていた。これは聖書にその典拠をもつものであるため，カトリック世界では不変の原則であったが，中世のような閉鎖的な自然経済が支配しており金銭を貯えてもそれを投資する余地がなかった社会では，それほど不都合は感じられなかった。しかし，近世に至り貨幣経済への転換が始まるとともに，この規制は現実に即しないものとなり，種々の脱法的手段が案出された。この中には神学者や法学者によって排斥された手段もあったが，また中には設定定期金（rente constituée）のように，教会や国家によって適法と認められ機能において利息付消費貸借とほとんど異ならないものもあった。定期金の形態としては，土地定期金（rente foncière）が通常であるが，設定定期金においては，土地の代わりに金銭を一括して預けるというかたちをとり，対価として毎年定期金を受領するものであって，元本と利子の返還に相当した。しかし，正面から金銭貸借業が認められることは決してなかった。かくして，法と教会の規制を巧みに回避しえた者，メジチ家のような金融業者のみが巨万の富を築いた。利息付消費貸借の禁止制度の廃止は，世俗法の教会法からの完全な脱却を意味し，また大革命が有産市民による自由経済体制の確立をもたらしたことを象徴する改革といえる。同時に，この立法は，資本主義経済が発展する契機となった。

同じく金融を促進するという面から経済活動の活性化の土台をつくった例

としては，少し時期は遅いが1795年6月27日の抵当権に関する立法がある。これは279か条からなる大部の法律であって，抵当法典（Code hypothécaire）とも呼ばれた法であり，公示制度を伴う抵当権を整備した。旧制度下においても抵当権は存在していたが，貴族など土地保有者は，国王に対しては徴税の基礎となる資産状況を，また同輩者に対しては借財の状況を知られることを嫌い，自己の財産状態を公示する制度に反対しつづけたため，土地の公示（publicité foncière）制度の発達が阻害されていた。この改革により，土地を抵当として金銭を借りる便宜が図られたことになる。すべての抵当権は，抵当権保存吏の下に備えられた土地登記簿（livre foncier）に登記（inscription）されない限り，効力を生じないこととされた。なお同時に所有権譲渡につき土地登記簿への登記を義務づける内容も伴っていた。しかし，この法律は実際には施行されなかった。

2 家族法

(1) 身分証書の世俗化（sécularisation）　旧制度下においては，カトリック教会がわが国におけるいわゆる戸籍事務をつかさどっており，出生，婚姻，死亡等の身分変動はすべて，管轄する聖堂区（paroisse）の主任司祭が管理する人名簿に登録されることを要した。この制度は，国民の大多数を占めるカトリック教徒にとっては何らの不都合もないどころか，教会での儀式と重なっておりむしろ便宜であったものの，信者でないプロテスタントやユダヤ教徒にとっては重大であった。たとえば，彼らはカトリック教会で挙式しないためその婚姻を登録してもらうことができない。このため夫婦は適法に婚姻しているものとは認められず，生まれてくる子は私生児となり，親の財産は子に相続されることなく国王や領主に帰属した。こうした事態はとりわけ旧制度末期には大きな社会問題となり，のちの民法典起草者の1人であるポルタリスはその非人道的なことを訴え，1787年の王令では非カトリック教徒の身分証書は世俗の役人が扱うこととし，この不都合を除去しようとしていた。1792年9月20日―25日の法律は，この改革を徹底させたものであり，すべての身分変動に関する事務を市町村吏員，いわゆる身分吏（officier de l'état civil）の管轄に移した。なお，この法律に対する違反には，1792年12月19日の法律が罰則をもって対処している。

(2) 親族法　身分証書の世俗化に伴って，家族法の各領域においても宗

第 3 節　法　源　　　　　　　　　　　　　　67

教色を払拭する方向で改革が加えられていく。夫婦関係については，婚姻は，1792年9月20日―25日の法律により，純粋な民事契約として構成された。婚姻は要式行為であり，手続等はほとんど教会法の方式を踏襲するものであったが，身分吏の面前で純粋に世俗的なものとして行われた。また1793年1月22日の法律は，これとは別に行われることがある宗教上の儀式が，婚姻の有効性に一切の影響を及ぼさないことを確認している。

　離婚法については，教会法に基づく婚姻不解消の原則が否定され，契約の破棄を類推し広汎な離婚の自由が認められた。すなわち，法定原因に基づく有責離婚のほかに，協議による離婚，さらには性格の不一致を理由とする一方的な離婚請求いわゆる破綻離婚まで認めている。もっとも，裁判所の関与が常に措定されており，また協議離婚と破綻離婚については，熟慮期間を置いてその間に和解を試みることとし慎重な対応を定めている。しかし，従来の婚姻不解消から一気にここまで飛躍したことは，極めて重大な転換である。

　親子関係については，旧制度下において父権が絶対主義の確立と並行して強化され，権力的様相を呈するものとなっていた。1790年8月16日―24日の法律は，家庭裁判所 (tribunal domestique) という親族会に相当する家庭内部の法的問題の仲裁機関を設け，子の個人的自由を守る砦とした。懲戒権の内容についても，親の命令に服しない子の相続排除権を廃止するなど緩和が図られた。また，1792年8月28日の法律により，子は成人すれば父権から解放され，完全な行為能力を得ることとされた。成人年齢は，1792年9月20日―25日の法律により21歳と定められた。

　非嫡出子に関しては，旧制度下においてはキリスト教の厳格な倫理観に基づいて，これらの者は私生児 (batard) として蔑まれた。法的には，正式の父母を有さずしたがってまた法定相続権もなく，まさに「家なき子 (enfant sans famille)」であった。非嫡出子の待遇改善は革命当初からの懸案であったがその立法化には手間どり，1793年11月2日の法律によって実現した。これは，身分占有 (possession d'état) を立証することにより法律上の親子関係を認め，この者に嫡出子 (enfant légitime) と同等の相続権を付与した画期的な改革である。

　もっとも，ここでいう非嫡出子は，単純自然子 (enfant naturel simple) すなわち元来適法に婚姻をなしうる者同志の間から生まれた子に限られ，姦通また

は禁止婚から生まれた姦生子・不倫子 (enfant adultérin ou incestueux) は含まれていない。ただし，後者の場合にも，人道的見地から嫡出子や自然子の3分の1の相続分相当額を扶養料として受けることが認められた。

(3) 相続法　　旧制度時代の慣習法によれば，北部では無遺言の均分相続制が一般的であり，これに対して南部では遺言相続制が行われていた。相続法ではこの両者をいかに調和させて全国の統一的制度として採用すべきかで議論がなされた。これは根本的には，相続財産の移転を巡って個人の自由意思と平等とをどこで折り合いをつけるかという困難な問題を内包している。革命の初期においては，急進的な平等思想が強く，被相続人の自由な処分権は大幅に制限されていた。すなわち，1794年1月6日の法律により，被相続人は，贈与または遺贈によって法定相続人間の平等を破ることが禁じられ，その相手方は法定相続人以外の者に限られる。また自由分も，直系相続人がある場合には相続財産の10分の1，傍系相続人のみの場合でもその6分の1と極めて少なかった。

第2章　革命終息期 (1794年—1814年)

ロベスピエール派の恐怖政治による独裁は，国民公会の反ロベスピエール派が決行したクー・デタにより崩壊する。1794年7月27日〔共和暦2年熱月（テルミドール）9日〕のいわゆるテルミドールの反動である。これを境として，中間派有産市民を主体としダントン派やジロンド派の者を含む熱月派 (thermidoriens) と呼ばれる穏健派に政権が戻ることになる。それに伴い，急進的な傾向はあらゆる方面で鈍化し，やがて多くの点で革命の成果に修正が加えられ後退がみられる。法についても，その例外ではない。第1章で述べたところと対比しつつ，各分野でどのように変貌していったのかを順次概説することにしよう。

第1節　国家体制

1　統治原理

革命を主導した第三身分とりわけ有産市民は，革命高揚期を通じて絶対王政の打倒と旧制度の解体に成功したが，それは初期においては平民出身の下

級聖職者や旧貴族の進歩的部分との，のちに急進化してからは無産市民いわゆる第四身分との協力によるところが大きかった。したがって，有産市民の政治的権力が真の安定をみるまでは，左右両翼からの絶えざる脅威にさらされざるをえないわけである。とくにテルミドールの反動後は，一方で再び台頭してきた亡命貴族や王党派の策動が活発化し，他方で民衆の生活は苦しく，サン・キュロット〔無産者〕の不満が強く社会不安が続いた。1796年5月には，バブーフ（François Emile Babeuf, 1760-1797）を指導者とする一派が，私有財産制度の廃止をとなえて政府転覆を計画した。これは未遂におわり，ジャコバン派の残党とともに処刑された。

　こうした長期にわたる混乱のなかで，有産市民はもとより，土地を得た農民大衆も，いまでは政治の理論よりも社会の安定を願うようになった。第四身分との提携を断念した以上は，右翼からの過度の影響力を排除するためには，結局は武力に頼らざるをえなかった。当時においてこの混乱を収めて社会秩序を回復させる実力は軍隊にしかなかったので，軍隊指揮者に対する国民の期待が高まった。ナポレオンの出現は，彼自身の軍事的，政治的才能もさることながら，このような国民の待望や有産階級の既得権益保全のための思惑と合致した結果でもあった。帝政にまで行き着く迂余曲折は，いくつかの憲法体制の変化のうちに跡づけることができよう。

　(1)　1795年8月22日〔共和暦3年実月5日〕の憲法典　　穏和な共和主義者が有力となった国民公会が発布した憲法典である。執政府（Directoire）——総裁政府と訳されることもある——という執行機関をもつ憲法体制であるところから，執政府憲法という呼び方もなされる。全文377条というかなり詳細な規定を置く。諸制度は，前憲法と比べて保守化したかたちで重大な修正を受け，有産市民の支配に適した形態に再編された。

　統治機構については，ドヌー（Pierre Claude François Daunou, 1761-1840）とボワシ・ダングラス（François Boissy d'Anglas, 1756-1826）の合作といわれる。議会に関しては，直接選挙制に代えて，2段階の間接選挙制を採用したが，同時に普通選挙制を廃止し，選挙人たりうるためには一定の財産の所有を要求している。国家主権の担い手は，納税市民すなわち有産階級に限定されることが明示されたわけである。立法機関は五百人会（Conseil des cinq cents）と元老院（Conseil des Anciens）とから成る二院制であり，権力の集中を避ける意図

があった。他方執行機関は，国王や革命政府による専断に対する反動として，その権限はかなり限定されており，また独裁制に陥ることを防ぐことを目的として，5人の執政官（directeur）で構成される合議制の執政府（Directoire exécutif）としている。

　人権規定としては，31条から成る「人および市民の権利および義務の宣言」を置いており，単に権利条項のみならず義務条項をも含む点に特徴がある。これは，国王や特権階級に対して自己の権利や自由をもっぱら主張してきた有産市民が，ようやく主権者としての意識をもち始めたことを示すものといえよう。

　(2)　1799年12月13日〔共和暦8年霜月22日〕の憲法典　　1795年憲法体制下においては，執行機関の立場が弱かったせいもあって，左右両勢力からの攻撃で政情は安定しなかった。その間隙をぬって，ナポレオンが頭角を現わしていく。コルシカ島の貧乏貴族の次男として生まれたナポレオン（Napoléon Bonaparte, 1769-1821）は，フランス本土に渡って士官となって革命軍に加わる。1793年12月には英海軍と王党派からトゥーロン軍港を奪回して名を馳せ，1795年10月には新憲法による選挙を前にした王党派の反乱を鎮圧して執政府の信任をえた。さらに1796年にイタリア派遣軍司令官としてオーストリア軍を大いに破り――1797年10月18日のカンポフォルミオの講和――，軍隊と国民の間に名声を高めた。しかし，この戦争は，革命防衛戦から侵略化への変質を画するものであった。さらにナポレオンは，1798年敵国イギリスとインドとの連絡を断つ目的で，当時オスマン・トルコ領であったエジプトに遠征し，ネルソン（Horatio Nelson, 1758-1805）提督指揮下の英海軍と対峙する。これに対して，イギリスはロシア・オーストリアと第2回対仏大同盟（1799―1802年）を構築し，フランス国境を脅かした。執政府は，こうした事態に自由経済を進めて貧困市民と対立を深め，獲得したばかりの土地所有権の十全な保護に不安を感じた農民層は離反し危機が訪れていた。ナポレオンは，こうした形勢をみて急ぎ帰国し，1799年11月9日〔共和暦8年霧月（ブリュメール）18日〕にクー・デタを断行し，憲法典を廃止し銀行資本の資金援助を得てより強力な執行権づくりを目ざす。いわゆるブリュメール18日のクー・デタであり，ナポレオン時代の幕開けである。

　その後新たに制定された憲法典は，1791年憲法典の制定にも携わったシェ

イエス，ドヌーおよびナポレオンの合作であるが，ナポレオンの独裁への野心は既に強く，そのための布石もなされている。統治機構については，引きつづき制限選挙制を採り，また立法機関としては，シェイエスの考案になるといわれる極めて独創的な制度を採用した。すなわち，議会は裁判所をかたどった4つの機関によって構成された。まず，法律案を作成して，これを政府の側にたって弁護する機関として国務院（Conseil d'Etat）を置く。これに対して，人民の利益を代弁しこの原案に批判を加える機関として護民院（Tribunat）を配する。この両機関が主張をたたかわせるのを聞いて，最終的に法律の賛否を決定するのが立法院（Corps législatif）である。国務院と護民院は議決権をもたない。逆に立法院は，法案の成否を判断するのみで自己の意見を述べず，「無言の院（Corps des muets）」とも渾名されていた。このように，国務院が訴訟の一方当事者であるとすれば，護民院はその相手方であり，立法院は裁判官に相当するわけである。このほか，憲法擁護すなわち法律の合憲性審査および護民院議員の選任に当たる政治機関として，護憲元老院（Sénat conservateur）が置かれていた。

　この4院構成の立法機関は，この時期にナポレオンによる諸法典の編纂事業が行われたため，それを審議し議決した議会であることにおいても重要である。その後1802年，1804年に行われた憲法体制の修正は，執行権のあり方としてナポレオンが独裁的地位を強化していく事態に伴うものであって，立法機関は基本的に同一の形態が維持されたためである。もっとも，当初は一応民主的な議会制の形式を有していたのであるが，ナポレオンは自らの統治権の確立にとってうるさい存在である護民院と立法院を徐々に骨抜きにすることにより国務院と元老院に実権を集中させ，同時にこの2つの機関に自己の腹心を送り込んで強化し，その政治的野望を遂げる手段とした。

　執行機関は，合議制執行機関の伝統を受け継いでおり，3人の統領（consul）からなる。これを統領府（Consulat）——先のDirectoireを総裁政府と訳す場合には，これを執政府と訳すのが通例である——と言い，そこから統領府憲法という呼び方もなされる。統領は具体的にはナポレオン，カンバセレス（Jean-Jacques de Cambacérès, 1753-1824），ルブラン（Charles François Lebrun, 1739-1824）の3人であるが，政治の実権は第一統領であるナポレオンが握っており，合議制はそのカモフラージュにすぎなかった。事実第一統領には，宣戦

講和権，陸海軍統帥権など重要な権限が集中していた。他方，1799年憲法は，人権宣言を伴っておらず，権力分立の原則も明言していない。1795年憲法と比べてさらに民主制原理から後退しているという印象は免れえなかった。

(3) 1802年8月4日〔共和暦10年熱月16日〕の元老院議決　1799年憲法により第一統領に就任したのちは，ナポレオンは，この憲法典の修正を内容とする元老院議決（sénatus-consulte）を国民投票（plébiscite）で追認するというかたちで行い，独裁体制を固めてゆくことになる。しかし，その内容が国家の基本的なあり方を根本的に変更するものであるため，フランスでは独立して新憲法体制と考えるのが常である。1802年のこの修正法は，対仏大同盟を崩壊させた同年3月のアミアン和約の成功を背景として，ナポレオンが終身統領となることを定めている。しかし，このほかにも多くの改正を含んでおり，86条から成る正真正銘の憲法典であった。

なお，元老院議決を国民の意思により確認する手続を"plébiscite"と呼んだが，通常の国民投票は"référendum"の呼称で知られており，現行フランス憲法典にも後者の規定がみられる。これに対して，既に方針が決定している事項について，国民の同意を擬制して一層の正当性を付与するために投票にかけるものを，"plébiscite"と表現しており，「追認的国民投票」という訳語を当てたりしている。ナポレオンは，こうした統治の技術にたけており，その後今日に至るまで多くの独裁者たちも，これにならって自らの支配権を正当化するためにこの種の国民投票を行うのがよく見受けられた。

(4) 1804年5月18日〔共和暦12年花月28日〕の元老院議決　1802年の改正とまったく同様に，元老院議決による1799年憲法典の修正を国民投票により追認するというかたちでなされた改正法である。これによりナポレオンは皇帝となったが，他の改正も多く142条に及ぶ実質的な新憲法である。さらには，1793年憲法以降政体のあり方は様々であったがいずれも共和政の枠内であったのに対し，この憲法改正により帝政（Empire），いわゆる第1帝政が開始することになる。第1共和制は名実ともに終了し，大革命の終息を画する年といえる。同時に，この1804年という年は，フランス民法典が制定された記念すべき年でもあった。

2　行政組織

国民公会の時代から始まった中央集権化は，執政府時代に一層加速された。

さらにナポレオンの登場により，徹底した中央集権体制の確立がなされ，大革命当初の地方自治体制は一掃される。もっとも重要なものは，1800年2月17日〔共和暦8年雨月28日〕の法律による改革であり，国内統治の強固な体制固めの一環としてなされた。ナポレオンが構築した中央集権体制は，封建的諸勢力や様々な中間団体さらには錯綜した国王行政機構が完全に払拭された後に形成されたものであるだけに，絶対王政期の体制よりも遥かに完璧であった。

地方行政の基本は県であり，ここに独任制の知事（préfet）を置いた。知事は第一統領の任命になる県における国家元首の代理人であり，県行政の実権はこの知事にすべて集中した。旧制度下における地方総監（intendant）が，一層強力になって復活したものといえる。県行政を補佐する機関としては，県会（conseil général）および知事の諮問機関として県参事会（conseil de préfecture）が設けられたが，その構成員はいずれも中央により任命された。1795年憲法体制下で一時期廃止されていたディストリクトの後身である郡（arrondissement）や市町村においても，地方行政官はすべて任命制となり，中央の厳しい統制に服した。革命初期の極度の自治制度が，ジロンド派の連邦主義志向と相まってフランスに無秩序と混乱を引きおこしたことから，中央集権と単一国家制はフランスにおける地方制度の基本となる。地方自治のその後における展開は，このナポレオン型の制度を，徐々に緩和し改革する過程とみることができる。

第2節　裁判制度

裁判制度については，司法裁判所も行政裁判所も，この時期に至って今日みられる形態の原型に当たる仕組みがほぼ姿を現わす。

1　司法裁判所

普通法裁判所であるディストリクト裁判所は，1795年憲法によってディストリクトが廃止されたのに伴い，管轄区域を拡大して県裁判所（tribunal départemental）に改編された。しかし，1799年憲法下で1800年2月17日の法律によってディストリクトが郡のかたちで復活したのに伴い，同憲法および1800年3月18日〔共和暦8年風月27日〕の法律は，市民との接近を図って再び郡裁判所（tribunal d'arrondissement）を組織した。第一審裁判所（tribunal de première instance）とも呼ばれるこの通常裁判所の管轄権は，その後長く維持され，基本的には1958年改革後の今日の大審裁判所（tribunal de grande instance）＝軽罪裁判所（tribunal correctionnel）に引き継がれている。

　第一審裁判所の例外裁判所としては，治安裁判所および商事裁判所が維持されたほかに，労働裁判所（conseil de prud'hommes）がこの時期にまずリヨンで復活し，ついで全国に及ぼされた。第一審裁判所の判決に対する控訴を扱う裁判所については，それまでの他の同一審級の裁判所が審理するという体制から，前記の1800年法により抜本的改革がなされ，とくにこれを専門とする控訴裁判所（tribunal d'appel）が設けられた。控訴裁判所は，1804年5月18日の帝政を定める元老院議決および1810年4月20日の法律により，今日の名称である控訴院（cour d'appel）となっている。

　破毀裁判所については，既に指摘したように，大革命の当初は立法権の下に設置されていた。これに対し，1804年5月18日の元老院議決は，この裁判官は国家元首たる皇帝ナポレオンにより終身で任命されることとし，その下に置かれるようになる。帝政の実施に伴う政体再編の結果である。もっとも立法府諮問は部分的に残され，また破毀審が司法権の最高裁判所として位置づけられるようになるのは，はるか後のことである。なお，破毀裁判所の名称は，控訴裁判所と同様に，1804年の帝政を定める元老院議決および1810年法により破毀院（Cour de cassation）と現行と同一のものに改められた。

　裁判官の選任方法については，1799年憲法典および1800年法により，選挙制が郡裁判所および控訴裁判所という通常裁判所について廃止され，任命制が採用される。ついで1804年の元老院議決によって，治安裁判所および破毀裁判所についても廃止された。こうして今日の形態である任命制による職業裁判官制度の原型が確立することになる。しかし，売官制，選挙制と比べて任命権者の意向に左右されやすい。その地位の不可動（inamovibilité）は認められていたとはいえ，裁判官の身分保障はその後における大きな課題として残された。

2　行政裁判所

　行政裁判制度に関しては，この時期に，初めて独自の裁判所が組織されていく。まず1799年憲法典は，全国的な行政裁判所として国務院を設ける。国務院は，既に述べたように立法機関の1つとして政府法案を立法院に対して

弁護する任務を果たすものとして創設された。このほかにも，国務院は，今日でいう内閣法制局的な役割を広く果たしたが，同時に行政事件に対する裁判権も付与された。ついで，1800年2月17日〔共和暦8年雨月28日〕の行政組織に関する法律が，第一審の例外裁判所として各県に県参事会（Conseil de préfecture）を設けている。県参事会は，国務院と同様に，県レヴェルにおいて知事の法的諮問機関としての仕事も担当した。

　このようにして，行政庁自身が当事者であると同時に行政裁判機関を兼ねるという，大革命当初の不自然な形態は解消され，行政は活動行政（Administration active）と行政裁判とに内部的に区分され，同時に行政事件に対する行政裁判所の原則的管轄権が確立された。しかし，国務院や県参事会は，国家元首や知事の諮問機関としての立場から形式的には判決提案をなす役割を有するにすぎず，判決の最終決定権はあくまでもこれらの権限者に留保されたままであった。行政裁判権としては自律性が不完全であり，これを留保裁判（justice retenue）制度と呼んでいた。また，行政庁は行政事件に関する第一審的な役割を依然として残し，当事者はまず行政庁に訴えることが必要とされた。不服申立て前置に類似するこの方式を，裁判官たる大臣の理論（théorie du ministre-juge）という。

第3節　法　源

　公法上の法源に関しては，憲法のほか地方制度や裁判所制度を含めた近代的国家体制を整える立法がなされたことについて，既に紹介した。行政作用に関しては，個別的な法規は数多く制定されたものの，とくに体系的な立法はなされておらず，未成熟な状況にあった。これに対して，私法の諸分野においては，法典編纂がこの時期に本格化する。その前段階において革命高揚期の立法を内容的に修正する動きがあるため，まずこの点から考察する。

1　私法上の改正

　私法制度に関しては，革命終息期に至って多くの後退がみられるようになる。この現象は，財産法におけるよりも理念の変化がより直截に影響を与える家族法において顕著であった。財産法で特記すべきことは，この動向とは直接には関係しない登記制度のその後の改革である。施行を見送られた1795年法が登記主義を採用していたのに対して，1798年11月1日〔共和暦7年霧月

11日〕の法律は，抵当権および所有権移転の公示制度を維持したが，登記は効力要件ではなく対抗要件の形式をとった。物権変動における意思主義の伝統の反映とみうる。登記の制度的意味は異なるとはいえ，土地の公示制度の整備は，フランスにおける不動産の取引と担保に関する重大な進歩であった。それにもかかわらず，1804年の民法典の編纂にあたっては，贈与の場合を除いては公示制度がすべて放棄された。意思主義を徹底し，当事者の意思の拘束力に敬意を払ったためであろうが，取引の安全という面からは著しく問題を残すものであった。民法典制定後に公示制度がある程度完備し，意思主義・対抗要件主義というかたちに戻るのは，1855年3月23日の法律をまたなければならなかった。

　家族法の分野では，まず女性の地位が当初に比べて低下し，1798年4月4日〔共和暦6年芽月15日〕の法律は，女子は親族会の構成員や後見人となることができないとしている。夫婦関係では，離婚の極端な自由に対する反動が生じ，これを制限しようとしたが実現しなかった。しかし，民法典草案ではこの趣旨が全面的な離婚禁止というかたちで示されるようになっていく——もっとも民法典そのものにはナポレオンの意向を反映して離婚制度は再び盛り込まれた——。親子法も，ナポレオンの権威の伸長に伴ってこれと二重写しになって，家父（père de famille）の権威が再び強調されるようになり，親権の強化の動きがみられ民法典に盛り込まれていく。こうした保守的傾向は非嫡出子の待遇についても影響を及ぼし，1796年8月2日〔共和暦4年熱月15日〕の法律は，1789年から1793年までに開始した相続により非嫡出子が得た権利は，嫡出子であったならば得たはずの相続分の3分の1にあたる扶養料を除いて返還することを命じた。この趣旨は民法典にも引き継がれている。

　相続法に関しては，被相続人の自由意思よりも相続人間の平等を重視する考え方に修正が加えられ，均分相続の原則が遺言の自由によってかなり破られることになる。1800年3月25日〔共和暦8年芽月4日〕の法律は，贈与や遺贈により相続人間の平等を覆すことを許容し，特定の相続人の利益になる処分を可能とした。また，自由分を引きあげて子が3人までの場合は相続財産の4分の1——4人以上の場合は子の数に応じて5分の1，6分の1と漸減する——と大幅に増やした。民法典ではこの方向が一層おし進められ，子が1人の場合は2分の1，2人の場合は3分の1，3人以上の場合は4分の1とし

ている。

2 法典編纂 (codification)

(1) 民法典成立まで　統一的な法典，とりわけ民法典を編纂しようという意欲は，大革命の当初から極めて活発であった。1790年7月5日にはこの編纂を促進する決議が採択されており，同8月には「単純明快で，憲法に合致した全般的法典の作成」のため布告がなされている。また1791年憲法典の第1章末尾にも，「王国全体に共通する民法典を作成する」旨が既に定められていた。しかし，当時の世論はむしろ刑法典の制定を熱心に要求し，その結果1791年9月25日—10月6日の刑法典，1791年9月16日—29日の刑事訴訟法典がまず成立した。これらは，近代的な罪刑法定主義，刑事被告人の手続的保障を定めた最初の法典として注目される。さらに，両者を統合することを目ざした犯罪および刑罰法典が1795年10月24日〔共和暦4年霧月3日〕に成立したが，実際には刑事訴訟法が中心であった。

これに対して，民法典については国民公会の時代に本格的な草案の作成にとりかかられ，カンバセレスが中心となった3つの草案——1793年の第1草案，1794年の第2草案，1796年の第3草案——およびジャクミノ (Jean Ignace Jacqueminot, 1758-1813) が中心となって起草した1799年の草案が公表された。しかし，刑事法よりもはるかに広範な内容をカバーし，法技術的にも複雑な民法については，国民的合意を最終的に得る上で困難があった。しかるに，政治的安定を欠いたため，部分的に議決された草案もあったが，いずれも現実の法典として成立するまでには至らなかった。

ナポレオンは，第一統領として政治的実権を掌握したのち，法典編纂事業に本格的に取り組む。まず1800年8月12日〔共和暦8月熱月24日〕に布令を発し，民法典編纂のために次の4人の起草委員を任命している。

　　TRONCHET, François (1726-1806)　　破毀裁判所長官・委員長
　　MALEVILLE, Jacques (1741-1824)　　破毀裁判所判事　のちに Analyse raisonnée
　　　de la discussion du Code civil, 4 vol., 1805-1821を著わし，民法典の注釈をする。
　　PORTALIS, Jean (1746-1807)　　捕獲審検委員会政府委員　立法院への報告を担
　　　当し，提案理由書である『民法典序論 (Discours préliminaire)』を起草する。
　　BIGOT-PRÉAMENEU, Félix (1747-1825)　　破毀裁判所検事・書記

起草委員は4か月にして草案を作成し，1801年1月21日〔共和暦9年雨月1

日〕に，いわゆる「共和暦8年の草案」が公表された。この草案は，ついで全国の裁判所に送付されて意見を聴取し，それをも参考にしつつ国務院において最終的な審議がなされ，政府確定草案となった。ナポレオンは，戦争のため遠征をするなど極めて多忙であり寝る暇もなかったほどであったが，国務院における審理には半分ほど出席している。参加が可能な会議にはすべて出たということであって，出席した際には主宰し積極的に発言もしていることが議事録からうかがわれる。ナポレオンは法学に関しては素人であったが，むしろそうした素人の観点が積極的に盛り込まれたために，万人に理解しやすい法典として名声を一層高めることにもなった。もっとも，やや行き過ぎた関与と思われる例として，離婚は禁止し養子制度は認めないという共和暦8年の草案を，離婚制度の存続，養子制度を設けるというかたちに修正させたことがある。それというのも，ナポレオンは自らが妻のジョセフィーヌ（Marie Joséphine, 1763-1814）との離婚を考えていたからであり，また再婚したのちにも後継者ができない場合を慮ってのことである。自己の主張を法典に反映させたかいがあって，ナポレオンは1809年に離婚し，オーストリア皇女マリー－ルイーズ（Marie-Louise de Habsbourg-Lorraine, 1791-1847）と1810年に再婚し絶頂期をむかえた。もっとも，マリー－ルイーズとの間にはナポレオン2世が生まれており，養子問題は杞憂に終った。

　立法機関においては，1章ずつ審議，採択してゆく方針が採られた。序編（Livre préliminaire）を構成する部分から審議に入ったが，護民院，立法院の激しい抵抗に会い，否決される条文が相つぎ成立が危ぶまれる状況となった。現在の民法典が単独の序章（Titre préliminaire）としてわずか6か条からなる不十分な「法および法律一般」の規定しかもたないのはその名残りである。とりわけ，国際私法に関する規定は極めて不備となっている。序編という呼び方もその際に序章に格下げになっている（「法令原文資料」Ⅰ参照）。これらの議員たちが，法典の内容への批判もさることながら，革命派に属し反ナポレオンの色彩が強かったためである。そこでナポレオンは，審議を一時中断し法案を引っ込め，議会対策を行う。すなわち，護民院の改組を行いまたそこに腹心を送り込む，立法手続に改革を加えるなどであって，力と策略を巧みに用いて再編をなし遂げる。このように手段は乱暴であったが，実質的審議はむしろこれによって可能となった。その結果，1803年3月から比較的順調に

第3節　法　源

審議が進み、1章ずつ単独の法律として成立し施行され、1804年3月21日〔共和暦12月風月30日〕の法律によって、これら36の章——第3編第15章（2044～2058条）のみがのちの3月27日に可決され付加された——を1個の法典としてまとめ、「フランス人の民法典（Code civil des Français）」と命名した。

　このように、ナポレオンは民法典の成立に大きく寄与しており、その後この法典がナポレオン法典（Code Napoléon）と呼ばれるようになったことも、故なしとはしないのである。ナポレオン自身もこの民法典に特別の愛着を有していたことは、次のエピソードからも明らかである。起草者の一人であるマルヴィルが、民法典の成立直後にその註釈書を出版したのに対しては、「私の法典は失われてしまった（Mon Code est perdu!）」と嘆息している。法律家ではないナポレオンは完璧な法典を作ったと信じていたわけであって、それに註釈が必要であるとは考えもしなかったのである。また流刑先のセント・ヘレナ島では、次のように回顧している。「私の真の栄光は、40回の戦いに勝利したことではない。ワーテルローの敗戦が幾多の勝利の思い出を消し去ってしまった。しかし何ものも消し去ることのないもの、永遠に生きつづけるもの、それは私の民法典である（Ma vraie gloire n'est pas d'avoir gagné quarante batailles ; Waterloo effacera le souvenir de tant de victoires ; ce que rien n'effacera, ce qui vivra éternellement, c'est mon Code civil)」。アウステルリッツの三帝会戦の勝利など「偉大なる陸軍（La Grande Armée）」の長であった稀代の名指揮官がこうした発言をしている事実に、民法典への思い入れが分かる。この心情が、占領地への民法典の適用と名称変更にもつながっていく。すなわち、当初は「フランス人の民法典」として公布されたが、その後フランス国内に併合されたベルギー、ライン左岸地方のドイツさらにはオランダ王国などにも適用されるに至った結果、「フランス人の」という形容は妥当でなくなる。他方、ナポレオンは自分が心血を注いで作った法典に愛着をもっており、その功績を法典名として残すという意味もあって、1807年9月3日の法律により「ナポレオン法典」と改称される。

　なお、民法典のその後の名称について一言するならば、この名称はナポレオンの失脚とフランス国土の限定により、1816年に再び「フランス人の民法典」となる。さらに、ナポレオン3世の登場により、1852年に「ナポレオン法典」の名称が復活している。その後ナポレオン3世が失脚したのちの第3

共和制下では、当然名称変更が行われるべきであったが、当局者は明文による改称を行っていない。しかし、慣行として法令も判例も単に「民法典（Code civil）」と指称して今日に至っている。ナポレオン法典という呼び方は、いわば廃用（désuétude）によりフランス国内では用いられないのである。しかし、歴史的文脈ではもちろんのこと、外国では依然として相当広く用いられている名称であることは注意してよい。

(2) ナポレオン5法典の制定　民法典の編纂につづいて、他の4つの法典が1810年までの間に相ついで制定されていく。すなわち、1806年に民事訴訟法典、1807年に商法典、1808年に治罪法典、1810年に刑法典であり、これらはまとめてナポレオン5法典（cinq codes napoléoniens）と呼ばれ、民刑事法分野の規律を網羅する。したがって、このナポレオンの諸法典（codes napoléoniens）と先に述べてきたナポレオン法典（Code Napoléon）とはまったく別の概念である。ナポレオン法典は固有名詞であって民法典の別名であり、常に大文字で書かれる。ナポレオン諸法典を構成する1つに、ナポレオン法典があるわけである。5法典の概略は、以下のとおりである。

　民法典（Code civil des Français）　全文2281条から成り立ち、財産法に関しては所有権の絶対、契約自由、過失責任主義といった近代私法原理を盛り込んだものであり、しかも古法時代の様々な慣習法源の総合をもなし遂げている点で、極めて優れた内容をもつ。家族法の分野でも世俗化と家長を中心とする有産市民社会を体現する家族像が示された。こうした特徴を有するところから、その後この法典は19世紀を通じて大陸法を代表する立法として、世界各国における近代的民法典の編纂に多大な影響を与えることになる。

　商法典（Code de commerce）　全文648条から成るが、内容的にはルイ14世時代の陸上商事王令、海事王令に負うところが多く、民法典ほど画期的意義は認められない。とりわけ会社法に関しては、合名会社と合資会社を中心に規定されており、株式会社については設立許可主義を採るなど産業革命後への対応が不十分であった。しかし、大革命によってギルド仲間という商人階級が消滅したため、商法典は新たに商行為を基礎として市民のために立法されており、近代商法典としての特徴を備えている。

　民事訴訟法典（Code de procédure civile）　全文1042条から成るが、商法典同様内容的にはルイ14世時代の民事訴訟王令やパリ最高法院における訴訟慣行

を基礎としているため，古い手続方式を多く残しており，出来栄えは十分とはいえない。しかし，当事者主義を確立して，原告と被告の平等と訴訟遂行上の自由を保障した点で，近代訴訟手続の1つの典型を出現させており注目される。なお，破毀院が司法権の最高裁判所として位置づけられていなかったため，法典中に破毀申立て手続は含まれていない。

　刑法典（Code pénal）　刑法に関しては，既に1791年の刑法典が先行していたが，そこでは為政者の一存で獄に長くつながれることのないように，著しく厳格化された犯罪と刑罰との対応を定めていた。これと比較すると，科される刑罰に幅が設定され緩和がみられる。それはともかく，1789年の人権宣言（8条）にのっとり，罪刑法定主義，刑罰の公平化，刑罰の一身性を基本原則に採用しており，残酷な刑罰の廃止とも併せて近代刑法の典型として，民法典に劣らず重要な地位を占める。全文484条から成る。

　治罪法典（Code d'instruction criminelle）　刑事訴訟手続についてもまた，人権宣言が刑事被告人の保護をうたっており（7，9条），法典はこれを具体化する内容となっている。もっとも，秘密主義，糾問主義の性格が強い予審（instruction préparatoire）制度が認められており，被告人の権利擁護に万全とは認め難く今日まで問題を残しているが，多くの国の模範となった。また，付帯私訴として民事上の請求が認められること，イギリス法にならって陪審制を採用したことなどに特色がある。全文643条から成る。

3　法典編纂の意義と特徴

　ナポレオンが主導した5法典の編纂は，形式の面では，世界で最初に近代的制定法主義を具現したという意義を有する。これにより，慣習法主義に伴う法源の内容の多様性と不確実性は一掃され，予測可能性と法的安定性が格段に増大する。制定法による法源の統一は，民事法に関していえば取引に便宜をもたらし，刑事法に関していえば市民的自由を担保する不可欠な要素であった。

　しかし法典編纂は，単にそうした法形式の面のみにとどまらず内容の面でも，また内容の面でこそより一層明確な進展をフランス法にもたらした。しかも法規律がいたずらに極端に走ることなく，様々な面から調和のとれた諸要素を統合する性格を有し，そのバランス感覚と一般性が特徴となっている。これを称して中庸の精神（esprit de modération）と呼んでもよいであろう。こう

した性格は，とりわけ革命の到達点をすべて盛り込んでいるわけではないなど，見方によっては不徹底な法典と映る。しかし，現実の社会を規律する法としては基本的な強みである。すなわち，一方では諸法典のうち，あるものは今日まで現行法であるというような「長い生命力〔不変性〕」を有し，他方ではその後世界各国における法典編纂に多大な影響を与えてゆくという「強い生命力〔普遍性〕」を有する背景となったと思われる。代表的な民法典を例にとって，この点をやや立ち入って説明しておこう。

　第1に，民法典は様々な慣習法，とりわけ北部のゲルマン法の色彩が強い慣習法の流れと，南部のローマ法の影響が圧倒的な慣習法の流れとを調和させる努力をなし，これを巧みになし遂げている。4人の起草委員のうち，トロンシェとビゴ-プレアムヌが北部慣習法地方の出身者であり，マルヴィルとポルタリスが南部成文法地方の慣習法とローマ法に造詣の深い法実務家であることは，委員の構成からも両者の妥協点を探ろうという意図がうかがわれる。わが国におけるボワソナード法典の施行延期後の民法典編纂においても，次元は異なるが，フランス法派，ドイツ法派さらにイギリス法派が相妥協してわが国にふさわしい法典を作ろうとする配慮が，起草者の人選にみられた。ローマ法とゲルマン法の折衷の具体例として，既に紹介した家族法分野を採りあげるならば，相続については，北部の慣習法では均分相続制が，南部の慣習法では遺言相続制が採られていたが，民法典においては両者の折衷が前者を遺留分，後者を自由分としてともに規定することにより法制化された。他方夫婦財産制については，北部ではゲルマン的慣習法により共通財産制が，南部では別産制の一種である嫁資制（régime dotal）が採用されていたが，民法典においては法定財産制としては共通財産制を採用しながらも，夫婦財産契約を締結することによって別産制を選択しうることとし，またとくに嫁資制を選択枝として例示することにより，両者の調和が図られた。法典中で使われている用語についても，両地方で異なる場合には両者を適宜併用するというような配慮を示しており，条文の明確性をある程度犠牲にしても妥協を図ろうという意欲がうかがわれる。

　第2に，民法典は急進的な法思想と保守的な法思想とを調和させている。革命の最盛期には，社会情勢一般を反映して過度に理念を優先させ，平等主義に押し流された法制度が支配的であった。法典においては，これを中庸の

線に引き戻して立法化している。こうした傾向は，既に革命終息期の個別的法規にみられたが，法典において集大成された。ナポレオンが大革命の限定相続人であるという指摘は，ナポレオン法典にもそのまま該当する。たとえば，私法上の改正の個所で言及した自然子の親の財産に対する権利は，旧制度時代のようにゼロではないが，さりとて革命高揚期にみられたように嫡出子とまったく同等の相続分を認めるというのでもない。嫡出子がある場合でその3分の1，尊属・傍系のみの場合は2分の1，これもない場合は4分の3，係累がまったくない場合は全部というのは，当時においては情況に応じた見事な折衷といえよう。

　第3に，民法典は合理主義と伝統，言い換えれば普遍性と歴史性との調和を図っている。一方において，民法典は自然法思想に基づく合理主義が基調となっている。カンバセレスの第1草案において，起草者たちは「自然こそが，われわれが参照した唯一の神託である (La nature est le seul oracle que nous ayons consulté)」と述べている。また，共和暦8年の草案の1条に，「あらゆる実定法律の源泉である，普遍的で不可侵な法というものが存在している。この法は，地球上のすべての人々を支配するものとしての自然的理性にほかならない (Il existe un droit universel, immuable, source de toutes les lois positives ; il n'est que la raison naturelle en tant qu'elle gouverne tous les peuples de la terre)。」とあることでも，この思想は明瞭である。法典は，いわば「書かれた理性 (ratio scripta ; raison écrite)」としての産物なのである。こうした時を超えた不変性，場所を超えた普遍性の理念こそが，ナポレオン法典が時代を超越して永続し，また国境を超えて諸外国に対して大きな影響を与えつづけている原動力である。

　しかし，この理性は，決して頭の中だけで考えられた観念的，抽象的なものではなく，古法時代の慣習法という伝統に根づいている。旧制度下にみられた種々の慣習法集，法諺集，ドマやポティエの学説，最高法院の判例，法実務といった多くの成果から取捨選択が行われ，法典の内容としてふさわしいものが採り入れられたといってよい。起草者たちがいずれも古法時代の法実務家であったことは，こうした法伝統の重視を示すものである。旧制度下におけるフランスの自然法学者が，フランス固有法を中心として実定法研究をなしたことは既に指摘したところであるが，その努力が法典として結実したことになる。成立した法典の内容は，決して机上の理論ではなく，具体的

で実用性が備わったものであったわけである。

　それでは，一見相反すると思われる超越的な自然法と伝統的な実定法との調和は，どのようなかたちで図られているのであろうか。この点は，法典編纂が，まったく新たな法規を創造するという作業ではなく，封建的な遺制によって覆い隠されていた本来のフランス法を，自然的理性の光によって発見するという形式を借用することでなされた。ドマやポティエの慣習法研究からして，既に慣習法とそのようなスタンスをとりつつ，あるべきフランス法を構想していたのであった。フランス民法典の内容の原型にあたるものは，こうした著作の中に存在していたということができる。自然法的な合理主義により是正されるべき部分は広くみられたのであるが，それらはすべて封建的な遺制の除去という形式をとったため，新しく出現した法制度は，すべてもともとフランス人が有していた伝統法の復活として呈示されたのである。

　このような法典編纂の理解は，一方においてフランス人の愛国心に訴えるには好都合であり，他方では遵法精神の高揚に便宜となる。自分たちが元来有していた古き良き法を成文化したものであると言われれば，それを大切にしていかなければならない，行為規範として遵守していこうという気持になる。実際には，旧制度下の特権階級に代わって，大革命によって支配権を掌握した有産市民を利する内容を盛った法典を新たに制定したのであるが，そうした意図は少なくとも表面には出ず，広く国民のための法典として公布された。この点については，フランス人の法観念に関連してのちに述べることにしたい（第2部第2編第2章第3節）。

　これと比較すれば，わが国における近代的な法典編纂事業は，対照的な特徴をもつ。すなわち，幕末期に締結された不平等条約の改正を実現するために，ともかく形式だけでも法治国家の体制を整えようという意図から発しており，適用を受ける国民という視点が稀薄であった。法典編纂は，多かれ少なかれ為政者の意思とその必要性の判断に基づいてなされるものであるとすれば，わが国では意識して国民という視点を避けたともみうる。わが国のこうした事情は，裁判制度の不備とも相まって，法典に対する愛着や遵法精神を生まれにくくし，立法継受した法の実効的な運用という面で将来的に大きな問題を残すこととなった（詳細については，拙著『比較法』第2編第4章第3節4(4)参照）。

第3編　近代法時代

　旧制度が崩壊し，新たな理念に基づいて公法・私法の確立がみられた中間法時代を経て，フランスはその成果を基本的には維持しつつ，これをある場合には発展させある場合には修正してゆく近代法（droit moderne）の時代に入る。しかし，検討の柱としている国家体制の面と裁判制度および法源の面では，その基本的対応に相当の違いがある。すなわち，統治の形態については，1870年までは大革命期に出現した各種の政体が様々なかたちで復活し，めまぐるしい展開をみせた。これに対して裁判所の仕組みや法典編纂の成果は，この時期頃までは基本的にそのままのかたちで維持された。逆に1870年以降においては，政体のあり方としてはともかくも共和政が確立し安定をみせるが，裁判制度や法源については，その後の社会の変化に応じて多くの修正が加えられ，新たな展開を示すことになる。

　このようにして，法的に大きな潮流として捉えた場合には，近代法の時代は1870年頃を境として2つに区分することが妥当となろう。なお全体としての表題は，旧政体復活期，共和政確立期という政治制度に着目したものを用いているが，既に述べたところから明らかなように，意図としては法の動きの全体をカバーすることを念頭に置いた上での区分である。

第1章　旧政体復活期（1814年—1870年）

　ナポレオン失脚後のフランスにおいては，王政復古がなされるが，その後も政治体制についてはまったく安定性を欠き，この状態は1870年代までつづいた。大革命は政体に様々なあり方が存在しうるというモデルを示したため，その変化の面で影響を与えたといえる。しかし，経済的・社会的には，市民社会の確立および産業革命の成就を背景とした資本主義の確実な発展がみられたため，これを法的に支える裁判所や法源のあり方については大きな変化

はみられない。大革命はその成果の継続という安定の面で影響を与えたことになる。

第1節　国家体制

1　統治原理

大革命期のわずかの間に立憲君主政，共和政，帝政という多様な政治体制を経験したフランスは，この時期には，既に出現した各種の政体が同じ順番をたどりつつ，ただし間隔的にはやや間を置いて次々と交替を繰り返した。歴代では7番目から13番目に相当する7つの憲法典は，政体のあり方により3種に分類しうる。

(1)　立憲君主政期（1814年―1848年）　　**A**　1814年6月4日の憲章　ナポレオンが帝位を追われてエルバ島に流されたのち，ルイ16世の弟であるルイ18世（Louis XVIII, 1755-1824,〔1814-1824〕）が亡命先から帰国し王位につき，ブルボン朝が復活する。ウィーン会議（1814年9月―1815年6月）による最終議定書においても，タレイラン（Charles Maurice de Talleyrand, 1754-1838）外相の主張により，革命前の主権と領土を尊重するという正統主義が支配し，承認をえた。これによりフランスはその戦争責任を巧みに回避することができた。こうした王政復古（Restauration）に伴い制定された憲法であるので立憲君主政憲法ということになる。ただし，革命前の状態に戻ることを旨とするウィーン体制の保守的風潮の下で，君主主権に基づき国王が制定するという形式を採用しており，そこから名称も民定憲法であることを示すconstitutionではなく，欽定憲章（Charte octroyée）となっている。ルイ18世自身は，議会制を重視し，王党過激派による反動の行き過ぎを押さえ，貴族と有産市民の対立の緩和に努めた。

B　1815年4月22日の帝政憲法典付加法　諸国が戦後の秩序を再建するためにウィーン会議を開いたが，領土配分をめぐって議事が難航している間に，ナポレオンはエルバ島を脱出してパリに戻り，1815年3月に再び帝位に就いた。この付加法は，ナポレオンがいわゆる百日天下（Les Cent-Jours, 3月20日―6月22日）をとった際の統治体制を定める規定である。基本的には前述した帝政憲法を受け継ぐものであるが，それに若干の手直しを加えている。これは期間も短く，括弧でくくってよい憲法体制といえる。ナポレオンは，

6月にはウェリントン（Arthur Wellesley Wellington, 1769-1852）が率いるイギリス・プロイセンの連合軍にワーテルロー（Waterloo）の戦いで大敗し再び退位し，南大西洋の孤島セント・ヘレナ島に流される。ルイ18世が王位に復し，再びAの憲章がそのまま復活することになる。

　C　1830年8月14日の憲章　　復古王政憲法自体が保守的な立憲君主政であったが，ルイ18世の弟のシャルル10世（Charles X, 1757-1836,〔1824-1830〕）が即位すると，この傾向は一層強まる。シャルル10世は，アルトワ伯として，反革命に狂奔した前歴を有する保守的人物であって，貴族や聖職者を重んじて議会を圧迫する。さらに，大革命中に土地を没収された亡命貴族に多額の補償金を出す，国民軍を解散する，国民の不満をそらす目的もあってアルジェリアに出兵するなど，ますます反動的な政策を実行した。そこで1830年7月にパリに革命が起こってシャルル10世を追放した。これを7月革命という。新たな政体については立憲君主政派と共和政派とが対立したが，ウィーン体制諸国の干渉を封じるため決定を急ぎ前者の主張が通った。国王としては，ブルボン家の分家筋にあたるにもかかわらず，父として革命を支持したルイ・フィリップ・ジョセフ（Louis Philippe Joseph, Philippe Egalité, 1747-1793）を出し，自らも自由主義者として知られるオルレアン家のルイ・フィリップ（Louis Philippe, 1773-1850,〔1830-1848〕）が迎えられた。この7月革命の際に作られたのがこの憲章であり，同様に欽定憲章の形式が採用された。

　しかし，同じ欽定憲章体制であっても，その支持基盤には産業構造の変化を受け根本的転換がみられ，銀行家その他の大資本家の利害に基づいて政治が行われる仕組みとなった。すなわち，国民の1パーセント以下の制限選挙とはいえ選挙権保持者は倍増した一方で，貴族の世襲名は廃止された。もっとも労働者は依然として無権利とされた。企業の自由と労働の不自由の上に産業革命が急速に進展し，典型的な有産市民支配の時期となった。こうしたことからルイ・フィリップは自称「フランス国民の王」であったが，庶民は「株屋の王」と呼んで揶揄した。

　(2)　共和政期（1848年—1852年）　　A　1848年11月4日の憲法典　　7月王政下で産業革命が本格的に進展し，産業資本家の力が増大するとともに，これに対する社会主義者の反政府運動も起こってくる。また銀行家，大商人，大地主が独占する選挙権についても，中小資本家や労働者の不満が強かった。

1848年2月に制限選挙撤廃の運動――改革宴会 (banquet de réforme) の名で呼ばれる――へのギゾー (François Pierre Guillaume Guizot, 1787-1874) 内閣の干渉に端を発して, パリに暴動が起こった。国王ルイ・フィリップはイギリスに亡命し, 共和政による臨時政府が成立した。これを2月革命といい, ここに第2共和制が成立する。

臨時政府は, 有産市民を代表する穏和な共和主義者と, 労働者を代表する社会主義者からなった。たとえば, ロマン派の詩人ラマルティーヌ (Alphonse de Lamartine, 1790-1869) は, ブルジョワ共和派であって, 革命の際に活躍して臨時政府の外相となっている。他方, 社会主義思想家のルイ・ブラン (Jean Joseph Charles Louis Blanc, 1811-1882) も, 同様に活躍し今日の労働省に相当する労働委員会の委員長となり, 社会主義的な政策を推進する。国営工場 (Atelier national) は彼の発案になるものであって, 失業者救済の役割が強かった。しかし両派の対立は激しく, 4月の選挙では, 社会主義政策によって土地を失うことを恐れた農民の投票行動から社会主義者は大敗し, 穏和な共和派の政府が成立した。これに対してパリの労働者は6月暴動を起こしたが鎮圧され, 穏健共和政が不動のものとなった。前述したルイ・ブランも, 4月の選挙で落選し辞任し, 6月暴動ののちはイギリスに亡命している。その後に制定された憲法典は, 国民主権, 権力分立, 大統領制を規定し, 普通選挙制を採用し一院制議会を定めるなど, 1793年憲法に匹敵する進歩的内容を有していた。

　B　1852年1月14日の憲法典　　1848年12月に, 第2共和制憲法典の規定に従い大統領選挙が行われた。ナポレオン1世の甥にあたり, 復古王政期に亡命をつづけ帝政復活の機会をうかがっていたルイ・ナポレオン (Louis Napoléon, 1808-1873, 〔1848-1852〕) が当選した。伯父の栄光の名を利用して小農民と軍隊の票を集め, 反有産市民の労働者票も得たためである。彼は, この地位に満足せず, 議会の王党派が反動政策で人気を失いつつあったのに乗じ, 1851年12月にクー・デタを起こして武力で議会を解散し, 王党派を一掃して独裁権を握る。その結果制定されたものがこの憲法典であり, 10年間の執行権を獲得し, 帝政への途を拓いていった。

　(3) 帝政期 (1852年―1870年)　　A　1852年11月7日の元老院議決　　独裁権を握った大統領ルイ・ナポレオンは, 伯父のナポレオン1世が行ったの

と同様に、元老院議決（sénatus-consulte）を承けて追認的国民投票（plébiscite）をなすという手続により、皇帝の地位に就く。彼はナポレオン3世（Napoléon Ⅲ,〔1852-1870〕）と称し、ここに第2帝政が開始する。ナポレオン3世は、ブルジョワ共和派に対する労働者や無産市民、小農民層の反目を利用し、行政・軍事・外交の全権を皇帝に集中した。また外見は三院からなる立法制度を採用したが、議会には発議権や修正権はなく、責任内閣制も否定された。軍隊と警察の力で反対派を押さえ、事実上の皇帝独裁が統治の前半においては実現された。これを権威主義帝政（Empire autoritaire）と呼んでいる。同時に、国内産業の育成に力をいれ、また国民の人気をつなぎ国威発揚のため、第2回万国博覧会——第1回は1851年にロンドンで開催されている——をパリで開催した（1855年）。ちなみに次回となる1867年開催のパリ万国博覧会には、将軍徳川慶喜（1837-1913,〔1866-1867〕）の弟である徳川昭武が参加している。対外的には、外征によって勢威を示すことが多かった。クリミア戦争（1853—1856年）では、イギリスとともにロシアの東地中海への南下阻止のために戦い、勝利して名声をあげた。イタリア統一戦争（1859年）への介入では、プロンピエールの密約によりイタリア統一戦争を支援し、その直後に裏切ってサヴォワ、ニースを得て領土を拡大した。植民地戦争としては、アロー戦争（1856—1860年）で、イギリスの中国侵略戦争に2年前の宣教師殺害事件を口実に便乗参戦し、清朝を屈服させて中国進出を果たした。他方、インドシナに対しては、フランス宣教師迫害にことよせて出兵し攻撃し（1858—1867年）、これを占領し保護国化する。

　B　1870年5月21日の元老院議決　ナポレオン3世は、さらに、敗政難のメキシコの外債利子不払い宣言を口実に、アメリカの南北戦争の隙に乗じ、イギリス、スペインと共同出兵する。また両国の撤兵後も増兵し、共和国政府を倒してオーストリア皇帝の弟マクシミリアン（Maximilien, 1832-1867,〔1864-1867〕）をメキシコ皇帝に立てた。しかし、ゲリラ活動で撤退を余儀なくされる。ナポレオン3世は、このメキシコ出兵（1861—1867年）の失敗で信望を失い、また統治の後半に至ると民主政を求める民意に抗しきれず、議会の意向を事実上尊重するようになる。いわゆる自由主義帝政（Empire libéral）への移行である。その最終的に到達したところが、帝政の下での議会制を承認する内容を有する改革である。帝政憲法と同じく、元老院議決による憲法

改正というかたちを採っているが，議会帝政という政体の本質に係わる変更の故に，13番目の憲法典として数えられている。もっとも，この憲法体制は，同年に勃発した普仏戦争の敗北により——9月2日セダンでナポレオン3世がプロイセン軍に包囲されて降伏，捕虜となる——具体的実施はみていない。ナポレオン3世は退位し，1870年9月4日には共和政が宣言される。

2 行政組織

行政組織の面では，自由放任を旨とする資本主義の発展段階に呼応して小さな政府が基本とされた。対外関係処理のために外務省と国防省があり，国内秩序維持のために司法省と内務省が置かれ，ほかに財政確保のために財務省が存在した。内政の中心は内務省であり，専門的な省の内務省からの独立は公教育省（1824年），公土木省（1830年）などにとどまっていた。もっとも，諸外国との対比でいえば，イギリスよりも産業革命に後れをとったため，国家の介入する局面が多かった。しかし，一層後進のドイツが国家の直接的関与を中心に権力的手段を用いたのに対し，公土木事業など間接的手段で殖産興業が図られ，そこから公土木や公役務を中核とするフランス行政の伝統が形成されていった。

他方，地方分権の進展についてみるならば，中央における議会制の発達と連動する面が強かった。体制変動に応じて揺れがみられたが，全体としては徐々に地方への権限移譲が拡大していった。しかし，王政と帝政が期間的に大半を占めていたことからも，地方分権の確立は，共和政確立期以降に持ち越された。

第2節 裁判制度

裁判所については，細部において若干の手直しはなされたものの，制度の基本はナポレオン帝政期に確立した組織がそのまま維持された。訴訟事件の数が限定されており，その拡充整備の必要性が少なかったためである。同時に，社会的な人口移動もいまだ本格化しておらず，管轄区域も設立当初のものにほとんど変更が加えられていない。したがって，ここでの説明として新たになすべき内容は少なく，革命終息期について述べたところの確認が中心をなす。

1 司法裁判所

まず司法裁判所に関しては，郡ごとに設置された第一審裁判所が普通法裁判所として事件の審理にあたり，軽微な事件の解決のためには治安裁判所が，また事案の特殊性に応じて商事裁判所，労働裁判所が例外裁判所として管轄権を有した。一般の事件の控訴には，控訴院があたった。法解釈の統一を任務とする破毀院は，事実上司法系列の最高裁判所としての地位を徐々に確立してゆく。すなわち，民法典の施行に伴いその4条——裁判拒否の禁止（「法令原文資料」I参照）——により，まず立法府諮問のうち任意的諮問が廃止され，1837年4月1日の法律により義務的諮問も廃止されている。このようにして立法権への帰属は解消したとはいえ，破毀院は，この時期にはいまだ形式的には司法権の一部として明確に位置づけられるには至っていない。

裁判官の地位についていえば，不可動（inamovibilité）の身分保障が認められていたが，司法裁判所に対する信頼感は依然として低かったため，時々の政治状況の変化——しかもこれが頻繁に生じた——に応じて人的交替が事実上は大幅になされた。いわゆる裁判官の追放（épuration）である。身分保障のための制度的裏づけも存在しておらず，大きな問題として共和政確立後に残された。

2 行政裁判所

行政裁判所に関しては，国務院がナポレオンの統治体制を支えていたことに対する反感から，とりわけ王政復古の当初はその存続が危ぶまれた時期があった。またその後においても，存立の基盤は必ずしも強固なものではなかった。このような状況において，国務院は，政治的補佐機関というよりは，政府に対する法的諮問機関および行政裁判機関としての技術的性格を強めてゆく。県参事会についてはこうした傾向が一層顕著であり，法的専門集団による知事のブレーンとしての性格は弱まり，とりわけ行政下級裁判所としての仕事に特化してゆく。しかし，この全期間を通じて最終的な行政裁判権は行政の執行をつかさどる長が掌握していた。行政裁判所は，形式的にはあくまでも判決提案を行う権限しか有しておらず，いわゆる留保裁判制度の建前を崩すことがなかった。委任裁判制度の確立は，第3共和制の到来をまたなければならなかった。

司法裁判所と行政裁判所との管轄権配分を決定する権限裁判は，行政裁判制度を設けた趣旨からも，とりわけ当初においては執行権に有利な運営が心

掛けられていた。すなわち，第2共和制期のごく一時期に独立した権限裁判所が設けられたのを除き，国務院がその任に当たった。両裁判系列から中立的な権限裁判所の設置もまた，第3共和制以後にもち越された。

第3節　法　源

　裁判制度に根本的な変更が加えられなかったのは，先に述べた社会的変動が少なかったことのほかに，司法権不信が依然として根強く，各裁判所の地位がこの時期には一層の充実を図るほどにはいまだ十分に確立するに至っていないことの裏返しとみることもできる。政体が安定せず，裁判権の強化が果たされない状況で，社会を法的に有効に規律する役割を果たしたのが，その評価が高いことの故に安定していた制定法源の存在である。いわば訴訟になる以前に，紛争の予防的効果や裁判外的解決をもたらしていた。法典編纂は，まさにこうした実体法優先，行為規範的法思考をもはぐくんだのである。

1　制定法の動向

　(1)　私法　　私法の領域においては，各法典の内容が資本主義経済体制の確立を支えるものであったため，社会の変化におおむね順応し，重要な法改正は少ない。とりわけ民法典においては，経済的理由からは根本的に修正すべき点は当面なかったため，改正はいずれも技術的で些細な事項にとどまった。その中で注目すべき改革として，1816年5月8日の法律による離婚の禁止があり，法定事由による別居のみが認められた。民法典は離婚の自由を定めていたのであるが，王政復古に伴いカトリックが再び国教とされたことと関連し，政治体制の変動が民法典の規定に直接影響を及ぼしたものである。既に指摘したように，革命終息期の一般的潮流からは，離婚禁止への回帰という空気が強く，1801年の民法典草案ではそのようになっていたのであるが，ナポレオンの個人的希望により，民法典には離婚制度が復活していた。その意味でも，この改正は必ずしも新しい時代の要請によるものとはいえない。これ以外においては，19世紀中葉以降における自由主義的風潮の高まりに応じて，1854年5月31日の法律により民事死亡（mort civile）に関する規定が，1867年7月22日の法律により身体拘束（contrainte par corps）に関する章が廃止されたことが注目される。

　これに対して商法典は，民法典と比べてもともとその出来栄えに不十分な

点があった上に，取引社会の変動に対しより迅速な対応を要求される法分野である。それ故，改正は比較的頻繁になされたが，とりわけ会社法のあり方に根本的な改革がもたらされた。すなわち，商法典編纂の当時は産業革命前であったため，会社の形態としては合名会社，合資会社を中心に規定しており，株式会社については規定が不十分な上にその設立に許可制を採用していた。そこには革命当時の結社に対する消極的な思想の影響も明瞭にうかがわれる。ところが，産業革命後になると事業を企てるためには大量の資金を集めることが不可欠となり，形態としては株式会社が中核となり，また会社設立に対する規制は実情に合わなくなっていた。そこで1867年7月24日に「株式会社および株式合資会社に関する法律」が制定された。商法典中の会社法の規定は残されたため商法典自体の改正ではないが，現実にはこの株式会社法が会社に関する中心的規律をなしてゆくことになった。

　刑法典では，法典に残されていた残酷な刑罰の廃止，情状酌量制度の導入など，19世紀における自由主義の展開に沿った修正が加えられたが，基本的体系は維持された。訴訟手続を定める民事訴訟，治罪の両法典についても本質的な修正はみられない。さらにこれらの法典以外における特別法の制定も，元来その数が多くないことに加えて，前述した株式会社法を除けば概括的規律を及ぼすものは制定されていない。

　(2)　公法　　公法の領域においては，当時においては夜警国家体制がとられており，行政の介入は必要最低限の警察規制に限定されていた。立法の数は法治主義の確立にもかかわらず限定されたもので足りていた。とくに法典と呼びうるような大規模な法律は制定されておらず，個別的な規律が各行政作用ごとになされていた。

2　その他の法源および学説

　(1)　私法　　法源としては制定法万能主義が支配しており，それ以外の法源に注意が払われることはほとんどなかった。一方において慣習法は，その内容が法典編纂の過程で成文化されたことにより，存在する余地を奪われる。しかも旧制度下における慣習法が封建体制を正当化し支える役割を果たしたことから，それが機能する場合と効力範囲を限定的に考える傾向が支配した。慣習法は，法律がその存在を認める場合（consuetudo secundum legem）（第2部第3編第1章第2節参照）にのみ，その効力を承認されていたといってよい。

他方において裁判所は，制定法源の完備によって三段論法により事実に法規を適用することのみを任務とした。判例が法創造的役割を果たす余地はなかった。しかも，旧制度下における最高法院のあり方に対する反感から，判例は法源として存立する基盤を当時はまったく失っていた。民法典5条が一般的かつ法規的に判決することを禁じている（「法令原文資料」Ⅰ参照）のは，直接には法規的判決の再現を阻止することを目ざすものであったが，自由な判例法の展開に歯止めをかける役割を果たした。

　したがって，法源に対する学説の関心は，もっぱら制定法とりわけ法典に向かうことになる。ところで各法領域においては，法典編纂後間もないため，法典が規律対象として予定する社会と現実の社会との間にそれほどの乖離がみられず，法典を批判的に検討する余地は少なかった。同時に，当時は資本主義の上昇期に対応していたことから，経済的要請に沿うならば，法的安定性と予測可能性が重視されるべきこととなる。そこから法実証主義に基づく諸法典の研究が，学説上なされることになる。たとえば，ビュニェ（Jean-Joseph Bugnet, 1793-1866）は，「私は民法など知らない。私はナポレオン法典のみを教えている（Je ne connais pas le droit civil, je n'enseigne que le Code Napoléon）」と述べている。後世これらの研究者を総称して，註釈学派（école de l'exégèse, école exégétique）と呼んでいる。

　註釈学派は，法典の中に事件の解決に必要な規範がすべて含まれているという立場をとり，法典の完結性（plénitude）を前提とする。もちろんあらゆる場合について直接に法典が定めることは不可能であるから，何らかのかたちで規律していると考えることになる。註釈学派は，今日われわれが用いている様々な解釈技術を発達させ，不足を補っていく。反対解釈，拡大解釈，縮小解釈，類推解釈，擬制といった手法がそれである。ドイツにおける概念法学派は，ちょうどフランスの註釈学派に対応する考え方である。註釈学派や概念法学派は，その後の学説によって社会の現実から遊離して法技術のみを振り回すマイナス・イメージで理解されており，またそうしたものとして後世命名された。しかし，当時においては註釈学派は決して非現実的なものではなく，すぐれて時代を反映する研究態度であった。ただし，19世紀も末になり社会の状況に大きな変化がみられたにもかかわらず，法典の規定のみに固執しつづけた者がおり，それを批判したことによる後世の評価なのである。

註釈学派に属する主要な民事法学者として，次のような者がある。

MERLIN DE DOUAI, Philippe（1754-1838）　民法典編纂後に，旧制度下の著作を土台として最初の本格的な註釈書 Répertoire de Guyot, 1804—1835 を著わした。いまだ緩やかな解釈を示している点に特徴がある。

PARDESSUS, Jean-Marie（1772-1853）　商法典の体系的説明を Cours de droit commercial, 5 vol., 1813-1817 により展開した。

DURANTON, Alexandre（1783-1866）　Cours de droit civil français suivant le Code civil, 21 vol., 1825-1837 により註釈学派の先駆をなした。

TROPLONG, Raymond-Théodore（1795-1869）　民法の厳密な体系化に貢献し，破毀院長も務めた，註釈学派の最盛期を代表する学者の一人である。

AUBRY, Charles（1803-1883）

RAU, Charles（1803-1877）　オーブリとローはともにストラスブール大学の教授である。ドイツのハイデルベルク大学教授であるツァハリエ（Karl Zachariä, 1769-1843）は，当時ライン左岸地方において実定法として適用をみていたフランス民法典の概説書 Handbuch des französischen Zivilrechts, 11. Aufl., 22 vol., 1808-1811 を著わした。これは当然フランスにおいても通用する内容であり，ドイツの学者の手になる理論的体系化が二人の目にとまり，共訳がなされた。のちには，それを基礎として Cours de droit civil français, 4ᵉ éd., 8 vol., 1869-1879 を書き，近代学派への橋渡しの役割を果たすとともに，のちの民法学に大きな影響を与えることになる。

DEMOLOMBE, Charles（1804-1887）　註釈学派の最盛期を代表し，註釈学の王（prince de l'exégèse）と称せられた。Cours de Code Napoléon, 31 vol., 1845-1876 は，その大部にもかかわらず未完に終った。

LAURENT, François（1810-1887）　ベルギーのヘント〔ガン〕大学教授であるが，ベルギーはフランス民法典を継受しており，その註釈書 Principe de droit civil, 33 vol., 1869-1878 は，独自の改正がほとんどみられなかった当時においては，そのままフランスの書物として通用した。

BAUDRY-LACANTINERIE, Gabriel（1837-1913）　註釈学派の衰退期を代表する学者であり，Traité théorique et pratique de droit civil, 29 vol., 1895-1900 を著わした。

(2)　公法　　公法の領域においては，立憲主義および法治主義の確立に伴

い，近代的意味における公法学説が成立するのが，この時期以降ということになる。しかし，憲法については，体制の変遷が目まぐるしく，確たる解釈学説が構築されるには至らない。憲法学の講座そのものも十分に開設されていない。むしろ様々な統治体制の基礎をなす政治理論の面で興味深い展開がみられた。代表的な学者に次の者がある。

　CONSTANT, Benjamin（1767-1830）　自由主義的な文人政治家であり，Cours de politique constitutionnelle などを著わして議院内閣主義の確立を説いた。

　CHATEAUBRIAND, François René（1768-1848）　外務大臣も務めた文人政治家で，精力的に出版活動をなすとともに，多彩な実践も行った。

　GIZOT, François（1787-1874）　7月王政下で首相も務めた政治家であるが，政治史研究に業績を残した。

　TOCQUEVILLE, Alexis de（1805-1859）　モンテスキューはイギリスに範をとるかたちで権力分立を説いたが，トクヴィルはアメリカに範をとるかたちで De la démocratie en Amérique, 2 vol., 1835-40を書き，フランスの民主政の現状を痛烈に批判した。

　PREVOST-PARADOL, Lucien Anatole（1829-1870）　自由主義者のジャーナリストで，第2帝政下で議会主義の復活を説いた。

　行政法については，学説は，私法学説におけると同様に，各種の行政法規に対して実定的解説を加えることに重点が置かれた。しかも，明確に限定された最低限必要な事項についてのみ行政が関与すれば足りるというのが，当時の社会の要請するところでもあった。適法性の統制は，こうした限定された行政活動を対象とすれば足りたのである。同時に，国務院の地位が必ずしも確立しておらず，判例法の形成がとくには際だっていなかったことから，普通法から自律的な体系化の模索がなされた。行政実務と学界が未分離のため研究者に国務院評定官が多いのも当時の特色である。なお，哲学者メーヌ・ド・ビラン（François-Pierre Gontier Maine de Biran, 1766-1824）も国務院の一員であった。

　GÉRANDO, Joseph-Marie de（1772-1842）　国務院評定官を務めたのち，パリ大学で最初に行政法を担当し，Institutes du droit administratif français, 1829-1830 をいち早く著わした。

　CORMENIN, Delahaye de（1788-1868）　国務院副院長を務め，活動行政から分

離され自律した行政裁判権を主張した。

MACAREL, Louis Antoine（1790-1851）　国務院部長評定官を務め，行政裁判権の確立に努めるとともに，行政判例の編纂にも尽力した。

VIVIAN, Alexandre-François（1799-1854）　国務院副院長も務めた著者が行政学的手法を導入し，Etudes administratives, 2 tomes, 3e éd. 1859を著わした。

BATBIE, Anselme（1828-1887）　パリ学派を発展させ，非権力行政作用を中心として私法的体系化をなした。

AUCOC, Léon（1828-1910）　国務院部長評定官などを務める傍ら公土木学校で教授し，行政行為概念の抽出を行った。

DUCROCQ, Auguste（1829-1913）　フカール（Foucart）によって創設されたポワチエ学派を代表し，公権力を中心に行政法を体系化することを目ざした。この流れはベルテルミ（Henri Berthélemy）に引き継がれた。

第2章　共和政確立期（1870年—現在）

　1870年以降のフランスにおいては，統治形態として共和政が採用され，内容的にかなりの相違が存在するとはいえその後はこの国の基本原理として今日まで維持される。フランスにおいて議会制が確立したのも，この時期以降である。同時に，資本主義の高度の発達が経済構造の大幅な変動をもたらし，社会関係や行政活動のあり方に影響を与え，中間法時代に樹立された裁判制度や法源の存在形式は，根本的な修正を余儀なくされてゆく。今日におけるフランスの法システムは，確かに大革命の成果が基本となっているが，直接にはこの時期に多かれ少なかれ手を加えられ，変容した原理を骨格とするものが，実は大半であると言っても過言ではない。

第1節　国家体制

1　統治原理

（1）第3共和制　A　1875年の憲法的諸法律　第2帝政の崩壊の後には，幾多の試練を経つつも共和政が定着してゆくことになるが，その最初にあたるいわゆる第3共和制憲法は，成立までに5年の歳月を要している。しかも出来あがったものは，1875年2月24日の元老院の組織に関する法律，

1875年2月25日の公権力の組織に関する法律，1875年7月16日の公権力の関係に関する法律という3つの憲法的法律（lois constitutionnelles）からなり，暫定的性格が強かった。

その背景としては，第2帝政が崩壊した段階において一応共和政が宣言された（1870年9月4日）ものの戦争は継続しており，新たな政体のあり方についても世論が分裂していたことがある。すなわち，ナポレオン3世の失脚後も，パリの市民・労働者とブルジョワ共和派が中心となり国防政府（Gouvernement de la Défense nationale）を樹立して対独抗戦を継続し，休戦協定は1871年1月末にようやく締結される。ところで休戦協定による同年2月の総選挙で王党派が圧勝し，反動的国民議会がボルドーに成立し，臨時政府を組織した。行政長官には，7月王政下で首相を務めた（1836,1840年）ブルジョワ共和派の長老ティエール（Adolphe Thiers, 1797-1877,〔1872-1873〕）が選ばれた。これは早期対独講和政権であり，抗戦を嫌った有産市民が支配的であった。臨時政府はヴェルサイユ仮条約を調印するが，勇敢に戦ったパリ市民（communard）は，アルザス・ロレーヌを割譲することを含む内容を屈辱的として反対する。政府が，これに対し社会主義者によって率いられたパリ国民軍の武装解除を図ったことから内乱が発生する。すなわち，全市民の選挙によりパリ・コミューヌ（Commune de Paris）（1871年3月18日—5月28日）が成立し，ティエール政府からの自立を宣言した。これは史上初めての労働者による自治政府であって，全役職の直接選挙，諸会議決定の公開，自由と平等の原則，汚職の死刑による制裁などを定めた。臨時政府は，ドイツの支援を取り付けてヴェルサイユに陣どって5月21日からの血の1週間の虐殺でパリ・コミューヌを倒した。

その後における本格的政体の構築すなわち憲法の制定にあたっては，議会での勢力関係からして立憲君主政が有力であった。また革命期，旧政体復活期にみられた政体変動のサイクルからすると，当然順番からして帝政崩壊後は王政復古となるはずであった。ところが，王党派内部に擁立すべき国王につき対立が存在した。血筋からいえば当然国王に就くべきブルボン家の老当主シャンボール伯（Henri, comte de Chambord, 1820-1883）は，極めて保守的な人物であった。すなわち，あわよくば絶対主義への回帰を唱えるほどであり，大革命の象徴である三色旗を廃止し王家ゆかりの白地にユリの紋章の入った

国旗への変更を求めるなどした。これに対して，分家筋にあたるオルレアン家の当主パリ伯（Louis Philippe, Comte de Paris, 1838-1894）は，より若く柔軟な考えの持主で時代の変化を熟知しており，「君臨すれども統治せず」の近代立憲主義を受けいれる態度を示していた。しかし，本家を差しおいて分家から国王を選ぶことには抵抗があり，共和派との妥協で時期を待つこととし，暫定的に共和政憲法体制を設けることとした。王政まちの暫定憲法草案は，王党派であるマク－マオン（Edme Patrice Maurice Mac-Mahon, 1808-1893，〔1873-1879〕）大統領のとき議会で1票差で可決され，「感激なき共和政」と呼ばれた。内容的には，普通選挙，権力分立，二院制議会を採用し民主的なものであった。人権規定は伴っていない。

フランスでは，第3共和制以降近時まで大統領の任期は7年とされており，他国と比較して長かった。これは，第3共和制の当初に打ち立てられたものがその後伝統として定着したのであるが，7年という期間は多分に偶然的な要素による。というのは，暗黙の了解事項として，子孫のないブルボン家の老当主が逝去したのちは王党派が一致してオルレアン家をもりたてて王政復古を図るという筋書があり，7年はその予測最長存命期間であった。ところで現実がその後どのように展開したかというと，共和政を実施している間の1877年の選挙により議会の多数派に変動があり，王党派が少数派に転落し共和派が支配的となってしまった。こうした偶然から，フランスはヨーロッパ内では異例にも早くから共和政が確立することになった。

イギリス，オランダ，ベルギーさらには北欧のデンマーク，スウェーデン，ノルウェーなどヨーロッパの多くの国においては，19世紀を通じてはもちろんのこと，21世紀を迎えた今日に至るまで立憲君主政を維持している。ドイツ，イタリア，オーストリアなどで採用されている共和政は，2度の世界大戦における敗戦やこれを契機として生じた革命などにより生まれたものであり，フランスにおける成立は格段に古い。しかしそれはフランス国民が王政打倒に熱心であったとか王家嫌いというのではなく，上述のように王政復古に失敗した結果であることは注意してよい。相続人の途絶えたブルボン家ではなくオルレアン家には，正統王位継承者としてパリ伯（Henri, comte de Paris, 1908-1999）が社交界で活躍していた。しかし現行憲法は共和政体の変更を禁じており（89条5項），ふたたび立憲君主政に変わる可能性はもはや皆無と

いってよい。近隣諸国の王室記事を，半ばは軽蔑し半ばは羨ましく眺めているのが平均的フランス人といえよう。

B その後の運用 (a) 議会制の確立　こうして暫定憲法の下で発足した第3共和制が，皮肉なことに1940年まで続き，今日までに公布された16の憲法のうちもっとも永続性を示したのである。統治機構の組織を厳格に規定せずに大まかな枠組みしか宣明しなかったことが，その時々における国民が欲する柔軟な実際的運用を可能としたためであろう。その中から，共和政体と議会制は抜きえないフランス統治機構の要となる。1879年には，初めて共和主義者のグレヴィ（Jules Grévy, 1807-1891,〔1879-1887〕）が大統領となった。しかし，体制をゆるがすような動乱もいくつか生じた。その1つは，対独強硬派の元陸相ブーランジェ（Georges Boulanger, 1837-1891）が，国民の対独復讐感情を利用して軍部独裁のクー・デタを企てたブーランジェ事件（1887—1889年）である。結局は失敗に終り，ブーランジェ将軍は外国に逃れ自殺して幕を閉じた。他の1つは，ユダヤ系のドレフュス大尉（Alfred Dreyfus, 1855-1935）がドイツのスパイ容疑で終身刑にされたが，1896年に別の真犯人が判明したドレフュス事件（1894—1899年）である。軍部は威信保持のため真犯人を庇い，あくまでドレフュスを有罪とした。自然主義作家のゾラ（Emile Zola, 1840-1902）は，この事件で人間と真実のため「わたしは弾劾する（J'accuse）」という論陣を張り，国民を啓発した。ドレフュスは，結局1899年には特赦となり，1906年に無罪が確定した。愛国的排外派と人道的真実派との戦いと言うことができ，後者の勝利で最終的に結着をみたことは，民主制の確立を意味した。

議会主義の発展に伴って，政党が確立してゆくのもこの時期である。王党派に対して共和政体を唱えたのが1875年に結成された急進党（Parti radical）であり，1901年にはドレフュス事件を契機として進歩的共和派を結集した急進社会党（Parti radical socialiste）に合流した。これは中産階級を代表する政党である。その左翼に，1905年に第2次インターナショナルの決議に沿って結成された社会党（Parti socialiste, Section française de l'Internationale des travailleurs）が生まれる。これは労働者の政党である。さらに1920年には，そのまた左翼に，ロシア革命の影響の下に共産党（Parti communiste）が結成されている。もっとも，絶対多数を占める政党がなく，小党分立による政権交替が頻繁であった。しかもフランスでは，議会主義を否定し，労働組合の直接行動による革命を

行い，生産手段の共有化を実現しようとする立場も強く存在した。思想的にはプルードン（Pierre Joseph Proudhon, 1809-1865）の無政府的社会主義の系列に属する，いわゆるサンディカリスム（syndicalisme）であって，長く社会的な不安定要因となった。

(b) 2度の大戦　　共和政の危機は，20世紀に入ってからは対外関係とりわけ戦争によってもたらされる。その中核は，百年戦争，植民地百年戦争，アメリカ独立戦争，大陸封鎖などで数百年にわたって覇権を争ったイギリスから，統一をなし遂げたドイツに再び――すなわち神聖ローマ帝国盛期以来――移行する。1882年のドイツ側の三国同盟に対抗して1891年には露仏同盟を締結し，1894年には完全な軍事同盟に転換させた。ついで1904年には英仏協商により，モロッコにおけるフランス，エジプトにおけるイギリスの優越権を相互に承認した。ドイツの進出政策に対して，英仏は長い間の対立関係を解消し，既得権益を守るため協力関係となった。この新たな対立の構図から生じ，主としてヨーロッパを舞台として戦われた第1次大戦（1914—1918年）では，仏独がいわゆる西部戦線で対決する。すなわち，1914年9月に中立国ベルギーを突破したドイツ軍をフランスの参謀総長ジョッフル（Joseph Joffre, 1852-1931）がマルヌ河畔で食い止め，両軍が対峙に入る。短期決戦を期したドイツのシュリーフェン作戦は挫折し長期戦となり，フランス領内南北280kmが主戦場となった。1916年2―12月にヴェルダン要塞をドイツ軍が強襲したが，フランス軍はペタン将軍（Philippe Pétain, 1856-1951）の下これを死守し抜き，クレマンソー（Georges Clemenceau, 1841-1929,〔1917-1920〕）内閣の下で勝利する（1918年11月11日休戦協定）。フランスは，その結果アルザス・ロレーヌを回復するが，死者は150万人，負傷者は300万人に上り，人的・物的損害は甚大であった。

第1次大戦後当初は，ベルギーとともにルール出兵（1923—1925年）をするなど対独強硬策が採られていたが，1924年から急進社会党を中心として社会党も加わった左翼連合内閣が組織され，対独協調へと転換がなされ，ソヴィエト連邦の承認も行われた。ポワンカレ（Raymond Poincaré, 1860-1934）挙国一致内閣（1926—1929年）で国際協調は引き継がれ，財政危機を克服し経済復興がとげられる。国際協調主義は社会主義者ブリアン（Aristide Briand, 1862-1932）にもっともよく示され，首相，外相在任中に平和外交を推進し，1925年

10月16日にはロカルノ条約でヨーロッパの安全保障を確立し，1928年8月27日には不戦条約いわゆるブリアン-ケロッグ協定を成立させた。

　1930年代に入ると，ドイツやイタリアにおけるファシズムの台頭に呼応し，フランスでも経済危機と失業者の増大が引き金となって同様の動きがみられる。これに対抗して，反ファシズム，戦争反対の組織として人民戦線（Le Front populaire）が結成され，1936年から1937年にかけては，ブルム（Léon Blum, 1872-1950）の人民戦線内閣が成立する。ブルム内閣は内外に反ファシズム政策を進めようとしたが，国内大資本やイギリスの反対で行き詰まり退陣した。しかし，企業国有化，40時間労働，有給休暇などはこの時期の成果である。

　しかし，ダラディエ（Edouard Daradier, 1884-1970）内閣になると，チェンバレン（Arthur Chamberlain, 1869-1940）に追随して宥和政策を採り，1939年にはついに第2次大戦が勃発する。ナチス・ドイツ軍は1940年5月にフランスに進撃して6月にはパリを占領する。これに伴い，第1次大戦の英雄であったペタン元帥が率いる内閣が成立しドイツに降伏し，第3共和制は崩壊する。すなわち，フランスの北半分はドイツが占領し，南半分は休戦派によるヴィシー政府（Gouvernement de Vichy, 1940—1944年）が支配した。これに対して，1940年6月には徹底抗戦派のド・ゴール（Charles de Gaulle, 1890-1970）将軍が率いる自由フランス政府（Gouvernement de la France libre）がロンドンに並立し，正統性を争った。「フランスは戦いに敗れたが，戦争に負けたわけではない（La France a perdu une bataille, mais la France n'a pas perdu la guerre）」と檄を飛ばし，国内でもこれに呼応した抵抗運動（résistance）が起こった。1944年8月の国土解放（Libération）ののちは，ド・ゴール将軍が臨時政府を組織し，自らが正統な政府であったことを宣言し，ヴィシー政府時代の法令を原則的にすべて無効とする措置をとった。ペタン元帥自身は，国家反逆罪で有罪とされている。もっとも，自由フランス政府は第2次大戦中はフランスの国土と国民に対して実効的な支配権を及ぼしていなかったため，1940年から1944年にかけての期間の実定法が何であったかについては，特別に考える必要があろう。

　(2)　第4共和制と第5共和制　　**A**　1946年10月27日の憲法典　　第3共和制の崩壊を承けて，戦後の新しい統治機構の確立が憲法制定国民議会で急がれた。臨時政府首班のド・ゴールは，執行権を強化した自己の憲法草案を

提示するが，これが受け容れられなかったため下野する。そこで反ファシズム連合を代表し人民共和派（M.R.P., Mouvement républicain populaire）に所属するビドー（Georges Bidault, 1918-1983）が内閣を組織し，この作業を引き継いだ。最初に起草された1946年4月19日の憲法典草案は，共産党，社会党という革新勢力の手になる極めて進歩的内容のもので注目されたが，国民投票において右派の反対にあって否決された。そこで保守勢力との妥協が図られ，1946年10月27日に憲法典が採択され第4共和制が発足する。この憲法も，第3共和制と同様に国会の力が極めて強い議院内閣制を基本とする。女性を含めた普通選挙が初めて採用された点も注目される。また人権規定については，1789年の人権宣言を再確認すると同時に，自由・平等・博愛の原理の実質化を目ざして，男女の平等取扱い，労働者の権利などいわゆる社会権の承認，国際協調主義を新たに盛り込んだ前文を設けている（「法令原文資料」IV参照）。

　第4共和制の時代も，議会においては小党分立による継続的に政局が不安定な状況にあった。急進社会党，社会党，共産党といった既成政党のうち，共産党は戦後急速に増勢し，何度か第一党となり政権に参加したが，単独ないし首班政権は実現していない。ほかに中道カトリック政党の人民共和派が有力で，冷戦に伴ってド・ゴール派も進出する。こうした中で旧植民地問題の解決が重くのしかかり，インドシナについては1946年から1954年にかけて泥沼の戦争となった。しかし，1954年5月にディエン・ビェン・フーでベトナム解放軍がフランス軍を撃破して大勢が決し，マンデス－フランス（Pierre Mendès-France, 1907-1982,〔1954-1955〕）内閣は，1954年7月21日のジュネーヴ協定により独立を認めた。しかし，1954年に始まったフランス領サハラの民族解放闘争は，フランスの膝元で生じまた入植フランス人が多いことから利権が複雑に絡み，内乱の危機と経済的破局をもたらした。まず1956年にモロッコとチュニジアがフランス連合内にとどまりつつ独立を達成したが，アルジェリア問題は残され紛争は一層激化した。1958年6月にはアルジェリア駐留軍が本国政府に反旗を翻すまでに至り，政治的混乱は極に達した。こうした状況を克服すべく，またさらにはより積極的に国際社会においてフランスが再び強力なリーダーシップを発揮し，世界の一等国として残ることを可能とするために，憲法体制の変革が不可欠と考えられるに至った。

　B　1958年10月4日の憲法典　　1958年6月3日の憲法的法律により，新

憲法の制定が第2次大戦の英雄であるド・ゴール将軍の内閣に委ねられる。ド・ゴールは，のちにド・ゴール大統領の下で初代首相となるドゥブレ（Michel Debré, 1912-1996,〔1959-1962〕）の協力を得つつ，執行権を強化した憲法草案を作成し，10月4日に現行第5共和制が成立する。1870年以来フランスは常に共和制の枠内であるが，第3共和制が王制待ちとして出発したのに対して，とりわけ大統領の権限強化が目立つ。そこから国会との両頭制（dyarchie）と特徴づけられたりするが，大統領が出自を問わずまた国民に直接訴えかける点では，むしろ帝政に近い面がうかがえる。王政—共和政—帝政というサイクルは，3つの共和政体の背後に生きているともみうけられる。新憲法制定の発端となった旧植民地については，フランス共同体（Communauté française）を設けてその解決を図った。具体的にアルジェリア問題については，1962年3月18日のエヴィアン協定によりその独立を承認することで決着をみた。人権については，1789年の人権宣言および1946年憲法典前文人権規定に言及するが，それ自身は人権宣言をもたない。なお2005年の憲法改正では，2004年に制定された環境憲章にも憲法的価値が付与された（「法令原文資料」ⅡおよびⅤ参照）。

　初代の大統領に就任したド・ゴールは，フランスの栄光の回復，政治的安定を図って積極的に施策をすすめたが，西側に属しながらアメリカ，イギリスに同調しない政策を推進したことが注目される。1960年の独自の核開発，1964年の中国承認，1966年のＮＡＴＯ軍事機構からの脱退などである。これとは逆にヨーロッパ大陸では協調が第4共和制時代から試みられ，1951年にヨーロッパ石炭鉄鋼共同体が，1957年にはヨーロッパ経済共同体，ヨーロッパ原子力共同体が設けられたが，1965年には3機関が統合しヨーロッパ共同体が成立した。その後1968年には，学生・労働者の大規模な行動で5月危機が生じたが，総選挙の勝利で乗り切った。しかし，翌年4月に行われた国民投票の否決を理由にド・ゴール大統領は辞任した。その後は，ド・ゴール大統領のために作られたといわれる極めて個性の強い憲法典が，その後継者たちによって引き継がれ，社会党大統領や保革共存政権をも運用で支えて今日に至っており，既に第3共和制につぐ長命な憲法体制となっている。憲法改正はかなり頻繁に行われている（第2部第3編第2章第2節1参照）が，とりわけ2008年の大改正を経て，体制の基本的枠組の範囲内で議会制民主主義への回

帰が鮮明となった。

　第5共和政下の政党としては，左翼の社会党 (P.S.)，フランス共産党 (P.C.F.)，右翼の共和党 (Les Républicains)──ド・ゴール派である保守を糾合している共和国連合 (R.P.R.) が2002年に国民運動連合 (U.M.P.) に改組され，2015年にこの名称となる──，中道勢力を集める民主運動 (M.D.)──ジスカール派であるフランス民主主義連合 (U.D.F.) から2007年に改組──が有力である。これらに，マクロン新大統領が組織した共和国前進 (La République En marche!)，極右の国民戦線 (F.N.) が加わり，既成政党への不信と相まって流動的となっている。

2　行政組織

　第3共和制の時期は，共和政体，議会制が確立したのみならず，革命期に樹立された各種の公法上の基本原則が実質化されていく。地方行政については，1871年8月10日の法律が県に関し，1884年4月5日の法律が市町村に関して選挙による地方議会を規定し，地方自治が発展する土台となった。1872年には国民皆兵制が採用され，1881年からは初等教育の義務化をはじめとする教育関連法規の整備がなされた。1881年には出版の自由が認められ，政教分離原則の確立およびル・シャプリエ法からの脱却も，1884年3月21日の労働者の団結権に関する法律，1901年7月1日の結社法および1905年12月9日の政教分離法によってなし遂げられた。

　20世紀に入ると，一方で行政活動の広域化に対処するべく様々な広域行政区域が出現するが，これを統合するものとして道州制 (régionalisme) が1960年代以降組織化される（拙稿「フランスにおけるレジオナリズムの成立過程」上智法学論集20巻2号 (1977年) 参照）。他方で福祉国家の展開に伴う行政活動の多様化に対応して，権力的活動と並んで非権力的な行政サーヴィスが増大し，経済的，社会的および文化的領域における省庁の増加をもたらすと同時に，その積極的な展開が公役務の発展というかたちでみられた。

第2節　裁判制度

　裁判所は，この時期以降は，一方では訴訟による紛争解決に対する社会的要請が増大するのに対応し，他方では産業革命後の社会変動に即して，改編を余儀なくされる。またこの改編が，民主政の定着を背景として司法権不信

という政治的色彩を薄め，法技術的な面から積極的な拡充，強化が図られていった点に特徴を有する。

1 司法裁判所

下級裁判所については，郡に第一審裁判所を置きカントンに治安裁判所を置くという基本方針が，交通機関の発達や都市化現象に応じて20世紀初頭より整理統合されていく。これと並行して，それまで地域の有力者に依存し，和解を重視してきた治安判事に人を得にくくなってきたため，また他方では法による解決をより強く求める風潮に応じて，治安裁判所制度の通常裁判所化が進められるようになった。この延長線上でもっとも大がかりな司法裁判所制度改革は，1958年12月22日のオルドナンスによるものであり，今日の基本的体系が出現している。すなわち，治安裁判所に代えて普通法裁判所としての性格を基本的に有する小審裁判所（tribunal d'instance）が，また第一審裁判所に代えて大審裁判所（tribunal de grande instance）が対をなすかたちで置かれた。設置の単位は，従来からの拡大傾向を承けてそれぞれ郡，県が原則とされた。例外裁判所は，商事裁判所，労働裁判所のほかに，新たな訴訟類型の増大に伴い，農地賃貸借同数裁判所，社会保障裁判所が1940年代に順次追加された。

控訴審段階についても，1958年に同様に極めて大きな改革がなされた。まず，それまでいくつか存在していた控訴例外裁判所が廃止され，同時に第一審裁判所が治安裁判所の控訴審を兼ねるという体制も消滅する。すなわち，控訴はおよそ控訴が許される場合にはすべて控訴院が管轄することとされた。この権限拡大を機会として，控訴院には従来から設けられていた民事部，軽罪控訴部のほか，社会部が新たに置かれることとなった。

破毀院は，この時期に至って司法系列の最高裁判所としての地位を確実なものとし，1938年には既に事実上認められていた資格を明文上確認される。こうした動きと並行して，破毀申立て件数の増加に対処すべく機構改革が図られてゆく。まず1938年に，民事部，刑事部，予審部の3部体制で経過してきたものに社会部が増設される。1947年には根本的再編がなされ，予審部体制を廃止して民事部3，刑事部1の専門部体制による転換をなし，現行制度の原型となった。その後は1952年に民事部の1個増設，1967年の民事部のさらに1個増設および調査部の設置がなされた。調査部は，単に事件処理の円

滑化のみならず，破毀院の情報管理全般の機能強化を図るものとして注目される。

これらの裁判所組織については，1978年のデクレ，ついで2006年のオルドナンスにより法典化が実現されており，現在では司法組織法典（Code de l'organisation judiciaire）が規律している。新民事訴訟法典の場合もそうであるが，破毀院が控訴院以下の司法裁判所と一体的に規定されている。このことはフランスの破毀院の沿革を考えるならば，画期的なことである。

人的な面では，第3共和制期から裁判官の身分保障を制度化する試みがなされる。破毀院内部に設けられた司法官職高等評議会がそれであり，これが第4，第5共和制では憲法上の独立した機関として位置づけられ，引き継がれていく。もっとも，憲法上の機関となった反面，司法権の自律的保障という色彩が薄れ，議会や大統領など政治機関による保障という面が強くなった。

2 行政裁判所

行政裁判所制度については，第3共和制の成立とともに大きな変化がみられた。1872年5月24日の法律は，それまでの留保裁判制度から委任裁判制度への移行を定める。すなわち，国務院が判決提案をなす権限のみを有し，最終的決定権は国家元首が留保することを止め，国務院に行政裁判に関する最終的判断権が委ねられた。この改革により，国務院は自律性を高めてその後において行政判例法が展開する態勢を整えた。さらに，1889年の国務院のカド判決（C.E. 13 déc. 1889, Cadot）により，いわゆる裁判官たる大臣の理論（théorie du ministre-juge）が放棄され，国務院は第一審裁判官である大臣の判断に対する控訴審としてではなく，行政事件のすべてを直接に審理しうるとされた。大革命初期の行政自身が行政事件の裁判官であるという制度の名残りがここに一掃され，国務院の行政裁判所としての地位が確立する。

第一審の例外裁判所としての県参事会については，県知事の諮問機関としての役割は既に消滅し裁判所としての役割に特化してきていた。そうであれば，交通手段の発達とともに必ずしも各県に設置しておく必然性はなくなり，1926年9月6日のデクレ‐ロワにより県際参事会（Conseil de préfecture interdépartemental）へと統合される。これが今日の第一審の行政裁判所の管轄区域の土台となる。その後における改革は，第一審かつ終審としての管轄権を有する国務院の超過負担を解消するための，審級制の整備として捉えられ

る。1953年9月30日のデクレにより，県際参事会は行政地方裁判所（tribunal administratif）となり，行政裁判所として形式，内容ともに充実がみられた。同時に，行政地方裁判所は行政事件に関する第一審の普通法裁判所としての性格を有するに至り，国務院は原則として控訴審とされた。しかし，その後においても国務院が扱う事件が増加の一途をたどったため，1987年12月31日の法律第1127号は，国務院と行政地方裁判所の間にさらに行政控訴院（cour administrative d'appel）を設け，国務院は原則として上告審とされた。

司法系列の裁判所と同様に，行政系列の裁判所の規定も近時法典化がなされており，1973年7月13日のデクレ第682, 683号は，行政地方裁判所法典（Code des tribunaux administratifs）を集成する。その後は行政控訴院に関する規定もここに組み込まれ，今日では行政裁判法典（Code de justice administrative）と名称変更がなされ，国務院を含めて規定されている。

権限裁判所については，委任裁判制度を確立したものと同一の1872年5月24日の法律が，それまで国務院が行使していた権限争議の判断権限を，そのために特別の設けられた権限裁判所（Tribunal des conflits）に移管した。これもまた，司法権に対する不信の念がようやく薄らいで，管轄権配分が純粋に法技術的な面から捉えられるようになったことを示す変化である。翌年の1873年に下されたブランコ判決（T.C. 8 févr. 1873, Blanco）は，公役務を標識としつつ判断し，自律的な行政法の形成に第一歩を画することとなった。その後権限裁判所の判決は，国務院の判決とともに，行政判例法の重要な一翼を担うことになる。権限裁判所は，普通法に対する行政法の特殊性という観点から管轄権を判断するため，純粋に管轄という形式問題をこえて必然的に実体法の評価に立ち入った検討がなされているためである。

第3節　法　源

1　制定法の動向

(1)　私法　　私法の分野においては，ナポレオンの民商2法典が予定していた社会と，その後に資本主義が展開したのちにおける社会との乖離が顕在化する。そこで，法典の修正が多くなされるようになり，また新たに規律すべき事項も生じ法典に追加規定が設けられたり特別法が増加する。さらには，民商両法典そのものの全面的再編成が積極的に試みられてゆくまでに至る。

まず，1904年の民法典百周年にあたって改正委員会が設置されたことがあり，第1次大戦後には，民商統一法を念頭に置いた仏伊債務法の制定に向けた共同委員会が設けられ，1928年には草案も成立した。もっともこの試みは，イタリアにおけるファシズムの高揚に伴い具体的成果のないまま中断された。

第2次大戦後においては，民法では家族法における個人主義の強化が緊要となり，第4共和制下でジュリオ・ド・ラ・モランディエール（Léon Julliot de la Morandière, 1885-1968）教授を委員長とする民法典改正委員会が設けられ，検討がなされた。その成果は，「序編」および「第1編 人及び家族」に関する747条の草案として公表されたが，法典として結実することはなかった。第5共和制の下では，方式を変更してカルボニエ（Jean Carbonnier, 1908-2003）教授の個人的イニシアティヴにより，この草案はもとよりさらに社会学的調査を基礎として新たに法案が作成され，人と家族に関する第1編の規定の大半が，章別に順次全面改正されてゆき，ほぼ内容を一新した。これと並行して，第3編の財産取得の形態についても新たな典型契約を挿入するなど章別の全面改正がいくつかなされた。さらに21世紀に入ると，2006年に担保編が成立し，2008年には時効法の全面改正が行われ，2016年には不法行為等を除き債務法通則の改正が実現した。

商法典に関しては，民法が財産法の基本的事項を規律するのに対して，商法が取引活動や企業の実際的運営に直接係わりを有するため，この時期に至ると一層多くの法改正がもたらされた。しかし，民法と異なりそのすべてが必ずしも商法典自体を変更するものではなく，むしろ特別法の増加を招来した。既に指摘した株式会社法のほか，小切手法（1935年10月30日のデクレ－ロワ），有限会社法（1925年3月2日の法律）などがその代表的なものであったが，特別法である株式会社法にさらに多くの特別法が制定されるなど錯綜を極めるに至っていた。第2次大戦前の仏伊共通債務法の試みについては民法に関する説明と重複するが，第4共和制下では，エスカラ（Jean Escarra, 1885-1955）教授を委員長とする商法典改正委員会が民法同様に設けられた。そこにおける作業もまた，そのまま商法典の全面改正として成立することはなかったが，その後第5共和制下における様々な改革に参考とされ結実していく。

第1編の商一般については，まず会社法に関し1966年7月24日の法律第537号により新しい商事会社法が制定される。これに伴い旧株式会社法ととも

に，商法典中の会社に関する章も廃止され，名実ともに特別法移行が実現した。同様に商業登記簿の章も全廃され，特別法が規律した。第2編の海商法については，ロディエール（René Rodière, 1907-1981）教授の下で改正作業がすすめられ，5個の特別法に再編され，商法典の規定は事実上全廃された。第3編の破産についても，特別法制定と商法典への再編入といった曲折がみられたが，商人破産主義が放棄されたこともあって，特別法が規律し，商法典には1条の規定もなくなった。

　このようにして，民法の現代的対応が民法典の内容的革新によってもたらされているのと対照的に，商法のそれが非法典化（décodification）すなわち商法典そのものの形骸化と特別法への移行によってなされている点に特徴がみられた。これに対して，2000年9月18日のオルドナンス第912号は，海商法は別にして商法典や商事会社法をはじめとして関連法規を廃止し，既存の法規の集成である新たな商法典を復活させた。

　民事訴訟法典については，それが民事訴訟王令やパリ最高法院の慣行にかなり依拠して編纂されたため，制定当初から内容的に時代遅れな規定が少なくなかった。しかし，訴訟手続が繁雑であるほど仕事量が増えることになる裁判所付属吏など利害関係人の抵抗が強く，彼らの議員への働きかけが奏功したこともあって永らく本格的な改革が妨げられてきた。そうした背景から，執行権の強化が図られた第5共和制に至って，民事訴訟については議会を通さないで立法できるように命令事項へと移行がなされ，以後は次々とデクレの形式により法改正が実現されるようになる。1975年12月5日のデクレ第1123号は，これらの特別法をまとめて法典化をなし，新民事訴訟法典とした。しかしすべてを規律するには間に合わなかったため，規定が欠けている部分については依然として旧民事訴訟法典が適用されることで出発した。新法典への移行が完成した2007年に至って，「新」がとれて民事訴訟法典とされた。なお，新しい民事訴訟法典には破毀申立て手続も含まれているが，破毀院の司法系列の最高裁判所としての地位が訴訟法上も確立したことを示すものである。

　刑事法についても関連して言及するならば，刑法典については，その現代化の政治的重要性の故に5法典のうちではもっとも早くから全面改正が本格的に議論されており，既に1934年に新法典の草案が準備されていた。草案は

第3節　法　源　　　　　　　　　　　　111

その後も多く作られたが，治安重視と人権尊重の兼ね合いが難しく，尖鋭な対立をもたらし，議会を通過して成立するまでにはなかなか至らなかった。1992年7月22日の法律第683～686号により，新刑法典がようやくとって代わった。これに対して治罪法典については，刑事被告人の人権擁護の向上がもっぱら念頭に置かれたことから，全面改正が最初に実現し，1957年12月31日の法律により新法典が刑事訴訟法典（Code de procédure pénale）と名称も新たに成立した。こうした諸法典の具体的な改正動向と現状については，第2部第3編第2章の「各法分野の法源」において紹介することにしたい。

　(2)　新しい法分野の出現　　社会，経済状況の変容は，単にナポレオンの諸法典の修正や全面改正をもたらしただけではなく，まったく新たに法令が規律すべき事項を生じさせた。まず社会立法が労働者階級の政治的実力の認知とともに次々と制定されていく。1884年3月21日の法律による労働者の団結権の承認，1898年4月9日の労働災害法などである。20世紀に入ると，必要に応じて制定されてきたこれら雑多な社会立法を基礎として，労働・社会福祉法典（Code du travail et de la prévoyance sociale）の編纂が目ざされる。一挙に法典化することが困難であったため，編ごとに1910年から1927年にかけて全7編のうち前半の4編を成立させたがそこまでで力尽き，単に労働法典（Code du travail）として一応の完成をみた。労働法典は，ナポレオンによる法典編纂から1世紀以上遅れて制定されたにもかかわらず，対象の性質からその後における改正が極めて頻繁であり，そのため規定が錯綜を極める状態となっていた。そこで1973年ついで2007年の労働法典がとって代わっている。なお新法典では，部編章節を4桁の番号としその下に条文番号をつけるという新しい番号づけを採用している。法改正によりよく対応しうるためであり，この十進法番号（numérotation décimale）方式は，他の法典でも用いられるようになっている。なお社会保障法については，法典化は結局第2次大戦後にもち越され，1956年に社会保障法典（Code de la sécurité sociale）が成立した。現在では，1985年の新しい社会保障法典がとって代わっている。

　社会法の各分野は，社会的弱者保護の観点から私人の自由な活動を制限しまた行政の積極的介入を予定するものであって，伝統的な私法と公法の中間に位置するものといえる。1993年には消費法典（Code de la consommation）も制定されている。ほかに各産業分野においても，単に市場原理に任されるので

はなく，様々な法規制が設けられるようになる。その重要なものについては，法典化がなされていく。1955年（1999年に新法典）の農業法典（Code rural），1952年（1979年に新法典）の林業法典（Code forestier），1956年の鉱業法典（Code minier），1952年の手工業法典（Code de l'artisanat）などである。

　(3)　公法　　既に述べた社会法や産業法の出現そのものが，伝統的な私法，公法の区分を突き崩す性質の変容であるが，資本主義経済の矛盾を解消するためにあるいは国民の生活基盤を充実させるために行政が関与する領域は飛躍的に増大していく。いわゆる夜警国家体制から社会国家，福祉国家体制への転換であり，国民生活における公部門の重要性とその規制の拡大がみられた。とりわけ経済事項については，数次にわたる国有化（nationalisation）と第2次大戦後における計画経済（planification）の実施が，行政の比重をフランスにおいてとくに増大させる要因となった。このように行政が関与すべき領域が拡大するのに応じて，それぞれの分野に固有の法原理が確立してゆき，公土木（travaux publics），都市計画（urbanisme），公企業（entreprise publique），公衆衛生（santé publique）などにつき一群の法規制が形成される。同時に，こうした活発な行政活動を支える手段である公務員（fonction publique），収用（expropriation），官庁契約（marché public），公物（domaine public）などに関する法制が整備される。

　こうして生じた行政法規の錯綜に対しては，第2次大戦後に至って，行政法の法典化（codification du droit administratif）に積極的な取り組みがなされることで対処された。しかし，これらは古典的な法典とは異なり，原則として関連する既存法規の集成（compilation）であって，新たに当該分野について一定の基本原理のもとに総合的に規律しようとするものではない点に限界がみられた。それはともかく，新しい法分野の個所で挙げた諸法典のほかに，この手法で純粋に行政法分野で成立した代表的な法典として，地方公共団体一般法典（Code général des collectivités territoriales），選挙法典（Code électoral），公有財産一般法典（Code général de la propriété des personnes publiques），官庁契約法典（Code des marchés publics），公用収用法典（Code de l'expropriation pour cause d'utilité publique），都市計画法典（Code de l'urbanisme）などがある。

2　その他の法源および学説

　(1)　私法　　法典編纂の際に前提とされた社会状況や経済状況が変化する

のに応じて，立法上の対応が法典の修正というかたちであるいは特別法や新たな法典の制定というかたちでなされるようになった。しかし，こうした立法的介入が必ずしもすべての場合に機を失せずにまた適切なかたちで得られるとは限らない。そこで，制定法以外の法源に関心が寄せられるようになっていく。とりわけ裁判所は，提起された事件について具体的に妥当な解決を与えることを任務の中核としているため，立法の不備を口実として正義に著しく反する判決を下すわけにはいかなくなる。この場合慣習法を援用しつつ根拠づけることもあるが，利用しうる局面は限られている。すなわち，慣習法主義に逆行することは不可能であり，単に必要な場合に抵抗なく裁判所によって言及されるようになったにとどまる。むしろいわゆる独自の判例法の展開とみられる理論が次々と打ち出される。たとえば，所有権の絶対を修正する原理として権利濫用の理論 (théorie de l'abus de droit)，契約自由の名の下における実質的不平等の解消を目ざす附合契約の理論 (théorie de contrat d'adhésion)，過失責任に対して被害者救済を重視する無生物責任の理論 (théorie de la responsabilité du fait des choses inanimées) の形成であり，権利行使と経済活動における社会的責任を問う方向が示される。判例法の成果は立法にも影響を与えてゆき，その成果と目される制定法も少なくない。たとえば，1985年7月5日の法律第677号による交通事故被害者法がある。もっとも，立法がなされればその範囲で判例法は当然に効力を失うことになるが，そのことは判例法の消滅というよりは立法への結晶作用として積極的に評価されるべきであろう。

　学説も，こうした状況に対応して，従来の制定法一辺倒の考え方を批判して，社会で現実に生起している問題について妥当な解決を探る傾向が形成されてくる。こうした具体的解決を支え，同時に制定法の指針を示すべく理論体系の再構築も試みられる。このような考え方に立つ者を，註釈学派と対比させて科学学派 (école scientifique) ないし近代学派 (école moderne) と呼んでいる。代表的な学者を挙げてみよう。

　<u>民事法分野</u>
　BEUDANT, Charles (1829-1895)　民法の研究に政治学や経済学の観点を持ち込み，社会的背景を土台とした体系化と総合的理解に先鞭をつけた。
　BUFNOIR, Claude (1832-1898)　民法上の諸原理について哲学的分析を加えると

同時に，比較法的研究を導入した。

LABBÉ, Joseph-Emile（1823-1894）　民事判例研究を本格的に行い，専門判例評釈者（arrêtiste）の先駆けをなした。

PLANIOL, Marcel（1853-1931）　民法を体系的に叙述する Traité élémentaire de droit civil, 3 vol., 1899-1901 を著わし，後継者により改訂され長く標準的概説書となった。

SALEILLES, Sébastien Felix Raymond（1855-1912）　刑法に関して刑罰の個別化（individualisation de la peine）を説いたり，比較法の重要性を主張したり幅広い活動をなしたが，民法については註釈学派批判の急先鋒として活躍した。民法解釈に社会状況に応じた変更の可能性を認め，フランス自由法運動の旗手として法文解釈の固定性を打破することに努めた。De la déclaration de la volonté, 1901 は，民法に関する代表的著作である。

WEISS, Charles André（1858-1928）　国際私法上に本国法の適用を原則とする属人法主義を展開した。

GÉNY, François（1861-1956）　科学学派の主張を体系化するのに功績があった。法典はあらかじめすべてを遺漏なく規定しているとする前提を斥け，立法者が制定当時に予想しえなかった問題について法の欠缺を認めた。この欠缺を埋めるために，社会的所与から「自由な科学的探究（libre recherche scientifique）」を行い妥当な解決を見いだし，これを法的に理論構成すべきことを説き，積極的な法創造の余地を認めた。その内容は2つの主著，Méthode d'interprétation et sources en droit privé positif, 2 vol., 1899 ; Science et technique en droit privé positif, 4 vol., 1915-1924 に詳細に展開されている。

COLIN, Ambroise（1863-1929）

CAPITANT, Henri（1865-1937）　長く民法の標準的概説とされた Traité élémentaire de droit civil français, 3 vol., 1914-1916 を，共著として出版した。なお，後出の憲法学者ルネ・カピタンはアンリの子息である。

LAMBERT, Edouard（1866-1947）　サレイユを承けて，フランスにおける比較法学を本格的に発展させた。

RIPERT, Georges（1880-1958）　プラニオルの概説書の改訂共著者となり，ついでこの改訂作業はブーランジェ（Jean Boulanger, 1900-1966）に引き継がれ，長く民法の代表的概説書となった。同時に商法についても Traité élémentaire de droit commercialを著わし，これはロブロ（René Roblot）に引き継がれて代表的概説書となった。リペールは，同時に，時代の動きを幅広い視野から法的に考察したモノグラフィーも多く書いている。La règle morale dans les obligations civiles, 1925 ; Le régime démocratique et le droit civil moderne, 1935 ; Aspects juridiques du capitalisme moderne, 1947 は，それぞれ道徳，政治，経済との関係を論じる3部作であり，ほかに Le déclin du droit, 1949 ; Les forces créatrices du droit, 1955 といった法の社会的機能を分析した著作もある。

JULLIOT DE LA MORANDIÈRE, Léon（1885-1968）　コラン-カピタンの概説書の改訂のほか，第4共和制下では民法典改正委員会の議長を務め，民法典の近代化に尽力した。

SAVATIER, René（1892-1984）　民法の概説書のほか広い視野から私法を考察するモノグラフィーを多数著わした。Du droit civil au droit public, 2ᵉ éd., 1950 ; Les métamorphoses économiques et sociales du droit privé d'aujourd'hui, 3 vol., 1952-1959 は代表的な書物である。

MAZEAUD, Henri（1900-1993）

MAZEAUD, Léon（1900-1970）

MAZEAUD, Jean（1904-1995）　マゾー3兄弟は裁判官・法学者として活躍したが，その共著になる Leçons de droit civil, 4 tomes, 9 vol., 1956-1963 は，第2次大戦後の民法概説書の名著である。

DAVID, René（1906-1990）　Traité de droit civil comparé, 1950 およびこれを発展させた Les grands systèmes de droit contemporains, 10ᵉ éd., 1992, par Jauffret-Spinosi を著わした，現代フランスを代表する比較法学者であった。

CARBONNIER, Jean（1908-2003）　法社会学の開拓者としても知られる民法学者であり，近時の家族法改正をリードした。Droit civil,《Thémis》は，社会学的分析を折り込んだ特徴ある民法要説である。

DURAND, Paul（1908-1960）　民法から出発し労働法，社会保障法の研究に進みその体系化に功績があった。

TUNC, André（1917-1999）　民法とりわけ不法行為法の研究に優れた業績をあげた。同時に，比較法，アメリカ法に造詣が深く，その発展に寄与した。

<u>商事法分野</u>

LYON-CAEN, Charles Léon（1843-1935）　商法，海商法に多くの業績を残した。

社会法学者の Gérard LYON-CAEN（1919-2004）は孫にあたる。

PIC, Paul（1862-1944）　商法を研究すると同時に，労働法を最初に体系化し，その国際的統一にも努めた。

ESCARRA, Jean（1885-1955）　第4共和制下で商法典改正委員会の議長を務めた。また1921年から39年にかけて中国政府の顧問を務めたことから，中国法の研究者としても知られ，Le droit chinois, 1936 を著わした。

RODIÈRE, René（1907-1981）　海商法を中心とする商法改正をリードした。統一法に熱心な比較法学者でもあった。

刑事法分野

TARDE, Gabriel（1843-1904）　社会学的手法を刑法学に取りいれ，その近代化に努めた。

GARRAUD, Jean René（1849-1930）　実証学派と刑事政策学派の理論を統合しつつ，刑法の体系化に功績があった。

ANCEL, Marc（1902-1990）　『新社会防衛論（La défense sociale nouvelle)』（1954）を説き刑法学に新たな視点を提供した。また比較法学にも造詣が深く，その発展に寄与した。

法史学および法思想

FUSTEL DE COULANGES, Numa-Denis（1830-1889）　科学的方法により歴史分析を行い，La cité antique, 1864 などを著わし，近代法史学を確立させた。

GLASSON, Ernest Désiré（1839-1907）　民法学者であるが，Histoire du droit et des institutions de la France により法史学の発展に寄与した。比較法，労働法にも関心を有し，その方面での著作も多い。

CHARMONT, Joseph（1859-1922）　法実証主義に反対して，自然法の再生を説く。また伝統的な公法と私法の峻別に対して，個人主義原理の修正，法の社会化を主張した。

OLIVIER-MARTIN, François（1879-1952）　法の歴史をそれを支える制度や文化を踏まえて把握することに努めた。Histoire du droit français des origines à la Révolution, 1948 は代表的著作であり，野田良之『フランス法概論上』への影響も大きい。塙浩訳『フランス法制史概説』（1986年，創文社）は，1951年刊行の2版の邦訳である。

VILLEY, Michel（1914-1988）　アリストテレス（Aristote, B.C. 384-B.C.322）やト

マス (Saint Thomas d'Aquin, 1225-1274) に拠りつつ存在論哲学を展開し, 近代法思想を批判した。フランスにおける新スコラ学派を代表する。

(2) 公法　公法については, 共和政体の安定に伴って, 近代的憲法学説の生成がみられるようになる。また行政裁判制度の確立に呼応して行政判例法の本格的展開がみられ, 普通法に対して自律的な大陸型の行政法が形成されていく。行政法の場合は, 行政行為, 行政契約, 行政賠償責任, 行政訴訟などその基本的部分につき法典化がなされていないため, いきおい判例法の重要性は高まる。これに対応して, その理論的構築を目ざして行政法学説にも著しい発展がみられた。非権力的な行政サーヴィスの増大は, フランスに特徴的な公役務 (service public) を中核とする体系化をもたらすことになる。私法学者に対抗しうる公法学者の本格的出現であり, その代表的な人々を挙げておこう。

LAFERRIÈRE, Edouard (1841-1901)　国務院副院長を務めた実務家であり, Traité de la juridiction administrative et des recours contentieux, 2ᵉ éd., 1896 により, 近代的行政訴訟法を体系づけた。

ESMEIN, Adhémar (1848-1913)　フランスの伝統となる比較憲法の手法を, Eléments de droit constitutionnel français et comparé, 1895 によって確立させた。なお, 法史学者としても業績が多い。

HAURIOU, Maurice (1856-1929)　制度の理論 (théorie de l'institution) という社会学的手法によりつつ, 憲法および行政法の体系化を試みた。Précis de droit administratif, 12ᵉ éd., 1933 は, 公権力 (puissance publique) を中心として行政権限を理論化した代表作である。また公法において専門判例評釈者 (arrêtiste) の先駆けをなす。なお, 制度の理論はルナール (Georges Renard, 1876-1930) により思想的に発展された。

DUGUIT, Léon (1859-1928)　デュルケーム (Emile Durkheim, 1858-1917) とともに社会連帯 (solidarité sociale) という社会学的立場から, 公法を権限の体系ではなく義務の体系として構想し, 公役務 (service public) を中心とした行政法の体系化を試みた。モノグラフィーも多く, Les transformations du droit public, 1913 は, 代表作である。私法学についても, 同じ立場から説く権利否認論が反響を呼んだ。

CARRÉ DE MALBERG, Raymond (1861-1935)　フランスにおけるケルゼニスト

の代表者であり，国家法の規範体系を明らかにすることに努めた。Contribution à la théorie générale de l'Etat, 1920-1922 は今日でも読まれる主著である。

JÈZE, Gaston（1869-1953）　行政判例を積極的に整理し，公役務理論による行政法の体系化をなし遂げた。Les principes généraux du droit administratif, 6 vol., 3ᵉ éd., 1925-1936 は，長く行政法の標準的概説書とされた。

SCELLE, Georges（1878-1961）　社会学的手法に立って国際法学を体系化した。また実践面では，国際連盟フランス代表，国際連合の国際法委員会議長，ハーグ国際法アカデミー事務局長なども歴任した。

CAPITANT, René（1901-1970）　第 5 共和制憲法の制定と運用に直接かかわった憲法学者であり，社会学的実証主義を代表する。

EISENMANN, Charles（1903-1980）　ケルゼニストの行政法学者であり，Cours de droit administratif, 2 vol., 1982-83 にその特徴がよく示されている。

LAUBADÈRE, André de（1910-1981）　公役務学説にたち，Traité de droit administratif, 3 vol. ; Traite du contrat administratif, 3 vol. といった標準的概説書を著わした。

VEDEL, Georges（1910-2002）　公権力学説にたつ憲法学，行政法学を展開させた。第 5 共和制憲法の改正委員会の委員長も務めた。

RIVERO, Jean（1910-2001）　公役務と公権力を折衷して，新たな行政法体系の可能性を探った。

DUVERGER, Maurice（1917-2014）　政治社会学的手法により憲法現象を分析し，とりわけ選挙や政党に関して研究を深化させた。

第2部

現行フランス法の基本構造

第1部においては，フランス法の歴史的特徴を，国家体制，裁判制度，法源の3つに焦点をあてて，その変遷を追うかたちで検討してきた。第2部においては，対象を現行法にしぼってその基本構造を考察することになるが，同様に全体を大きくこの3つの柱にわけて説明することにしたい。フランス法のあり方の現状を概括的に知るという観点から，この3本柱の位置づけを敷衍して説明するならば，次のようになろう。

　第1編の国家体制では，今日において法源として圧倒的な重要性を占める制定法の定立を担う機関を検討することになる。制定法としては法律のみならず行政立法や国際法規も含まれるので，統治機構だけではなく行政組織や対外関係の大綱まで視野に入れられる。

　第2編の裁判制度では，法の適用を確保する機関であり，同時に判例法を創造する裁判所をめぐる論点を扱う。ここにおいては，裁判所という組織面のみならず，人的な面すなわち法律家にも十分な比重を置いて検討する。一国の法のあり方を支えているのは結局は人であるという認識に立つからである。そうした観点から，法律家の個所では，裁判に直接係わる者を超えて，広くフランス人の法意識や法行動にまで及んで考察することにしたい。

　第3編の法源では，前2編での検討を踏まえつつ，フランスにおける法の存在形態を総括的に扱う。各法分野について法源の内容にまで立ち入るならば，フランス実定法研究，いわばフランス法各論に連結することになるが，ここでは直接的考察の対象外とした。しかし，より本格的に勉強することを考えている者のために，各実定法分野における法源の状況に加えて法資料の手引の項を設け，十分な道標を呈示することに努めた。

第1編　国家体制

　第1編では，制定法源の創造と執行に係わる機関がどのように構成されているのかを対象とする。法律，命令といったもっとも重要な制定法源の定立をつかさどるのが統治機構であり，この分析を第1章で行う。これに対して第2章で扱う行政組織は，主として法の執行を担当する。しかし行政の活動領域が拡大しており，また下位法源を創造する行政機関や自治体の充実もあって，その役割を理解することが重要となっている。制定法源としては，さらに国際化の進展に伴って，国内法の枠をこえる法規が国内法にも直接，間接に影響を与えるに至っている。この問題を中心にフランスに固有な対外関係のあり方が，第3章の対象となる。

第1章　統治機構

　フランスは，大革命以来権力分立（séparation des pouvoirs）の原理を採用している。これは立法権（pouvoir législatif），執行権（pouvoir exécutif），司法権（pouvoir judiciaire）のそれぞれが，相互に独立し場合によっては掣肘し合い，権力の独走を防ぐという考え方である。なおわが国では，執行権ではなく行政権（pouvoir administratif）という表現がこの意味で憲法典上に用いられており，一般にも流布している。しかし，フランスでは行政権は執行権の下でその政策を具体化する権力に限定して使われており，ここではフランスにおける用語法に従うことにしたい。

　(1)　権力分立の伝統的形態　　権力分立の考え方は，モンテスキューが『法の精神』の中で説いたものが基本となっている。モンテスキューはイギリスの統治システムから着想をえて構想したかたちをとっているが，必ずしもイギリスは模範的形態で実現してはいなかった。権力分立を忠実に実現しているのはむしろのちのアメリカの統治機構であり，これが大統領制（régime présidentiel）といわれるものである。これに対して，モンテスキューの母国フランスは，権力分立の原理を受けいれながらも，従来から決して三権が対等に位置づけられていたわけではない。

　第1に，司法権については，旧制度下における最高法院のような裁判所が再現することへの懸念から，他の二権を司法権から独立させることにはこまかい配慮が払われたが，司法権が他の権力を掣肘することは考えられないことであった。司法権は政治的実権とは程遠く，統治機構の中で他の二権に影響を及ぼすことは皆無である。司法権は数多くの規制の対象であり，その後における現実問題は，司法権の独立の確保と裁判官の身分保障の充実であった。それはともかく，司法権が他の二権と結合したり他の二権に対して統制を加えることの全面的否定は，統治機構論において司法権について扱う必要性を失わせる。フランスの憲法概説書において司法権に関する項目が欠如しているのはこうした事情に基づくのであって，司法裁判所が違憲立法審査や行政行為の適法性審査を担当する国では考えられない特徴となっている。

　とりわけ第5共和制憲法典においては，司法権という表現そのものが用いられておらず，司法機関（autorité judiciaire）という表題の下に規定がなされている。内容的には，裁判所そのものの組織や権限についての記述はまったくなく，裁判官の身分を保障する大統領の諮問機関である司法官職高等評議会（Conseil supérieur de la magistrature）に関する規定が中心であり，ほかに若干の裁判における人権保障の規定を含むのみである。そこで以下においては，フランスにおける取扱いにならい，統治機構に関連して司法権を独立させて扱うことなく，憲法上の諮問機関として司法官職高等評議会の説明のみを行う。司法裁判所の具体的内容については，第2編の裁判制度における検討の対象となる。

　立法権と執行権の関係も，フランスにおいては決して対等なものではなく，第4共和制までの共和政体においては常に立法権優位であった。これは，ルソーの『社会契約論』の考え方の影響であって，選挙によって直接選ばれる議会こそが，国民の一般意志（volonté générale）をもっともよく体現しているからである。第1，第2共和制ではこれが極端なかたちで示され，国会が法律を作り，国会の内部に組織された合議執行機関がこれを執行するかたちが採られた。執行権が立法権に完全に従属する体制であり，これを議会統治制

(régime d'assemblée) という。これに対して，第3，第4共和制を通じて80年に及ぶ確立した伝統は，国会優位型の議院内閣制（régime parlementaire）であった。第4共和制憲法典3条は，国民主権について次のように述べている。「③人民は，憲法上の事項については，その代表者を選挙することおよび国民投票によって国民主権を行使する。④他のすべての事項については，人民は，……国民議会における議員を通じて国民主権を行使する。」ここにおいては，大統領にも執行権にも言及はみられない。大統領は，第4共和制までは，単に国家を形式的に代表するだけの人物であり，「食事をすることと狩をすることが日課である」とまで言われていた。すなわち，王政廃止を承けて，国家元首として外国の元首を宮殿の内外で接待する役割のみが期待されていた。政府はといえば，もちろん大統領とは異なり執行権を担い政治上の実権を有していたが，法律を逸脱して行動することは許されず，また国会の信任を失えば直ちに崩壊してしまう立場にあり，強力なリーダーシップを発揮することは困難であった。

こうした「強い議会―弱い政府」という図式こそが，フランスの伝統によれば人権を保障する体制であると考えられていた。執行権が強力になると民主政と自由に対する脅威が生じたというのが，それまでの経験であったからである。大革命期のモンタニアル独裁による恐怖政治，皇帝ナポレオン1世の強権と相つぐ戦争，復古王政下での国王の干渉，皇帝ナポレオン3世の独裁による自由の抑圧，ヴィシー政府によるナチス協力などの苦い思い出がそれである。このように，強力なリーダーシップが求められる時期には，容易に強権型統治形態に位を譲ってしまうのがフランス政治史の特徴であり，振幅の激しい過去をもつ。それでは，第5共和制憲法典を律する統治原則は，いかなるものであろうか。

(2) 第5共和制憲法典の権力分立　　第5共和制憲法典は，ド・ゴール将軍が新憲法制定に向けて全権を授与された臨時政府の時期に作られたものである。この授権を定める1958年6月3日の憲法的法律は，新憲法制定にあたって5つの原理を尊重すべきことを求めている。その第1は，国民主権 (souveraineté nationale) の原理である。その第2は，執行権と立法権の分離であり，その第3が責任内閣制であり，その第4は，司法権の独立である。この第2から第4までがこれまでの伝統を受け継ぐ議院内閣制型の権力分立と

いうことになる。ちなみに第5としては，旧植民地との関係を良好に定めることとされている。

　第5共和制憲法典は，こうした基本方針を踏まえて，すなわちその授権の範囲内で構想されたものであるから，それ自体がとくに目新しいものではありえないはずであった。しかし，実際に起草された第5共和制憲法典の内容は，議会中心主義の伝統とは異質のものであり，むしろそれとは対極に位置することになる。すなわち，「強い議会─弱い政府」の伝統を放棄し，ド・ゴールによれば本来あるべき地位，すなわち立法権とバランスがとれた関係に執行権を位置づけることが目ざされた。ところが現実には，大統領および執行権が著しく強化され，立法権に優位する権力をもつ体制が構築される。この点は，ド・ゴールが権威主義的人物であり，また合理主義的統治の信奉者であったということのほかに，当時の政治状況が強力な執行権を必要としたことにもよる。深刻なアルジェリア問題とこれに絡んだ社会不安，経済の混乱であり，これらの処理を誤るならば，フランスは極めて困難な事態に陥ることも予想されたのである。そこで，これを避けるためであるならば，ある程度執行権が強化されることもやむをえないと考えられたわけである。

　ところで，執行権と立法権の分離とか議院内閣制とかいった基本原理を採用するとしても，その具体的な発現形態となると，様々な異なったかたちを採りうる。現実にも，西欧型民主主義国はすべてこうした原理に立脚しているといえるのであるが，イギリス，ドイツ，イタリアなどを比較するだけでも，それぞれが異なるニュアンスの政治制度を具体化している。しかし，フランスの新制度は，諸隣国の実例からも，また自国の過去の実例からも想像しうる範囲を超えた独創的なものであった。

　こうした変化は，実は1958年6月3日の憲法的法律の第1項目における国民主権の規定の仕方にも伏線のように示されていた。すなわち，「普通選挙のみが権力の源である。立法権および執行権が由来するのは，普通選挙からまたは普通選挙によって選出された団体からである。」ここでは，先に引用した第4共和制憲法典3条の規定とは異なり，執行権が立法権と並んであげられている。これは伝統的見方にたてば議院内閣制と結びつくものであるが，同時に，執行権が場合によっては独立して直接に国民主権に基づくことを許容するものであった。ド・ゴール将軍は，この授権法律の基本方針を最大限執

行権優位に具体化して憲法を作成することになる。とりわけ大統領の地位が著しく強化されており，議院内閣制は維持されているとはいえ，大統領を中心とする執行権の権限が大きいことから，大統領制との中間に位置するユニークな統治機構となっている。そこから半大統領制（régime semi-présidentiel）としばしば呼ばれる。しかし，フランスの大統領はある意味ではアメリカの大統領よりも強い地位を有しており超大統領制（régime supra-présidentiel）の呼称がふさわしいという見解もある。他方で，大統領と国会が，とりわけ保革共存（cohabitation）の際に明瞭となるように，政治的実権を分有しているということからは，両頭制（dyarchie）がもっとも実体を的確に捉えているともいえる。それはともかくとして，当時は特異なものとみられていたこの政治機構は，その後ロシア，韓国など多くの国で採用されるところとなり，1つの類型を形成するほどになっている。なお，この執行権優位の体制には，フランスの伝統である議会制民主主義との両立に危惧される面があった。しかしその後の運用はおおむね穏当に推移し，2008年の憲法改正では，そうした方向が憲法の規定上にも反映されるようになった。

こうした憲法上の機関の力関係の変動は，憲法典における記載の順序に明確に示される。すなわち，フランスの歴代憲法典の中で立法権を扱う前に執行権を扱うものはなかった。ところが第5共和制憲法典では——第1章の主権の規定は別として——，国会が扱われる前に大統領と政府を規定する章が置かれているのである。以下においては，この憲法典の記載の順序——それがフランスの憲法概説書における叙述の順序でもある——に従い，大統領（第2章），政府（第3章），国会（第4章），さらに憲法上の諮問機関（第8, 10〔現11〕章）の順に，その概要を説明することにしたい。

第1節　大統領（Président de la République）

大統領は，第4共和制までのように単に国家を形式的に代表するだけの名目的地位を有するのではなく，執行権，立法権，司法権のすべてにわたって政治的実権を有する。その重要性は第5共和制における統治機構の要石（clef de voûte）と指摘されるほどである。そこで，具体的な国家機関としては最初に大統領についての規定が憲法典にも置かれている。文字通りには「共和国大統領」と訳す方がよいようにもみえるが，後述するようにprésidentが多義

的用語であり他のprésidentと区別するためであって，全体ではじめて大統領という意味になると考えるべきであろう．

1 地 位

(1) 選出方法　大統領は，第3，第4共和制の下においては，国民主権との関係で直接的正統性は必要とされなかった．むしろ議会優位がここでも示されるのがふさわしく，国会の両院合同会議（Congrès）により選出されていた．第5共和制下では，大統領に国会と並ぶあるいはこれをしのぐ地位を与えようとしており，大統領の国会への従属感を解消するために，両院合同会議とは別個に組織される選挙団（collège électoral）による選出に改めた．選挙団は，選挙により選ばれた議員のすべて，すなわち国民議会議員，元老院議員，県会議員，市町村会議員により構成される．このように大統領の選挙人は拡大したが，間接選挙（suffrage indirect）である点においては以前と相違がなく，国会の下院が直接選挙（suffrage direct）で選出されることと比べて，正統性において劣っていた．

この憲法典の当初の規定にのっとって大統領に選ばれたのはド・ゴール将軍であった．彼自身はカリスマ性を十分に備えていたためこの選出方法でもよかったのであろうが，自己の後継者にそうした資質は期待しえないと考え，1962年11月6日の憲法改正により大統領を直接選挙制に改めた．大統領はかくして第一級の民主的正統性が付与されることとなり，大統領制への傾斜を一層強めることとなった．現行規定では，大統領は2回投票制により選挙が行われる．すなわち，第1回投票により有効投票数の過半数を得た者がいる場合にはその者が当選者となり，これがいない場合には上位2名により2週間後に決選投票が行われる．2回投票制は，大統領が必ず過半数の得票を取得することを意味し，その正統性を担保する効果を有する．実際の選挙では，候補者間の合従連衡により多くの政治ドラマが展開されてきた．これまでの主要候補者――左から保守，革新の政治的傾向の順――の得票にみる選挙結果と歴代大統領は，次のとおりである．

　Ⅰ　1958年12月11日（間接選挙）

　　ド・ゴール（77.5％）

　　ド・ゴールが圧倒的多数の支持を得て，初代大統領に就任する．

　Ⅱ　1965年12月5日（以後直接選挙・任期満了による）⇒12月19日

ド・ゴール（44.6%→55.2%），ルカニュエ（15.6%），ミッテラン（31.7%→44.8%）

ド・ゴールに往年の人気がなく決戦投票にもつれ込んだ。大統領は党派的行動をすべきではないという信念からド・ゴールは選挙運動を一切行わなかったが，決戦ではミッテラン候補に対して余裕の勝利を果たす。

Ⅲ　1969年6月1日（ド・ゴール辞任による）⇒ 6月15日

ポンピドゥ（44.5%→58.2%），ポエール（23.3%→41.8%），デュクロ（21.3%）

第1回投票でデュクロ候補をたてて善戦した共産党が，決戦投票では主に棄権に回ったため，ド・ゴールの後継者であるポンピドゥ（Georges Pompidou, 1911-1974,〔1969-1974〕）元首相が圧勝し，第2代大統領となる。

Ⅳ　1974年5月5日（ポンピドゥ逝去による）⇒ 5月19日

シャバン-デルマス（15.1%），ジスカール・デスタン（32.6%→50.8%），ミッテラン（43.2%→49.2%）

ド・ゴール派で古い型の政治家に属するシャバン-デルマス元首相の票がテレビ時代を反映して伸びず，決戦投票ではこれがド・ゴール左派のジスカール・デスタン（Valérie Giscard d'Estaing, 1926- ,〔1974-1981〕）蔵相に流れ，社共統一候補のミッテランを劇的な逆転で破って，第3代大統領となる。

Ⅴ　1981年4月26日（任期満了による）⇒ 5月10日

シラク（18.0%），ジスカール・デスタン（28.3%→48.2%），ミッテラン（25.8%→51.8%）

現職大統領が初めて敗れ，第4代大統領に共産党の全面的支援を得た社会党のミッテラン（François Mittérand, 1916-1996,〔1981-1995〕）が登場する。

Ⅵ　1988年4月24日（任期満了による）⇒ 5月8日

シラク（19.9%→46.0%），バール（16.5%），ミッテラン（34.1%→54.0%）

ミッテラン大統領が保革共存相手のシラク首相などを破って再選され，初めて2期14年間すべてを務めることになる。

Ⅶ　1995年4月23日（任期満了による）⇒ 5月7日

シラク（20.8%→52.6%），バラデュール（18.6%），ジョスパン（23.3%→47.4%）

現職首相バラデュールに第1回投票で競り勝ち，その勢いでシラク（Jacques Chirac, 1932- ,〔1995-2007〕）元首相・パリ市長が第5代大統領となる。

Ⅷ　2002年4月21日（任期満了による）⇒5月5日

ルペン（17.0%→17.8%），シラク（19.7%→82.2%），ジョスパン（16.1%）

予想に反して極右のルペンが決選投票に進出する事態となり，民主政擁護のため左翼も一致してシラクに投票した。

Ⅸ　2007年4月22日（5年に短縮された任期満了による）⇒5月6日

サルコジ（31.7%→53.1%），バイル（18.6%），ロワイヤル（25.8%→46.9%）

初の女性大統領（Présidente）はならず，ハンガリー系移民2世のサルコジ（Nicolas Sarkozy, 1955－　，〔2007－2012〕）が第6代大統領となる。

Ⅹ　2012年4月22日（任期満了による）⇒5月6日

ルペン（17.9%），サルコジ（27.2%→48.4%），オランド（28.6%→51.6%）

ミッテランにつぐ社会党のオランド（François Hollande, 1954－　，〔2012－2017〕）が第7代大統領となる。

Ⅺ　2017年4月23日（任期満了による）⇒5月7日

ルペン（21.3%→33.9%），フィヨン（20.0%），マクロン（24.0%→66.1%）

既成の二大政党の候補者が決選投票に進めず，中道で独立系のマクロン（Emmanuel Macron, 1977－，〔2017－　〕）が，フランス史上最も若く，39歳で第8代大統領になる。代表が娘に交代した極右の国民戦線は，敗れはしたものの大幅に得票を伸ばし，ポピュリズムの台頭を示した。

(2)　任期　　大統領の任期は7年とされ，再任に対する制限もなかった。この7年任期は第3共和制の当初からそのまま維持されてきた。しかし単なる象徴的存在ではなく政治的実権を有するようになった現在長すぎるという批判があり，2000年9月24日の憲法改正により5年に短縮された（拙稿「紹介・フランス」比較法研究63号（2002年）参照）。また2008年7月23日の憲法改正により，連続する2期に限定された（「法令原文資料」Ⅱ参照）。

2　権　限

大統領について定める憲法典の冒頭の規定は，大統領が形式的な国家元首にとどまるものでないことはもちろん，単に執行権の長でもなく三権の上に立つ存在であることを表明している。すなわち，「大統領は，憲法の尊重を監視する。大統領は，その裁定により，公権力の適正な運営ならびに国家の継続性を確保する。大統領は，国家の独立，領土の一体性，条約の尊重の保障者である。」（1958年憲法典——以下同じ——5条，「法令原文資料」Ⅱ参照）。

第1節　大統領

　大統領は，三権のうちでは執行権の長としてもっとも重要な権限をもつ。代表的なものを例示するならば，首相の任命および首相の提案に基づいた大臣の任命（8条），大臣会議の主宰（9条），大臣会議で議決されたオルドナンスおよびデクレの署名（13条），国の文官および武官の任命（13条），軍の長としての資格（15条），外交官の受けいれや派遣（14条）および外交交渉（52条）といった外交上の権限である。

　立法権との関係では，国会の運営に関しては臨時会の召集（30条），国民議会の解散（12条），教書（message）および演説（parole）による意見表明（18条）といった権限があり，国会の立法権に限定していえば，法律の審署（promulgation），憲法院に対する憲法適合性の審査請求（61条），会期中に政府の提案または両院の提案に基づき法律案などを国民投票（référendum）に付す権限（11条）がある。他方，司法権との関係では，個別的恩赦（grâce）権（17条）のほか，司法権の独立の守護者（64条）とされ，司法官職高等評議会に対する諸権限がある。このほか，憲法上の特殊な裁判所である憲法院について，その構成員を両院の議長とともに任命する権限を有する（56条）。大統領自身も，大統領職を離れたのちは憲法院の当然の構成員の資格を有する。

　法源の定立に直接関連する大統領の権限である国民投票付託権限についていえば，当初は内政に関しては「公権力の組織および共和国の基本政策」にその対象が限定されていた。議会制民主主義を前提とすれば，あまりに国民に直接呼びかけることができる領域を拡大することには問題があろう。しかし，1995年の憲法改正では「社会的，経済的基本政策および公役務の組織」が，さらに2008年の憲法改正では「環境基本政策」が新たに国民投票事項に加えられ，国民投票法律の重要性が増大した。なお2008年の憲法改正では，大統領による国民投票発議に加えて，選挙人の一定の支持を条件として，国会議員の5分の1にも発議権を付与した。これまで次のテーマの下に9回の国民投票が行われている。

　1961年1月8日　　アルジェリア自治
　1962年4月8日　　エヴィアン協定
　1962年10月28日　憲法改正（大統領直接選挙制）
　1969年4月27日　憲法改正（州の創設および元老院改組）→否決
　1972年4月23日　EC拡大

1988年11月6日　ヌヴェル・カレドニの将来
1992年9月20日　マーストリヒト条約
2000年9月24日　憲法改正（大統領任期短縮，ただし89条の憲法改正手続による）
2005年5月29日　ヨーロッパ憲法条約→否決

　さらに，大統領は，非常時においては，首相，両院議長，憲法院に事前に相談することは義務づけられているとはいえ，独自の判断によって独裁権を行使することができる。この場合には，国会が当然に集会し，解散されない。大統領は，事態によって必要とされる措置を決定（décision）の形式でとることができ，これについては憲法院に諮問する義務があるだけで，内容について実質的な歯止めとなる要件は定められていなかった。2008年の憲法改正により，長期にわたる場合に憲法院の関与が新設された（16条）。ド・ゴール大統領がアルジェリア問題を最終的に決着させる際に1度だけ発動した。

　このように強大な権限を有する大統領の地位は強く保障されてきた。まず，大統領は，憲法院によって職務執行不能であると認定された場合（7条）以外は，その職を解かれることはなかった。心神喪失の状況などが想定され，単なる病気ではポンピドゥ大統領もその逝去まで職にとどまった。大統領が逝去ないし失職とされたときは，新たな大統領が選出されるまで元老院議長が臨時にその職務の遂行に当たる。

　大統領は，上記の失職規定の反対解釈から，それ以外の事由によりとりわけ政治責任を負ってその職を失うことがなかった。大統領が政治責任を負わないのは従来からの伝統であるが，以前は重要な独自の権限を有しておらず，また大統領の行為が有効となるためには大臣の副署が必要であったため，政府の責任を問うことで十分であった。これに対して現行憲法では，大統領の個人的裁定事項に，首相の任命権，国民議会の解散権，非常時の独裁権など重要なものが多く，大統領の政治責任を追及する途を拓くことが，大きな課題となっていた。後述する内閣不信任決議（3節2(2)参照）は，その任命権者である大統領の責任を問うには不十分であり，逆に大統領による国民議会解散の契機となる。これに対して2007年改組後の高等院（Haute Cour）は，大統領の弾劾を可能とし，罷免の1か月より後の訴追の可能性が認められた（2編1章3節1参照）。

第2節　政　府 (Gouvernement)

　執行権をつかさどっているのが政府である。政府は第4共和制までは議会優位の憲法体制の下で弱い地位に置かれていたのに対して，今日では大統領とともに，強い執行府を形成している。もっとも，大統領と議会多数派が異なる政治的立場にたつ場合すなわち保革共存の際には，両者とのスタンスは微妙となる。憲法典には，大統領について第3章に規定されている。

1　組　織

　(1)　**構成員**　政府は首相 (Premier Ministre) および複数の大臣 (ministre) によって構成される。首相は，大統領によって任命される。これまでの議院内閣制のあり方からすると，首班指名は国会によって行われるのが当然であったが，現行憲法下では内閣不信任制度の存在によって議院内閣制が担保されているにすぎず，極めて変則的である。もっとも，大統領によって任命される首相といえども国会に対して責任を負う体制を採らなければ実際の国政は運営できないため，大統領の多数派と議会の多数派が異なる場合には，議会に受けいれられる首相を任命せざるをえない。国民議会議員の任期が5年であるところから大統領の多数派を形成するため大統領就任直後に解散をしたとして，その任期の最後の2年間にこうした事態は生じやすく，ミッテラン社会党政権下で2度の保革共存 (cohabitation) が出現した。大統領任期の5年への短縮は，こうした事例を減らす意味をもつ。逆にシラク政権下では解散により早々と保革共存となった。この場合には，大統領の権限は事実上大幅に限定されることになる。

　首相という名称は第5共和制憲法典で初めて用いられるに至ったものであって，従来は内閣総理 (Président du Conseil des Ministres) と呼ばれていた。内閣総理は，第3，第4共和制の下で執行権の実権を掌握する第一の大臣とされたが，その地位は多分に慣習法上のものであった。イギリスの Prime Minister に由来する首相という呼称は，大臣中の第一人者であることを明示し，階層的に上位であることを確認する意味をもつ。

　しかし，より大きな意味は，大統領との呼称上の重複を避けるという点にあった。président という言葉そのものは単に議長という意味であるからして，大学評議会議長である学長も président であり，取締役会議長である社長も

présidentであるし,裁判の評議を主宰する裁判長もprésidentであり,もちろん議会の議長はprésidentである。ところが大統領もPrésident de la Républiqueという名称であり国家機構の中で地位に重複するところの多い内閣総理とまぎらわしかった。もっとも,第3,第4共和制では政治的実権を掌握していたのは内閣総理であったため,単にPrésidentといえば内閣総理を指し,大統領を示すときにはわざわざPrésident de la Républiqueとしなければならなかった。第5共和制下では両者の力関係が逆転したのを契機として,また大臣会議を大統領が主宰することになったことも相まって,présidentという呼称を大統領のみにしぼった。その意味では,この名称変更は,大統領との関係における首相の地位の相対的低下を示すものであった。首相は,もはやministreの一員にすぎないからである。

第5共和制下の歴代の首相は以下のとおりである。(※は保革共存内閣)

I	Charles de Gaulle〔1959-1969〕	Michel Debré〔1959-62〕
		Georges Pompidou I, II〔1962-68〕
		Maurice Couve de Mulville〔1968-69〕
II	Georges Pompidou〔1969-1974〕	Jacques Chaban-Delmas〔1969-72〕
		Pierre Mesmer I, II〔1972-74〕
III	Valéry Giscard d'Estaing〔1974-1981〕	Jacques Chirac〔1974-76〕
		Raymond Barre I, II〔1976-81〕
IV	François Mittérand〔1981-1995〕	Pierre Mauroy〔1981-84〕
		Roland Fabius〔1984-86〕
		※ Jacques Chirac〔1986-88〕
		Michel Rocard〔1988-91〕
		Edith Cresson〔1991-92〕
		Pierre Bérévogois〔1992-93〕
		※ Edouard Balladur〔1993-95〕
V	Jacques Chirac〔1995-2007〕	Alain Juppé〔1995-97〕
		※ Lionel Jospin〔1997-2002〕
		Jean-Pierre Raffarin〔2002-05〕
		Dominique de Villepin〔2005-07〕
VI	Nicolas Sarkozy〔2007-2012〕	François Fillon〔2007-12〕

第2節　政　府

Ⅶ　François Hollande〔2012-2017〕　　Jean-Marc Ayrault〔2012-14〕
　　　　　　　　　　　　　　　　　　　Manuel Valls〔2014-16〕
　　　　　　　　　　　　　　　　　　　Bernard Cazeneuve〔2016-17〕
Ⅷ　Emmanuel Macron〔2017-　〕　　　Edouard Philippe〔2017-　〕

　大臣は，首相の提案に基づき，首相と同様に大統領によって任命される。首相の提案が要件とされている点は，首相の下に内閣の一体性を確保するためである。すなわち，首相が主導権を握って大臣を選ぶことを予定しているものとは必ずしもいえず，大統領が首相と協議しつつ任命することを想定していると考えられる。

　大臣は，その地位の高い順に，国務大臣（ministre d'Etat），各省大臣（ministre à portefeuille），国務長官（secrétaire d'Etat）が区別される。国務大臣は数名のことが多く，通常は無任所である。実力者を副首相格で遇する際に用いられ，政治参加の意味をもつ。各省大臣は，通常の各省を担当する大臣であり，その数がもっとも多い。各省大臣の数やその所轄事項は法定されていないため，組閣にあたって特徴を出すために各省の統廃合がなされたり，新しい省が設けられたりすることが少なくない。国務長官は，各省大臣の見習いの意味をもち，多くは特命事項につき首相や各省大臣を補佐する。わが国の副大臣に類似する地位を有するが，すべての大臣に置かれているわけではなく，また自己の権限に関連する事項につき大臣会議に出席しうる点で異なる。

　(2)　合議形態　　政府は合議によってその意思を決定することから，その形態には種々のものがある。大統領が主宰する大臣会議〔閣議〕（Conseil des Ministres）は，憲法が定めている最高の意思決定機関であり，全閣僚が出席する。第4共和制まではその名称から知られるように内閣総理が議長の職にあったが，第5共和制では大統領への権力集中に伴って，大統領が議長となった。同様に全閣僚が出席し首相が主宰する会議は，閣内会議（Conseil de Cabinet）と呼ばれる。大統領または首相によって主宰され特定の事項に関係する大臣のみを集める会議は，関係閣僚会議（réunion interministérielle）と呼ばれる。このうち大統領が首相および重要閣僚を招集して開かれる会議は，エリゼ会議（Comité élyséen）と通常称される大統領会議（Comité présidentiel）であり，実際上の政策形成に大きな役割を果たしている。大統領官邸はエリゼ宮殿にあるところから，この名称がついている。

2 権限

　政府の権限としては，一般的に国の政策を決定し指導する（20条1項）ことにあるが，大統領に国政の実権の相当部分が移行した今日，大統領と協力しつつ基本政策を決定し，政府がその具体的施策の準備と執行に当たる。現実に行政と軍を掌握するのは政府であり（20条2項），執行府の頂点にたつ。立法権との関係では，政府が議会に対して責任を負う（20条3項）ことで議院内閣制が担保されており——詳細は国会の権限に関連して述べる——，ほかに国会の立法権に対して様々な働きかけをなす権限，たとえば政府提出法律案の一括投票を請求する権限（44条）を有する。大統領が法律案を国民投票に付す際の提案権（11条），戒厳令（état de siège）の発動権限（36条）なども政府の権限である。戒厳令は，第5共和制下では一度も発令されていない。近時におけるテロ対策としては，1955年4月3日の法律第385号による，緊急事態（état d'urgence）法制がもっぱら利用されている。

　合議体としての政府の権限とは別に，首相は個人的に様々な特別の権限を有する。政府の活動の統率，国防の責任者，法律の執行の確保（21条1項）といった執行権に係わるもののほか，国会との関係における権限として，政府提出法律案の発議権（39条1項），混合同数委員会の招集（45条2項），信任問題の提起（49条）など多数ある。いずれも政府を代表するのは首相であることに由来する。法源の創造に関する執行権の権限としては，のちに詳述する国会の立法権行使への様々な手続的関与のほかに，より直接的なものとしてオルドナンス制定権と命令制定権がある。前者は政府の権限であり，後者は首相の権限とされている。

　(1) オルドナンス（ordonnance）　オルドナンスは政府の委任立法権限に基づく法規である。国会が法律をもって本来規律すべき特定の事項について，政府の要請に応じて授権法律（loi d'habilitation）によって授権がなされた場合には，政府はオルドナンスというかたちで法規を制定しうる（38条1項）。オルドナンスはその公布の日より発効し，授権期間を定めて制定されるものであるため，この期間が満了する前に政府が追認の法律案（projet de loi de ratification）を国会に提出しない限り，期間満了により失効する。追認の法律案はとくに提出が義務づけられているわけではないので，政府は失効しても構わないと考える場合には追認の法律案を提出しなければよいのであって，存続を

望むときのみ提出することになる (38条2項)。その意味で，満了時におけるオルドナンスの将来に対しても政府の意向が働く余地が残されている。

　ただし，追認の法律案が国会に提出されたのちの取り扱いは，国会の権限に属することである。可決すれば当然に法律の効力を有するに至る。可決も否決もしないで放置しておけばオルドナンスのまま存続するのであるが，憲法は法律によってしか改廃しえないとする (38条3項)。もっとも，オルドナンスは形式は行政立法であるため，行政裁判所はこれに対して適法性の統制を及ぼしうるとしている。国会が否決した場合には，国会が廃止の意思表示をしたことになるため効力を失う。

　オルドナンスが憲法上認められるに至ったことには，歴史的背景が存在している。第4共和制までは議会優位の考え方に基づき，立法権は国会が一手に掌握していた。しかし，現実には国会は小党分立で適切に立法する能力に欠けていた。そのため，必要とされる最小限の立法を政府に委ねるというかたちで，しのぐことが少なくなかった。第3共和制下ではその末期のデクレ－ロワ (décret-loi) がこれにあたり，法律による授権は白紙委任であって，実質的内容はデクレが定めていた。ところが，憲法が立法権を国会に委ねているにもかかわらず，これを国会が独自の判断で委譲することは，憲法によって制定された権力 (pouvoir constitué) が憲法制定権力 (pouvoir constituant) にとって代わるものであるとする批判が強く，学説上これを違憲であるとする考えが支配的であった。そのため，第4共和制憲法典では明示的にデクレ－ロワの慣行が禁止された (13条)——「国民議会のみが法律を票決する。国民議会は，この権利を委任することができない」——。しかし，第4共和制下においても同様に議会優位の統治機構が設けられ同じような小党分立の政治状況がつづいたため，授権立法の必要性に変化はなかった。そこで法律で枠組みのみを定め具体的内容はデクレで埋めていくという，憲法回避的な委任立法がなされていた。これを枠組法律 (loi-cadre) といったが，同様に憲法違反であるとする批判がつきまとった。第5共和制憲法典では，憲法が正面からこれを正式な制度として認めてしまったわけである。執行権優位の憲法体制の，1つの典型的な発現形態である。もっとも，他の様々な面でも体制の根本が執行権優位となり立法が円滑になされるに至った結果，皮肉なことに，実際にはむしろこの制度は利用される機会が減少した。

(2) 命令 (règlement)　命令制定権 (pouvoir réglementaire)，いわゆる行政立法権限のうち最上位のものは首相に属する (21条1項)。首相が制定する法規は，デクレ (décret) という法形式をとる (なお，命令の種類および大統領の権限との関係については第3編第1章第1節3(2)参照)。白紙委任立法権限の憲法上の容認であるオルドナンスと異なり，命令を制定する権限は従来から執行権に認められていたものであって，そのこと自体に目新しい点はない。しかし，第5共和制下でその重要性に大幅な変化がもたらされた。すなわち，命令は，第4共和制までは常に法律の下位に存在するものであり，法律の委任があった場合 (委任命令) または法律を施行するための細目を定める場合 (施行命令) にのみ制定が限られていた。もっとも，先に述べたように形式的に万能の立法権限を有する国会が事実上適切な立法活動を行いえない状況にあったことから，白紙委任のほかにも，国会は特定の事項を自らの立法権限から除外し，命令で定めることを許容することがあった。これを非立法事項化 (délégalisation) という。これもまた，憲法によって制定された権力が，憲法制定権力に属する事項に変更を加えることであり，違憲とする見解が有力であった。

第5共和制憲法典は，この点についても違憲の疑いのある憲法慣行を憲法典で正面から認めるという方針を採用し，国会の立法権限に属する法律事項 (domaine de la loi) と首相の立法権限に属する命令事項 (domaine du règlement) とにあらかじめ二分する。法律事項に属する事柄については，首相は従来と同様の性格を有する従属命令 (règlement subordonné) を制定しうるのに対して，命令事項については独立命令 (règlement autonome) を制定しうることになった。しかも憲法典は，法律事項を限定列挙し (34条)，それ以外の事項をすべて命令事項としている (37条)。したがって，重要な事柄は法律事項に留保されている——次節参照——とはいえ，命令事項がむしろ法規の存在形式としては原則となり，命令制定権の重要性が飛躍的に増大した。もっとも近時は，国会の法律制定権限を尊重する実際的運用がなされている。

第3節　国　会 (Parlement)

立法権をつかさどっているのが国会である。国会は，議会優位の思想の下に第4共和制までは国権の最高機関とされ，憲法典においても国家機関の冒頭に規定されていた。現行憲法典では，大統領，政府について第4章におい

第3節 国会

てその組織と運営の基本原則について規定がなされており，さらに第5章国会と政府との関係において，議院内閣制の下におけるその権限についての規定が置かれている。

1 組 織

国会は国民議会（Assemblée Nationale）と元老院（Sénat）とからなる二院制である。フランスの歴代憲法典では一院制議会の場合も二院制議会の場合もあった。一院制は，国民の一般意志は一個であるからこれを直接に反映する合議体は論理的に一院に帰着するという考えに基づき，急進的な憲法典で採用された。これに対し二院制は，イギリス流の穏健な議会運営の実際を重視するものであって，第3共和制以降採用されてきており，第5共和制憲法典もこの後者の流れに属する。

国会というと両院が1つの国会議事堂に収まっているというのが各国における通常の形態である。ところがフランスには国会議事堂がなく，国民議会と元老院が別々の建物にある。フランスでは重要な国家機関は由緒ある歴史的建造物をそのまま利用するのが慣わしである。エリゼ宮殿にある大統領官邸，マティニョン館にある首相官邸がそうであるが，国民議会はコンコルド広場の向い側セーヌ左岸のブルボン宮殿を使用しており，元老院はリュクサンブール公園内にあるリュクサンブール宮殿を使用している。両院が合同して会合する必要性は，以前は大統領の選出の際にもみられたが，現行憲法下でも憲法改正のための手続の1つとして両院合同会議（Congrès）が開催されることがある。ところが，両院の全議員を一堂に収容するような大きな施設は，近代的なものを別にすればパリ市内に存在しない。そこで，両院合同会議は郊外のヴェルサイユ宮殿で開催することとされている。

(1) 国会議員の選出方法と任期　国会議員（parlementaire）の選出方法や任期は，両院において相当に異なる。国民議会は下院に相当し，国民議会議員（député）は直接選挙により選ばれ，その任期は5年である。ただし，解散が行われた場合にはその任期は短縮される。選挙方法は小選挙区2回投票制である。すなわち，第1回投票で有効投票の過半数を得た者があれば――ただし有権者数の4分の1以上の得票であることを要する――，その者を当選者とする。過半数を得た者がない場合には，その選挙区についてだけ第2回投票を行うが，有権者数の8分の1以上を得た者がこれに立候補することが

できる。第2回投票には理論上は投票率が極端に高く各候補者に優劣がほとんどなければ6—7名もありうるが，現実には2—3名が該当するにとどまる。第2回投票に際しては，他政党との間で合従連衡を行わなければ勝ち残れないことから，第1回投票の前後に政党間で選挙協力が話し合われ，協力の成立した政党間ではその選挙区において第1回投票で得票の多かった候補者にしぼることが通常なされる。したがって大体の選挙区では統一候補同志2名による決選投票となり，また第1回投票の各党の得票結果とあわせてみると，第2回は実際の投票をまたずに当選者の目途がおおむねつくことになる。第2回投票では，相対多数で当選者が決定される。もっとも，多くの場合は2名で争われるので，通常は絶対多数が得られている。

　元老院議員（sénateur）は，任期6年で3年ごとに2分の1ずつ改選される。選挙方法は間接選挙であって，国民議会議員，州会議員，県会議員のすべておよび市町村会議員の代表が，県単位に選挙団を形成して選出する。定数4名までの県については多数制同一日2回投票——第1回は過半数獲得者を当選とし，第2回は残余議席につき相対多数者を当選とする——により，5名以上の県については比例代表投票により選挙がなされる。元老院は，その多数を市町村会代表が占める選挙団により選出されるため，地方的，保守的，農村的性格を強く有し，国民議会とは相当に異なる傾向を示す。このことは，任期が6年（2003年改正前は9年で3年ごとに3分1ずつ改選）と長いことと併せて，社会の変化に即応しないという批判を生んだ。しかし逆に，大統領の権限が強大化した今日，国民議会の多数派がこれと同一の場合には，大統領を批判し共和政の伝統を擁護する勢力としての意義が認められる。

　たとえばド・ゴール大統領は，もともとは元老院に象徴される保守的な地盤に支えられて登場したのであるが，彼自身は合理主義者で元老院の頑固な主張にしばしば手を焼き，その存在に嫌気がさす。そこで，元老院を経済社会評議会と合体させて諮問機関とし，その実質的廃止を盛り込んだ憲法改正国民投票を1969年4月27日に試みた。この改正が可決されないようなことがあった場合には退任することを明言して国民に選択を迫ったが，こうした強引な手法も国民各層の反発を招いて法案が否決されたため，公約どおりド・ゴール将軍は大統領を辞任するに至っている。

　(2) 会期　　国会の会期には3つの種類が区別される。第1は憲法により

定められた日に開会し，定められた期間のみ開かれる通常会 (session ordinaire) である。第5共和制では年2会期制が新たに採用されてきたが，1995年8月4日の憲法改正により伝統的な単一会期制に戻った。開会は10月最初の平日から6月最後の平日までとされている (28条)。

第2は，大統領のデクレにより開会，閉会が決定される臨時会 (session extraordinaire) である。第4共和制時代までは国会の自律性が強く認められていたため，通常会をいつからどの程度の期間開くか，臨時会を開催するか否かは，国会が自由に決定することができた。これに対して現行制度の下では，執行権優位の考えに基づき議会運営の合理化が図られ，法定会期中や大統領が指定する期間中における迅速な法案審議を旨とし，自主性を発揮する余地がなくなった。

第3に，当然会 (session de plein droit) があり，通常会も広くは今日この一種とみうるが，ここでは例外的に当然に集会する国会を指す。これには，わが国の特別会に相当する，解散による総選挙後に新たに院の構成を決めるための会議 (12条) と，大統領が非常時に緊急措置をとる独裁権を発動した場合に集会する会議 (16条4項) がある。

2　権限

国会の権限には，予算決定権限 (46条，ただし予算法律 (loi de finances) という法律の一種として定められる)，憲法改正に関する権限 (89条)，条約の批准許可 (53条) や宣戦布告の承認 (35条) に示される外交上の権限，高等院や共和国法院の組織とそれに対する訴追，憲法院に対する審査請求 (61条) といった各種裁判的権限，大赦 (amnistie) を行う (17条) といった司法的権限などがある。しかし，以下においては，国会が有するもっとも重要な権限として，立法権限および議院内閣制の根幹をなす政府の信任を問う権限をもっぱら対象とし，その特徴を明らかにしたい。2008年以降，国会の章の冒頭である24条1項において，この両者が国会の権限として正面から規定された。

(1)　立法権限　　憲法典24条1項によれば，「国会が法律を票決する」と明記されており，法律という名称を有する法源を定立できるのは，執行権が強化された第5共和制の下でも依然として国会のみである。しかし，その内容を詳細に検討するならば，それまでの議会主権と言われていた時代の立法権限と比べて，大幅な制限を受けるに至っている。これは大別して法律制定

事項に対する制限と法律制定手続に対する制限とに分けられる。

　A　法律制定事項　法律制定事項に対する制限は，第4共和制までは何ら存在せず，「男を女に，女を男にすること以外は何でもできる」といわれるイギリス議会と同様に，物理的に不可能なこと以外に規律しうる対象に限定はなかった。これに対して現行憲法では，法律を制定しうる事柄が34条に列挙されている事項，いわゆる法律事項（domaine de la loi）に限定されている。他方37条によれば，法律事項に属するもの以外はすべて命令事項（domaine du règlement）とされているため，形式的には命令事項が原則であって法律事項は例外なのである。さらに法律事項とされているものの一部については，根本原理（principes fondamentaux）のみを法律で規律しうることとしており，細目については命令事項に属するため定めることが禁じられている。法律事項に留保されている具体的内容は，次の3類型に大別されている。

　　第1類型（市民に係わる事項）——公民権，公の自由，メディア，兵役；国籍，人の身分，夫婦財産制，相続，無償譲与；刑法，刑事訴訟法，大赦，裁判所法；税法，通貨法
　　第2類型（公制度に係わる事項）——選挙，公施設，公務員，国有化
　　第3類型［根本原理のみを定める］（公法・私法の基本的事項）——国防，地方自治，教育，財産法，労働・社会法

このように法律事項が限定されているのは，以前の憲法体制の下において違憲の疑いが強いと指摘されながらも行われてきた非立法事項化（délégalisation）という憲法慣習を，憲法が正面から認めたことを意味する。憲法制定権力は，もはや立法権のすべてを国会に委ねるという方針を放棄したことになる。そればかりか，憲法典の規定の仕方としては，前述したようにむしろ行政立法権を原則とするような印象を与える。もっとも，重要な事柄はほとんどすべて法律事項として列挙されており，民事訴訟手続のように除外されている事柄については，利害関係当事者から自由で迅速な立法的対応の必要性が求められているというように，相応の理由も認められる。また，国会が法律事項の限界を超えて立法した場合には政府が異議を申し立てる手段が憲法典上に定められている（41条）——2008年の憲法改正により，関係する議長にも認められた——。しかし，この異議申立ては政府の権限であって義務ではないと解されており，実際にも列挙事項に含まれていないとか根本原理のみ

ではなく細目にも及んでいるという理由で異議を申し立てることはなく，国会の立法権限に対して敬意が払われている。しかも議会多数派が存在している政治状況が，議会立法の優位を常態化させた運用をもたらしている。

　法律制定事項の限定という点に関しては，政府の権限として既に言及したことであるが，国会が個別的に立法の授権を行う場合には，政府はオルドナンスによって立法を行うことができる。これもまた，以前の憲法体制の下において違憲の疑いが強いといわれながらも行われてきたデクレ－ロワや枠組法律の慣行を，憲法上正面から認めてしまったものである。また大統領は，政府または国会の提案に基づき，適当と考える事項につき国民投票に付す権限を有しており，これによって国民投票法律 (loi référendaire) が成立する場合があり，法律事項はさらに縮減されることがある。このほか，大統領が非常時に独裁権を行使して，緊急措置を決定のかたちでとる場合は，対象事項に限定はない。

　B　法律制定手続　　法律制定手続に対する制限は，審議の各段階でみうけられる。まず法律案の発議権——修正権を含む——の制限である。国会議員が法律の発議権を有することは以前と同じであるが，政府提出法律案 (projet de loi) については何らの制限もないのに対して，議員提出法律案 (proposition de loi) は，それを可決することにより歳入の減少または歳出の創出または増加をもたらす場合には受けいれられない (40条)。これまで選挙目当ての利益誘導型の法律を議員が作るという弊害がみられたことに対する反省に基づく改革であるが，予算的裏づけのない法律案の発議権のみでは，実効的で積極的な法律制定は国会議員の側からは期待しえない状況となった。

　次に審議については，法律案は両院のいずれかの先議に付され議事日程 (ordre du jour) に従って審議される。議事日程の作成は，以前のように議会の自主性に委ねられておらず，政府に決定権が付与された。その結果，政府提出法律案が先順位に並ぶのが通例となり，議員提出法律案はその後の審議に回されるため審議未了により廃案となる可能性が高い。2008年の憲法改正によりこの制度に手直しが加えられ，むしろ原則は各院が決定することとし，政府の決定が優先される部分も残して妥協が図られた (48条)。

　法律案は，原則として両院が一致した議決をなした場合に法律として成立する。それまでは両院の間で往復審議 (navette) が行われる。navette とは織

機（métier à tisser）の縦糸の間に横糸を通す杼のことであり，両院での往復を比喩的に捉えたものである。政府は法律の成立に緊急性がさほど感じられないときには，国会での合意形成を待てばよいのであって，審議未了で廃案となることも甘受することになる。しかし，政府が法律を成立させることが必要と考える場合のために，混合同数委員会（commission mixte paritaire）の制度が設けられている。わが国の両院協議会に相当するこの制度の運用は，これまでは議院の自律性に全面的に委ねられていた。これに対して，現在の制度は政府が法案をどれだけ成立させる意思を有しているかに応じて，法律を成立させるための手段となっている。すなわち，混合同数委員会の開催を首相が要求した場合には，何らかのかたちで法律の成立が可能となる。混合同数委員会で妥協案が成立し，これを両院が受けいれて可決するという流れが理想的である。しかし，混合同数委員会で成案が得られない場合または妥協案を持ち帰って両院で同意を得られない場合であっても，政府は国民議会に最終的な決定権を付与することができる（45条）からである。

さらに，法律案の各条文について議会は自由に修正を施すことができるのが原則であるが，政府が原案のままでの成立を望む場合には，議会に対してその全部または一部につき一括投票（vote bloqué）により採択することを請求することができる。この場合には，議会は当該法律案につき1回の票決により賛成するか否決するかの自由しかもたないことになる（44条）。政府はこの点についても国会の立法権限に対して大きな影響力を行使することができるようになった。

また次に述べる内閣不信任制度と関連する上記の制度のバリエーションとして，予算関連の特定の法律案について政府の信任をかけるという意思を表明した場合には，内閣不信任が可決されない限り法律案が成立したものとみなされる（49条3項）。内閣不信任が可決されるための要件が厳格であることから，政府が特定の法律案を是非成立させたいと考える場合に利用される。票決は内閣不信任についてなされるが，その否決が法律案の無修正での成立をもたらすため，効果としては一括投票と類似する。

(2) 内閣不信任　政府の活動に対する国会による統制は，議会における質疑などによっても行使されうる。しかし内閣不信任がもっとも重要な形態であって，政府の引責辞任を追及するこの仕組みの存在が，議院内閣制を採

用しているといえるゆえんである。既に述べたように，第5共和制憲法典の制定をド・ゴールの臨時政府に委ねた授権法律の1項目に，責任内閣制の採用があげられていた。ところが，内閣が組織される際に現行憲法下では国会が関与しないため，内閣不信任制度のみがこの制度を支えているといってよい。ただし，立法権限における後退と同様に，国会は以前と同様に内閣不信任の権限を保持しているものの，その内容には大幅な後退がみられる。

　まず信任を問う手続が，国民議会が主導権をとって内閣不信任決議をなす場合のほか，政府が主導権をとって信任を獲得する場合でも認められるようになった。第1に，政府の施政方針（programme）または一般政策の表明（déclaration de politique générale）に関して，首相が国民議会に対して政府の責任をかける場合である。もちろんこれが否決された場合には，不信任の効果が生じ，首相は内閣総辞職を大統領に申し出なければならない。しかし，一般には否決されることはなく，その結果政府の基本方針が承認されたことになり，のちの政策遂行に便宜となる。

　第2に，既に立法権限の個所で言及したが，首相が予算法律案および社会保障拠出法律案につき政府の責任をかける場合である。この場合には，問責動議（motion de censure）が可決されない限り，その法案が承認されたものとして扱われる。議会でその法律案について賛成多数を得ることが微妙であるが，そうであるからといって内閣不信任を可決するほどには反対勢力が一致団結しているわけではないときに，政府の意向を通りやすくする手段として，むしろ内閣不信任制度が利用されているといえよう。2008年の憲法改正により，通常の法律案については会期に1回に限定された。第1，第2の場合は，したがって伝統的な内閣不信任と区別され，通常信任問題（question de confiance）と呼ばれている。

　これに対して，第3の伝統的形態は，国民議会が主導権をとって，政府に対する問責動議を可決する場合である。これまでの政変は，小党分立による連立政権という事情が背景にあって，不信任案の可決によって頻繁に生じてきた。第4共和制下では立憲議会・立法議会を通じて1945年11月から1958年5月の12年半の間に28回もの政権交代が行われてきた。そこで問責動議の可決を従来と比べてはるかに難しくする厳格な要件を課した。まず，国民議会議員の10分の1の署名がなければこの動議を提出しえず，同一会期中には同

一の議員は3回までに限り問責動議を提出できる。次に，提出された問責動議は，その後48時間を経なければ採択しえない。これは政府に対し不意討ちで動議を可決するのを防ぐ意味があり，政府に十分な対抗措置をとる時間的余裕を与えたわけである。最後に，可決には全議員の絶対多数の賛成が必要であり，通常の議決のように出席議員の過半数では足りない。

　こうした制度的な制約のほかにも，次の2点がいわば事実上の制約として極めて重要である。第1に，現行憲法により内閣の構成員は同時に国会議員を兼ねることができなくなった（23条）。第4共和制までは議院内閣制の伝統に忠実であって，内閣総理は国会議員の中から指名され内閣の構成員の大半は当然国会議員がなるものとされていた。しかし，この制度では，国会議員の大臣願望は強く，とりわけ連立政権の場合には次の内閣での入閣を目ざして現内閣の足を引っ張り，たやすく不信任に加担することがみられた。現行制度の下では国会議員以外からの大臣任命が多く，大臣に選ばれた国会議員はその地位を補充者（suppléant）に譲って，自らは国会議員としての活動を放棄しなければならない。内閣不信任は必ずしも国会議員の大臣就任への途を拓く手段として有効とはいえなくなった。政府構成員がすべて大統領によって任命されることと相まって，不信任を突きつけにくくしている。

　第2に，政府の不信任が可決された場合に，首相は大統領に辞職を申し出ることとされているが，当然に内閣総辞職となるわけではないことである。すなわち，大統領は，首相の辞職（démission）を受理するか，国民議会を解散（résolution）するかのいずれかを選択することができる。大統領のこうした権限は第3共和制憲法においても認められていたのであるが，大統領が実際に解散権を行使したことに対して激しい批判が加えられ結局辞任を余儀なくされるという事件があり，以後の共和政的憲法慣行によって，大統領は形式上は下院の解散権を保持するが実際上これを行使することはなかった。これに対して，現行憲法上規定されている解散権は実効的権限と解されており，現実にもこれに基づいて解散が行われたことがある。問責動議の可決は，国民議会議員にとって両刃の剣であり，解散は歓迎されず，内閣不信任案の提出には慎重にならざるをえない。

第4節　憲法上の諮問機関

　第5共和制憲法典においては，対外関係を規律する機関を除いて，憲法院（7章），司法官職高等評議会（8章），高等院（9章），共和国法院（新10章），経済社会環境評議会（旧10章，現11章），権利擁護官（11章の2）という6つの機関が，大統領，政府，国会以外の国家次元の機関として定められている。ほかに国務院，会計院，破毀院，控訴院，大審裁判所については，当然にその存在を前提として権限を示したり（前2者），構成員の身分保障を定める（後3者）記述がみられる。これらの機関について憲法が設置を規定していないのは，憲法典は統治の基本構造を定めるものであるが，それ以前から憲法の規定に左右されない行政機構，裁判機構が存在していることを黙示的に認めていることを示している。憲法は変遷しても根本的な国家制度は存続することを前提とした，フランス的な規定の仕方といえよう。

　上記の諸機関のうち，憲法院，高等院，共和国法院は特殊な裁判所であり，国務院と会計院は行政裁判所としての役割も有し，破毀院，控訴院，大審裁判所はいうまでもなく司法裁判所であって，いずれも裁判所の性格を有する。そこで，第2編第1章において裁判所の説明をする際に一括して，また権利擁護官は独立行政機関として国家行政組織の個所で扱うこととし，ここでは諮問機関である司法官職高等評議会と経済社会環境評議会について述べる。

1　司法官職高等評議会 (Conseil supérieur de la magistrature)

　司法官職高等評議会は，裁判官の身分を保障するために第3共和制下において破毀院の内部に設けられたのが最初の形態であった。その後司法権の独立をこの制度により確保する目的で第4共和制に至り憲法上の機関として位置づけられることになる。第4共和制憲法典における司法官職高等評議会は，その構成員14名のうち，議長の大統領，副議長の司法大臣のほか，司法裁判所の内部選出の委員は4名のみであり，国会による外部者からの選出6名，大統領任命の学識経験者2名などを含むものであった。裁判官の身分保障を裁判所自らの手で守るかたちで登場した制度は，議会優位の憲法体制に組み込まれることによって，国会を中心に担保するというかたちに変化した。

　第5共和制憲法でもこの機関は維持されたが，権力分立のあり方の変化と密接に関連して，その組織および権限に根本的変更が加えられた。第5共和

制憲法は，大統領を司法権の独立の保障者と位置づけており，司法官職高等評議会はこれを補佐する機関として設けられている。司法官職高等評議会に関しては，1993年および2008年の憲法改正により相当大きな変革が加えられている。構成員は，当初の規定によれば，大統領が議長，司法大臣が副議長となり，ほかに大統領によって任命される9名の委員から構成された。第4共和制下の評議会が司法官中心に構成されていない点で自律性への配慮不足と政争にまきこまれる危険があったのと比較して改良と評価しうる面があるものの，逆にすべて大統領の任命とされた点はその自律的活動に疑問をなげかけるものとなっていた。1993年ついで2008年の改正では，司法官代表6名の選出方法は組織法律に委ねられたが，内部選出とされた。また国務院代表1名，弁護士代表1名のほか，学識経験者は大統領と両院議長が2名ずつ指名することに改められた。

　評議会の権限は大きくは2つに分かれ，裁判官の任命と懲戒への関与がある。まず裁判官の任命については，第4共和制憲法下においては全裁判官につき大統領への推薦権を有していたのであるが，第5共和制憲法の当初の規定では破毀院裁判官および控訴院長の任命につき大統領に提案権を有するが，その他の裁判官については大統領に対して単に意見を述べうるにとどめられた。1993年の改正では，提案権を大審裁判所長まで拡大し，その他の裁判官についても拘束的答申（avis conforme）の効力を認められた。他方裁判官の懲戒については，破毀院長が主宰することとされていたが，2008年の憲法改正により任命についても同様とされた。

　1993年の改正は，従来からの司法官職高等評議会に修正を加えたことのほかに，これを裁判官の身分保障のための会議体とし，ほかに検察官の身分保障のための会議体を併置している。司法官選出委員の割合につき裁判官対検察官を1対5と逆転させるほかは同一の構成を採るが，検察官が司法大臣の下に執行権に属する司法官であることから，この会議体は任命に関しても懲戒に関しても単なる答申をする権限を有するにすぎない。

　2　経済社会環境評議会（Conseil économique, social et environnemental）

　経済社会環境評議会もその起源は第3共和制にあり，1926年に公権力による政策の立案と実施について経済的，社会的活動の代表者の意見を反映させるための機関として，全国経済評議会（Conseil national économique）を設けた。

第4共和制に至り憲法上の機関として位置づけられ，経済評議会（Conseil économique）と称した。評議会は国会および政府の諮問機関という位置づけを与えられていたが，その重心は当然のことながら国会にあった。第5共和制憲法典は，社会分野の利益代表をも重視しその名称を経済社会評議会と変更し，2008年の憲法改正によりさらに環境が加えられた。当初はもっぱら政府の諮問機関とされ，これもまた，立法権優位から執行権優位の統治体制への移行の帰結である。近時の立法ではとりわけ各種利害関係を有する団体の情報の重要性が増しており，この面からも国会の実質的な立法能力に重大な阻害要因が認められていたが，2008年の憲法改正で旧に復した。

　経済社会環境評議会の議員は大部分が代表的な団体からの選出により，一部分が政府の任命による学識経験者である。第4共和制下の経済評議会と比べて政府任命議員の比率は高く，ここでも政府の意向が強化されている。評議会の権限は，経済，社会，環境の問題に関して一方では諮問を受けて答申を行い，他方で自発的に意見を述べる。政府の政策の立案と国会の立法に関して，利害関係を有する者の意見を汲みとることは必要な作業であるが，とかく非公式で不明瞭な接触，圧力団体のロビー活動などを生み，汚職の原因となりやすいものである。職能代表に対し，このように憲法上公式の利害調整の場が設けられていることが，フランスの特徴である（拙稿「立法紹介――経済社会評議会」日仏法学14号（1986年）参照）。

第2章　行政組織

　行政（Administration）は，執行権の下でその手足となって，政府により決定された基本方針にのっとり法規に基づき政策を実現することを任務とする。その意味では，一見したところ行政の役割の重要性は大きくないように思われるが，必ずしもそうではない。一方において，第5共和制憲法の下における独立命令事項の承認や授権立法に基づくオルドナンスの承認は，執行権レヴェルにおける行政立法の重要性を意味するが，従来より法律およびデクレの範囲内で，行政が委任命令や施行命令を制定することは認められてきた。大臣や知事のアレテがその典型である。さらに分権化された団体が，同様に上位規範の範囲内で自主的に立法を行うことも認められる。また法令を適用

してなされる個別行政行為や行政の事実作用には一定の自由裁量の幅があり，行政活動がどのように展開される体制になっているかは，執行権のあり方とは別に検討に値する課題である。

　他方において，こうした行政活動そのものが従来と比較にならないほど重要となってきている。かつて自由放任経済体制がとられていた時代には，夜警国家が理想とされ，行政の介入は必要最小限の事項に限定されていた。ところが近時は社会国家，福祉国家の理念に立脚して行政の仕事は飛躍的に増大しており，公法的規律が与える重要性は測りしれない。たとえば，昔は家庭から出るごみは焚き付けという貴重な燃料源になったり，堆肥にしてリサイクルできた。現在ではマンションに住む者は公共の清掃事業に頼らざるをえず，ごみの分別や粗大ごみの出し方まで規制されている。高齢者や子供さらには身体障害者は，かつては家族の中で看護されるのが通常であった。核家族化した今日では，これら社会的弱者のための社会扶助施設は不可欠となっている。道路は，昔は村落共同体内の「普請」作業として管理されていた。現代の舗装された自動車道路となれば公共土木事業による他はなく，土地収用法や道路交通法の整備が並行してなされる。行政が直接に市民生活に係わりをもつことが，大幅に増加しているのである。

　こうした公部門の拡大という動きは，フランスにおいては，とりわけ国有化（nationalisation）および計画経済（planification）により助長された。国有化は，その経済効率性に着目するというよりも大企業という社会的権力の強大化を国家により制約してゆくという大革命以来の思想的背景に基づき，フランスでは比較的早くから取り組まれた。まず1930年代とりわけ1936年の人民戦線の政権掌握に伴って生じた。この時期には鉄道，フランス銀行の国有化，国家社会保険局の創設などがある。ついで1944年の国土解放ののちに行われた，銀行，保険，エネルギー関連事業（石炭，電気，ガス），放送，海上航空運送および一定の重要産業（ルノー自動車工場，国防関連企業など）の国有化がある。最後に1981年のミッテラン社会党政権の誕生に伴う国有化である。保革共存以後若干の揺り戻しが民営化（privatisation）というかたちでみられるが，依然として国有化比率は西欧先進国で群を抜いて高い（拙稿「立法紹介——国有化」日仏法学12号（1984年），同「立法紹介——民営化」同19号（1995年））。他方，計画経済は，第2次大戦後にフランス経済を再建させるべくモネ（Jean Monnet, 1888-1979）

によって考案され，以後のフランス経済の発展を政府の主導の下に積極的に図っており，国土整備（aménagement du territoire）への投資など行政の介入が多い。

こうしてフランスでは，自由放任の伝統が強固なイギリスやアメリカ，後進国で国家による直接的介入が多く行政法を公権力（pouvoir public）を中核に考えるドイツと異なる行政観が支配する。すなわち，行政が広く非権力的な活動の面を含めて私人と係わりあう点に特徴があり，そこから公役務（service public）を中核とする行政法体系が構築されていく。行政作用の具体的内容については行政法という実定法にたちいることになるためここでは扱わない。以下においては，行政組織に限定して説明する（拙稿「各国行政法・行政法学の動向と特色——フランス」現代行政法大系1巻（1983年）参照）。

行政の任務は，原則として公法人（personne publique, personne morale de droit public）が直接に遂行するという形態が採用されている。場合によっては，部分的に公法的性格を認められる専門職同業団体（ordre professionnel）や，特許等により行政活動を分担する私人によっても担われているが，ここでは省略する（拙稿「フランス法における私人の行政行為」上智法学論集特別号（1983年）参照）。公法人のうちもっとも重要なものは国であり，まず第1節で国家行政組織の概略を紹介する。ついで，その下位にあって行政活動を分担する国以外の公法人である分権団体を第2節で扱う。なお，行政裁判組織は，広くは行政組織に含まれるが，諮問機関としての機能を兼ねる国務院を始めとしてすべて裁判制度の個所で一括して扱う。

行政組織は，具体的には行政活動を担う人的要素である公務員制度（fonction publique），物的要素である公物制度（domanialité）によって支えられている。国家行政組織，分権団体の検討に引きつづいて，両者の概要を紹介することにしたい。

第1節　国家行政組織

国（Etat）は，それ自体1個の法人である。しかし，国は広大な国土のすべてに対して行政をなさなければならないため，単に中央機関が存在するだけでは足りず，地方に出先機関をもつ。そこで，中央機関と出先機関とに分けて論じる。

1 中央機関

　国の事務は，対象である事項に応じて，各大臣の下にある省（département ministériel, ministère）が分担する。省それ自体は独自の法人格をもたず，その活動はすべて国に帰属するのであるが，実質的な国家行政の運営を担当している。各省の内部には大臣を頂点としてピラミッド構成をなす一般的な事務部局と現業部局のほか，一般部局から独立して，大臣に直属し大臣と命運をともにし省の政策立案を担当する官房（cabinet）があり，政治主導を可能にしている。同じく一般部局から自立した監察機関（inspection）や各種の諮問機関も置かれている（拙稿「フランスにおける行政監察」現代行政の統制（1990年）参照）。

　省の権限配分を最終的に決定するのは大臣会議であるが，日常的に省の間の総合調整の機能を果たしているのは，首相府である。大統領が強大な権限を付与されるに至った第5共和制の下においても，大統領府には大統領の政策立案を担当する以外には固有の行政機構は存在せず，随時政府の機関が利用される。これに対し首相府は，第4共和制までの総理府を引き継いだかたちで，この任務を果たしている。すなわち，人事庁（Direction de Fonction publique），経済計画庁（Commissariat général de Plan）などの共通部局が首相に属するほか，特定の懸案の解決に当たるべく首相付きの国務長官が任命されることが多くみられ，首相直属の部局を増加させている。保革共存政権においては，内政問題に関してはとりわけ首相と首相府のリーダーシップが際立つことになる。

　ナポレオンによる行政機構の整備以来確立された中央集権の伝統により，行政のピラミッド構成を基本とするフランスにおいては，行政階層から独立した行政機関は存在しにくかった。もっとも，行政裁判所制度を採用している関係もあって，国務院，会計院といった特殊な行政機関は古くからみられた。ところが近時に至り，事案の専門技術性と裁判所の超過負担を前にして，広くは行政に属するものの独自の規制権限を付与された機関が相ついで設けられるようになった。このうち，アメリカ流の独立規制委員会を模した合議機関としては，証券取引委員会（C.O.B., Commission des opérations en bourse），公正取引委員会（Commission de la concurrence），約款規制委員会（Commission des clauses abusives），行政文書委員会（Commission de document administratif），情報処理・自由委員会（Commission de l'informatique et des libertés）等がある。

第1節　国家行政組織

　他方，スウェーデンのオンブズマンにならう独任機関として，行政斡旋官 (Médiateur de la République) があった。1973年1月3日の法律により創設されたこの制度は，1976年法などによりその権限が拡充されている。行政斡旋官は，国会の選任になるスウェーデンのものとは異なり，政府により任命される。ただし，ひとたび任命されるとその身分的独立性は強く保障されている。任期は6年であって，保身腐敗を避けるため再任は許されていない。行政斡旋官が受理する苦情申立ては，国，地方公共団体，公施設その他すべての公役務遂行機関の作用に関する個別的事項に及ぶ。もっとも，裁判所によって救済されえない領域に限られ，また関係行政機関に対する事前の救済申立手続を経ることを要する。行政斡旋官への申立手続としては，本人から直接提出することは認められておらず，必ず国会議員を経由しなければならない。国会議員は，行政斡旋官の介入が適当であると判断する場合に，この申立てを移送する。行政斡旋官は，独自に調査を行い，必要と考える場合には行政機関の態度の再考を促すために勧告や提案を行う。行政斡旋官は，当該行政行為を取り消すことも直接に強制することもできず，単に勧告・提案の内容およびそれに対する行政の対応の公表を行う。しかし，その権威の高いことやマスコミの監視が存在することから，勧告・提案の行政機関に対する事実上の拘束力は強い。

　その後2008年の憲法改正により，11章の2（71条の1）が新設され，行政斡旋官に代えて権利擁護官 (Défenseur des droits) が憲法上の機関として設けられた。権利擁護官は，大統領により任命され，任期は6年であり，再任は許されていない。公権力から人権侵害を受けたと主張する者の提訴を受け，または職権で審理し，活動結果を大統領および国会に報告する。

2　出先機関

　各省は中央行政機関のほか全国各地に出先機関を有する。これを事務分散 (déconcentration) といい，中央行政はこれに対して直接的な統制権限を有し，階層的監督 (contrôle hiérarchique) と呼ばれている。国の地方行政区画としては，各省さらには各省内部の仕事に応じてそれぞれ特有のものがある。23の大学区 (académie)，7の軍管区，34の土木監督庁といったものである。しかし，このほか一般的な区画として，大きな順に州，県，郡，カントン，市町村がある。

このうち県 (département) は、もっとも基本的な一般的地方行政区域である。県は現在では同時に地方公共団体の区画でもあるが、大革命期における成り立ちから国の行政区画としての性格が強い。その中心は内務省から県に配属されている官選の知事 (préfet) であって、ナポレオンによって設けられ、その起源は旧制度下の地方総監 (intendant) にまでさかのぼりうる。知事は、内務省の出先機関としての地位を有することはもちろんであるが、それ以上に各県において政府を代表し各省の地方部局を監督し、その県にある地方公共団体を後見する権限を有しており、中央集権を旨としてきたフランスを特徴づける機関であった。さらに知事は、県が地方自治体と認められたのちは、その執行機関としての地位をも併せもっていた。1982年の地方制度改革により、知事は自治体たる県の執行機関としての役割を解かれ、地方自治体に対する監督権限も縮小された——これに伴って、知事の名称も一時期共和国委員 (commissaire de la République) と変わり、同時に県地方長官 (représentant de l'Etat dans le département) という言葉も多用されるに至った——(拙稿「立法紹介——地方分権」日仏法学12号 (1984年) 参照)。しかし、県が国の地方行政の要としての役割を果たすことについては、いささかの変更もなされていない。フランス本土に96県ある。

州 (région) は、県を超える広域行政の必要性に基づいて、1964年に一般的な行政区画として整備された。県をいくつか束ねて区画を設けており、州庁所在地の知事が州知事 (préfet de région) となり、経済計画の実施を中心に州内での広域的な調整を行うこととされた。その後1969年の国民投票法案においては州を地方公共団体とする構想が示され、それが失敗に終ったのちは、1972年に地域的公施設、1982年には任務に特定性を有する地方公共団体とされており、今日では分権団体の区域でもある。本土で22州ある (拙稿「第5共和制下のフランスにおけるレジオナリスム」上智法学論集21巻1号 (1977年) 参照)。

郡 (arrondissement) は、県の下級行政区画であって各県に3、4個置かれており、全国で324ある。第2次大戦前には地方公共団体であった時期もみられたが、第2次大戦の勃発とともに機能が停止され、戦後に至っても復活されず、今日では純粋に国の行政区域として存在している。内務省に属する副知事 (sous-préfet) のうち郡担当の官吏が派遣されている。カントン (canton) は小郡とも訳されるが、各郡を10個程度に分割しており、全国でおよそ3,800に

のぼる。現在では県会議員の選挙区としてのほかは重要な意味をもたない。市町村（commune）は最小の地方行政区域であって全国でおよそ3万6,500存在している。カントンまでが大革命期に機械的区割りをなした成果としてほぼ均一であるのに対して、市町村はむしろ旧来の都市や村落の区域をそのまま利用しており、区画は極めて多様性に富んでいる。また、市町村はむしろ地方公共団体としての活動が中心となっている。

第2節　分権団体（collectivité décentralisée）

　中央行政機関が出先機関に権限を行使させる事務分散に対して、国よりも下位の独立した法人格を有する分権団体に権限を委譲する分権（décentralisation）がある。分権団体は一定の自立性を有しているため、これに対して国は階層的監督よりも弱い後見監督（contrôle de tutelle）——1982年の分権化法以降は、行政監督（contrôle administratif）および財政監督となる——を行使する。分権の形態には、大きくいって2つのものが区別される。1つは、地域的に限定はあるが扱う事務に一般性がある地方分権（décentralisation territoriale）であり、1つは、逆に地域的に限定はないが扱う事務に特定性（spécialité）がある役務分権（décentralisation par service）である。地方分権を担う公法人が地方公共団体であり、役務分権を担う公法人が公施設である。

1　地方公共団体（collectivité locale）

　地方公共団体には、今日市町村（commune）、県（département）、州（région）の3種が認められている。なお、既に述べたように、郡もかつては地方公共団体であったが、第2次大戦中に活動を停止されその後復活されずに今日に至っており、事実上廃止された。

　(1)　市町村　市町村は、フランスの教会の末端組織として設けられていた旧制度下の聖堂区（paroisse）を引き継いだものであり、大革命ののち今日に至るまでほぼその区域が維持され、フランスの地方自治の基本をなす単位である。1人の司祭を置く教会を中心に「むら」が形成されていたので、わが国でいえば鎮守の森をなす神社を中心とした江戸時代の村落共同体が、そのまま近代的行政区画となったと考えれば理解しやすい。

　市町村の数はおよそ3万6,500であるが、その規模と人口は驚くほど様々であり、一方でパリ、リヨン、マルセイユといった50万人を超える住民を有す

る都市が1つの市町村を構成するのに対して、「むら」そのものの小さな市町村もある。フランスの総人口が6,000万程度であるから、単純平均にすると1つの市町村の人口は1,000人強ということになるが、実際には大都市に人口が集中しているため、典型的な市町村は人口500人程度である。人口200人未満の市町村は3割近くの1万を超え、100人未満の市町村も1割ほどにのぼる。実は山間部では人口ゼロという過疎（？）の市町村もある。山林などの財産をパリ在住の元村民が単に管理しているだけということになる。

　日本は1億2,000万以上の人口があるにもかかわらず、市町村の数はフランスの20分の1の1,800強しかなく、その人口規模にも均一性が極めて顕著であって、1,000人を割る村は稀である。これは、わが国では明治維新以降における町村合併が比較的円滑になされ、近時も平成の大合併があったためである。フランスではこれがほとんど行われずに、より正確にいえば行おうとする試みが幾度かなされたが成果が上がらずに当初のおよそ3万8,000からほとんど変化せずに200年が経過している。その原因としては、狭い国土に人口がひしめき事実上村落の境界が次第に消滅してきた日本に対して、フランスでは一部の都市近郊を除いては依然として村落がかたちを残していることがある。同時に、国の誘導措置に従順であり、また自ら大きいことに意義を見いだす――村より市が見栄えがする――日本に対して、フランスでは町村に個性の主張が強く容易に隣村と混同されたくないと考えることも影響していると思われる。かくして日本では、比較的均一な自治体が市町村の3種に区別され地方自治法上も市と町村ではかなり異なる制度に服するのに対して、フランスではばらつきが激しいにもかかわらず、法的にはすべてcommune；municipalitéとして一括して規律されている。もっとも、フランスにおいても一般生活上は市（ville）、町（bourg）、村（village）といった区別した用い方はなされており、また若干の大都市に関して特則が設けられている。

　市町村の組織としては、議決機関として市町村会（conseil municipal）が設置されている。市町村会議員（conseiller municipal）は、大選挙区での名簿投票制によって選出される。すなわちその定員以内での連記方式が採用されているため、事実上同一会派がほぼ全議席を掌握するという点に特色がある。執行機関としては、市町村会によってその内部から選出される1名の市町村長（maire）と、同じ方法で選出される市町村の規模に応じて1名ないし数名の助

役（adjoint）がある。市町村長は同時に市町村会議長であり、市町村を代表することになる。このようにして、フランスでは市町村の議決機関と執行機関とが協調する体制が採用されており、首長を独自に選挙する二元主義とも、執行をキャリア公務員に委ねる方式とも異なる独自のシステムとなっている。なお市町村会議員は、手当は受けるがいわゆる議員歳費はなく、無償で仕事を行う。

　市町村の権限としては、原則として市町村事務について自由に決定し執行することが認められている。しかし、この原則は、条例制定事項の面でも条例制定手続の面でも、法令によりかなり重大な制限を受けている。まず条例制定事項についていえば、一方において市町村が組織することが義務づけられている一定の役務が存在している。国は財政的負担が大きいにもかかわらず政策的な選択の幅の少ない役務、いわば面白味のない役務は地方公共団体に押しつける傾向があり、初等教育はその典型例といわれている。他方において、市町村が行う権限のない役務も存在している。こうした制限は、時としては法令に由来するが、経済的自由を制限する措置の禁止のように、国務院の判例により認められたものも少なくない。

　条例制定手続についていえば、国すなわち直接には知事による監督、いわゆる後見監督が極めて強力であるという特徴がみられた。条例で規律できない事項を定めた場合の取消権、条例で規律すべき事項の実行を怠った場合の知事の代行権限、予算審議の遅れの場合の暫定編成権などである。法律上後見（tutelle）という言葉は、普通には家族法上の用語であって、未成年者など行為無能力者に対して親権者などが行使する権限である。行政法上この言葉を使うということは、いかにも市町村が1個の独立した法人格をもつ主体としては半人前であるような印象を与えるわけで、そうした点からこの用語法に対する反対論は根強かった。1982年以後は、分権化の実施とともに緩和が図られ、名称も行政監督に置きかえられた。しかし、実際のところ市町村のうちには自治を行うには人材的にも財政的にも不安のあるものが少なくなく、また現実にも問題を起こす市町村がかなりみられる。用語法を改めるよりも、市町村の規模を始めとして実体を充実させる改革の必要性が指摘されるゆえんである（拙稿「フランスにおける条例」公法研究35号（1973年）参照）。

　(2)　県　　県は、官選知事の管轄区域であり、もっとも代表的な国の地方

行政区画であるが，現在では同時に地方自治体でもある。県は，市町村と異なり大革命の産物であり，旧制度下の地方（province）を断ち切って，中央集権的統治のための合理的手段として定められた。したがって，地理的，文化的条件はほとんど考慮に入れられず，その地域の首邑から馬車で48時間で往復しうる範囲を目安として機械的に区切られ，ほぼ均一の面積をもつ。その区画および数は一定しており，国境の変動を除けば近時はパリ首都圏の2県およびコルシカ県の再分割による増加に限られる。現在本土で96県ある。

　県の組織としては，議決機関として県会（conseil général）が設置されている。県会議員（conseiller général）は，カントン単位で小選挙区2回投票制により選出される。したがって議会は，市町村と異なり必然的に党派的構成となる。県会議員は，市町村会議員と同様に手当を受けるが歳費はなく無償の職業である。フランスでは議員職は従来兼職に制限がなく，同時に市町村会，県会，州会，国会さらにはヨーロッパ議会の各議員を兼ねることができ，国会議員の多くが地元の市町村長であった。現在では3職までに限定されている。県の執行機関は，長い間知事が務めてきたが，この官選知事は同時に中央政府の代理人として地方自治体に対して監督権限を行使する存在でもあった。1982年の地方分権法により，県自治の発展を目ざして県会議長がこの任にあたることとされ，市町村にならった自律性の拡大が図られた。

　県の権限としては，伝統的には県は国の行政単位としての性格が強く，市町村事務と比較すれば自治体としての県の固有事務の重要性は低かった。しかし，県は規模として信頼に足る存在であったため，国の後見監督は市町村に対するものよりも緩やかであった。1982年の地方分権法による権限委譲は，こうした事情から市町村よりも県に対するものが中心であり，自治体としての県の比重が高まった。

　(3)　州　　州は，1964年に州知事を中心とする広域行政区域として制度化されたものであり，地方分権を実現する区画とは元来は無縁であった。もちろん旧制度下における地方（province）の復活を目ざす動きと結びつくことがある，地域の独自性を主張する運動（régionalisme）は存在した。しかし政府は，ジャコバン的伝統にのっとり，連邦制につながることもあるこうした動きには一貫して否定的であった。州の法制度化は，したがって州行政一般を念頭に置くものではなく，計画経済に基づく国土整備（aménagement du territoire）

を広い視野に立って調整することを意図しており，その性格は今日まで引き継がれている。もっとも，政府主導の計画経済に特化された道州制が発端とはいえ，住民の意向を的確に反映させることは効率化に寄与しよう。当初の諮問機関を拡充し徐々に自治体とすることがなされるに至ったゆえんである。

1969年の国民投票法案における州改革では，州を憲法上存在を保障された地方公共団体として位置づけることが目ざされたが，元老院の実質廃止と絡んでおり，強引な手法が結局は裏目に出て否決されており，ド・ゴール退陣までもたらした。1972年の法律では公施設としたが，通常の公施設とは異なり地域的に限定があることから，地域的公施設（établissement public territorial）という新しい形態となった。地方公共団体という位置づけは，社会党政権下での1982年の地方分権法によって初めて認められるに至ったが，役務に特定性を残しており，州の特殊な地位を依然として象徴する。

州の区域は，旧制度下の地方を受け継ぐ面と新たな広域行政に対応する面とを有する。すなわち，区域は地方を尊重して区割がなされ，また名称にも多く旧地方名が用いられている一方で，より均一なかたちに修正が加えられており，また複数の県を束ねているという点では明らかに大革命後の行政区画を前提にしていることになる。なお，1991年にコルシカの自治要求に対応して，コルシカ州の分離独立と特殊な地位が認められ，現在本土で22州である。

州の議決機関は，州の性格に変化がみられたにもかかわらず公施設の時代から州会（conseil régional）である。州会議員（conseiller régional）は，かつては州内の議員から間接選挙で選ばれていたが，1982年以降は直接選挙とされた。州の執行機関は，当初州知事であったものが，県におけると同様の修正を1982年に受け，州会議長があたることになった。州知事は純粋に国の広域行政のみを担当する。州の事務は，一般的なものではなく計画経済に基づく州の投資の方向づけに限定される。もっとも，経済的・社会的な地域の活性化は文化的伝統の尊重と不可分の面があり，他方ヨーロッパ統合の動きの中で広域行政の必要性が高まっており，州の位置づけにはいまだ流動的な面が少なくない。

2 　公施設（établissement public）

行政の分権は，地方公共団体のほか，公施設によって役務分権というかた

ちでも確保されている。市町村や県が提供する便宜は極めて多様であるが，それらに共通する性格は，その地理的区域内の住民を対象とする点である。これとは逆に，公施設は，設置主体が国である場合にはその区域について特別に限定があるわけではないが，設立の際に定められた便益の充足のみを目的とする。これを特定性の原理（principe de spécialité）という。

　公施設は極めて多様であり，その法制度も同様に，特定の公施設に固有な規律あり，あるいは一定範疇の公施設に共通する規律ありと変化に富んでいる。大まかに分類するならば，設置する行政主体により，国の公施設，県の公施設，市町村の公施設に分かれ，またその行う役務により行政的公施設と商工業的公施設とが区別される。行政的公施設としては，病院・養老院のような社会福祉的役務に関するもの，大学・博物館のような教育文化的役務に関するもの，貯蓄金庫のような財政的役務に関するもののほか，商工会議所のような職業代表的役務を果たすものや，水利組合・地域整備組合のような独自の経済的目的をもつものもある。他方，商工業的公施設としては，タバコ・マッチ専売公社，フランス電力公社，フランスガス公社，フランス石炭公社のように国有化に伴うものが多い。ただし，商工業的公役務は，公施設によるもののほか，銀行や保険会社，ルノー自動車のような基幹産業のように国有化に際しても私法上の商事会社の形態を依然として採用するものや，地下鉄，バス事業のように公法人の直営（régie）でなされるものもある。

　公施設は，公法人格を有することから，原則として公法の規律に服する。すなわち，公権力の特権を有し，行政契約を締結することができ，職員は公務員としての身分を有し，その事業は公土木（travaux publics）の法制に服し，これらすべてに関連して生じた係争は行政裁判所に係属する。もっとも，商工業的公施設の場合には，私法原理の適用を受ける局面が多くなるが，あくまでも公法人の活動としての原則は残されている。公施設と区別されるのが公用認定施設（établissement d'utilité publique）であって，その活動目的の公益性を理由としてデクレにより認定を受けると，権限や税制面での特別の便宜や援助を行政から与えられる。しかし，法人格としてはあくまで私法人であって，原則として私法の規律に服する。

第3節　公務員制度 (fonction publique)

　行政組織はそれが法的に定められているだけでは機能せず，一方ではそれを人的に担う公務員が，他方では物的に担う公物が必要となる。後者については次節において扱うこととし，ここでは前者が対象となる。行政活動を支える公務員は多義的な用語であり，最広義では，選挙によるまたは契約による場合を含めて公的委任 (mandat public) を受けて職務を行使する者すべてを指す。これに対して，例外的に正式な任命がなくて私人が事実上公務を行うことがある。この者の行為は原則として無効となるが，これを公務員の行為と信じた行政客体の利益を図って有効とされることがある。これを事実上の公務員 (fonctionnaire de fait) の理論という。他方，災害時の救助活動への私人の関与のように，一時的に行政的公役務に協力して事故にあった場合には，公役務の一時的協力者 (collaborateur occasionnel du service public) の理論により，公務員災害に準じた補償が付与される（拙稿「フランスにおける公務員災害補償制度」上智法学論集24巻特別号（1980年）参照）。

　広義における公務員は，最広義における公務員から普通法上の被傭者であって労働法の適用を受ける者を除いた官公吏 (agent public) を指す。商工業的部局や公企業の一般従業員などは，官公吏から除外される。官公吏のうち，一方的任命により永続的職務を果たすべく任官 (titularisation) された者は，独特の身分規程 (statut) に服し，この狭義における公務員をフランスでは公務員 (fonctionnaire) と呼んでいる。補助員，見習い，臨時職員，契約職員などは，この意味における公務員から除外される。以下で検討するのは，狭義の公務員の身分規程である。ところで公務員は，その所属する公法人に従い，国家公務員，地方公務員，公施設公務員に区別される。特別法のほか行政裁判所の判例上それぞれの身分規程が形成されていったが，各公務員はほぼ同一の法制度に服してきた。第2次大戦後は国家公務員（1946年10月19日の法律），地方公務員（1952年4月28日の法律）につき立法化がなされ，さらに今日では，国家・地方公務員一般身分規程 (Statut général des fonctionnaires de l'Etat et des collectivités territoriales) として体系的に整備されている。これは第1章公務員の権利義務（1983年7月13日の法律），第2章国家公務員制度に関する身分規程（1984年1月11日の法律），第3章地方公務員制度に関する身分規程（1984年1月26

日の法律），第4章病院公務員制度に関する身分規程（1986年1月9日の法律）という4つの法律から構成されている。

1 身分の得喪変更（carrière）

　公務の授与（collation）は，任命（nomination）によって行われる。任命の対象となる者には，一定の合理的な資格要件――国籍，公民権，兵役完了，健康状態――が課されているが，これを満たしている場合には，男女の差別や政治的信条，信仰による排除がなされてはならない。公職への就任の平等の原理である。任命の前提をなす採用形態としては，競争試験（concours）がもっとも一般的であるが，ほかに裁量による選考，選挙，同僚選挙（cooptation）などもある。

　国家公務員の場合，幹部職員への登竜門は国立行政学院（E.N.A., Ecole Nationale d'Administration）である。国立行政学院は，いくつかある国立の高等専門学校（grandes écoles）の代表的なものである。受験生としては，大学の法学部の卒業生も少なくないが，大学付設の政治学院（Institut d'études politiques）が予備門としての機能を果たしている。ここでの研修を終えた卒業生（énarque）は，卒業席次に従い希望順に将来の幹部候補として各省に採用される。各省においては，高等職団（grands corps）をこれらの者が形成し，その職団の一員としての資格は，その後政府中枢の官房や地方団体，公共企業等に出向しても失わない。中堅以下の公務員は，その職種に応じてAからDの範疇に分けられ，競争試験により合格者を決定し各省に配属される。

　公務員に任命された者は，任官（titularisation）により特定の等級（grade）に就き，その後は昇級（promotion）によりこの等級が上昇していく。一般の公務員は勤務評定（notation）を受け，その結果に従って昇進（avancement）してゆく。選抜昇進（avancement au choix）の原則である。なお昇給は，昇級により等級が上昇することによって生じるが，同じ等級内部で号俸（échelon）が増すことによっても生じる。これに対して高級公務員は，年功昇進（avancement à l'ancienneté）が通常である。

　公務員の地位は，通常の職務に就いている現職（activité），現職のまま本来とは異なる職務に就く出向（détachement），現職を離れて本来とは異なる職務に就く派遣（position hors cadre），休職（disponibilité），兵役（position sous les drapeaux）の5種が区別される。同じ現職であっても，配置換え（mutation）が

役務の都合により随時行われることがある。

公務の終了は，本人からの申し出による辞職（démission），役務の都合により本人の意に反して行われる解雇（licenciement），本人の義務違反により制裁として行われる免職（révocation），定年に達したことによる退職（admission à la retraite）により生じる。

2 権利義務

(1) **公務員の義務** 第1に，公務員は職務専念義務を負う。第2に，公務員は，私的な営利活動との関係を職務上断たなければならない（désintéressement）。第3に，公務員は職務上知りえた秘密を守る義務を負う（discrétion）。第4に，公務員は階層制の原理に従い上司の命令に服しなければならない（obéissance hiérarchique）。最後に，公務員は政治的意見や宗教に関して職務上その表明をすることを避けなければならず（réserve），中立性（neutralité）と公平性（impartialité）が要求される。最後の点はとりわけ公教育において重要となる。これら職務上の義務のほかにも，一般に私生活を方正に送らなければならず，特定の職にあっては，住居の限定，婚姻の許可が課されている。

これらの義務に違反し公務員に非違（faute）が認められた場合には，懲戒制裁（sanction disciplinaire）が課される。これには軽い順に訓告（avertissement），戒告（blâme），昇級表削除，昇級年限削減，短期休職，配置換え，降級，長期休職，職権退職，免職に区別される。これらの懲戒制裁を課す場合には，あらかじめ一件書類を利害関係人に伝達し，弁明の機会を与えなければならない。また，同数行政委員会が訓告・戒告を除く処分を行う際には開かれ，その意見を聴取したのちでなければ処分を行うことができない。懲戒制裁は，各場合につき法定されているもの以外を課すことはできない。なお，公務員によって犯された犯罪には，刑法上特別な規定に服するものが少なくない。

(2) **公務員の権利** 公務員は，金銭的利益として在職中には給与（rénumération）を，退職してからは恩給（pension de retraite）を受ける。ほかに場合に応じて社会保障（sécurité sociale）や疾病年金（rente d'invalidité）という社会的便宜を享受することがある。公務員の保護という面では，対行政客体との関係において職務に関連した脅迫，中傷等に対して保護を求めることができ，金銭賠償責任についても職務の際に犯された役務過失につき訴求されることはない。対行政との関係においても，自己の意見を反映させうる様々な

委員会，懲戒上の手続的保障，階層的申立や行政訴訟といった救済手段が定められている。

　公務員の自由権という面では，公務員も市民であることから公の自由を当然に享受するが，公務員という地位に由来する限界が問題となる。思想の自由（liberté d'opinion）はその典型であり，良心の自由（liberté de conscience）という意味においては完全な権利を有する。しかし，表現の自由（liberté d'expression）という角度からは，公務においては前述した中立性から控えなければならず，公務外ではその者の地位や職務に応じて異なると判例は考えている。公の自由には，個人的自由のほかに団体的自由が存在し，団結の自由については，1946年憲法典以来公務員についても原則として認められるに至った。ストライキ権についても，1946年憲法が法令の枠内で認めることとし，立法，判例による様々な制限はあるものの，職業上のストライキである限り原則として適法であり制裁を課せられることはなく，単に労働しなかった分につき賃金の削減を受けるにとどまる。

第4節　公物制度（domanialité）

　行政活動を物的に担うのが公物（domaine public）である。行政が所有する財産は，公物と公有私産（domaine privé）とに分けられる。公物には公法が適用され，これに係わる紛争は行政裁判所の管轄に服する。これに対して，行政が有する普通財産である公有私産には，民法が適用され，その紛争は司法裁判所の管轄に服する。公物は，一方において，その用途により，道路など公共の便宜に供される公共用物と庁舎など公役務の使用に供される公用物とが区別され，他方において，その成立過程から，河川，湖沼，海浜などの自然公物（domaine public naturel）と道路，運河，公園などの人工公物（domaine public artificiel）が区別される。

1　確　定（détermination）

　公物への編入（incorporation）は，自然公物についてはその性質上自動的になされるのに対して，人工公物については行政による特定の目的に充てる旨の公用開始の意思的行為が必要とされる。これを用途指定（affectation）という。逆に，公物の範囲から除く場合には，用途指定解除（désaffectation, déclassement）がなされる。公物は公法人のみが保有することができるが，公物の用

第4節　公物制度　　　163

途指定の変更により，あるいは所有権者の変更により，公物の範囲内で指定換え（mutation）が行われることもある。

　土地公物については，私法上の境界画定（délimitation）にあたる作業が必要となるが，公物についてはこれが当事者の合意によるのではなく行政の一方的行政行為によって行われる。自然公物については確認的（déclaratif）な性格を有するが，人工公物については，線引（alignement）という特別な手続が公道について定められており，所有権の設定的（attributif）な性格をもつ。線引は，まず線引計画（plan d'alignement）が作成され，これに基づいて個別的な線引が行われる。

2　属　性

　公物は，一方において私的所有権とは異なる負担が課せられ，他方において私的所有権とは異なる保護を受ける。使用上の制限という面では，公物は，普通法上所有権に課せられることがある法定地役権に服することがないが，同時に約定地役権の対象とすることができない。このようにいわゆる相隣関係に関する規範は一般的には適用をみないのであるが，公道の隣接者は，沿道居住者権（aisances de voirie）として進入権，観望権などを有する。また，公物は抵当権の対象とすることができず，収用されることもない。

　保護の面では，第1に，公物のために相隣関係上の負担が隣接者に課せられる。これには，普通法上の相隣関係に基づくものもある——公物の側はその負担を負わないにもかかわらず——が，このほかに行政地役（servitudes administratives）が多くの法文によって認められている。第2に，不可譲渡性（inaliénabilité）と不可時効性（imprescriptibilité）を有する。これは公物の用途指定から導かれる。第3に，公物に対する刑事上の保護があり，公物保全警察については，公序警察違反が通常の違警罪を構成するのに対して，特殊な法制が公道違警罪（contravention de voirie）というかたちで認められている。このうち海岸，河川，一定の陸上公物（鉄道，軍用地）は，大公道違警罪（contravention de grande voirie）とされ行政裁判所が管轄し，損害賠償の要素を含む混合的な性格を有し，高額な罰金刑が予定されている。

第3章　対外関係

　国家は，他国から孤立して存在することは不可能であり，とりわけ国際的な結びつきが緊密化している今日，対外関係をいかに規律してゆくかは，国家体制のあり方として重要な構成要素となっている。もっとも，国際連合（O.N.U., Organisation des Nations Unies）など一般的な国際機関との係わりや国家間の関係全般については，フランスに固有な問題がほとんどない。法分野として考えるならば，国際法というのは本質的に国家法の枠組みを越えるものであるから，フランスに独特な外交政策というものは存在しても，フランス国際法というのは言語矛盾である。ここでも国際法一般に係わる問題は扱うことなく，焦点をフランスに緊密に関連する事項，法的には直接にフランス国内法に影響をもつ対外関係法を対象とする。なお，条約・国際協定と国内法との関係については，第3編の法源の個所（第1章第1節4）において検討する。

　フランスに固有な対外関係としては，一方において旧植民地との関係が様々なかたちで残っており，他方において近隣諸国との関係は，大陸にあって他国と地続きであるため常に重要な課題である。

第1節　旧植民地との関係

　フランスは絶対王政の時代にまず海外に進出を始めた。インドおよび北アメリカ大陸が当時の中心であり，そこにおいてイギリスとの間に第2次百年戦争といわれる激しい植民地争奪戦争を18世紀を通じて繰り広げた。インドについては，1604年に東インド会社が設立されたが，1664年にコルベールが再組織している。ポンディシェリは1672年から1674年にかけて，シャンデルナゴルは1688年から1689年にかけてフランス領となっている。イギリスとの全土支配をめぐる争いでは，デュプレックス（Joseph François Dupleix, 1697-1763）の活躍で一時は優位にたったが，1754年には本国に召喚され，3次にわたるカーナティック（Carnatic）戦争（1744—48年，1749—54年，1758—63年），とりわけ1757年のプラッシー（Plassey）の戦いによりイギリスの支配が確立する。フランスは，かくしてインドを本格的に支配することはなく，また保有してきた2つの植民地も1954年にはインドに返還された。

第1節　旧植民地との関係

　北アメリカでは，16世紀半ばよりカナダに進出し，シャンプラン（Samuel de Champlain, 1570-1635）がでて1608年にはケベックを建設し領有する。アメリカへはラ・サール（René Robert La Salle, 1643-1687）が探検し，ルイジアナ——現在のルイジアナ州より広いフランス領全域をさす——を領有する。しかし，ここでもアメリカ東部に植民したイギリスと争いになり，ウィリアム王戦争（1689—1697年）を皮切りとして，アン女王戦争（1702—1713年）に敗れ，1713年のユトレヒト条約ではハドソン湾とノヴァスコシア（仏名アカディア）をイギリスに割譲する。ジョージ王戦争（1744—1748年），ついでフランス人およびインディアン戦争（1755—1763年）でも敗れて，1763年のパリ条約により，前述のようにインドを放棄するとともに，ケベックをイギリスに，ルイジアナは東部をイギリスに西部をスペインに割譲し，ここでもフランスは植民地化に失敗した。

　植民地争奪戦争におけるこうした対イギリス敗北の恨みが，アメリカの独立を積極的に援助するかたちでの報復行動となり，1783年のヴェルサイユ条約による独立承認となる。もっとも，アメリカ支援はフランスにとっても莫大な出費となり，敗政危機から大革命の引き金となっていった。なお，東ルイジアナは1783年にアメリカ領となり，西ルイジアナはナポレオンの時代の1800年にフランス領に戻ったのち1803年にアメリカに売却された。

　東インド会社による原住民支配型のインド進出と異なり，北アメリカではフランス人の植民による進出であったためフランスの支配が断絶したのちもフランスの法文化が維持された。現在でもカナダのケベック州ではフランス語を話す者が多数派であって，成文の民法典をもつ。アメリカのルイジアナ州ではフランスのものに近い成文の民法典が制定されており，両者ともに大陸法と英米法とが混淆する比較法的に興味ある地域となっている。テネシー・ウィリアムズ（Thomas Lanier, dit Tennessee Williams, 1914-1983）の『欲望という名の電車（A Streetcar Named Desire）』（1947年）は，ニューオリンズが舞台となっているが，しばしばナポレオン法典が登場する。また，ケベックのモンレアル大学やマギル大学，ルイジアナの州立大学やチューレン大学は，比較法研究が極めて盛んである。

　以下で中心的に扱う旧植民地の多くは，19世紀に入ってからとりわけその後半以降フランスが帝国主義的植民地争奪に加わったことに由来する。フラ

ンスは，アフリカを中心としてイギリスにつぐ植民地大国としての地位を築いたからである。そのはしりは7月王政の時代に既にみられたアルジェリア出兵である。1827年のアルジェの太守（dey）とフランス代表との紛争に端を発し，フランスは1830年にアルジェリアに出兵したが，アブド－アル－カーディル（Abd-Al-Kadir, 1808-1883）首長の抵抗により1832年から47年にわたって反仏闘争がなされた。結局，フランスは強引に1842年に直轄領とし，1847年に占領を完成した。ついで第2帝政期には，インドシナ，中国への侵攻が図られ，その後アフリカ横断政策が加わった。しかし，第2次大戦後に至ると，民族自決の原理に基づいて独立を認めるという趨勢はゆるぎのないものとなり，旧植民地は全世界規模で次々と独立への途を歩んだ。その結果，今日では植民地はそのままのかたちでは地球上から姿を消してしまっているといってよい。ところで，その過程において旧植民地問題をどう処理するかは，宗主国の命運までを左右する大問題であった。1つは独立を希望しないまたは独立に至るまでの旧植民地をいかに遇するかという点であり，1つは独立後にこれらの国々との関係をいかに保っていくかという点である。フランスの対応を，この両者について順次検討する。

1　海外のフランス

　フランスは，ヨーロッパ大陸フランス（France continentale）とコルシカ島（Corse）とからなる本土フランス（France métropolitaine）のみでなりたっているわけではない。旧植民地のうち，独立を望まない地域，または独立するに足る自律的組織が整っていない地域については，これをフランスの一部として扱っているからである。こうした海外フランス（France d'outre-mer）が広大に存在しているのが，フランスの特徴である。今日では植民地という名称はもちろん用いられておらず，搾取型経済支配体制ももはや採られていないが，植民地経営の名残りをとどめる世界最大の国となっている。これらは，海外県と海外領土（現在は海外地方公共団体）とに区別される。

　(1)　海外県（D.O.M., Département d'outre-mer）　1946年3月19日の法律第451号によりフランスのもっとも古くからの植民地であり，かつフランス人の植民が多い4つの地域との関係を緊密化するために制度化された。それらは，ギュイアンヌ（Guyane, 南アメリカ・旧フランス領ギアナ，なお南アメリカ大陸の大半はスペインおよびポルトガルが占拠するところとなったが，ギアナのみが英仏蘭が分割し

て占拠した。このうちイギリス領ギアナはガイアナとして、オランダ領ギアナはスリナムとして独立している)、グワドループ (Guadeloupe, 中央アメリカ・小アンティール列島)、マルチニック (Martinique, 中央アメリカ・小アンティール列島, なおアンティール列島の多くはスペインが領有したが, このほか大アンティール列島のうちハイチも1697年にスペインが領有したのちフランス領に移った。ハイチは1804年に独立し、1825年にはフランスが承認したが, 依然としてフランスの影響が強い)、レユニオン (Réunion, アフリカ・マダガスカル島東沖合の島) である。これらに1976年にはサン-ピエール・エ・ミクロン (Saint-Pierre et Miquelon, 北アメリカ・ニューファウンドランド島南沖合の島) が海外領土から加わり, 一時期5つとなったが、1985年には特殊な地位をもつ地方公共団体となり、再び4県となった。同様に、マイヨット (Mayotte, アフリカ・マダガスカル島北沖合コモロ諸島の一島) は、コモロ諸島が1975年に海外領土から独立への道をたどった際に同調せず、規模が小さいため海外県には至らない特殊な海外地方公共団体として1976年に認知された。なお海外県は、同時に海外州の資格をもつ。

　海外県は、本土から遠く離れているという地理的事情から、独自性に配慮し県会の権限が広く認められており、その他若干の特殊な法規律を受けることがあるが、原則として本土の県と同一の地位をもつ。すなわち、領土はフランスの一部であり、領民はフランス国民としての完全な身分を有し、フランス法の適用に全面的に服する。

　(2) 海外領土 (T.O.M., Territoire d'outre-mer)・海外地方公共団体 (collectivité d'outre-mer)　　海外領土は、海外県と同様に1946年3月19日の法律により、旧植民地のうち海外県とされなかった領土のすべてを、フランスの地域団体の特殊な一形態として位置づけたことに始まる。これらの始源的海外領土は、2で述べる委任 (信託) 統治下と保護下の国を除く広大なフランスの海外植民地をカバーするものであった。そのため過渡的な性格を有し、将来はその自律的統治機構の整備とともに、海外県に移行するか独立することを予定されていた。法制度そのものが暫定的なものといえよう。

　海外領土の大半を占めるアフリカ大陸の旧植民地のほぼすべてとマダガスカルは、アフリカの年といわれた1960年に独立国家の道を選んでいる。その後海外領土としての地位に変化がみられたものとしては、サン-ピエール・エ・ミクロンが海外県——のち海外地方公共団体——に移行したほか、1976

年にマイヨットを除くコモロ諸島が，1977年にはアファル・エ・イサス（Afars et Issas，アフリカ・フランス領ソマリア）がジブチ（Djibouti）として，イギリスとの共同統治であったヌヴェル・エブリッド（Nouvelles Hébrides）が1980年にバヌアツ（Vanuatu，メラネシア・ヌヴェル・カレドニ北方の島）として独立した。重要な旧海外領土が独立国家への道を選んだことから，今日これらについては次に検討する独立した海外領土との連携の問題に移行したことになる。

今日住民がいる海外領土はすべて海外地方公共団体とされ，小アンティール列島にサン・ベルテルミとサン・マルタンがあるほかは，南太平洋に存在する。南太平洋はラ・ペルーズ（Jean François La Pérouse, 1741-1788）が探検をなしており，オーストラリア，ニュージーランドなど大きな島を領有したイギリスには及ばないが，広範囲に植民地を有していた。最大の面積と人口をもつものに，ヌヴェル・カレドニ（Nouvelle Calédonie）がある。クック（James Cook, 1728-1779）が1774年に発見した島であるが，1853年よりフランス領となっており，世界的なニッケルの産地であることから経済的にも重要である。近時独立の動きが盛んであり，またこれに反対するフランス系住民もあって政治的不安定が増しており，1988年11月9日の国民投票法律第1028号により，10年後の住民投票によって独立するか海外県としてフランスにとどまるかを決することとした（拙稿「立法紹介──ヌヴェル・カレドニ」日仏法学17号（1991年）参照）。結局1998年ついで2007年の憲法改正により，予定されていた住民投票に代えて経過措置が定められ，憲法上特別な地位をもつ（第13章ヌヴェル・カレドニに関する経過規定）。同じくメラネシアにはワリス・エ・フトゥナ（Wallis et Futuna）があり，ポリネシアには広大なフランス領ポリネシア（Polynésie française）がある。すなわち，マルキーズ諸島，ツアモツ諸島（マンガレーヴァ島を含む），ソシエテ諸島（1842年より領有するタヒチ島やボルボラ島を含み，もっとも人口が多い），ツブアイ諸島，ガンビア諸島（フランスの核実験場となったムルロワ環礁がある）である。

ほかに定住者はいないが，オーストラリアのタスマニア島南方に位置する南極大陸の一部をアデリー領（terre adélie）として，附近のインド洋南方の無人島であるケルグラン島，クローゼ諸島，新アムステルダム島，サンポール島も併せて，南方・南極領土（terres Australes et Antarctiques）として領有権を主張している。このほか，メキシコ西岸沖合いの北太平洋に浮ぶクリパート

ン島も領有し，2008年の憲法改正でこれらがフランス領であることが明記された（72条の3）。

　海外領土もフランスの一部であるが，その独立性は強く認められており，適用される法規は2種類に分かれていた。1つはフランス本土起源の法，すなわち国会が採択した法規であるが，政府が明示的に言及しなければ適用されない。他の1つは，海外領土の分権的機関が作成した法であり，その領土の地位規定により自立性の程度に差が認められていた。今日では海外地方公共団体とされるが，憲法74条が広範な自治権を許容しており，一部には連邦主義の萌芽をうかがわせる強い権限が授けられている。すなわち，個別領土に応じた多様性の承認が特徴となっている。

2　独立した海外領土との連携

　連携の仕方には様々なレヴェルがあり，外国人としての滞在・労働の受け入れ条件，帰化の条件など個人に関する規律，経済的・文化的交流の促進のあり方も検討の対象に含めうるが（拙稿「フランス外国人法の現状」ジュリスト909号（1988年）参照），以下では国家レヴェルでの連携に限定して扱う。

　(1)　連携の模索　　第5共和制憲法典は，フランスと独立国としての地位を獲得した旧海外領土とによって構成される国家連合（groupement d'Etats）の形態として，フランス共同体（Communauté française）を規定した。実は既に第4共和制の時期から来たるべき植民地の独立に備えて連携方法を予定しており，フランス連合（Union française）が設けられていた。しかし，海外領土以外の支配地域で相次いで問題がこじれ，うまく機能することがなく，1958年にはこれが主たる原因となって第4共和制そのものが崩壊してしまう。

　まず，1920年以降委任統治（territoire sous mandat）――国際連合下では信託統治とされた――を行ってきたシリア（Syrie）とレバノン（Liban）は，シリアについては1936年に自治権が与えられ1943年には独立し，レバノンも1941年には独立している。フランスが影響力をもち今日でも緊密な関係にあるが，とくに国家連合の対象とはならない。インドシナについては，古くはピニョー（Pierre Joseph Georges Pigneau de Behaine, 1741-1799）が宣教しまた阮氏一族の勢力回復を助けて関連をつけた。ナポレオン3世時代の1858年から1867年にかけてインドシナ出兵で支配の基盤を築き，清仏戦争後の1885年にアンナン（Annam，ベトナム）に対し宗主権を得た。その後ラオス（Laos），カンボ

ジア (Cambodge) を含め1887年から1945年にかけてインドシナ連邦として保護国 (protectorat) 化した。しかし1945年から独立の動きがみられ，いち早く北ベトナムがベトナム民主共和国として独立を宣言し，その後はその支援を受けたベトミンとの間に1946年から泥沼化した戦争となり，1954年のディエン・ビエン・フーの敗戦で完全に手を引いた（ジュネーヴ協定）。インドシナ問題の終結とほぼ時を同じくして生じたもう一つの保護国であるフランス領サハラの独立問題は，インドシナと比べてフランス人植民者の数もはるかに多く，またフランス本土に地中海を隔てて近接していることもあって，その処理いかんは一層重大であった。その一部をなしていたモロッコとチュニジアは，1956年に独立を達成する。しかし中核をなすアルジェリアについては，権利を有する植民フランス人や軍人の根強い独立反対がフランス国内にあり，駐留軍の反乱などがあって政治が混迷し治安の悪化と経済の混乱のうちに第4共和制が崩壊する。その後1962年に国民投票を経てアルジェリアも独立した（エヴィアン協定）。このように旧委任統治国は別として，旧保護国はいずれも友好的な離脱ではなく，国家連合の対象となりえなかった。

　これら以外にアフリカを中心として多くの海外領土を有していたフランスは，こうした事態に危機感を深め，第5共和制に移行する際の新憲法制定授権法にも，とくに1項を設けてその関係を適切に規律する内容をもつ憲法典を制定すべきことが言及されている。フランス共同体は，当時フランスが抱えていたいわゆる植民地問題を解決する切り札として登場したものである。憲法典そのものでも，前文の第2段がこれにあてられているほか，1条がフランス共同体をフランス共和国と並立させて宣言し，具体的には12章――1993年7月19日の憲法改正後は13章――（77~87条）が詳細に規定する。フランスの国内法的には，単に共同体といえばかつてはフランス共同体を指し，ヨーロッパ共同体ではないのであった。

　(2) フランス共同体とその後　共同体は，フランス共和国に共通事務の管理において優越性を付与したが，共同体構成国に内部的自律性と独立への権利を認めている。この憲法に基づき1958年に海外領土に対して住民投票が実施され，海外領土のままで現状維持を望む，海外県となる，共同体構成国となるのかいずれかを選択させた。ソマリアとコモロ諸島が当時は海外領土にとどまり，海外県となったものはなく，ギニアを除くそれ以外のアフリカ

第1節 旧植民地との関係

海外領土のすべてが共同体に加盟した。ギニア（Guinée）は，エンクルマ（Kwame Nkrumah, 1909-1972）が率いるガーナとともに強固な民族主義路線を採るセク・トーレ（Sékou Touré, 1922-1984）に率いられており，加盟を拒否して独立した。

しかし，1958年憲法の規定では，国防および外交に関してはなおフランス本国に依存しており，これに対する共同体構成国の不満を受けて1960年の憲法改正により，共同体構成国でありながら独立の共和国となることを認めた。これにより，共同体構成国の多く（ガボン，チャド，中央アフリカ，コンゴ〔ブラザビル〕，セネガル，マリ，モーリタニア，マダガスカルの8か国）は，1960年に完全に独立を達成し，なおかつ共同体内にとどまることとし，フランスとの間に相互援助協定を締結した。これに対して，ダオメー（今日のベナン），コートジヴォワール，ニジェール，オートボルタ（今日のブルキナファソ）の4か国は，1960年に独立すると同時に，共同体の外に出た。もっとも，フランスとの特殊な関係は，各種の協定により維持している。ほかに，旧ドイツ領で第1次大戦後にフランスの委任統治（のち信託統治）下に入っていたカメルーンとトーゴも1960年に独立したが，前者は共同体に入り，後者はこれに加わっていない。

このようにして，フランス共同体は，一方においてアフリカに限ってもすべての海外領土をまとめきることができず，他方において共同体構成国がその自律への権利を一般的に活用したことにより，1960年以降はその性質に根本的変容がみられることとなった。一言にしていえば，憲法上の制度的なものから，協約上の個別的なものへと移行した。1960年は多くの国が独立しアフリカの年と言われるが，実はフランス共同体が崩壊した年でもあった。その後は，共同体としての元首会議などもほとんど開催されず，その実体に乏しいものとなっており，憲法典の共同体に関する章は早々と事実上死文となった。改革されたフランス共同体は，組織的統一性を失い，連帯の証としての象徴的意味しか有していないと言ってよい。そこで近時の1995年8月4日の憲法改正により，憲法典から削除され，名実ともに廃止された。

もっとも，フランス共同体の不首尾とは別に，フランスは，旧植民地，旧保護国，旧委任統治国にとどまらず，フランス語文化圏（アフリカでいえばベルギー領コンゴ，第1次大戦後ベルギーの委任統治下となったルアンダ，ブルンジなど），さ

らにはそれ以外でもフランスに親近性を有する国々との間で，外交的，軍事的にはもとより，経済的，文化的にも緊密な提携関係の維持に腐心している。フランス語圏サミットもたちあげている。2008年の憲法改正では，14章の「提携協定」にフランス語圏（francophonie）の規定が盛り込まれ，標題も変更された。これは，時として新植民地主義として批判されるところであるが，アフリカを中心として強い影響力を保っている。こうした政策は，ＥＣレヴェルでもロメ協定による開発援助のようなかたちで生かされている。

第2節　近隣諸国との関係

　ヨーロッパにおいては，昔から諸国の間でたえず戦争が繰り広げられてきた。その帰趨に伴って，国境に変動がみられるのは当然として，国そのものが征服や併合により消滅することも稀ではなかった。フランスは王朝や政体にかなり頻繁な変更がみられたが，国家自体が消失することはなく，また国家の分裂もほとんど経験していない。ヨーロッパ諸国のなかでは時期的にも内容的にもいち早く統合が進んだ国である。連邦制でなく中央集権的な単一国家制の伝統も，こうした基盤の上に構築されたとみうる。もっとも，過去の経緯が絡んだ国境問題は，比較的近時まで存在した。まずこの点をたどってみる。他方，ヨーロッパを舞台として歴史上戦争が頻発したが，近時において兵器の開発と総力戦により悲惨さを増した事態に対する反省から，第2次大戦後にはドイツとフランスとの歴史的和解を中核として，ヨーロッパ内で協調の動きが本格的に出現する。これは同時に，アメリカ，ソ連という2つの超大国に対して，ヨーロッパの復権を図る試みとしての面をもった。その中核を占めるのが，今日のヨーロッパ連合（ＥＵ）であるが，そのほかにもフランスを含めたヨーロッパの地域組織がいくつかみられる。この動向を次に検討する。

1　国　境

　まず近隣諸国とを分離する要素として，国境問題について考えてみる。フランスを構成する六角形の国土のうち三辺は海に面しているが，大西洋に面する西方を除き国土をめぐる争いは海を隔てても存在した。北西辺のイギリスとは，ノルマン人による征服以来領土の支配を含めて常に緊密な関係があり，また百年戦争や大陸封鎖で，またヨーロッパ外では北米，インドをめぐ

第2節　近隣諸国との関係

る植民地百年戦争や1898年のファショダ事件までアフリカを中心に植民地争奪戦争をくりひろげ、永遠のライバル関係にあった。ただしその後は、新興のドイツに対抗して共同して既得権益の擁護に回る局面が増加する。南東辺は、対岸がフランス領サハラであって、植民地問題を象徴する地域である。陸続きの残り三辺のうち南西辺のスペイン国境は、ピレネー山脈が険しいことから、スペイン・ハプスブルグ家との対抗はあっても、国境はイスラムの侵入などを除けば比較的安定している。北東辺と東辺は流動的な要素が多い。絶対王政期においては今日の国境よりも狭かった国土を神聖ローマ帝国の弱体化に乗じて、フランドル方面で拡張し、プロヴァンス方面でもサルディニア王国と分割して取得している。ナポレオンによる征服はウィーン体制で旧に復したので省略するとして、その後の領土の変更としては、ナポレオン3世がイタリア戦争でサヴォワとニースを1860年に獲得している。

　ドイツ国境はもっとも変動が激しく、ヴェルダン条約、メルセン条約以来明確な線を引き難い状況が続いた。近世に至ってフランス王権がライン河沿いまで支配権を及ぼし、大革命でこれが強固なものとなった。その後は普仏戦争の敗北によりアルザス・ロレーヌ地方を1871年に割譲したが、第1次大戦の勝利によって1918年にこれを回復したほか、ドイツのザール（Sarre）地方を占領する。ザールについてはその後帰属を決定する住民投票によってドイツに復帰している。第2次大戦が開始するとドイツはフランスに侵攻し1940年にはアルザス・ロレーヌを再び併合した。1944年にはフランスの国土解放に伴いこれがフランス領に戻ったほか、ドイツ連邦共和国成立まで国境沿いの南西ドイツを占領した。こうした変動のため、アルザス・ロレーヌ地方には、ドイツ法が適用された時期がかなりあり、フランス法への移行をスムーズにするための特例措置を定める法規が少なくない。

　ほかに、周辺の小国として、スペイン国境の山中にあるアンドラ（Andorre）とイタリア国境に近い海岸にあるモナコ（Monaco）は、フランスの管理、保護下にある。また、フランス語は、ベルギーとスイスで公用語の1つであり、ルクセンブルクでも公用語とされている。

2　地域共同体

　近隣諸国との統合に向かう要素として、フランスを含むヨーロッパの地域共同体が各種成立している。

(1) ヨーロッパ連合（U.E., Union européenne）　ヨーロッパの統合は，1951年4月18日のパリ条約によって設けられたヨーロッパ石炭鉄鋼共同体（C.E.C. A., Communauté européenne de charbon et de l'acier）に始まる。統合されたヨーロッパという理念はそれ以前から語られていたが，ヨーロッパ内での戦争の重要な原因であった産業資源の争奪をなくし，併せてヨーロッパの復興を目ざす制度として，初めて具体化されたものである。その好結果を踏まえて，1957年3月25日の2つのローマ条約によって，ヨーロッパ経済共同体（C.E.E., Communauté économique européenne）およびヨーロッパ原子力共同体（C.E.E.A., Communauté europeénne de l'energie atomique）が設けられ，3つの共同体が並立するようになった。3共同体は，当初は，1957年3月25日のヨーロッパ共同体に共通する若干の機関に関する条約により調整が図られるにとどまっていた。その後1965年4月8日の3共同体の統合条約により，1つのヨーロッパ共同体（C.E., Communauté européenne）という組織となり──1967年発効──，1986年の単一ヨーロッパ議定書──1987年発効──を経て，1992年2月7日のマーストリヒト条約によりより広い分野での統合を視野にいれたヨーロッパ連合が設立された。これに伴い，1992年の憲法改正により，ヨーロッパ共同体およびヨーロッパ連合の章が設けられ（第15章，リスボン条約の発効に伴いヨーロッパ連合に表題変更），国内法秩序との調和が図られた。2005年のヨーロッパ連合憲法条約は，フランス等の国民投票における否決で頓挫した（拙稿「フランスによる欧州憲法条約の否決」聖学院大学総合研究所紀要34号（2006年）参照）ものの，2007年12月13日にリスボン条約が調印され，2009年12月に発効した。ヨーロッパ共同体はヨーロッパ連合に吸収され消滅し，ヨーロッパ共同体条約はヨーロッパ連合運営条約となった。

　ヨーロッパ共同体は，当初はフランス，西ドイツ，イタリア，ベルギー，オランダ，ルクセンブルクの6か国で発足した。その後，1972年1月22日の条約（73年加盟）によりイギリス，デンマーク，アイルランドが，1979年5月28日の条約（81年加盟）によりギリシャが，1985年6月12日の条約（86年加盟）によりスペインとポルトガルが加盟し，12か国と倍増した。さらに1990年10月6日の東西ドイツの統一により旧東ドイツがヨーロッパ共同体に編入された。1994年3月29日の条約（95年加盟）により，その後に実施された国民投票で否決されたノルウェーを除きスウェーデン，フィンランド，オーストリア

第2節　近隣諸国との関係

が加盟し，文字通り西ヨーロッパ諸国の大半を網羅するに至っている。2004年以降中東欧13か国が新たに加盟し，28か国となった。逆に，イギリスが2016年6月に実施した国民投票によりEU離脱（Brexit）を決め，2017年3月の通告から2年かけて離脱交渉が始まっている。ヨーロッパ連合は岐路を迎えている。

　ヨーロッパ連合は，4つの主要機関から成り立っている。EU委員会（Commission）は，構成国政府によって委員は任命されるが独立して活動し，ヨーロッパ連合を代表して日常的事務の執行にあたる。EU閣僚理事会（Conseil des ministres）は，委員会と協力してその提案を受けて立法を行う。この2つの機関はブリュッセルに置かれている。総会（Assemblée）――1962年よりヨーロッパ議会（Parlement européen）と称する――は，委員会の活動を統制する任務を有していたが，その後1976年9月20日の改正により1979年選挙より直接選挙制が導入され，立法に提携する権限を付与され重要性を増している。この機関はストラスブールに置かれている。EU（EC）裁判所（Cour de justice）は，EU法（EC法を含む）の適用に関する各種の訴訟を裁くことを任務としルクセンブルクに置かれている。ほかに，首脳会議であって，基本方針を決定するヨーロッパ理事会（Conseil européen）などの機関も設けられている。

　ヨーロッパ連合の立法機関によって制定される法規，いわゆる派生法（droit dérivé）は，規則（règlement）の場合，EU構成国を拘束するのみならず，構成国の個人や企業に対しても直接に効力を有し，国内法に優先して適用される。これを直接適用性（applicabilité directe）および優位性（primauté）という。指令（directive）の場合には，達成されるべき目標が示されるものの具体的な法的手段は各構成国に委ねられる。もっとも，具体化のための期限到来など一定の要件を満たした場合で指令の内容が実現されないときには，私人に指令を援用することを認め――援用可能性（invocabilité）――，また適切な国内法の欠如に起因する損害の賠償請求が認められる。こうした性格から，EU法は従来の国際法とも国内法とも異なるものであって，超国家法（droit supra-national）と呼ばれている。したがって，そのフランス法に与える影響は極めて大きく（拙稿「ヨーロッパ統合と法――フランス法」比較法研究54号（1992年）参照），また既存の法学分野に対する影響も看過しえない（拙稿「欧州共同体法の発展と比較法・外国法」比較法学の課題と展望（2002年），同「ヨーロッパ法の発展と他の

法学分野との関連」聖学院大学総合研究所紀要24号（2003年）参照）。

　ＥＵ法の適用を各構成国内において確保する任にあたるのはＥＵ機関ではなく各構成国の機関である。その場合には，ＥＵ法の解釈・適用に関して構成国間において相違が生じないことが必要となる。そこで，ＥＵ法の解釈に不明な点がある場合には，ＥＵ（ＥＣ）裁判所の先決的判断（décision préjudicielle）を求めることとされている。この制度は，フランス行政訴訟における先決問題を審査するための解釈訴訟（contentieux de l'interprétation）に由来するものである（拙稿「ＥＣ行政訴訟の概念と機能」判例タイムズ732号（1990年）参照）。

　(2)　その他の機関　　人権および基本的自由の保護に関するヨーロッパ条約（Convention européenne de sauvegarde des droits de l'homme et des libertés fondamentales）――通称はヨーロッパ人権条約――は，ヨーロッパにおける人権の保障を目ざして，1950年11月4日に条約が締結され，フランスも当初よりこれに署名していた。しかし，批准は相当に遅れ1974年5月3日であり，個人的提訴権の承認は1981年からである。なお，1998年にはヨーロッパ人権委員会（Commission européenne des droits de l'homme）の廃止を含む大幅な組織改革が行われている。人権条約は，ＥＵ法と同様に加盟国国民に直接的効力を有し，国内の裁判機関等により救済を得られなかった場合に限り，加盟国および個人はヨーロッパ人権裁判所（Cour européenne des droits de l'homme）に提訴をなすことができる。裁判所は，加盟国の人権規定ではなく条約上の一層広い視点から人権の保障状況を判断し，その判決は加盟国の機関を拘束する。人権裁判所はストラスブールに置かれている（拙稿「欧州人権条約と法統合」聖学院大学総合研究所紀要38号（2007年）参照）。

　1973年10月5日に署名され1977年10月7日に発効したヨーロッパ特許条約（Convention sur la délivrance des brevets européens）も，加盟国国民に直接的効力を有し，国内法に優越する効力を認められている。その審査にあたる機関としてヨーロッパ特許庁（Office européen des brevets）がミュンヘンに設置されている。

　ヨーロッパ審議会（Conseil de l'Europe）は，ヨーロッパ諸国に共通する様々な問題，具体的には防衛を除く経済，社会，文化，法律および行政等の諸分野や人権および基本的自由につき討論し，条約案を作成することにより加盟国間の一体性を高めることを任務としている。ヨーロッパ統合に急進的なフ

ランスやベネルックス諸国と慎重なイギリス，スカンジナビア諸国との妥協の産物で，1949年5月5日に10か国で発足した。ヨーロッパ連合よりも広い範囲で諸国を糾合しており，現在は中東欧諸国で加盟するものもあって47か国となっている。本部はストラスブールに置かれている。既に200余の条約の採択がなされており，ヨーロッパ連合とは異なる次元でヨーロッパ統合の役割を果たしている。ヨーロッパ人権条約の締結はその代表的な成果である。

　ヨーロッパ安全保障協力会議（C.S.C.E., Conférence sur la sécurité et la coopération en Europe）は，1975年8月1日にヘルシンキで採択された最終議定書により設けられた。アルバニアを除く全ヨーロッパ諸国とアメリカ・カナダの35か国が参加し，安全保障のほか広くヨーロッパにおける経済，社会，文化的協力を約した。1995年1月1日以降は，ヨーロッパ安全保障協力機構（O.S.C.E., Organisation pour la sécurité et la coopération en Europe）となり，現在参加国は56か国に及んでいる。

第2編　裁判制度

　ここではフランス法の基本構造のうち，法の適用に主として係わる裁判制度について検討する。裁判制度に関する事項は，組織面である裁判所と，これを人的な面から支える法律家に大別される。

第1章　裁判所

　裁判所は，国家機関のうちで法の具体的実現にもっとも密接な係わり合いを有する。同時に，法の解釈および適用を確保する任に当たる裁判所は，判例法により法創造の重要な一翼を担う点でも重要である。

　フランスの裁判所組織の基本的な特徴は，司法権に属する司法裁判所のほかに，執行権に属する行政裁判所を有する点にあり，いわゆる二元的裁判制度を採用している。ここに一元的裁判制度を採る英米法との著しい相違点が認められ，またフランスこそ大陸型の二元主義の母国と目されている国である。わが国では，日本国憲法の下においては，アメリカ法の強い影響の下に一元主義が採用され，裁判権は最高裁判所以下の司法裁判所がすべて掌握する方式が採られている。しかし，明治憲法下では，大陸法の方式にならって大審院以下の司法裁判所とこれとは独立した行政裁判所を有する，二元主義を採用していた。ところで一元的裁判制度の下においては裁判権と司法権はほぼ重複する観念となるため，厳密な使い分けを必要としない。これに対してフランスのような制度の下では，司法権は決して裁判権を独占しているわけではなく，その一部である司法裁判権を行使しているにすぎない。司法権からの執行権，立法権の独立という歴史的背景が，こうした仕組みの基礎となっている。しかも，統治機構の個所で言及したように，司法裁判所は，司法権と称しうるような権力の一角を占める存在として，制定法源の形成に関与する——たとえば違憲立法を失効させたり，行政立法を無効にする——と

ころはない。司法機関として，裁判権の一角を担う国家機関としてむしろ位置づけうる。統治機構では意図的に対象から除外し，ここで扱うことにしたゆえんである。言い換えれば，フランスの裁判権の全体像を知る上では，権力ごとにわけて，すなわち司法裁判所を司法権の個所で，行政裁判所を執行権の個所で，さらには別の裁判所たとえば憲法院は立法権に関連させて説明するよりは，これを一括して概観することが妥当と考えられるのである。

フランスでは，司法裁判所，行政裁判所のほかにも，この2系列のいずれにも属さない裁判所が憲法院のほかにもいくつかあり，裁判所組織の多様性を特徴としている。そこで以下においては，まず第1に司法裁判所を，第2に行政裁判所を扱い，最後にこのいずれにも属さない特殊な裁判所を検討する（拙稿「フランスの裁判制度について」判例タイムズ522号（1984年）参照）。

第1節　司法裁判所

1　基本原理

司法裁判所については，フランス的性格を示すいくつかの基本原理がある。個々の裁判所について検討するに先だち，こうした共通する特徴について紹介しておきたい。基本原理は大別して，裁判所組織に関するものと，法廷の構成に関するものがある。

(1)　裁判所組織上の基本原理　　A　法律審と事実審の峻別　　司法裁判所の最上級審である破毀院は，事件を裁くための裁判所としての性格を本来的に有しておらず，法の解釈を統一するための純然たる法律審裁判所として位置づけられている。そこから，破毀院に対してはあらゆる事実審終局判決に対する破毀申立てが許されているにもかかわらず，審級として数えられることがない。こうした考え方は，歴史的沿革に深く根ざしている。すなわち，破毀院の前身にあたる訴訟関係顧問会議は，旧制度下において司法権を委ねられていた最高法院と対立する裁判所として出現したものであった。大革命後においても当初は破毀裁判所が立法権の下に置かれており，そもそも破毀の機能が司法権の一部とは考えられてこなかったわけである。こうした伝統から，破毀院が司法最高裁判所として位置づけられるようになってからも，もっぱら法の解釈を統一する任務のみに当たり，事件の解決に直接当たることはなかった。すなわち，原判決を破毀する場合にあっても自判することは

せず，事実審裁判所に移送してきた。このようにして，事件の全体について再審査を求める控訴 (appel) と，法規の解釈の誤りのみを主張しうる破毀申立て (pourvoi en cassation) とは，まったく異なる申立てということになる。フランスにおいて事実問題 (question de fait) と法律問題 (question de droit) の区別が重大な議論となるのはそのためである。1806年の民事訴訟法典が第一審手続と控訴審手続のみを規定し，破毀申立手続を一切対象に含めていなかったことは，このような事情を反映して象徴的である。

　B　二審制　　破毀申立てを扱う法律審を除いた事実審は，二審級を原則として構成されている。すなわち控訴を許容し事件の判断に修正の余地を残している。そこで第一審を担当する下級裁判所 (tribunal) と控訴審を担当する上級法院 (cour) とに裁判所は大別される。下級裁判所と破毀院や重罪院を含めた上級法院との間には，截然とした区別が存在しており，裁判所の呼称のみならず，様々な名称も異なっている。すなわち，裁判官 (juge, conseiller)，検察官 (procureur, avocat général)，判決 (jugement, arrêt) などである。そこでたとえば日本の裁判所をフランス語で表現しようとする際には，cour et tribunal とすべきことになる。もっとも下級裁判所を指示する諸用語には総称としての意味もあることから，単に tribunal と言っても全体の文脈から誤解されなければ，裁判所一般の意味に単独で用いることができる。しかし，日本の最高裁判所をフランス語に訳す場合には，Tribunal suprême ではなく必ず Cour suprême としなければならない。

　二審級制の原理に対しては，例外的に一審かつ終審となる事項を認めている。すなわち，民事の訴額が小さい事件や刑事の軽微な犯罪については，控訴制限がなされている。訴訟経済上の理由と上級審の負担軽減をねらったものであり，他国でも多く採用されている。もっとも，控訴が許されない場合においても，法律問題について破毀申立てすることは，いかなる場合においても可能である。わが国においては，控訴制限が制度化されていない上に，軽微な民事事件になると簡易裁判所の判決の控訴を地方裁判所が扱い，高等裁判所が上告審となるため，場合によっては最高裁判所に対する特別上告が可能となり，よく多くの審級が保障されるという珍しい現象もみられる。

　C　民刑事裁判の一元化　　フランスにおいては組織的には民事と刑事の裁判を同じ裁判所が管轄する。確かに民事裁判所 (juridiction civile)，刑事裁判

所（juridiction pénale）という区別があり，裁判所の名称も異なっている。しかし，機関的に分岐しているわけではなく，同一の裁判所が民事事件，刑事事件を担当するのに応じて，その名称と機能を変えるということである。もっとも，規模の大きな裁判所になると民事部と刑事部が置かれ専門分化することはある。しかし，その場合でも交替制により裁判官が担当を変わることが行われており，一元性の基本的性格を修正するものではない。ただし，フランスでは例外裁判所が次で述べるように多く設けられており，そこにおいては民事と刑事で固有の裁判所が用意されている。そこで，民刑事裁判所の一元性を前提としつつも，両者を区別して説明することに意義がある。

D 例外裁判所の活用　フランスにおいては，一般的な管轄権を有する普通法裁判所（tribunal de droit commun）のほかに，法律がとくに認めた事項についてのみ管轄権を有する例外裁判所（tribunal d'exception）が多く存在している。例外裁判所は，かつては第一審裁判所についても控訴審裁判所についてもみられたが，今日では控訴については控訴院への統合が実現され，ほとんどが第一審裁判所に限られる。例外裁判所は民事裁判所のみならず刑事裁判所についても認められている。例外裁判所においては，法廷の構成につき通常裁判所とは異なる制度をとることが多く，特徴あるものとなっている（拙稿「フランスにおける特別裁判所」法の支配139号（2005年）参照）。

(2) 法廷構成上の基本原理　普通法裁判所で採用されている一般的な原理を述べ，関連してこれに対する特則を形成することが多い例外裁判所における異なるあり方に言及する。もっとも，その具体的検討は各裁判所の説明の個所で行うことにしたい。

A 職業裁判官制　法廷は原則として職業裁判官（juge de carrière）のみによって構成される。裁判官をどのように選ぶかについては，フランスにおいて歴史的に相当の変遷がみられ，かつては売官制や選挙制が採用されていた時期もあった。しかし近代法の時代以降は，一貫して任命制による職業裁判官制である。これに対する特則は例外裁判所においてみられ，その形態は参審制，陪審制さらには素人裁判官制と多様である。

例外裁判所の諸形態は，市民参加の陪審制を除いて基本的には専門的知識を有する者が関与する専門化された裁判所（tribunal spécialisé）である。職業裁判官は，法知識一般については十分持ち合わせがあるとはいえ，特定の職業

に固有な知識は必ずしも有していない。他方，専門家は当該分野については詳しいとはいえ，必ずしも法の全体に通暁しているわけではないので，法を適用して公平な裁判を実現するのに適任とはいえない。両要請を調和させる1つの方法が，フランスでは参審制というかたちで主流となっている。

　B　合議制・奇数制　　法廷は，原則として複数の裁判官によって構成される合議制（collégialité）である。もっとも，どの国においても最下級の裁判所においては単独裁判官制（juge unique）が採られ，最上級の裁判所においては合議制が採用されている。これに対して，その中間の部分については国によってかなりの相違があり，たとえばイギリスでは単独裁判官制が主流であるのに対して，フランスではもっぱら合議制が採用されている。独任制の長所としては，裁判に責任を感じて慎重に行うことが期待しうること，国費の負担が少なくて済むことがあげられる。しかし，逆に自己の存在をアピールするのではないにしても個性が直接反映するために極端な判断が示される危険性も持ち合わせている。合議制ではそうしたスタンド・プレーの可能性は少ないが，牽制し合って平均的意見しか判決上に表明されず，無責任やマンネリ化のおそれなしとしない。

　奇数制（nombre impair）は，合議制を採用する場合にはほとんど対となって認められる原則であり，3名，5名，7名といった裁判官で合議する。評決の際に意見が同数に分かれて判決不能の事態が生じることを防ぐための措置である。

　C　匿名制　　合議制の原則は，フランスの場合匿名制（anonymat）の原則と結びつき，裁判官個人の存在を一層希薄にする。すなわち，合議において意見が分かれた場合にも，多数意見のみが裁判所の判断として示される。わが国では，最高裁判所においてのみ多数意見のほかに少数意見が反対意見，補足意見，意見などというかたちで示される。これは最高裁判所判事の国民審査制度と関連しているが，たとえばこうした制度を有さず終身性が保障されているアメリカの連邦最高裁判所などでも，顕名制は採用されている。これに対してフランスでは，最高裁判所である破毀院に至るまですべて匿名制であり，どの裁判官がいかなる見解を示したのか知る術がない。

　職業裁判官が合議制・匿名制によりつつ裁判をするという特質は，その沿革に由来するところが大きい。すなわち，旧制度下の最高法院がつかさどる

裁判においては，その政治的活動や売官制に伴う汚職体質が顕著であり，裁判官個々人に対する信頼が著しく欠如していた。そこで，裁判官を中立な公務員をもってあてるとともに，裁判官個人が前面にでるのではなく合議機関が判断することで説得力を与えることが考えられた。判決は政治的野心もあれば金銭欲もある人間が下すものというよりは，合議法廷という機関が下すものとして構成することが，フランスでは望ましい形態であった。

　この点に関しては，もちろん他の背景も係わっている可能性がある。その1つは，判例法主義では，裁判官の自由が広いようでありながら先例に拘束される度合いが高いのに対して，制定法主義の下では解釈の幅が広くなりむしろ法創造の余地があるため，合議により慎重に判断する必要がある，という考えである。さらにこれを国民性から説明する者もある。たとえばイギリス人は経験主義に基づき物事を判断するにあたり慎重であるから，個人に委ねても安心である。これに対してフランス人は，ラテン系で個人プレーを好み，他人との相違を際だたせる傾向を有し，個人による判断の振幅が大きい。こうした国民性にあっては，単独制や顕名制は安易には採用しえない。

2　下級裁判所

　重罪院を唯一の例外として，第一審は下級裁判所に係属する。

　(1)　民事裁判所　　**A**　普通法裁判所　　民事普通法裁判所としては，今日大審裁判所（tribunal de grande instance）と小審裁判所（tribunal d'instance）の2種が存在している。instance は審理という意味であり，大審裁判所は文字通りの訳語であるのに対し，小審裁判所の方は petite のような形容詞はついていないが，「審裁判所」では日本語として語呂が悪いため，大審と対照させて小審と訳されるのが通例である。わが国の地方裁判所と簡易裁判所にほぼ相当する。

　(a)　大審裁判所　　1958年の司法改革前における第一審裁判所（tribunal de première instance）――民事裁判所（tribunal civil）とも郡裁判所（tribunal d'arrondissement）とも呼ばれていた――を引き継いでおり，もっとも代表的な第一審の裁判所である。元来は名称からも知れるように郡に1つ置かれていたが，その後交通手段の発達などに伴い整理統合がなされ，今日では各県に1～2つが原則であり，総数は181である。大審裁判所においては，法廷構成上の原則がそのまま妥当しており，3名以上の職業裁判官が必ず配属されて

いる。重要な大審裁判所になると複数の部に分かれるが2つのときは民事部と刑事部ということになり，刑事部が後述する軽罪裁判所の役割を果たすことになる。部がいくつかに分かれていても毎年交替（roulement）があり，各部を順次担当する。

　大審裁判所は合議で意思決定するためにいくつかの構成が認められている。まず通常の事件を裁く際に開かれる法廷として，公開法廷（audience publique）がある。3名の裁判官が審理し判決する際の構成であり，その名称が示すように公開されている。近時例外的に，当事者の同意の下に単独裁判官制も認められた。また準備手続裁判官（juge de la mise en état）や家事裁判官（juge aux affaires familiales）のように，特定の事項につき単独で権限をもつ裁判官も置かれている。第2に評議部（chambre du conseil）であり，非公開で行われる法廷を指す。非訟事件（recours gracieux）が大体ここで審理されるが，訴訟事件（recours contentieux）であってもとくに公開をはばかられる事件，たとえば離婚事件については，評議部で行うことができる。ただし，この場合であっても，判決の言い渡しは公開法廷で行うこととされている。第3は総会（assemblée générale）であり，裁判官会議に相当する。裁判とは直接に関係がなく，いつ法廷を開くかとか，どういう事件をどの部に係属させるかなどを決め，もっぱら司法行政上の問題を扱い，もちろん非公開である。

　大審裁判所の管轄権としては，民事に関する第一審の普通法裁判所として，法律によって特別の定めのないすべての事件を扱う。特別の定めとしては，一方で例外裁判所の管轄権とされる事項が，他方で小審裁判所の管轄事項がある。債権・動産事件で訴額が1万ユーロ未満であるものが小審裁判所の管轄であることから，同事件で訴額1万ユーロ以上のもの，それ以外の物権・不動産，家族法や人の身分に関する事件は訴額に関係なくすべてについて権限を有する。なお，不動産と家族に関する管轄権の伝統は強く，例外裁判所が扱う事件であってもこれらの事項が係わる部分については先決問題として大審裁判所に予め移送して判断を仰ぐことが義務づけられている。

　(b)　小審裁判所　　1958年の司法改革前における治安裁判所（justice de paix）が前身をなす。治安裁判所は，治安判事（juge de paix）による単独裁判官制であり，革命期にイギリスの制度の影響の下に設けられた。当初はカントンに1つずつ置かれ，単なる裁判官というよりも，地域の人望ある者が狭

い社会で生じた小さな紛争を調停的に解決する任務を負っていた。また当時の農村にはそのような解決を受けいれる共同体意識も存在していた。手続的にこれを特徴づけるのが，強制的和解前置主義であった。この時代にあっては，こうしたことから例外裁判所として位置づけうる性格を有していた。

その後産業革命がおこり都市に人口が集中するようになると，一方で都会においては人間関係が希薄となり，顔役のような者が常識でまるく収めるよりも，法にのっとった解決が求められるようになる。他方で都会においてはもちろんのこと田舎においても，共同体の成員の信望を集めるような治安判事が得にくくなる。そこで，交通手段の発達とも相まって，治安裁判所を整理統合し，選任方法も名望家から法的知識を有する者の採用へと改められ，徐々に通常裁判所的性格を強めてゆくことになる。手続的にも，1949年2月9日の法律により，強制的和解前置主義から任意の和解へと移行がなされる。1958年の小審裁判所への転換は，これまでの動向にのっとり実体に合わせた改革と位置づけることができ，例外裁判所から普通法裁判所に最終的に性格を変えたものと評価されることが多い。

小審裁判所は現在では郡を基本的な単位として置かれており，総数は473である。フランスの裁判所としては例外的に単独裁判官制が採用されている。既に述べたように強制的和解前置主義はもはや維持されていないが，現実には多くの場合和解が試みられ，譲り合って実質的に公平な解決にもってゆく努力がなされている。管轄事項は，訴額が1万ユーロ未満の債権および動産事件である。

なお，近隣裁判所（juridiction de proximité）が2002年に創設されており，訴額が4,000ユーロ未満の個人的債権事件および軽微な違警罪事件を管轄した。しかし2017年より廃止となり，短命に終わった。

　B　例外裁判所　　例外裁判所は，特定の専門的知識を必要とする事件のうち，法律によって管轄権を認められた事項についてのみ管轄権を有する裁判所である。現在4種の民事例外裁判所がある。

（a）商事裁判所（tribunal de commerce）　　商事裁判所は，中世における商人の自主的慣行にその起源を有し，商人ギルド内での紛争につき商事裁判人（consul）を選任して処理にあたらせていた。こうした伝統もあって，旧制度下の裁判所の一掃を掲げた大革命によっても廃止されなかった唯一の裁判所で

ある。また商事裁判所のことを今日でも tribunal consulaire と呼ぶことがあるのは，こうした歴史に基づく。

　商事裁判所は，商事事件の発生頻度に応じてデクレにより設置され，現在191である。商事裁判所では商人から選出された素人裁判官制を採用する。juge をこうした場合にも裁判官と訳すことには，最終的任命は政府によってなされるとはいえ，職業裁判官と異なり官吏ではないので，官の字が入ることには抵抗感がある。裁判員とか判事と訳すのも一案であるが，通常の用法にならって裁判官とした。かつては商人の直接選挙によって選ばれていたが，1961年8月3日のデクレ第923号による改革以降間接選挙に変わっている。商事裁判官の任期は2年——再選後は4年——で，3回まで再選可能である。商事裁判官は無報酬でありいわゆる名誉職に属するが，商人として信用がつくという利点があるためか，これを希望する者は多い。商事裁判所には所長1名，再選された裁判官である正判事および初選出裁判官である判事補それぞれ若干名が必要とされる。裁判官が8名を超える場合には複数の部に分かれる。法廷は3名以上の商事裁判官で構成されそのうち少なくとも2名は正判事であることが要求されている。合議制の原則が貫かれており，判決する場合には奇数の裁判官によるとされる。商事裁判所は，商法典が規定する商事事件を裁く。すなわち，商人間の紛争についてはその事件の性質がいかなる内容であろうと管轄し，商人でない者の間においては商行為に関する事件を管轄する。

　(b)　労働裁判所（conseil de prud'hommes）　中世の都市においては，民間人で人望のある者（prud'homme）に依頼して裁判をなすことが行われていた。旧制度下ではリヨンの手工業者たちを中心として，傭い人との間の紛争を解決するためにこの裁判所を利用したところから，conseil de prud'hommes の名称が由来する。この労働裁判所の前身にあたる制度は，大革命により一時的に廃止されることになる。しかし，その利点を熟知するリヨンの手工業者たちがナポレオンに懇請し，1806年にリヨンでこの復活が認められ，1809年にはフランス全土に及ぼされるようになった。労働裁判所は，労使間の紛争を中立的立場から裁くというよりは，主として傭い主のための裁判所であった。たとえば，傭い主と被傭者との間で賃金の支払い等に関して主張の喰い違いがある場合には，傭い主の主張が信じられる，とする規定すら置かれて

いた（民法典旧1781条，1868年廃止）。その後，労働者の地位向上，社会法の観念の成立により，今日では労働事件の専門性に基づく例外裁判所となっている。

労働裁判所は，工場労働者が多いか商店の被傭者が多いかなど地方の状況に応じて必要な部や裁判官数を異ならせつつデクレにより設置され，現在271である。労働裁判所でも素人裁判官制が採用されている。もっとも，商事裁判所とは異なり，使用者と労働者で利害関係が完全に対立しており，同一の選出母体とはなりえない。そのため，それぞれの内部から2名以上の同数の裁判官が，推薦に基づき任命される。労働裁判官の任期は4年である。

法廷の構成としては，どのような紛争でもいきなり判決で結着をつけるというよりは，職場内にしこりが残らないように互譲でできるだけ解決しようという方針から，各裁判所では2段階で部が設けられている。すなわち，すべての事件はまず非公開の勧解部（bureau de conciliation）に係属することとされ，和解前置主義が採用されている。

和解の試みが不調に終った場合には，公開の訴訟部（bureau de jugement）に移行する。勧解部は使用者側，労働者側のそれぞれから選出された各1名の裁判官で，訴訟部は同じく各2名の裁判官で構成されている。訴訟部においては必然的に法廷は偶数の構成となり，また裁判官は各々の選出母体の意向を反映しがちであるため，評決が可否同数に分かれることが少なくない。その場合には，小審裁判官を加えて改めて手続をやり直すことになっている。結局は小審裁判官がキャスティング・ボートを握ることになり，どちらか一方からは恨まれる損な役回りを演ずることになる。これを決裁裁判官（juge départiteur）制度と呼ぶ。

労働裁判所の管轄権限は，使用者と労働者の間の労働契約（contrat de travail）をめぐる紛争を裁くことにある。したがって，団体争議はその管轄外であり，これに関してはわが国と同様に労働委員会による斡旋，調停，仲裁が設けられており，裁判による解決は予定されていない。

　(c)　農地賃貸借同数裁判所（tribunal paritaire des baux ruraux）　商事裁判所と労働裁判所が古い起源を有する例外裁判所であるのに対して，農地賃貸借の特殊性に鑑みて1944年になって設けられた。1958年の司法制度改革前においては，治安裁判所の管轄区域ごとに第一審，民事裁判所の管轄区域ごとに控訴審の例外裁判所が存在していたが，現在では第一審についてのみ存続し

ている。なお，農地賃貸借とは伝統的な言い回しでは小作契約のことであるから，小作関係同数裁判所とも訳される。

農地賃貸借同数裁判所は，小審裁判所の管轄区域ごとに置かれ，フランス全土に473である。利害関係当事者の裁判への関与がここでも認められているが，労働裁判所と同様に賃貸人（bailleur）と賃借人（preneur）とが別々に選挙母体を形成し，2名ずつの素人裁判官を選出する。

農地賃貸借同数裁判所の法廷の構成は，小審裁判官を裁判長とし，賃貸人，賃借人それぞれから選ばれた2名ずつが参審員（assesseur, échevin）として加わった5名である。商事裁判所や労働裁判所においては，職業裁判官を含まない法廷構成であったのに対して，ここでは素人裁判官が職業裁判官を補佐する地位にたち，これを参審制（échevinage）と呼ぶ。農地賃貸借同数裁判所は，農地の賃貸借をめぐって生じる紛争，いわゆる小作争議を管轄する。

(d) 社会保障事件裁判所（tribunal des affaires de la sécurité sociale） 第2次大戦後の1946年に設けられた，もっとも新しい例外裁判所である。当初は，農地賃貸借同数裁判所と同様に二審級を有し，民事裁判所の管轄区域ごとに第一審，控訴審の管轄区域ごとに第二審の例外裁判所が存在していたが，現在では第一審についてのみ存続している。なお，1985年1月3日の法律による改革までは，社会保障裁判所（commission de la sécurité sociale）の名称であった。

社会保障事件裁判所は，地方社会保障金庫の管轄区域ごとに置かれ，その数は116である。労働裁判所や農地賃貸借同数裁判所と同様に同数構成を採用しているが，その選出方法は異なっている。すなわち，裁判所所在地の大審裁判所長またはその受命裁判官が裁判長となり，その任命になる労働者から選ばれた1名と労働者以外——使用者または農業従事者——から選ばれた1名の参審員の3名で法廷は構成される。

社会保障事件については，不服申立前置主義が採られており，社会保障給付に関して不服のある当事者は，地方社会保障金庫の理事会内部に設置されている異議申立審査会（commission de recours amiable）に対して不服申立てをなし，この審査会の意見に基づいて理事会が1か月内に出す決定に不服がある場合にのみ，社会保障事件裁判所に提訴することができる。社会保障事件裁判所では，まず和解が試みられ，それが不調に終ったときに裁判に移行する。

すなわち，和解前置主義も採用されていることになる。

社会保障事件裁判所は，各種社会保障の加入，拠出金，給付等に関する紛争を管轄する。こうした一般的訴訟のほか，社会保障に関しては労働力の喪失の認定など技術的な紛争も存在しており，これについては地方社会保険局に付設されている，廃疾・永続的労働不能地方裁判所（commission régionale d'invalidité et d'incapacité permanente）が管轄する。この裁判所では，地方社会保険局長が裁判長となり資金拠出者，受給者の代表のほか医師など専門家を加えて構成される。また，この紛争については，その専門技術性に鑑みて，控訴も専門全国裁判所（commission nationale technique）という例外裁判所が管轄する。

(2) 刑事裁判所　　A　普通法裁判所　　フランス刑法典は，犯罪を違警罪（contravention），軽罪（délit），重罪（crime）の3類型に分類しており，それぞれにつき管轄権を有する3種の普通法裁判所が置かれている。ところでフランスにおいては，民事裁判所と刑事裁判所が組織的には原則として一元化されており，違警罪と軽罪を扱う裁判所については，これがそのまま該当する。これに対して，重罪を扱う重罪院は，陪審制を採り入れた特殊な構成をもつ。また重罪を扱う第一審が控訴審レヴェルに位置づけられている点も特徴であり，上級法院の個所でのちに検討する。

(a) 違警罪裁判所（tribunal de police）　　小審裁判所の刑事組織の名称である。違警罪すなわち3,000ユーロ未満の罰金等に処せられる犯罪を管轄する。小審裁判所と同様に，例外的に単独裁判官制が採られている。

(b) 軽罪裁判所（tribunal correctionnel）　　大審裁判所の刑事組織の名称である。軽罪すなわち10年以下の拘禁，罰金，代替刑として日数罰金（jour-amende），社会奉仕労働（travail d'intêret général）等に処せられる犯罪を管轄する。

B　例外裁判所　　刑事事件のうち法律によってとくに管轄権を認められたものについてのみ審理する裁判所であり，その数は民事裁判所ほど多くはない。

(a) 少年裁判所（tribunal pour enfants）　　大審裁判所に付置されており，未成年者の軽罪および16歳未満の未成年者の重罪を管轄する。刑事成人年齢は民事と同様で18歳とされている。なお13歳未満の未成年者についてはすべ

第 1 節　司法裁判所　　　　　　　　　　　　　191

ての犯罪行為に関して，13歳以上の未成年者であっても違警罪に関しては刑事責任が問われることがない。法廷は，職業裁判官である少年事件担当裁判官（juge des enfants）を裁判長とし，少年問題に関する有識者2名を加えた3名で構成され，いわゆる参審制を採用している。なお，16歳以上18歳未満の未成年者の重罪については，未成年者重罪院という，重罪院の例外裁判所の管轄に属するため，後に述べる。

　(b)　海事裁判所（tribunal maritime）　　船員による船舶と航行に関する違警罪および軽罪を管轄する。現在主要な港に6設置されている。海事事件の特殊性から，海運の専門家を中心に5名の素人裁判官で構成され，また控訴は認められていない。

3　上級法院

　上級法院としては控訴院および重罪院，さらに重罪院の例外裁判所がある。

　(1)　控訴院（cour d'appel）　　フランスにおいては事実審二審級制が採用されている。この原則自体は今日まで一貫して維持されているが，その具体的形態は1958年法による司法制度改革の前後で大きく変化している。1958年改革前においては，控訴審裁判所が一元化されていなかった。すなわち，典型的な第一審裁判所である民事裁判所＝軽罪裁判所の判決に対する控訴は控訴院が管轄していたが，特定の事件についてはそのために特別に設置された控訴審の例外裁判所――農地賃貸借控訴裁判所，社会保障控訴裁判所――に，またある事件についてはそれ自身が第一審裁判所である普通法裁判所――治安裁判所の判決に対する民事裁判所の管轄――に係属することとされており，複雑であった。1958年の改革後は，控訴は，それが認められる場合にはすべて控訴院に対して行われることとなり，控訴審段階では例外裁判所は消滅することになった。単に社会保障事件裁判所のうちの廃疾・永続的労働不能地方裁判所の判決に対するもののみが，その特殊な技術性に鑑みて，ごく小さな例外をなす。

　控訴院は，これらの多様な控訴事件に対応するため，民事部（chambre civile），軽罪控訴部（chambre des appels correctionnels）のほか，1958年以降は社会部（chambre sociale）を設けている。従来第二審の例外裁判所が多く扱っていた社会事件の増加に対処するためである。またその専門性を考慮して，部相互間での裁判官の交替制は，社会部や商事部（chambre commerciale）については

適用されないこととされている。

　控訴院は，ほぼ州（région）単位で設置されており，その数は33である。もっとも，所在地としては旧最高法院が置かれていた都市が尊重されており，必ずしも今日の政治・経済の中心としての州庁所在地と一致しない。たとえば，アルザス州ではストラスブールでなくコルマールに，プロヴァンス州ではマルセイユではなくエクス・アン・プロヴァンスに，ノール-パ・ド・カレ州ではリールでなくドゥーエに控訴院がある。しかもこれらの地における控訴院は，多くは旧最高法院の建物を使用している。なおオーヴェルニュ州では，旧最高法院の所在地というわけではないが，中心都市のクレルモン-フェランではなく，オーヴェルニュ公の居所であり裁判所が置かれていたリヨムに同様に控訴院がある。

　控訴院が合議をする際の構成としては，まず大審裁判所の公開法廷に相当する一般的法廷に通常法廷（audience ordinaire）がある。合議制・奇数制を要求されているため，3名の裁判官で構成される。以前は少なくとも5名とされていた時期があり，それは第一審裁判所の合議の結果を覆すにあたり，控訴院が2対1というようなより少ない人数というのはいかがなものかと考えたことによる。しかし現在では，審級制を採用する以上それはやむをえないことと理解されている。第2は評議部であり，第一審が評議部に係属した事件の控訴を扱う。第3は厳粛法廷（audience solennelle）であり，大審裁判所にはなかったものである。通常法廷では裁判官は黒の法服（toge）を着て行うのに対して，厳粛法廷では赤の法服を着て行う。また一定の儀式を伴うもので儀典法廷と訳されることもある。厳粛法廷が開かれるのは，休暇あけのほか破毀の後移送された事件を裁く場合であり，5名で構成される。第4は総会（assemblée générale）であり，性格は大審裁判所におけると同一で裁判官会議に相当し，司法行政に関する決定を行い，裁判とは直接に関係はしない。

　控訴院は，第一審裁判所の判決のうち控訴を受けつけるものすべてについて管轄権を有している。こうした二審制の例外として，一定の重要度に達しない事件については控訴制限を行っている。民事については，小審裁判所，大審裁判所――ただし，債権・動産事件については小審裁判所との管轄権配分の関係ですべて控訴可能――，各種例外裁判所の如何を問わず，訴額3,800ユーロ以下の事件については控訴が認められない。刑事については，違警罪

裁判所が管轄する事件には，控訴が認められない。ただし，控訴を提起しえない事件そのものに関する第一審かつ終審の判決に対しても，法律問題に関して破毀院への破毀申立ては常に可能である。

(2) 刑事第一審法院　A　重罪院 (cour d'assises)　重罪院は第一審の裁判所であるが，位置づけとしては控訴院と同じく上級法院レヴェルである。常置の裁判所ではなく，必要に応じて3か月ごとに県庁所在地で開設されることになっている。実際は控訴院に併設されており，両者の所在地が別である場合には，事実上県庁所在地以外での開設となる。重罪院は，重罪すなわち10年を超える有期または終身の懲役，禁錮に処せられる犯罪を管轄する。

重罪院は，3名の職業裁判官と9名の陪審員 (juré) により法廷が構成され，他の刑事裁判所と異なり陪審制 (jury) を採用している点に特徴がある。大革命期にこの制度がイギリス法を参考として設けられた際には，純粋な陪審手続が規定されていたが，その後裁判官と陪審員との意見交換制度が法制化されるなどした。今日では，陪審員は職業裁判官とともに犯罪事実の有無のみならず，有罪か否か，情状および刑の量定の評決などすべてに関与しており，実際には参審制の性格を強く有するようになっている。有罪とするためには12名中8名以上の多数決によるとされているが，これは職業裁判官のほかに陪審員の過半数が賛成することを要件とする結果である。陪審員は市民から抽せんで選ばれる。

重罪については，予審 (instruction préparatoire) という準備手続を経ることが要求されている。予審においては，予審判事 (juge d'instruction) が警察，検察と協力して犯罪事実の究明に努め，重罪が犯されたと考える場合には控訴院弾劾部 (chambre d'accusation de la Cour d'appel) に事件を送る。弾劾部が調査ののち重罪としての起訴が相当と思料すると，公訴が提起され重罪院における手続が開始する。重罪事件については控訴が認められなかったが，その理由としては，陪審制を採用していることのほか，予審手続が多分に第一審的な役割を果たしていると考えられるためであった。なお，2000年6月15日の法律第516号により，一定の場合に他の重罪院への控訴が認められるようになった。この法廷では陪審員は12名とされ，有罪とするためには15名中10名の多数決によるとされている。

B　未成年者重罪院 (cour d'assises des mineurs)　重罪院に対する例外裁

判所として，未成年者重罪院がある。16歳未満の者の重罪は少年裁判所が扱うのに対して，16歳以上18歳未満の者の重罪を管轄する。法廷は通常の重罪院の構成員に少年裁判所裁判官が加わって構成される。

　上級法院レヴェルの刑事例外裁判所としては，ほかに，平時における公安事件を管轄する国家公安法院（Cour de sûreté de l'Etat）があった。パリに1つのみ置かれており，司法裁判官3名と軍人から選ばれた2名で法廷が構成され，一審制であった。しかし，1981年に人権保障の観点で問題があるとして廃止された。同様に，軍人の職務上の犯罪や軍務行使に際して犯された一般の犯罪事件を管轄する常設軍事裁判所（tribunal permanent des forces armées）も存在した。全国に軍管区にあわせて7つ設置されており，司法裁判官2名と軍人から選ばれた3名で法廷が構成され，一審制であった。この例外裁判所も，合理的存在理由がないと判断され，1982年に平時についてはこれを廃止し，戦時にのみ軍事地方裁判所（tribunal territorial des forces armées）が機能することとされた。

4　破毀院（Cour de cassation）

　破毀院という場合に，casserは，「破棄する」というよりは「破毀する」に相当するため，標記のような漢字をあてている。破毀院は，パリに1つ置かれ，旧パリ最高法院の所在したパレ・ド・ジュスティスにある。旧制度下の訴訟関係顧問会議に起源を有する，古い沿革をもった裁判所である。その歴史的展開については，既に第1部において検討したのでここでは扱わない。司法系列における最高法院（Cour suprême）であって，法令の解釈につき判例の統一を任務とする。すなわち，法律審であって事件そのものを裁く裁判所ではない。そこから調整法院（Cour régulatrice）とも称される。大革命期に前身にあたる破毀裁判所が立法権の下に置かれていたことは，この性格を象徴的に示すものであった。法律審としての性格は1967年の改革までは純粋に維持され，原判決を破毀した場合には，破毀院は事件を必ず原審級の裁判所に移送してきた。今日では，このような場合であっても事件が事実に関して争いの余地がまったくなく判決を下すに十分であると考えられるときには，破毀院が自判することも可能であると改められた。しかし，これはあくまでも例外であって，破毀院は事件を裁判するのではなく判決を裁判する機関であるという基本的性格は変わっておらず，フランスでは破毀院を第三審と考え

るには至っていない。

　こうした破毀院の性格は，破毀申立理由が法律問題（question de droit）のみに限られ事実問題（question de fait）に及ばないという点に典型的に示される。わが国の最高裁判所においても原則的に法律問題の審理に限定されるが，それは政策的に上告を制限していることに由来し，必要とあれば事件の全体について裁くことができる。フランスではそもそもその権限がないと考えてきたのであり，根本的に異なる。そこから，法律問題と事実問題を区別する基準が，フランスにおいては極めて重要な論点となる。

　(1)　組織　　破毀院の組織は，当初は民事部（chambre civile），刑事部（chambre criminelle），予審部（chambre des requêtes）の3部から成り立っていた。民事部，刑事部の性格はそれぞれの破毀申立事件の審理ということで明確であるのに対し，予審部は主として事件のふるい分け（filtrage）を担当していた。すなわち，破毀院に係属した事件は一旦はすべて予審部の下に集められ，民事部・刑事部に回付する事件を決定し，それ以外のいわば複雑でない事件は自ら判決を下した。この体制は，創設以来1938年まで続いた。1938年には新たに社会部（chambre sociale）を設け，予審部の仕事を分担するとともに，増加しつつある社会法に関連する破毀申立事件の審理にあたった。

　第2次大戦後の1947年に，事件のさらなる増大に対処すべく根本的な組織改革が行われ，現在の体制の基礎となるものが形成される。すなわち，ふるい分け制度を廃止し，すべての事件をいずれかの部で審理することとし，民事部が3つ，刑事部が1つ置かれた。専門の部が増加したことにより事件処理には好都合となったが，部の間での調整の機能を果たしていた予審部がなくなったため，法令の解釈の統一の役割を果たす民事総部会（assemblée plénière civile）が制度化された。その後1952年に民事部が1つ，1967年には民事部がさらに1つ増えて5つとなり，また調査部（service de documentation et d'études）を設けて，判決の分類整理，破毀院判例集の編集の仕事を担当することとなった。また調査判事（conseiller référendaire）制度を新たに設け，民事総部会に代えて混合部とするなど手続上の改革もなされた。

　(2)　合議体の構成　　破毀院は破毀申立てがなされた場合には，一般には6つの部のそれぞれが単独部（chambre isolée）として法廷を開く。各部には10数名の裁判官が所属しているが，法廷の第1の構成は，その3名による通常

合議体（formation ordinaire）である。事件が難しいと判断される場合には法廷の第2の構成である部合議体（formation par chambre）に移送される。これは5名が原則とされるが，5名以上であれば必ずしも奇数であることは要求されておらず，可否同数に分かれた場合には，次に述べる混合部に移行する。1997年までは7名以上で構成される法廷が中心であって限定合議体（formation restreinte）は例外であったが，原則と例外を入れ替え，しかも定数を削減した。民事の5つの部は，各司法年度の最初に事件の配分原則を定めるが，おおむね以下のような慣行が確立している。すなわち，第1部から第3部までが固有の民事事件を扱い，第4部が商事部（chambre commerciale），第5部が社会部（chambre sociale）に相当する。民事部の内部では第2部が不法行為，離婚や民事訴訟，第3部が物権，売買，賃貸借，抵当権を中心とし，第1部がそれらを除く家族法・財産法すべてを担当する。

　法廷の構成の第3は，混合部（chambre mixte）である。2個または必要に応じてそれ以上の部の代表者によって構成され，各部から部長，最古参判事，部長の提案に基づき院長が指名する2名の判事の4名が加わり，院長が裁判長となる。これにより，9，13，17というように奇数構成が担保されている。混合部が開かれる場合は，第1に複数の部の管轄にまたがるような原理的問題（question de principe）が争われているときであり，必然的に破毀院としての見解を統一しなければならない。第2に各部の判決に齟齬をきたすおそれがあるときで，たとえば不法行為に関しては刑事部が付帯私訴により判例法を形成し民事第2部との調整がしばしば問題となる。第3に部合議体において裁判官の意見が同数に分かれたときである。

　法廷の構成の第4は，総部会（assemblée plénière）である。各部から部長，最古参判事，1名の判事の3名が6部すべてから加わり，院長が裁判長となる19名構成である。総部会が開かれるのは，2度目の破毀申立てがなされた次のような場合である。ある原審判決が破毀院によって破毀されると，原審と同一審級——控訴院の場合は控訴院，小審裁判所の場合は小審裁判所——の異なる裁判所に事件は移送される。フランスでは原審裁判所に差し戻すことはしない。ところで，破毀院の法的判断は，移送先裁判所を拘束する効力を有しない。もちろん大多数の事例では破毀院の判断に従って判決が下され，その場合には事件はそこで決着がつく。しかし，例外的に判例変更が予想さ

れるような微妙なケースでは，具体的事案の妥当な解決をより強く意識する事実審が，破毀院の法的判断に従わないことがある。この場合に敗訴当事者は，再度の破毀申立てを行うことが通例であって，その審理を総部会が扱う。総部会においては，破毀院は原審の判断を受けいれて以前の単独部や混合部の判断を覆すことも，原審判決を再び破毀してこの判断を繰り返すことも，あるいは第3の新しい判断を示すことも可能である。判例法形成にあたって，事実審裁判所が積極的に協力する余地があるということであり，またこの過程で具体的妥当性と法的安定性の調整が図られよう。いずれにしても，破毀院が総部会において原審判決を破毀して原審と同一審級のさらに別の裁判所に2度目の移送をなしたときには，この裁判所は破毀院の法的判断に拘束される。このようにして，慎重な手続によりつつも，破毀院は判例を統一する役割を果たしている。

　別の観点から合議体の構成を分類するならば，法廷は，控訴院で述べたところと同じく，一般の破毀申立事件を裁く通常法廷（audience ordinaire）と休暇あけに各法廷がおよび重要な事件を裁く総部会がとるところの厳粛法廷（audience solennelle）をその形式の面から区別することができる。破毀院の裁判事務を扱う上での構成は総会（Assemblée générale）が最高議決機関である。しかし，裁判官の数が極めて多いため儀式的なことのみを担当し，日常の司法行政については理事部（Bureau）が当たっている。理事部は院長と各部の部長，法院検事長，筆頭法院検事のみで構成され，事務総長が出席して事務をとる。理事部の下に事務総局（Service）が置かれ，事務処理全般を行う。

第2節　行政裁判所

　司法権に属する司法裁判所のほかに，執行権に属する行政裁判所を有するいわゆる二元的裁判制度は，大陸法の特徴の1つとなっている。この行政裁判所制度の母国であるのがフランスということになる。最高法院と王権との対立抗争の中から旧制度時代にその原型となる訴訟関係顧問会議がまず設けられる。また司法権から執行権の独立を確保するというこの時期に形成された理念が，大革命後に引き継がれ，行政裁判所の成立をみた。こうした歴史的沿革については，既に第1部において検討したとおりである。こうした経緯から，司法裁判所とは異なる裁判所組織上の原理が認められる。

1 基本原理

(1) 法律審と事実審の合一　行政裁判所は，行政最高裁判所である国務院がまず設置され，その後下級の裁判所が司法裁判所に類似して組織されるに至っている。したがって国務院こそが行政事件を解決する第一の裁判所であり，法律審としての機能のほかに当然事実審としての機能を当初から有していた。国務院の超過負担を避けるために，近時行政控訴院の設置に伴い，上告理由は法律問題に限定しまた自判しない傾向が生じている。しかし，法律審と事実審の峻別という関係は，行政裁判所においては例外裁判所についてのみ妥当する。すなわち，普通法裁判所の判決については国務院で事件全体の再審査が認められるのに対して，行政例外裁判所の判決については法律問題に限られ，国務院は法的判断を示したのちに破毀する場合には必ず原審に移送を行う。

(2) 一審制の残存　司法裁判所は，もともと市民に身近な民事事件を裁くためのものであるから，地域ごとに数多く設置されている。こうした判決の是正可能性の確保と判例の統一のため審級制は不可避であった。これに対して行政裁判所は，国家行政と市民との法関係を統制するための裁判所であり，事件の性質によっては市民の権利・利益の救済もさることながら，画一的な行政統制の観点が重要となる。下級裁判所が整備された今日でも，一審かつ終審として国務院に係属する事件が少なくないのはこのためである。

2 普通法裁判所

(1) 行政地方裁判所 (tribunal administratif)　単純に訳すと行政裁判所ということになるが，それでは総称としての行政裁判所 (juridiction administrative) との区別がつきにくい。フランス語であれば既に述べたように tribunal という用語そのものに下級裁判所という意味が含まれているので誤解がないが，日本語に直す際には言葉を追加して示す必要があり，表題のように言葉を補って訳すことにする。

　行政地方裁判所は，1953年の行政裁判制度の改革に伴って設けられたものであり，その前身は県参事会 (conseil de préfecture) にある。1799年憲法によりまず全国レヴェルで国務院が設けられ，ついで1800年にこれにならって各県レヴェルで県参事会が設置された。その際には，国務院が一審かつ終審の一般的管轄権を有し，県参事会は例外的な一審の管轄権をもつにすぎなかった。

国務院は行政最高裁判所としての任務と政府の法的諮問機関としての任務の双方を，その創設以来今日まで保持している。県参事会も，当初は下級行政裁判所としての任務と知事の法的諮問機関としての任務を有していた。しかし，第3共和制以後県が自治体として確立するのに伴い後者の任務は消滅してゆき，もっぱら例外裁判所としての機能を果たすようになっていった。そうであれば，必ずしも各県に1つずつ設置する必然性はないわけであり，折からの交通手段の発達もあって，1926年にはその数が整理され，22の県際参事会（conseil de préfecture interdépartemental）に再編された。これが今日の行政地方裁判所の管轄区域の基礎となっており，現在35である。パリ市を除いて1つの行政地方裁判所が数県を管轄している。

　行政地方裁判所は，1953年の改革以降は，行政事件に関して第一審の普通法裁判所としての管轄権を有している。すなわち，特別に法規が他の管轄権を指定しない限り，行政地方裁判所がまず審理を担当することとなり，国務院はその負担を軽減された。裁判所としての役割が重要となったことに伴い，行政地方裁判所は，県際参事会と比べて組織面でも人員面でも裁判所としての内容を充実させる改革がもたらされた。

　(2)　行政控訴院（cour administrative d'appel）　　1953年の行政裁判制度改革以降は，第一審の普通法裁判所である行政地方裁判所，控訴審としての普通法裁判権と例外的に第一審かつ終審としての裁判権を併せもつ国務院という体制が維持されてきた。しかし，これによっても控訴事件の増加に伴う国務院の負担過重が再び目立つようになる。そこで1987年に両者の間に行政控訴院を7つ——パリ，リヨン，ボルドー，ナンシー，ナント，マルセイユ，ドゥエ——設け，控訴は原則としてこれら新設の裁判所になすこととし，国務院は，行政控訴院の判決に不服がある場合の上告審となった。もっとも，上告事由に破毀院に対するほどには厳密な制限が設けられていない。また，この改革によっても，国務院が例外的に有する第一審かつ終審としての裁判権については，手が加えられておらず，さらには直接国務院に控訴しうる事件も認められており，国務院の管轄事項は依然として広い。

3　例外裁判所

　行政地方裁判所および行政控訴院は普通法裁判所であって，特別に管轄権が指定されていないすべての行政事件の第一審および控訴審となるが，同時

に事件の解決の全体について国務院の審査に服する。すなわち，国務院は，法律問題に関して法令の解釈を統一する任務を有すると同時に，事実問題を含めた事案そのものについて自判することを原則とする。これに対して，行政例外裁判所は，事案の特殊専門技術性に鑑みてその存在を認められたものであることから，事実問題に関しては至高の判断権限を有し，国務院の統制に服しない。ただし，国務院は行政最高裁判所であって，行政事件全般にわたって法令の解釈を統一する任務を有しているため，行政例外裁判所の判決に対しては，法律審としての権限を有する。すなわち，事件（procès）そのものを洗い直すものではなく，判決（jugement）を審査するものであり，原審例外裁判所の判決を破毀する場合には，自判せずに移送を行う。

　行政例外裁判所の存在形態は極めて多様であり，一審限りのものもそれ自身二審級を備えたものもある。またその数も多く100を超えるとされる。評議会（conseil）とか委員会（commission）という名称を有するものが一般的であるが，これが真に行政例外裁判所を構成するものであるか，単なる行政上の不服申立機関にすぎないかは，名称のみからは判断することができず，設置法令の規定で確認する必要がある。前者であればその判決に対して国務院への破毀申立てが可能であり，後者であれば合議機関による行政決定となることから，この決定に対して行政裁判所への通常の訴訟提起が可能となる。

　代表的な行政例外裁判所をあげるならば，会計院（Cour des comptes）は，わが国の会計検査院に相当する監察役務を担当するほか，公会計に関する事件について管轄権を有する。1807年の創設であって，1982年以降は地方会計院（cour régionale des comptes）をもつ。予算・財務紀律院（Cour de discipline budgétaire et financière）は，1948年に創設され公務員の支出行為を審査する。大学評議会（conseil de l'Université）は，一定の行政的任務のほかに，学生に対する処分を行うような場合には行政裁判所として機能することとなる。医師会，薬剤師会，助産婦会，建築士会，公認会計士会などの専門職同業団体（ordre professionnel）は，内部紀律違反に関する処分を行う際には公法人としての行為として認定され，その懲戒評議会（conseil disciplinaire）は行政例外裁判所ということになる。

　4　国務院（Conseil d'Etat）

　Conseil d'Etat については，国務院のほかにも，明治初年にわが国が太政官

制に代わってフランスから官制を取りいれた際に用いた参事院という訳もみられる。また県参事会との対比でいえば国家参事院という訳語も考えられなくもない。近時は訳さずにコンセイユ・デタないしコンセーユ・デタと表記されることが多い。ここでは地名，人名は別として法制度上の用語については可能な限り訳語をあてるという筆者の方針によって，国務院と訳出した。パリのパレ・ロワイヤルに置かれている。

(1) 沿革　国務院の起源は遠く旧制度時代に求めることができる。近世絶対王政の下において，最高法院に対抗するかたちで設けられた訴訟関係顧問会議 (Conseil des parties) は，現在の司法裁判所の破毀事件に相当するもののほかに，今日の行政事件に相当する国王の行政・財政に関する係争を，国王の留保裁判権として審理していたのである。

訴訟関係顧問会議を含む国王顧問会議は，絶対王政の崩壊に伴い廃止された。しかし，大革命期の考え方によれば，こうした事件の審理を司法裁判所に委ねることは，当時の司法権不信からすれば，まったく問題外であった。その結果，司法権からの立法権の独立を確保するために破毀裁判所が立法機関の下に置かれたほか，司法権からの執行権の独立を確保するために，行政事件の審理は行政自身に委ねられることになった。もっとも，この制度は市民の権利保障に欠ける面があり，革命期で行政庁が多忙なため十分な審理は確保されなかった。

ナポレオンが第一統領となった1799年憲法の52条は，国務院を設けることとし，これが現行制度の直接の起源となった。その職務は，政府の法律草案の作成および弁護といういわゆる法制局的役割と，行政訴訟の判決原案の作成といういわゆる行政裁判所的役割にあり，この2つの任務は今日でも国務院の役割の中核を占めている。もっとも，ナポレオン自身は，行政裁判所による市民の権利保護を第一義として国務院を設けたわけではない。国務院という名称が，王政から共和政に変わったために roi を Etat に変えただけで国王顧問会議 (Conseil du roi) と同一であることからも知れるように，多分に復古主義的であり，中央集権体制を確立するための補佐機関と位置づけられた。地方総監 (intendant) の後身となる知事 (préfet) を補佐する県参事会 (conseil de préfecture) も同様であり，ナポレオンは帝政実現の足がかりとするために，これらに自身の腹心の部下を多数送り込んで政治的に利用した。また形式上

も判決の最終的決定権は国家元首にあるとする留保裁判権（justice retenue）がとられた。こうした成立の経緯からも，ナポレオンが失脚した後の一時期には国務院の廃止論が相当に強く主張され，19世紀前半を通じて幾度か存立の危機にみまわれている。このように初期においては，その活動にかなりの消長があり，注目すべき判例法の展開は少なかった。

　第3共和制の成立とともに，国務院は自律的な裁判権を執行権内部で確立してゆく。まず，1872年の法律により，国務院は留保裁判権から判決に対する最終的決定権を委任されて行使する委任裁判権（justice déléguée）に移行する。それまでも国務院の判決提案に異議が唱えられるということは事実上なかったが，以後は独立性を法制上も確固たるものとする。同時に，1889年のカド判決（C.E.13 déc. 1889, Cadot）は，裁判官たる大臣（ministre-juge）の制度を廃止した。それまでは行政が同時に行政裁判所であった名残りから，大臣が第一審の裁判所であって，国務院への提訴はいわば控訴のような位置づけであった。これが廃止されたことに伴い，国務院は唯一完全な行政裁判所となり，市民は，行政活動によって権利・利益の侵害があったと思うときには，直ちに国務院に出訴することができることとされた。こうして自律性を確立し行政裁判権を独占するようになった国務院は，以後行政法の発展に著しい働きを示すようになる。フランスが世界に先駆けて独自の行政法を発達させることができたのは，この判例法に負うところが大きい。行政活動により損害を被った者に対する，役務過失（faute de service）や公負担の前の万人の平等（égalité de tous devant les charges publiques）の原理に基づく幅広い救済は，その典型である（拙稿「各国の国家補償法の歴史的展開と動向——フランス」国家補償法大系1巻（1987年）参照）。

　(2)　現状　国務院は，こうした裁判機能の充実・強化にもかかわらず，単に行政最高裁判所であるだけではなく，同時に法的問題に関する政府の諮問機関でもある。この点で，県参事会が徐々に知事の諮問機関としての性格を失い，現在は名称も行政地方裁判所となっていることと対照的である。こうした二面性が行政裁判所としての機能にも反映していると考えられるため，国務院の法制局的役割についても触れ，その全体像を理解できるようにしたい。組織的には，国務院は伝統的に全体で5部からなっていた。4つの行政部（section administrative）が立法準備や政府による各種諮問に応じる任務を果

たし，1つの訴訟部（section de contentieux）が行政最高裁判所として機能する。近時1985年1月24日のデクレにより調査部（section du rapport et des études）が追加され，一般的な法改革の提言と報告書作成の任にあたることとされた。国務院全体の責任者は副院長（Vice-président）であり，その下で各部の部長（président de section）が補佐する体制がとられている。なお，院長（Président）は形式上は首相でありその欠けたときは司法大臣が代行するとされているが，実際には儀礼的な会合にのみ司法大臣が出席するにとどまっており，自律性が確保されている。

　A　裁判的権限　国務院は，まず通常の行政事件については，行政控訴院の下した判決に対する上告審として，原則的管轄権を有する。1987年以来ふるい分け（filtrage）のために予審部（Commission d'admission des pourvois en cassation）が設けられており，かつての破毀院の予審部（chambre des requêtes）を想起させるものとなっている。ただし，上告事由に厳しい限定がなくまた自判もなしうる点が異なり，事件を審理する完全な権限があることから，破毀院と性格を異にする。他方，適法性審査訴訟，選挙訴訟，越権訴訟については，国務院は行政地方裁判所の下した判決に対して，直接控訴審として管轄権を有する。国務院は，法令が特別に行政系列の例外裁判所に審理を委ねている事件については，その判決に対する破毀審としての管轄権を有する。すなわち，法律問題についてのみ判決を再審査する。

　国務院は，さらに，1953年に通常の行政事件に関して第一審の普通法裁判所としての地位を行政地方裁判所に譲って以来，例外的に第一審かつ終審としての管轄権を一定の事項について有する。すなわち，国務院自身が一種例外裁判所としての役割を兼ね備えている。これには，依然として量的にもまたとりわけ質的に重要なものが含まれている。こうした事項としては，第1に，行政地方裁判所が存在しない場所で生じた行政事件があり，これは管轄すべき下級裁判所を指定しえないため便宜的に国務院の管轄とするものである。第2に，適用領域が複数の行政地方裁判所の管轄区域にまたがる一方的行政行為をめぐる係争がある。裁判所によって判断が異なることは，行政行為の画一的適用の趣旨から妥当でないためである。第3に，特別に重要な行政行為に関する事件であって，大統領や首相のデクレの取消訴訟などがある。行政のあり方に重大な影響を有する行為の判断が，下級審に係属して長い間

不確定なままであるのは不適当であることを理由とする。

　訴訟部は10の課（sous-section）に分けられ，通常の事件は単独課法廷で審理される。重要な事件のときは連合課（sous-sections réunies）法廷が開かれ，より重要な事件と考えられる場合には訴訟部（section du contentieux en formation de jugement）法廷が用意されている。もっとも重い形式の法廷としては訴訟会議（assemblée du contentieux）がある。

　B　諮問的権限　　国務院の行政部が担当している法制局的任務として，第1に，政府提出法律案（projet de loi）の準備がある。政府が国会に提出する法律案については，その原案の作成は各省庁が行い，その後国務院の担当する部に回付されて立法技術に通暁した専門家による修正を経て，最終的な政府提出法律案とされるのが通例である。国務院には内務部，財務部，公土木部，社会部の4行政部があるが，たとえば内務部には司法省，内務省，国民教育省，文化省などというように管掌省庁が決まっている。成立する法律の大部分は議員提出法律案ではなく政府提出法律案をもとにしており，また政府提出法律案の内容がその根幹において議会で修正されることは稀であることから，国務院が法律制定について果たす役割は極めて大きい。

　第2に，行政立法案の準備がある。命令（règlement）のうちデクレは，原則として首相が制定権限を有するが，その重要性に応じて国務院が異なる関与をなす。かつては法律の適用措置を内容とするデクレすなわち施行令に相当するものについては，国務院の総会の議を経ることを要求されており，これを行政規則（règlement d'administration publique）と呼んでいた。この行政規則がもっとも形式が重いデクレであったが，1980年に国務院の議を経たデクレ（décret pris en Conseil d'Etat）と統合された。国務院の議を経たデクレは，国務院の担当の部の意見を徴したのちに閣議を経て制定されるデクレである。これ以外の閣議を経たデクレ（décret en Conseil des Ministres）や単純デクレ（décret simple）さらにはアレテについては，国務院の議を経ることは義務づけられてはいない。しかし，政府はしばしば国務院に相談することを行っており，国務院が命令制定について果たす役割もまた極めて大きい。

　第3に，個別的な行政処分をなすにあたっても，政府は国務院に諮問を行う。この諮問には，たとえば公益法人の認可であるとか公用収用の際の公益認定のように国務院の議を経ることが義務づけられている場合もあるが，法

令上の義務がないにもかかわらず政府が任意に諮問する場合も少なくない。
　第4に，法令の解釈について意見を述べる職務も行使する。政府は，法令を適用するにあたって疑義が生じたときには，その解釈について国務院に諮問することができる。これに関する答申（avis）は，政府に対して拘束力を有するものではないが，法令の公権解釈はおおむねこの答申に基づいて決定される。もっとも，公権解釈はあくまでも政府による解釈であって，究極的な法令の解釈権限は裁判所，行政法令であれば国務院訴訟部に属していることは言うまでもない。以上3，4点から，行政作用を法的な面からリードしているのも国務院であるといえよう。
　C　特質　　国務院が優れた判例法の展開を実現しえた要因としては，第1に，以上のような重要な任務を担うことから，国立行政学院（E.N.A., Ecole Nationale d'Administration）出身のトップ・エリートを集める官庁としてその権威が極めて高いことがある。国務院は執行権に属することからその構成員はすべて行政官であり，訴訟部といえどもその例外ではない。しかし，行政裁判官は，現実には内部的に司法裁判官に匹敵する事実上の身分保障を歴史的に獲得している。かくして国務院訴訟部の構成員は，法の純粋な適用のみならず，政府高官として行政法の形成にも強い関心を有している裁判官である——この点は，第2章の法律家の個所（第2節1⑵）で関連して言及する——。
　また，国務院が行政機関の内部に組織されていることは，行政裁判官が出向により一般行政官としてまたは行政部において行政実務の法務官としてのキャリアを有する機会にめぐまれ，行政の実態に精通していることがある。行政部と訴訟部の間の交替制（roulement）は，頻繁ではないが存在しており，何よりも国務院職団（corps）としての一体感は強固である。司法裁判所が行政の専門技術性についてゆけないことが，行政の裁量権を認めざるをえなくなる傾向を生むのに対し，国務院は行政統制の勘所を心得ているといえよう。
　さらに，行政裁判所が執行権内部に組織されていることから，その統制に対して司法権の干渉に対する執行権の反発のような感情は生じることがない。すなわち，権力分立を理論的背景とした司法権の限界論とはそもそも無縁であり，国務院はこの種の気兼ねなしに純粋に妥当な行政統制を考えることができるのである。
　フランス行政法は国務院の判例法によって積極的に形成されたものである

とされる。その原因としては民事法と異なり行政法の法典化がなされていないことが指摘される。しかし，こうした事情は多くの国に共通するものである。独自の展開の背景としては，それ以外に，以上のような国務院の行政裁判所としての独特な地位を無視することができない。同時に，破毀院が純粋な法律審であるのに対して，国務院は元来事実審でもあり事件の具体的解決に関心をもたざるをえなかったことも，柔軟な法原理の展開と無縁ではなかろう。国務院が，法の一般原理を積極的に援用しつつ，正面から法創造を試みることが少なくない——この点については，第3編第1章の法源の個所（第4節）でも扱うことになる——が，こうした判決態度も関連して理解される。近時は判決の実効性確保にまで及んで，行政統制の実を上げる努力もなされている（拙稿「最近のフランスにおける行政裁判制度の改革」日仏法学12号（1984年）参照）。

第3節 特殊な裁判所

破毀院を頂点とする司法裁判所，国務院を頂点とする行政裁判所のいずれにも属させることができない裁判所，換言すれば司法権にも執行権にも含めることのできない裁判所が，4種ある。そのうち権限裁判所は，二元的裁判制度が採られている結果伝統的に認められてきた裁判所であり，これ以外の憲法院，高等院，共和国法院については，現行憲法上に根拠がある。

1 権限裁判所 (Tribunal des conflits)

権限裁判所は権限争議（conflit de compétences, conflit d'attributions）を解決するための裁判所である。フランス語の原語はむしろ争議（抵触）裁判所であるが，わが国ではドイツ語の Kompetenzgericht の訳語に由来して権限裁判所という用語が定着しているため，これに従っている。

裁判制度が一元化されている場合には，原告適格を欠くといった理由で請求が却下されることはあっても，管轄権を誤って提訴したという理由で訴えが受理されないということはない。これに対して，二元的裁判制度の下においては，事件は実体的判断に先だって常に権限を有する裁判系列がいずれであるかを確定しなければならない。管轄権は典型的な民事事件や典型的な行政事件を念頭に置くならば，困難な問題とは思われない。私人の自家用車事

故が民法上の不法行為責任を生じさせ司法裁判所に係属し，消防自動車の火災現場へ急行中の事故が行政賠償責任を生じさせ行政裁判所に係属することに異論はなかろう。ところが，現実には様々な境界的事件が発生する。たとえば，消防自動車が消火活動をおえて署に帰る途中の事故となると行政的管轄権は自明とはいえなくなり，さらに消防署に戻る途中で署員が私用を足すために寄り道した際の事故となると一層そうである。非番の日に私用目的で消防車を利用して起こした事故も現実に裁判となっているが，これになると行政活動との結びつきはなく司法裁判所の管轄権がむしろふさわしい。また公務中の自動車事故にも，消防自動車のように行政に固有の車輛ではなく，一般の官公用車さらには公営バスといった運行形態において会社の車や民営バスと異ならないものもある。これらの場合における管轄権の確定は，二元的裁判制度の下で事件を解決する際に，不可欠の前提となる。

　もっとも，権限裁判が必要であるといっても，独立した権限裁判所が設けられるか否かは別の政策次元の問題である。すなわち，フランスでは二元的裁判制度の成立からして司法裁判所が執行権に介入しないための制度であったことから，伝統的には行政裁判所に権限争議を解決するための権限が与えられてきた。権限裁判所は，第2共和制期に一時期設けられたことがあったが，これが中立的な裁判所として確立したのは，第3共和制初期の1872年5月24日の法律による。権限裁判所は，このように歴史的伝統に基づき認められてきた裁判所であって，現行憲法上明文の根拠規定はない。しかし，そもそも現行憲法上は，司法裁判所については裁判官の身分保障に関する司法官職高等評議会に関する定めのみを置き，行政裁判所については必要的諮問手続との関連で国務院に言及するのみであり，司法，行政いずれの裁判権に関しても正面からは規定がない。こうした裁判の根本的あり方は，権限裁判を含めて実定憲法を超えたフランスの国家体制の一部と評価しえよう。

　権限争議には次の各種がある。1つは，ある事件について司法裁判所も行政裁判所も管轄権をともに主張する積極的争議 (conflit positif) である。これを受理するがままに任せておけば，同一事件について2つの異なる内容の判決が下される不都合が生じる。1つは，逆にある事件について司法裁判所も行政裁判所も自己に管轄権がないと主張する消極的争議 (conflit négatif) である。これを放置すると市民の裁判を受ける権利が害されることになる。後者の

ケースでは，第2の提訴を受けた裁判所が自らに権限がないと考える場合には権限裁判所に事件を移送する。前者のケースでは，第1の提訴を受けた裁判所がどの系列の裁判所であるかにより手続が異なる。司法裁判所の受理に対しては，行政庁に異論がある場合には行政が権限争議を権限裁判所に提起して決着が図られる。これに対して，行政裁判所の受理に対しては司法権にこれを争う手段はなく，行政庁が無権限を主張する場合については，行政裁判所自身が本案の判断に先だって管轄権の有無につき判断する。権限裁判の根源をなす二元的裁判制度が行政を司法権から守ることに主眼があり，行政裁判所が権限裁判所を兼ねていたことの名残りをそこにみることができよう。

　権限裁判所は，本案に関して判決に抵触がある場合には，例外的に実体的判断に立ち入る権限も有する。具体的には次のようなケースである。行政上の過失と個人的過失が競合して損害が生じた場合に，被害者が行政裁判所に行政上の過失を理由として国家賠償を請求したところ消極的に判断される。そこで司法裁判所に個人的過失を理由として損害賠償を請求したところ，司法裁判所が過失の所在につきまったく逆の見解を示し同じく消極的に判断する。損害がありその救済が必要であることは両系列の裁判所が等しく認めているのであるが，過失の認定をめぐる判断の相違により結局は被害者は賠償を受けることができないのである。こうした場合に限り，提訴を受けた権限裁判所は，実体的判断に及んで判決をなすことが認められている。

　権限裁判所は，司法大臣を長とし，破毀院と国務院の裁判官のうちから4名ずつ選ばれる者で構成される。司法大臣が関与する点において執行権寄りの組織であるとする批判がありうるが，大臣は通常可否同数の場合しか出席せず，また現実にも必ずしも執行権に有利な票決をすることもない。また，通常は8名という偶数構成となりかたちの上では同数裁判所型の法廷であるが，今日では利益代表で自己の管轄権を確保するという性格は失い，純粋に法技術的観点から判断がなされる。したがって大方の一致をみて結論が下されることが多く，可否同数に分かれることは稀である。さらに，事件の増加による超過負担に悩む昨今においては，管轄権を広く確保することが必ずしも各裁判所系列内部で歓迎される事態ではないことも付け加えておきたい。

　権限争議は，権限裁判所によって一定の基準の下に司法，行政両裁判所に配分されるのであるが，必ずしも裁判を受ける一般市民にとって明快なもの

ではない。他方，たとえば国家賠償責任と不法行為責任では賠償の範囲や額において両裁判所系列で少なからぬ相違がある。二元的裁判制度の下では当然の事態とはいえ，被害者にとっては納得し難い面がある。そこで，特定の領域については立法により一括して管轄権を指定すること（bloc de compétence）が近時行われている。車輛事故を司法裁判所，公土木に関連する係争を行政裁判所の審査に全面的に委ねたのはその例である。しかし，この場合においても，たとえば車輛の操作そのものに起因するものでない事故についての管轄権の問題は，依然として残される。道路の欠陥による事故や，公営スクール・バスに定員超過を承知で乗せていてハンドルをとられた事故は，現行法制では引き続き行政裁判所の管轄とされる。このように管轄権の問題の複雑さは，二元的裁判制度に宿命ともいえる面をもつのである（拙稿「フランス法における行政上の不法行為責任」東西法文化の比較と交流（1989年）参照）。

　権限裁判所の判例は，行政事件と司法事件とを区別する基準，ひいては公法と私法の識別原理を知るうえで極めて重要である。権限裁判所が設置される前は国務院がこの役割を果たしてきたこと，また今日でも国務院が権限争議の解決につき役割を分担していること，普通法に対する行政法の特徴が示されることから，権限裁判所の判例法の研究は，通常は行政法の対象とされている。

2　憲法院（Conseil constitutionnel）

　行政裁判所も司法裁判所も法律の適用を任務とするものであって，法律そのものを審査することはしない。すなわち法律の合憲性審査権を行使しないというのが，フランスに伝統的な考え方であった。権力分立の建前に立ちながらも，立法権優位，議会主権を旨としてきたフランスでは，国民の意思をもっとも代表する国会が制定した法律を，正統性において劣る執行権や司法権が審査しうるというのは非論理的である，としたためである。国会が法律を制定するにあたっては当然憲法の規定を念頭に置いて行っているはずであり，合憲の推定が働くのである。憲法判例は，行政行為の合憲性審査というかたちで，主としては基本的人権の保障に関連して行政裁判所によりわずかに蓄積されてきたにすぎなかった。そこから，フランス憲法学を支配していたいわゆる政治学的傾向も生じていた。

　もっとも，歴史上法律の合憲性審査制度がまったく存在しなかったわけで

はない。第1，第2帝政期には護憲元老院（Sénat conservateur）が設けられていた。この政治統制型の機関は，しかしながら実際上憲法裁判所として機能することはなかった。また第4共和制憲法では，憲法委員会（Comité constitutionnel）が憲法と法律の両立可能性（compatibilité）を審査する機関として設けられた。しかしこれが憲法改正の個所に規定されていたことから知れるように，両立しないと判断された場合には憲法を改正しない限り当該法律は施行されえないという定め方であった。違憲の法律が当然に失効するのではなく，あらかじめ憲法改正手続を踏むことを失念して立法したものと捉え，すみやかに法律に両立しえない部分の憲法の規定を改めるべきとする趣旨と考えられる。規範としての憲法の上位性を認めその法律との整合性を追求しながら，同時に議会主権と両立させようとする配慮がそこにみられる。

　憲法院は，第5共和制憲法典で新設されたものであるが，フランス的伝統の上にたち司法権にも執行権にも属しない機関である。しかし，憲法に違反する法律の効力を正面から否定する点において真の憲法裁判所の性格を有する。こうした変化は，第5共和制憲法における執行権優位型の統治体制への移行が背景となっている。すなわち，憲法院は，合理化された議会制（parlementalisme rationalisé）において立法権を掣肘する機関の一環として位置づけられたといえる。違憲立法審査として明確に規定されていたのは，国会が法律事項を超えて立法したとする政府の異議――逆のケースの異議は憲法に規定がなく憲法院が管轄するところではない――の裁判であった。法律の合憲性審査一般についても，立法権が憲法典の様々な規定に違反して自己の権限を拡張的に行使した場合に憲法院による統制を働かせようとする趣旨であり，国民の人権を侵害する法律の効力を否定しようという考え方に基づくものではない。そのことは，違憲立法審査手続に明瞭にみてとることができる。

　憲法院による法律の憲法適合性の審査は，組織法律については義務的であるが，通常法律については一定の提訴権者の提訴をまって行われる。いずれにせよ審査は議会において議決がなされて内容が確定した後，大統領が審署して執行力を付与するまでの間，いわゆる審署期間（délai de promulgation）内に行われる。提訴権者は，大統領，首相，両院議長の4名に限定されていた。組織法律は統治機構のあり方の細目を定めるものである。通常法律はその内容は多様でありうるが，提訴権者は大統領が議会の多数派と党派を同じくす

る通常の政体においては，政治的実権を掌握する与党の大物ということになるから，議会が反抗した場合以外には提訴をなす必要性がない。実際にも，政治的立場がやや異なる元老院議長が稀に提訴をなすにとどまっていた。

　ところが，1970年代以降に違憲立法の審査機能が急速に重要性を増し，しかも人権擁護のために活用されるようになる。それは主として2つの理由による。第1は，1974年10月29日の憲法改正により提訴権者の拡大がなされ，両院の60名以上の議員が追加された。一定規模の野党であれば，与党が数をたのんで可決した法律について憲法院に審査を求めることができることになった。違憲の疑義がある場合に提訴がなされる蓋然性は，これによって飛躍的に高まった。他方1971年の憲法院判決（C. const. 71-44DC 16 juillet 1971, Rec. 29）は，合憲性審査基準（bloc de la constitutionnalité）たる実定憲法規範として人権規定を正面から認めた。すなわち，第5共和制憲法典には人権宣言が欠如しているが，前文において1789年の人権宣言および1946年憲法典前文の人権規定を尊重する旨をうたっている——第3編第2章各法分野の法源のうち憲法の項（第2節1(2)）参照——。ところで1946年憲法典前文自体がさらに，1789年の人権宣言および「共和国の諸法律によって認められた根本原理」を尊重する旨をうたっている。1971年の事件においては，この二重の言及によって，1901年法が定める結社の自由を憲法上の人権規範と認定し，それに照らして法律の合憲性を判断したものであった。

　事前の本案としての審査については，既存の法律はもとより適切に提訴がなされず成立した法律についても，事後に抗弁（opposition）として法律の違憲を主張しえないことから，国民の権利を救済する手段として万全といえないとする批判があった。この訴訟手段を認め，司法，行政両系列の裁判所が違憲の疑いがあると考える場合には憲法院に合憲性の優先問題（question prioritaire de constitutionnalité＝QPC）として移送する憲法改正が2008年に成立した。事前審査の場合には，法律がいまだ発効する前であるため違憲審査はいわば立法手続の一環という性格を帯びており，施行後に既存法秩序を完全に覆す事後審査の場合と比較して，違憲判断を下す際に余分な配慮をしなくともすむ。事後審査のみの制度と比較した利点といえよう。事前審査の違憲判断には全部違憲と一部違憲があり，一部違憲の場合には違憲とされた部分が切り離しうるときには合憲部分のみを施行することも可能である。違憲として議

会に差し戻された法律は，必要な手直しを加えた上で再び議決することができる。これに対して事後審査の違憲判断は，当該規定の廃止をもたらす。フランスでは1970年代以降多くの提訴がなされ，それに伴って違憲判断も少なくない。かくして，それまでの政治学的傾向に代わって，フランス憲法学の法学的傾向の著しい強化が近時の動向であり，今日では憲法院の判例を無視して憲法を語りえなくなってきている。

憲法院は，大統領と両院議長のそれぞれによって任命された3名ずつ計9名の裁判官で構成される。このほか旧大統領は当然の構成員となる。もっとも過去の大統領にはド・ゴールのようにこの任務を引き受けなかった者もある。院長は大統領が裁判官の中から任命する。任期は一般の裁判官が9年，旧大統領は終身である。このような与党性と長期性は，執行権の優位を確保する手段たりうるものとして出発した。しかし，政権交替の際には旧多数派の牙城となりうるわけで，提訴権者の拡大とあわせると長期にわたって新多数派の足を引っ張ることができる。それだけに，憲法院の政治的利用の幅も拡大したことになるが，実際の運用としては極端な政治的任命はみられず，裁判官も憲法とりわけ人権の擁護者としての自覚でもっぱら活動している。憲法院はその意味でも統治機構の一角から人権裁判所への変容をなし遂げたといえるわけで，前者の性格のままではおそらく憲法院の存立そのものが政権交替を目のあたりにして保障されなかったと思われる（拙稿「フランスにおける憲法の最高法規性に関する一考察」上智法学論集41巻3号（1998年）参照）。

憲法院は，憲法裁判所としての権限のほかに，憲法典により種々の付随的権限を与えられている。第1に，全国レヴェルでの投票活動の管理であり，これには大統領選挙，国民議会議員選挙，国民投票といったものが含まれる。第2に，大統領が職務遂行不能となった場合における認定は憲法院による。第3に，大統領が憲法典16条の非常時の独裁権を行使しようと考える場合には，事前に憲法院の意見を聴取しなければならない。また30日を超えて長期にわたるときは，両院議長と60名以上の国会議員が憲法院に対して要件の具備の審査を請求できる。

3　高等院（Haute Cour）

2007年改組前の高等法院（Haute Cour de Justice）は，大革命期以来のフランスの諸憲法典の多くに置かれてきた，刑事特別裁判所である。政府高官の職

務上の犯罪を裁く任務を有し，政治責任を追及する制度が確立していない時代の遺物という性格が強く，今日では実際に働くことはほとんどなかった。

当初は，大臣については刑法上の重罪および軽罪について起訴することが可能であり，刑法上の刑罰が課せられた。司法裁判所の管轄に属しないだけで純然たる刑事裁判所の役割を果たしていたことになる。ところが，エイズ事件での刑事責任追及が不調に終ったことから，1993年の憲法改正により共和国法院が別に設けられ，その管轄へと移行した。

これに対して，大統領は，単に刑法上の犯罪では訴追されず，大反逆罪 (crime de haute trahison) についてのみ刑事責任を問われた。外国と結んで国を売るといったことを念頭に置いていると思われるが，大反逆罪の定義規定はなく，その認定も科される刑罰も高等法院の専権に属するため，罪刑法定主義の例外をなした。

2007年の憲法改正により，従来の高等法院は高等院 (Haute Cour) と名称を変更し，政治性を強め大統領の弾劾を任務とすることとなった。両院が大統領の義務の欠如を理由として弾劾を決議する場合であって，両院合同会議が高等院として構成員の3分の2の多数決で可決した場合には失職する。職務の停止の1か月より後に，前大統領に対する一般法上の訴追が可能となる。

4 共和国法院 (Cour de justice de la République)

憲法典の当初の規定では，政府高官として大統領と大臣を裁判所の管轄としては区別せず，等しく高等法院において裁くこととしていた。しかし，エイズ事件においてその役割に脚光を浴びたにもかかわらず，十分な機能を発揮することができなかったことから，大臣の職務上の犯罪について改組による強化が図られた。組織法律で対応することも可能であったが，憲法改正により新たに章を追加して高等法院とは別の共和国法院を設けるという大掛かりなものとなった。1993年7月27日の憲法的法律第952号によるものであり，以後大臣についてはこの特別裁判所の管轄となった。

共和国法院は，国会によりその内部から選出された裁判官12名，破毀院の裁判官3名の合計15名で構成され，破毀院裁判官のうちから裁判長が選出される。起訴は，調査委員会が私人からの申立てに基づいて審査し，ここで訴追が妥当であるという結論に達した場合に，破毀院検事長によりなされる。このほか，破毀院検事長は，職権により調査委員会に対して，訴追が妥当で

あるかどうかについて調査を求めることもできる。

第2章　法律家

　法は，他の社会制度と同様に，それを運用する人間に実効性が深く係わっている。たとえば，発展途上国が民主政を樹立しようとして，イギリス流の議院内閣制を導入してもアメリカ流の大統領制を移植してみても，政治の担い手たる当該国民が民主政を使いこなすことができなければ，形骸化したりまたたく間に独裁制へと移行してしまうものなのである。同様にして法の担い手のあり方は，一国の法の実際的適用を知る上で不可欠であって，その対象は狭義の法律家にとどまらず，国民一般にまで拡大しうる。本章では法の担い手をこうした広義に理解して幅広い検討を行うことにしたい。

　まず，法律家の養成方法について論じる。それが，将来の法の担い手のあり方に決定的な影響を与えるものであり，また逆に，その国の望ましい法律家像が法学教育の方法に反映しているとも考えられるからである。ついで，職業的法律家について，その種類ごとに特徴を検討する。最後に，国民全体も何らかのかたちでその国の法秩序の形成に寄与しているという一層広い視野から，フランス人の法行動や法観念に言及してみたい。

第1節　法律家の養成

　フランスにおいては，裁判官や弁護士など主要な法的職業に就くに際しては，それぞれの職業に固有な職業教育（formation professionnelle）ないし研修とは別に，大学において法学に関する学問的教育（formation académique）を修めることが当然の前提とされている。すなわち，法学教育が2段階に構成されており，大学での教育が法律家養成の土台となっている点に特徴を有する。たとえば，裁判官や検察官となるためには，国立司法職学院に入学することが必要であるが，その受験資格として法学士の称号を有することが要求されている。同様に弁護士となるためには，法学修士の称号を有することが前提となる。その他付属的な法的職業であっても，法学士ないし法学別科免状（capacité en droit）が要求されることが多い。こうした全般的傾向を踏まえれば，低い称号のみが要件とされていたりまったく大学法学教育を形式的には要求

第 1 節　法律家の養成　　　　　　　　　　　　215

していない法律職の場合であっても，大学で十分に法学を修めてから当該職業に就くことが通例であることが理解される。そこで以下本節においては，法律家の養成に共通する前提となっている大学法学教育を扱う。職業教育については，各法的職業ごとに異なるというのがフランスの方式であるため，第 2 節で職業的法律家を扱う際に併せて検討することにしたい。

　大学における法学教育のあり方については，その機関，課程の編成形態，教育内容に分けて考察する。

1　法学教育機関

　学問的法学教育は，大学（université）が一手に引き受けている。フランスにおいては免状を付与することができる大学は国立大学に限られており，しかも私立大学はほとんど存在しないため，大学としては国立大学について語れば足りる。大学組織は，1968年の 5 月革命と呼ばれる大学騒動の前後で大きく変化した。1968年以前は，全国が23の大学区（académie）に分けられており，この教育行政上の区画が同時に大学の設置単位であった。各大学区に本部所在地の都市名で呼ばれる大学が， 1 校ずつ設置されていた。各大学には必ず法学部（faculté de droit）があったので，23の法学部が全土で存在していたことになる。そのため，パリ首都圏のように人口の多い所にもパリ大学 1 つしかないわけであるから，進学率の上昇に伴って 1 つの大学の学生数が10万人を超えるようなマンモス大学が出現し，パリ大学法学部のように数万人の学生をかかえてタコ足でマスプロ教育を行わざるをえないような事態が生じた。これを抜本的に改めたのが，1968年の大学改革であった。その後もパリ大学区からヴェルサイユ大学区とクレティユ大学区が分離独立して，首都圏における一層の細分化と再編が図られた。

　大学改革以降は，大学区と大学とを一致させる原則が放棄され， 1 大学区内に複数の大学を設けることが可能とされた。大学区本部所在地外の分校が分離独立する形態と，大学区本部所在地が大都市でこの校舎がマンモス化している場合には，専攻別の独立もみられた。パリを例にとるならば，パリ第10から第13大学は前者で郊外の分校が独立したもので，いずれも法学専攻を有する総合大学である。これに対して市内の第 1 から第 9 大学は後者のかたちをとっており，市内の旧法経学部はパリ第 1 大学と第 2 大学となった。

　大学の名称は，こうした分化独立に伴って多様化しており，従来からみら

れた都市名方式やこれに類似する地域名を示すもののほか，学問領域などで著名な人名を冠する方式——たとえばルネ・デカルト大学，ピエール・エ・マリー・キュリー大学，ドゥニ・ディドロ大学はそれぞれパリ第5，第6，第7大学の正式名称である——や，大都市パリに固有であろうが校舎の所在地で示す方式や，命名の努力を惜しんで大学区内の背番号をそのまま正式名称とする方式がある。ただし，一般には略称である背番号で呼ぶ方がすっきりして簡単であるし，混同も少ないので，フランスではこれが一般には用いられている。たとえば，素人にとっては，パンテオン-ソルボンヌ大学〔パリ第1大学〕，パンテオン-アッサス大学〔パリ第2大学〕，新ソルボンヌ大学〔パリ第3大学〕，パリ-ソルボンヌ大学〔パリ第4大学〕の区別は至って難しい。

　このように大学が細分化されたのに伴い，従来の学部に相当するものが単独で大学に昇格する場合も生じたため，学部をそのまま大学を構成する行政組織として維持することができなくなり，学科ないしは専攻規模の教育研究単位（U.F.R., unité de formation et de recherche）が，これにとって代わっている。しかし，実際にはいくつかの教育研究単位が集まって法学系，経済学系，文学系といったカリキュラムを組織しており，教育体系の実体は従前の学部とほとんど変わりない。そこで一般には現在でも法学系の教育研究単位の集合体を指して法学部といった呼び方がなされており，以下においてもこうした意味で法学部という表現を用いることがある。

　法学系の教育研究単位を有する大学は，全国71大学のうち44の多くを数え，大学改革前からほぼ倍増したことになる。大学には，教育研究単位を基礎として組織されている本科，別科のほか，多くの付属機関が設けられている。それらのうちには独自の講義カリキュラムを編成し，受講者に一定の証明書を取得できるように配慮している機関が少なくない。法学教育と関連して重要なものとして，まず司法学院（institut d'études judiciaires）がある。ここでは国立司法職学院の入学準備コース，弁護士職適格証明書取得コース，法職課程修了証（certificat d'études judiciaires）取得コースなどが設けられている。政治学関連では政治学院（institut d'études politiques）があり，各種行政官試験の準備校となっている。この付属学校は学生数が全体で2,000名ほどに限定されており，その関係で入学試験が課されている。そのため通常の大学と高等専門学校（grandes écoles）との中間的地位を有するといえる。とりわけ，パリの政治

学院（Institut d'études politiques de Paris, dite Sciences Po.）は国立行政学院への合格率が高く高級官僚養成の予備門となっており，またこれのみがパリ大学から独立した組織となっている。

　大学に直属するという形式ではなく，これとは独立し短期の実務的な専門教育のためには，技術大学校（I.U.T., institut universitaire de technologie）が設けられている。技術大学校は，教育研究単位の例外的形態として独自の教職員組織を有し，自律的な教育を行っている。元来工学系が中心であったが，1971年以降ここに法学専修コース（carrières juridiques et judiciaires）が開かれるようになり，現在64大学校のうち6か所に置かれている。ここを修了した者には，技術大学免状（D.U.T., diplôme universitaire de technologie）が授けられる（拙稿「フランスの法学教育機関」判例タイムズ457号（1982年）参照）。

2　法学教育課程

　大学付属機関や技術大学校を除き，大学法学部での教育課程は，本科と別科とに大別することができる。

　(1)　大学本科の教育課程　　大学本科は3つの課程（cycle）から成り立つ。最初に第1課程2年間があり，ついで第2課程2年間となり，ここまでがいわゆる学部教育に相当する。その上に大学院教育を行う第3課程が設けられている。もっとも，近時のヨーロッパ共通基準では，第1課程と第2課程1年目が学士課程，第2課程2年目と第3課程1年目が修士課程と称される。

　　A　第1課程（premier cycle）　　第1課程の2年間は，法学に関する基礎的知識を習得するために当てられており，これを修了することによって大学一般教育免状-法学（D.E.U.G., diplôme d'études universitaires générales-mention droit）を付与される。フランスの大学では，わが国の一般教養に相当する科目はなく，もちろん保健体育科目は存在しないから，専門科目以外では外国語を含めた隣接学問の諸科目のみが付随的に展開されるにとどまる。したがって，大学一般教育というのは，わが国で一般教養（liberal arts）を涵養しようとする教育とはまったく意味が異なり，あくまで法学に関する（mention droit）という修飾語がついた専門基礎教育を示す。ここでは専攻により分化することなく，法学の基礎をなす科目（民法，刑法，憲法，法史学など）がほとんどすべて必修で課され，徹底して法学基礎知識が叩き込まれる。そこにD.E.U.G.が，とくに高等教育を証する国家資格として認定される根拠もある。

B　第2課程（deuxième cycle）　　これに続く第2課程の2年間は、さらに2つに分けられ、1年目で法学士（licence en droit）の学位を、2年目で法学修士（maîtrise en droit）の学位を取得できる。この段階に至ると専攻に応じてコース分けがなされるようになり、法学士ではたとえば公法、私法、法史といった大まかな区分が、法学修士では国内公法、国際関係法、民事法、刑事法、社会法といったより細分化された区分がなされている。専攻の選択そのものは学生の自由裁量に委ねられているが、専攻に属する以上はその専攻を履習したことにふさわしい科目の取得をかなり厳格に要求される。すなわち、法学の中で専門性を出すことが必要とされており、第1課程の一般性と対照をなす。こうした配慮は、取得した資格を将来の職業活動にいかすためでもある。わが国の法学部のなかには、学生の自主性の尊重と称して必修科目を一切設けず、民法を履習せずに法学士号を与える大学もある。他方では、必修制を設ける場合であっても、とくに4年間で法学のどの分野に重点を置いて勉強したという特徴づけなしに卒業させているところは多い。フランスの方式は、この点で基礎学力の重視と専門分化が明瞭である。

　大学入学後3年で法学士、4年で法学修士というのは、わが国と比較して短期間である。しかし、1年目から本格的な専門教育を行っているので、内容的には法学士はわが国で4年間で付与される学士号に匹敵しよう。法学修士も、大学院レヴェルでないという点を除けば、専門分化と知識量において他国のそれと遜色ないと考えられ、同時に近時における世界的な修士号の容易な取得傾向とも歩調を合わせたものである。ただし、日本はとりわけ修士の学位取得までに大学院でさらに2年と長い期間を要するため、留学する場合には対等資格（équivalence）の問題がある。たとえば、日本の大学院修士課程2年次の学生が日本的には学部である第2課程4年次に編入されたりしてトラブルが絶えない。

　C　第3課程（troisième cycle）　　大学院に相当する課程であるが、大学の講義カリキュラムが正規に組まれているのは1年目のみであって、2年目以降はもっぱら論文作成にあてられている。第3課程は専攻とは別に大きく2つのコース分けがなされており、それは将来の職業選択に係わっている。学問を専門に修めようとする者は、研究教育免状（D.E.A., diplôme d'étude approfondie）コースに入り、公証人など高度の法学専門職に就くために学部の課程

のみでは不十分であるとか，実務に就いているが学問的に再教育を受けたいという者は，専修教育免状（D.E.S.S., diplôme d'étude scientifique spécialisée）コースを選ぶ。わが国でも近時設けられるのがみられるようになった，研究コース，専修コースにほぼ相当するものである。専攻は修士課程以上に細分化されてくる。

　博士論文は，研究教育，専修教育のいずれかの免状を取得したのちに提出する資格が生じる。通常は研究教育免状取得者であるが，必ずしも専修教育免状取得者を排除するものではない。以前は法学博士号（doctorat en droit）といえば国家博士号（doctorat d'Etat）のみであったが，その取得が難しかったため，大学改革後の1974年より一段レヴェルを下げた第3課程博士号（doctorat de troisième cycle）が設けられ2本立てとされた。1984年の大学教育改革後は再び一本化されている。

　わが国では，文系学部における博士号取得の困難なことが問題とされており，とりわけ留学生にとって留学時の成果を帰国後に客観的に提示することができないことから，留学先として日本が嫌われる一因となっている。フランスでは，学部段階での対応は必ずしも十分ではないものの，第3課程では研究教育免状を2年間で取得させる，博士号への途を拡大するなどして資格取得者を増やす試みをなしている。

　こうした国籍により区別しない第3課程での柔軟な対応のほかに，外国からフランスに比較的短期間留学して何らかの免状を研究の成果として本国に持ち帰りたい者のために，外国人専用コースが設けられている大学もある。研究教育免状に相当するものは大学高等免状（D.S.U., diplôme supérieur d'Université）といい，博士号は大学博士号（doctorat d'Université）という名称をもつ。一般のコースと比較して取得は容易であるが，いずれも大学という修飾語が付せられていることからも各大学が独自に認定する資格である。すなわち，国家資格としての効力はもたず，フランス国内では一般的通用力がない。

　(2)　大学別科の教育課程　　法学関係の本科が設置されている各大学には，別科として2年間の短期速習コースが設けられている。これは勤労学生を主として対象としていることから，夜間開講のことが多い。法学士免状レヴェルの内容を簡略にして習うものであり，これを修了すると法学別科免状（capacité en droit）を取得しうる。大学一般教育免状や学士などは他の学問分野に

も共通する資格であるが，別科免状は法学に特有の国家資格である（拙稿「フランスの法学教育」判例タイムズ460号（1982年）参照）。

3 法学教育内容

教育内容としては，学生の身分の取得と終了がいかに統制されているかという入口，出口にかかわる資格要件の面と，在学中どのような教育を具体的に受けるかという実体の面に分けることができる。

(1) 入学・修了要件　A　大学における規律　フランスにおいて大学で勉強するためには，大学入学資格試験（baccalauréat）に合格することが必要である。これは全国統一の国家試験であり，これに合格した者は，原則として自らが好む大学に入学することができる。原則としてというのは，医学部のように施設上入学定員を制限せざるをえない学部では，住所地を限定するといった条件が付せられることを指すが，法学に関してはまったく自由である。フランスの大学がすべて国立大学であって，その間に格差は少なくとも建前上は存在しないということは，一部分はこの入学制度によって担保されている。全国統一の教授資格試験については後述するが，学生も教員も少なくとも最低限の資質という観点からは，完全に同一である。

ただし，伝統を有する法学部，有名教授を擁する法学部，教育内容に特色を有する法学部といったものは存在する。まず旧パリ大学法学部の後継をなすものがパリ第1，第2大学である。このうちパリ第1大学はやや進歩的傾向を有し新しい学問に強いのに対し，パリ第2大学は保守的であり民刑事法など伝統的分野に強い。ほかに西部郊外ナンテールにあるパリ第10大学も，左翼的な学問傾向を有するが業績が多く，注目されている。地方では，ストラスブール第3大学（Université des sciences juridiques, politiques et sociales），ボルドー第4大学（Université Montesquieu），トゥールーズ第1大学（Université des sciences sociales），リヨン第3大学（Université Jean-Moulin），エクス・マルセイユ第3大学（Université de droit, d'économie et des sciences）などが，それぞれ伝統を有し評価が高い。こうした大学には，大都市に所在することとも相まって，優秀な学生が多く集まっている。

わが国におけるように各大学が入学試験を課して学生を選抜するということになると，入学難易に応じて大学格差が生じるほか，学生側に合格することによって帰属意識が高まる。これに対してフランスでは，大学入学資格試

験の合格証をもって，希望する大学に単に登録（inscription）の手続をすることですべてが終了する。大学は単に一定の資格を取得するために勉強する場を提供してくれるだけであり，荘厳な入学式や卒業式といった儀式もなく，ましてや華やかな文化祭もなく，帰属意識は生じにくい。社会的に問題とされるのも，どこまで専門の法学の勉強を修めたかであって，どの大学に登録したかではない。しかも勉学に応じて大学一般教育免状，法学士号，法学修士号，研究教育免状といった資格がほぼ毎年取得しうる仕組みになっている。

　したがって，大学には最低2年間在籍していなければ何らの資格もとれないものの，それ以上は何年間在学していなければならないということはない。自己の希望と能力に合った免状を取得した段階で，大学を去ることが自由である。全員が一斉に卒業するという観念もまた，フランスでは存在しないことになる。大学入学資格からして国家資格であるが，その後の免状も全国の大学で画一に付与される国家資格である。そのレヴェルの均一性を確保するために，各大学のカリキュラムは大綱において統一されており，試験と採点の難易も大学間の情報交換制度によって不均一がでないように配慮されている。こうして，ある大学で法学士を取得したのち法学修士は別の大学に登録する，ある大学で法学修士となって大学院は他大学に登録するということが，大学入学時の登録と同様に，まったく随意にできることになる。これに対して，わが国ではよほど出来が悪くない限り全員が法学士——近時は学士（法学）と表記するように変更された——となるため，評価はいきおい大学間格差に頼ることになる。それが入学難易を示すと同時に入学後の授業難易も相当程度反映しているためである。フランスでは，大学間格差がない代りに，すべては資格の取得段階で評価される。

　フランスの大学における期末試験は，国家資格を取得するためのものであるから，極めて厳しい基準で行われる。しかも2回連続して落第すると強制退学となり，この記録は全法学部共通の資料となる。すなわち別の大学に再び登録することは不可能となる。こうして学生数は年次があがるごとに減少してゆき，さらには一定の資格を取得して次の登録は行わず就職してゆく者もいるため，学生数の減少は一層加速される。玉石混淆がもっとも激しいのが1年次生である。比較的やさしい大学入学資格試験さえ通っていれば，希望者を全員入学させるためである。最低限の資質は担保されているとはいえ，

質とりわけ学習意欲の不均一が著しいことによる。兵役を先にのばすため，学生食堂等を利用するため，大学の空気を一度は吸ってみたいためといった動機で登録する者も少なくない。かくして1年次から2年次に進級するのがもっとも比率が悪く6割程度であり，最終的に半数ほどのみが大学一般教育免状を取得する。1年次入学者の4割が3年次に進んで3割が法学士になる，2割5分が4年次に進んで2割が法学修士になるといった数字が平均的状況であろうか。世界的にみて，入るに易しくまともに4年次まで修了するのが難しい国の1つといえよう。もっとも，落第になってもフランスではそれほど悲観するには及ばない。大学も「皆で落第すれば怖くない」のであって，社会的には大学入学資格を含めてそれ以前までで取得した資格を相応に評価してもらえる。その点前述のように4年間で法学士1つの資格をとるのではなく，細かく能力に応じた資格を取得できる仕組みは便宜である。

　B　高等専門学校との対比　　フランスの大学における登録・資格取得型の流れと対照的であるのが，入学定員が確定している高等専門学校（grandes écoles）の入学・卒業の流れである。志願者を定員までしぼるために競争試験（concours）が課されており，これを突破して入学した者の学校への帰属意識は高い。また競争試験により学生の資質は学校に応じてほぼ均一化されているため，落ちこぼれる者はほとんどなく，同期の一体性が保たれる。入学式，卒業式は盛大に挙行され，卒業後はいわゆる学閥を形成することになる。こうした高等専門学校としては，高等師範学校（Ecole Normale Supérieure），理工科学校（Ecole Polytechnique），高等商業学校（Ecole des Hautes Études Commerciales），国立行政学院（Ecole Nationale d'Administration），国立司法職学院（Ecole Nationale de la Magistrature）などがある（拙稿「フランスの学術法制」上智法学論集59巻4号（2016年）参照）。後2者は職業的法律家に関連して後述する。

　ところで高等専門学校は，入学試験が課されていることから，大学よりも教育水準が高いとされ，一般にはフランスのエリート養成は大学ではなく高等専門学校が担っていると言われる。高等専門学校は各省などが設置している実業学校であるから，社会の第一線の実務をこれらの出身者が独占していることは確かである。しかし，大学とは役割が異なっていることも事実である。たとえば，国立司法職学院で判検事となる実務教育を受ける前提として，大学法学部で勉強する必要がある。国立行政学院は高級官僚を養成するが，

国立行政学院において法学，政治学，経済学を教える者を養成しているのは主として大学である。世間的な出世とは無縁なところで，学問教育を大学が担っていることは忘れるべきではなく，法学についてこれはまさに言えることである（拙稿「フランスの法学教育のにない手」法律時報54巻4号（1982年）参照）。

(2) 教育の中味　A　教育方法　大学での教育は，講義（cours）と演習（travaux dirigés）からなりたつ。講義は伝統的に教育の中核であり，その方法は教授が教壇の上から一方的に当該法分野を体系的に口述する。これを教授風講義（cours magistral）と呼んでいる。教壇は階段教室のためだけでなく教授の地位を反映して極めて高く，大きな講義室では学生出入口とは別の個所から入退場し，露払い（appariteur）と称する事務官が先導してくれる。これに対して演習は，少人数で判例研究や設例解説が行われ，学生は報告義務を負うが，時間数は多くなく，講師，助手が主として担当するなど重視されているとは言い難い。

こうした講義中心の教育方法は，大学が学問的法学教育を授ける場であるという基本的特徴に由来する。イギリスの法曹学院（Inns of court）やアメリカの法学校（Law school）のように実務法曹の直接的養成を目ざす場合には，将来の法曹としての仕事に役立つ実践的教育方法がとられる。講義よりも生きた資料集（cases and materials）を用いたケース・メソッド（case method）とかプロブレム・メソッド（problem method）と呼ばれる，実務能力をつけさせる教育が主流となる。もちろんそこでは，判例実務によって法が形成されているという英米法的意識も無縁ではない。これに対してフランスでは，一方において歴史的に旧制度下の法学部で教授されてきたのは，実定慣習法というよりはローマ法，教会法の学問体系であった。大革命後は実定諸法典が対象としてとって代わることになるが，法典編纂を背景として理論体系を有する点では共通する。そこから，大学ではむしろ実務的要素を極力排除して，法学を学問的に扱う態度が生まれてきた。実務教育は，必要に応じてその後に受ければよいのである。

B　開講科目　講義中心の学問的教育重視は，開講科目とその配当にも如実に示される。まず実定法と基礎法に科目を大別するならば，実定法科目のほかに多くの基礎法科目が用意されている。これらの科目は，将来の職業とは直接的関連性を有しないため，実務教育中心の場合にはあまり重視され

ない。これに対してフランスでは，全科目中での比重が質量両面で高くなっている。量の面というのは科目数が多いことであるが，質の面は必修の度合いが強いことや配当学年が低いことに示される。

　基礎法分野の中では，とりわけ法史学が重視され，これと対照的に比較法・外国法は軽い扱いがなされている。法史学が１年次必修であり，古代法史，近代法史が２年次選択必修であるほか，財産法史，家族法史，商法史など各法分野ごとに法史が開講されており，その一定の履修も義務づけられている。その背景としては，フランス法の自律的形成という歴史的特徴が係わっている。実定法上の様々な法制度の存在理由やそのあるべき解釈は，ローマ法以来の自国の法の発展過程をたどってゆけば，おのずから明らかになるということである（拙稿「フランスの法学教育が示唆するもの」書斎の窓531号（2004年），同「公法学教育の比較研究」公法研究68号（2006年）参照）。この点はわが国の法学教育において，比較法・外国法が重視され法史学──ここで法史学というのは日本法史であり，ローマ法や西洋法史は外国法の一環といえる──が手薄であることと，両極をなしている。明治維新後における西洋法の継受が現行日本実定法の根幹をなしているのであって，江戸時代以前の法は生ける法の次元は別として関連性が稀薄であることによる。

　実定法の分野では，学問的教育の重視がまず実体法を手続法に優先して教育する特徴として示される。すなわち，民法，商法，刑法といった権利・義務，法律関係の内容を扱う科目が重視され，これを訴訟を通じて具体的に実現する手段には，大きな注意を払ってこなかった。訴訟手続は実務に属する事項であって実体法に付属する二次的重要性を有するにすぎない法分野と考えられてきたためである（実体法志向の一例として，拙稿「フランスにおける生命倫理法制」上智法学論集44巻4号（2000年），同「生命倫理問題に対する法的対応の二類型」上智法学論集48巻3＝4号（2005年）参照）。

　かつては訴訟法を専門とする学者がほとんどなく，実務家に講義を依頼することも多く，満足なテキストも存在しなかった。訴訟法学者は，実定法で業績があがらない者がやむをえず専攻しているといった陰口もたたかれていた。現実には手続法を欠く権利は絵にかいた餅であって，今日のフランスでは19世紀にみられたような訴訟法を軽視する態度はさすがになくなった。裁判法の講義が１年次に設けられるようになってもいる。しかし，実体法と比

較すると依然としてカリキュラム上軽く扱われており，訴訟法は3年次以降に選択科目として履修が予定されているにすぎない。

　実定法の分野における学問的教育の重視は，同時に，各実定法の根底にある基礎理論，原理的な問題を中心に講義がなされ，実務上問題となるような細部の議論は扱われないということにもなる。実際には，枝葉末節と思われるような事案の微妙な差異によって法的解決の帰趨が決まるのであるが，演習を除きそこまでたちいることはない。これも，法典を有する制定法主義を採用するフランスにあっては，抽象的な規範の定立にこそ法があると認識されていることと無縁ではない。

　このようにして，フランスでは法学部を出ても直ちには法実務家としては通用しないこととなる。大学教育とは別の実務教育が是非必要となり，いわば2段階での教育構成となる。大学での教育の欠点としては，理論的に過ぎて実務に応用がきかない，実体法を重視するあまり権利の実現手段への配慮が不足している，具体性に欠けるといった指摘がある。しかし，すべての法律家が学問体系としての法学を修めていることが，確固たるフランス法のバックボーンを形成していることは疑いない。こうした特徴は，法現象を幅広い見地から把握する，体系的な実体法を構築する，その場限りの解決ではない法の根底にある理論を究めるといった長所をもっている。このようにみてくると，大学教育自体がある意味でフランス法の特質そのものを体現しているとみることもできよう（拙稿「法学教育にみるフランス人の法思考」ソフィア40巻3号（1991年）参照）。

第2節　職業的法律家

　法律家（juriste）と呼ばれる職務を行使する者のうちには，素人裁判官，参審員，陪審員，鑑定人（expert）など，裁判に直接関与するけれどもそれを生計の途とするわけではない者がある。それらを除いたいわゆる職業的法律家がここでの対象となる。フランスの特徴は，こうした職業的法律家が極めて多様に存在していることである。裁判官・検察官と弁護士とが身分的に完全に分離しており，法曹二元の制度を採用していることが，コモン・ロー諸国と比較して大きく異なる特徴であり，多様性の基礎をなす。また二元的裁判制度に由来して，裁判官・検察官そのものも司法裁判所と行政裁判所ではそ

の身分が完全に異なる。ほかにも，裁判所付属吏 (officier ministériel) として独占して特定の法的職業を行使する法律家が，裁判所の内外に多数存在している。これらの法律家を裁判への関与の度合いにより，裁判主宰者，裁判補助者，裁判所外の法律家に分けて検討する。

1 裁判主宰者

裁判は基本的に三当事者によって行われる。民事事件や行政事件においては，原告 (demandeur)，被告 (défendeur) と裁判官であり，刑事事件においては，検察官 (ministère public)，被告人 (accusé) と裁判官である。原告，被告，被告人は私的当事者や行政であるからして，ここでは裁判官と検察官が扱われる。司法裁判所においては，裁判官と検察官が司法官として一体的に養成されており，これに対して行政裁判所においては，検察官の役割を果たす者を含めて同様に一体的に行政裁判官が養成されるが，司法官と異なり行政官としてまったく別の地位を占める。そこで，司法官と行政裁判官に分けて検討する。

(1) 司法官 (magistrat)　司法官というのは司法裁判所裁判官，検察官，司法省幹部職員，司法修習生を包括する上位概念である。しかし，中心をなすのは裁判官 (juge) と検察官 (ministère public) であるので，以下においては司法官としてもっぱらこの両者を念頭に置くこととする。裁判官と検察官は，一方が司法権に属し，個々人が独立してその職務を行使するのに対し，他方は司法大臣の下に位置して執行権に属し，検察一体の原則から階層的に上下関係をなして職務を行使する。このように両者はその地位も性格も大いに異なっているのであるが，司法官という1つの範疇で捉えられている。その理由は，養成において一体的であり，その任務において司法裁判をともに支える公務員であることがある。この近似性は第3の重要な法律家である弁護士と比較した場合に明瞭となる。

このように裁判官と検察官が共通に司法官として位置づけられているところから，一般には次のような呼称も用いられている。すなわち，裁判官は，裁判官席に陣どっており，着席したままで発言できるところから，magistrat du siège（裁判官席の司法官）とも magistrat assis（着席した司法官）とも呼ばれる。これに対して検察官は，検察官席に位置しており，発言の際には立ちあがるところから，magistrat du parquet（検察官席の司法官）とも magistrat debout

(起立した司法官）とも呼ばれる。フランス外務省のことを所在地から Quai d'Orsay（オルセー河岸）と表現したりするのと同様であって，新聞などではよく使われる言い回しである。

　A　司法官の養成　司法官となるためには，国立司法職学院（E.N.M., Ecole Nationale de la Magistrature）における研修を経ることが必要である。国立司法職学院は定員があるため，まずこの入学試験を受けて合格しなければならない。受験資格としては法学士（licence en droit）の免状を有することが要求されている。学部3年次修了程度の比較的低い学位しか要求されていないのは，これが高等専門学校（grandes écoles）の1つであって，入学試験が相当難しいためである。現実には研究教育免状や法学修士の免状をもつ者が合格者の大半を占める。付設の司法学院で勉強した者も多い。国立司法職学院に入学すると，司法官の一種である司法修習生（auditeur de justice）の身分を得て，国家から一定の給与を提供される。2年7か月の修習のうち，一部はボルドーに設置されている研修所における講義で，一部は全国各地の裁判所・検事局における実地研修で行われる。最後に修了試験が課されており，これに合格すると本人の希望に応じて裁判官または検察官として司法官のキャリアの道に入っていく。

　こうした司法官の養成方法は，日本の従来の司法試験と比較していくつかの異なる特徴を有している。第1に，わが国においては司法試験を受験する資格として，法学部を卒業していることが要件とされていなかった。そればかりか，大学一般教養の課程を修了していれば免除される第1次試験を受験し合格すれば，大学に在籍したことすら必要なかったのである。第1次試験は資格試験として機能しており，日本の大学教育を受けることによって身につくことが期待されている法曹としての高い教養は，別に大学に行かなくとも受験勉強で知っていればよいということになる。これに対して第2次試験である専門試験は，明らかに競争試験である。その際には，多くの受験生の中から選抜するために，法学の素養の判断がごく限定された実定法科目の試験結果のみで下されたり，論述ではなくマーク・シート方式で予備的なふるい分けがなされたりする。日本の司法試験があまりに難関であるためにこれを突破した者は法学知識があると誰しもが納得しているけれども，実はこの前提そのものが相当に怪しいものである。受験科目以外の実定法を幅広く勉

強したり，さらには基礎法を学んで深い法的思索をめぐらしたりしていると，司法試験にはそれだけ合格しにくくなるのが現実であった。学問的教育，大学法学教育を軽視した上で成り立っていたのがわが国の制度であったといえよう。医学部を出て医師国家試験を受けて医者になったり，薬学部を出て薬剤師国家試験を受けて薬剤師となるのと日本の司法官は異なっていた。これに対してフランスでは，法学部を出たのち国立司法職学院入学試験を受けて司法官への道を進むことが予定されている。

　第2に，国立司法職学院の入学試験は，難関ではあるが，日本の従来の司法試験のように常識をはずれて難しいということはない。その理由はいくつか指摘することができる。まず受験年齢に原則として27歳を超えてはいけないという制限がある。わが国と異なり弁護士を含まず，将来司法官になる者のみであるから，ある程度の年齢階層制は不可欠であろう。もっともこれには例外規定が設けられており，1つは兵役（service national）でありこの期間だけ延長され，1つは子供の数であり1人につき1年の延長が認められている。次に，受験回数が3度までと制限されている。こうした技術的な面のほかに，より根本的には，国立司法職学院に合格することは，将来の判検事への道を保障するものであるが，日本のように弁護士になるための道ではまったくないことがある。判検事は身分こそ違え公務員であるから，才覚によって特別に多い収入を得ることは不可能である。また同様に公務員であることにより，制限年齢，制限回数内であってもあまり道草を喰っていると将来の出世が当然に覚束ない。こうして応募者にはおのずからしぼりがかかるのである。さらにフランスの司法官とりわけ裁判官の職務内容が地味であることも関連しているが，この点は次に述べることにする。

　国立司法職学院での修習を終えたのち，裁判官への途を進む者は，まず判事補（juge suppléant）となり，最終的には破毀院判事となるのを目ざす。裁判官は独立して職務を行使するとはいえ，裁判所としては審級制の階層が厳然として存在しているからである。これに対して検察官への途を進む者は，まず共和国副検事（substitut du procureur de la République）となり，最終的にはこれまた破毀院検事を目ざして仕事を遂行してゆくことになる。もっとも，裁判官は破毀院判事のポストが80を超えるような状況であり昇進に広い期待がもてるのに対して，検察官は階層的構造がより明確であり，上位のポストが

限られている。司法権に属する裁判官と執行権に属する検察官との人的交流は，国立司法職学院を出たのちにはほとんどみられないが，こうした事情から検察官から裁判官に転任する例が若干多くみうけられる。

裁判官と検察官がまったく別の法的職業として存在していることは，両者が等しく司法官仲間として親近感を抱くことを妨げるものではない。彼らは大学法学部で共通に勉強を修め，国立司法職学院ではいわば同じ釜の飯を食べてきたのである。こうした親近性は弁護士と比較すると一層顕著であり，弁護士は異なる資格要件で国立司法職学院とはまったく別の機関で養成される。わが国もコモン・ロー諸国におけるような法曹一元の制度は採用していないが，少なくとも司法研修所での教育は共通している。これに対しフランスは既にその時点から別であって，一層徹底した法曹二元の制度であるといえよう。

B　裁判官　　裁判官は司法権に属し，その職務を独立して行使すべく不可動 (inamovibilité) の身分保障を享受する。司法裁判官の身分保障は，形式的には早くから承認されていたものの，政治的変動の激しかったフランスでは，政変の際に各種の口実で追放 (épuration) が行われることが少なくなかった。政治的安定が得られた今日では，裁判官の身分は安定しており，これを担保する機関が前述した司法官職高等評議会 (Conseil supérieur de la Magistrature) である。わが国の裁判官にも身分保障が定められているが，10年ごとの再任制度が相当の圧力であり，転任のおそれもある。フランスの不可動は，正当な理由なくしては罷免されることがないことはもちろんのこと，昇任の場合といえども意に反しては転勤させることができないことまでを含む。まさに不可動の原義が生きている。

裁判官は，このように身分が安定している上に相当の高給であり，日本でも不況の際に公務員とりわけ転勤の少ない地方公務員の希望者が増加したりするが，同じ意味で安定職場という位置づけをなしうる。すなわち，転勤をいとわず熾烈な出世競争をしたり，世間的に目立つ活躍をするというよりは，社会の重要な任務を果たしているにもかかわらず堅実な仕事をしたいという人に向いている。近時は全般的な女性の社会的進出とも相まって女性任官者が多く，これに伴って職場結婚も増え任地の決定が難しくなるなど，女性進出 (féminisation) の問題が浮かびあがっている。裁判官というと人が人を裁く

極めて大変な仕事であるというイメージを我々はもっている。確かにそうした面はあるが，フランスでは必ずしも過度の責任によってわずらわされることのない職業であり，それは司法裁判所の組織や権限と関連している。

　第1に，民事のごく少額の事件，刑事のごく軽微な犯罪についてのみ単独裁判官制がとられ，それ以外の事件はすべて合議制で審理される。さらに合議制の下で匿名制の原理が堅持されており，少数意見など個人的見解を判決中に示すことは，単に行われていないということではなく厳格に禁じられている。もちろん合議における秘密は，裁判官が職務につくにあたって宣誓によって義務づけられている。第2に，司法裁判官は，民刑事事件のみを管轄し，政治的，行政的懸案に対する判断を余儀なくされることがない。すなわち，まず司法裁判官は違憲立法審査権限を有しておらず，憲法問題に介入することをしない。同時に行政事件を審理する権限も有しておらず，これは国務院を頂点とする行政裁判所に属する。第3に，民刑事の分野については法典編纂が実現されており，裁判官は自ら積極的に法規範を創造する必要性がほとんどない。また，新たな解決を採用する際にも，あたかも条文から三段論法により結論を導いたかのように装うことが可能である。

　こうした背景を基礎として形成される司法裁判官の行動様式から，その判決手法における特徴も説明できるように思われる。まずフランスの裁判官は，客観的にみて裁判官による法創造を推認させる「法の一般原理」や「衡平」という定式を用いることを好まない。裁判官が判決によって正面から法規範を創造することは，もちろんフランスでは法律上禁止されている。しかし，事件によっては法規から直接に結論が導きだすことができないときがある。こうした場合に，実際には裁判官は自ら判例法を創造しなければならないのであるが，その場合にもあたかも制定法の適用のみを行っているように理由づけるのである。民法典旧1384条1項を利用した無生物責任と構成することによる無過失責任の承認は，その典型例である（「法令原文資料」I 参照）。同時にフランスの裁判官は，先例があるときにはよほどのことがない限りこれを踏襲して判決をする。先例拘束性の原理が支配するコモン・ロー諸国では，先例の範囲を厳密に解することによって裁判官による法創造がなされてきた。この原理を制度上採用しないフランスにおいて，逆に先例の解釈理論が広く尊重され，判例の権威が高まっていく結果がみられることになった。

第2節　職業的法律家

このようにして，フランスの司法裁判官は，確かに社会的に尊敬されている職業の1つではあるけれども，コモン・ロー諸国において裁判官が占めているような重要性も他の法律家に対する優越性も有していない。裁判官の役割は，民刑事事件に限って，何よりも法規を適用することによって妥当な解決を図ってゆくことにあり，それに必要な範囲で法令の解釈をする任に当たった。弁護士の中から優秀な者を選んで裁判官に登用する法曹一元の制度とも無縁である。かくして，イギリスの裁判官のような栄光に包まれた存在でも，アメリカの連邦最高裁判所判事に象徴されるような社会的賞讃や批判に常にさらされる存在でもないのである。

C　検察官　検察官は執行権に属し，司法大臣の下に検察一体の原則に基づいて行動する。したがって，検察官には，裁判官に認められている特殊な身分保障は存在しない。しかし，検察官の役割は，執行権の権益を代弁することにあるのではなく，社会公共の利益を代表し，正しい法秩序を防禦することにある。確かにフランスにおいても，かつては検察官は国王代理官 (procureur du roi) という名称を有し，国王の立場を代弁する任務を有していた。またイギリスやアメリカの検察官 (solicitor general, attorney general) は，今日でも政府の代表としての職務を行使することがある。ところがフランスでは，早くから検察官は行政の運営に関与することよりももっぱら司法に重点を移し，その分だけ自律性を獲得していった。今日執行権に属する公務員に分類されるよりも裁判官とともに司法官として捉えられるのは，そのような背景がある。さらに，この点に関連して2つ特徴を指摘することができる。

1つは，執行権内部における検察官の地位の相対的独立性を示すものとして，検察官はその総括意見書 (conclusions) については上司から受けた指示に基づいて一定の趣旨にのっとって作成しなければならないのであるが，法廷においては個人的見解を表明し，意見書とはまったく異なる議論を展開することができる。「ペンは奴隷であるが，言葉は自由である (la plume est serve, mais la parole est libre)」という格言は，このことを示す。他の1つは，既に指摘した裁判官との養成上の類似性である。そこから同じく司法の運営に携わっているという信頼と友誼の関係が両者の間に生まれる。裁判官も，自ら実務の経験をもたないだけに，法実務に長けまた弁説さわやかな弁護士が苦手なのである。とはいえ，検察官が裁判官とのこうした関係を利用して，不

当に影響を行使することはもちろんありえない。むしろ共通する学問的教育——別の面では共通する実務知識の欠如——を背景として，大学教授の学説や理論的説得が心証形成に有利に働く場合が多いという指摘がなされる。

　検察官の権限は刑事・民事の両訴訟に及んでいる。刑事事件においては，検察官は主たる当事者として被告人の刑事訴追を確保する任にあたる。国ではなく社会公益を代表しているところから，権限の範囲内で政府高官や議員に対しても訴追を行うことがある。民事事件においては基本的に私人相互の法関係が争われるわけであるが，そこにおいても社会公益の立場から介入する必要がある場合がみられる。1つは主たる当事者として関与する事例であり，これには未成年者，法律によって保護される成年者（majeur protégé par la loi，いわゆる禁治産者），不在者などの財産が十分に保全されるように裁判所に請求をなすような弱者保護類型と，婚姻取消事由に該当する場合に裁判所にその請求をなすような公の秩序維持類型がある。他は従たる当事者として関与する事例であり，重要な法的問題が原告と被告の両当事者間で争われている場合に，中立的立場から望ましい解決の方向を示唆することができる。この権限はわが国の検察官は有していないものであるが，フランスでは重要な判決にはしばしば付されており，簡潔な判決文の推論を補完する重要な手掛かりとなる。もっとも，検察官の見解は裁判官の判断を何ら拘束するものではない。検察官の関与は，いずれも総括意見書（conclusions）という形式をとって行われる。刑事の主たる当事者として関与する場合には，これはいわゆる論告に相当する。

　(2)　行政裁判官（juge administratif）　　行政裁判官は，検察官と同じく執行権に属しつつ裁判に関する職務に従事する。しかし，検察官が司法官として司法裁判官と同一の養成を受けるのに対して，行政裁判官は，最初の段階から純然たる執行権内部の行政官としての養成を受ける。以下では，主として行政最高裁判所である国務院の構成員を念頭に置きつつ検討する。

　フランスにおいて上級公務員，官庁の幹部職員となるためには，高等専門学校（grandes écoles）の1つである国立行政学院（E.N.A., Ecole Nationale d'Administration）の入学試験に合格することが必要である。それまで各省が独自に採用していたものを1945年に統合したのがこの組織であり，その入学試験はわが国の国家公務員Ⅰ種試験（行政・法律・経済）に相当しよう。国立行政学院を

受験するためには，もちろん法学部を卒業していてもよいわけであるが，必ずしもそれが要件とはされていない。いわゆる狭い意味における法曹の養成が目ざされているわけではないからである。むしろ国立行政学院の予備門的な性格を有する各地の大学付属の政治学院 (Institut d'études politiques)，とりわけここのみ大学から独立しているパリの政治学院 (Institut d'études politiques de Paris, dite Sciences Po.) の出身者が多い。

　国立行政学院における2年間の講義および現場における研修を経て，最終の修了試験に合格した者は，その席次に従い，順次定員に至るまで希望する官庁に配属されてゆく。国務院は，会計院 (Cour des comptes)，財務監察 (Inspection des Finances) などとともに人気が極めて高く，また採用人員も数名と少ないため1桁の成績を収めないとほとんど入れない。フランスでは，財務省，内務省，外務省といった中枢実務官庁よりも，監督官庁が一層高い地位を占めていることに特徴がある。国務院に入った者は，聴聞官 (auditeur)——これにはさらに2級と1級に区別される——，調査官 (maître des requêtes)，評定官 (conseiller) の順で昇進してゆくが，高級官僚に共通する特徴として昇進は年数に応じて自動的なものである。国務院では各人は行政部と訴訟部への配属に応じて内閣法制局的任務と行政裁判所的任務のいずれかを果たすが，同時にその総合的能力を評価されて各省の官房に出向して政策立案に携わることも多い。さらに，こうしたキャリアを背景にして政界や実業界に進出する者も少なくない。国務院は，フランスの行政を方向づけ，統制する最高の国家機関の1つであり，公務員になろうとする者のあこがれの的であって，野心のある若者が目ざす官庁といえよう。行政控訴院や行政地方裁判所の裁判官も，一部が一般の公務員から選ばれるほかは，国立行政学院の卒業者によって占められる。

　行政裁判官に対しては，司法裁判官に認められるような身分保障は存在していない。国務院では評定官が裁判官の任に当たっているが，この者の事実上の身分保障は歴史的に獲得され，現実には司法裁判官に劣らないものがある。その上，行政の内部事情に精通しているところから統制の勘所を心得ていること，執行権の内部的な裁判的統制であるため司法権の限界といった議論にまきこまれることがないこと，最高の政策通のエリートが集まっていることなどにより，法創造に対して積極的な姿勢をもつ。行政法が法典化され

ていないことも、行政判例法の展開に有利に働いた。行政法規の公正な適用のみならずその形成についても、行政裁判官が果たしている役割は極めて大きい。

　司法裁判所における検察官に相当する職務は、行政裁判所においては国務院職団に属する者のうち調査官の身分を有する者が、政府委員（commissaire du gouvernement）――2009年より報告官（rapporteur public）に名称変更する――という資格で行う。すなわち、検察官のように裁判官と別系列の採用による異なる身分をもつ者ではない。行政裁判所では政府委員が主たる当事者として関与する場合はなく、従たる当事者として意見を表明する権限に限られる。政府委員は、その名称が示す通り、元来は国務院における訴訟手続に弁護士強制が採られたことに対応する措置に由来する、行政の立場の代弁者であった。それがその後中立的な立場から事件に対する判決提案を行うようになる。政府委員による総括意見書（conclusions）は、検察官が民事事件に対してなすものよりはるかに多くなされ、かくして行政判例法形成に大きな影響を与えている。フランスにおいて判決が極めて簡潔にしか事実関係や理由を記さないため、とりわけ政府委員のこの面での役割は重要である。もっとも、検察官の意見書と同様に、政府委員の意見書も、法的に裁判官の判断を拘束することはまったくない。

2　裁判補助者（auxiliaire de justice）

　裁判は法廷で対決する両当事者およびこれを裁く裁判官という三者が基本となって成立するとはいえ、訴訟が円滑に進行するためには、現実にはこれを助ける多くの者が必要となる。これらの者を総称して裁判補助者と呼んでいる。その代表的な職業は弁護士（avocat）であり自由業であることを特徴とする。これと対照的に職株をもって独占的に職務を行使する、裁判所付属吏（officier ministériel）として一括される各種の職業がある。裁判所付属吏は、近年他の職業に統合されたり公務員化されて整理される傾向にあり、これに伴って裁判所における司法官以外の公務員が重要性を増している。

　(1)　弁護士（avocat）　　A　養成方法と任務　　弁護士になるためには、法学部において法学修士（maîtrise en droit）の称号を得ることおよび弁護士職適格証明書（C.A.P.A., certificat d'aptitude à la profession d'avocat）を取得することが要件とされている。かつては弁護士には大学卒業の資格のみが要求されてい

第2節　職業的法律家

たのであるが，近時における大学の大衆化に対応してまた社会の複雑化に伴って必要とされる法知識の増大に対処すべく，新たに弁護士職適格証明書の取得が課されたのである。とはいえ，こうした要件の追加にもかかわらず，弁護士になることにわが国で司法試験に合格しなければならないということに匹敵する法外な難しさはない。それは弁護士職への適格を証明する試験が，基本的に資格試験であって競争試験ではないことにある。定員の要請がある司法官は別途競争試験により選別されるため，自由業である弁護士は人数にそれほど気遣う必要はないからである。しかし，弁護士になるのが比較的容易であるということは，逆の面からは弁護士になってからの競争が激しく，これで生計を立ててゆくためには相当に頑張らなくてはならないことを意味する。ぼやぼやしているとペーパー弁護士，兼業弁護士になってしまうのである。ところがこの収入という点は，後述するように弁護士という職業が特殊貴族的な職業という名残りがフランスには存在しており，金もうけに熱心な人には必ずしも適した仕事ではないという認識が一般的であり，さほど問題とはならなかったのである。

　弁護士職適格証明書を取得するためには，弁護士会が運営する研修所 (CRFPA, Centre regional de formation à la profession d'avocat) で1年半勉強する必要がある。これに入るためには各大学付設の司法学院が実施する試験に合格しなければならない。弁護士研修所は，控訴院の管轄区域ごとに設けられており，設置主体である弁護士会に司法官や大学教員が協力しつつ運営されるが，あくまで公用認定施設 (établissement d'utilité publique) であって，弁護士の養成は私的に行うという建前が貫かれている。弁護士が自由業 (profession libre) であるからには，その養成も国家から自立して行うというのは，ある意味で当然のことである。しかし，わが国のように弁護士になるための試験から養成に至るまで司法官同様国家が全面的に面倒をみている方式と比較するならば対照的であり，法曹二元のあり方を典型的に示している。弁護士となるために必要な資格を備えた者は，希望する弁護士会 (barreau) に登録をなす。かつては弁護士事務所において修習弁護士 (avocat stagiaire) として弁護士修習を受けることを義務付けられていたが，今日では廃止されて全弁護士に対する継続研修となった。

　弁護士は，第一審および控訴審裁判所において口頭弁論 (plaidoirie) を行う

ことを任務とし，当事者に代わって訴訟書類を整える訴訟代理（postulation）は伝統的に代訴士（avoué）の独占的な仕事とされてきた。このことは，訴訟依頼人にとっては訴訟を提起しようと思うならば最低限2人の別の法律家に依頼しなければならず，不便であった。さらに，国務院や破毀院で争うためには口頭弁論と訴訟代理の双方の権限をもつ別の裁判所付属吏が独占権を有していた。また商事裁判所においては，一般の弁護士，代訴士が仕事をなすことができるほか，ここにおいてのみ口頭弁論と訴訟代理の双方の権限をもつ商事裁判所弁護士（agréé）も存在し，極めて複雑であった。そこで弁護士と代訴士を一本化することを中核とする改革がかねてより目ざされたが，従来から特権的に訴訟代理を独占してきた代訴士の反対が強く，1971年の改革では，第一審段階でのみ一本化が実現された。同時に，商事裁判所弁護士も弁護士に吸収された。ついで2011年の改革により，ようやく控訴院段階においても代訴士が廃止された。

　フランスにおいては伝統的に代訴士の関与は強制されてきたが，弁護士に依頼するか否かは自由であった。近時は訴訟手続の迅速な進行のためにも，これが強制される傾向にある。すなわち，小審裁判所では本人訴訟が可能であるが，大審裁判所や控訴院では弁護士強制がなされている。もっとも例外裁判所では異なる扱いが規定されており，むしろ本人訴訟が義務づけられたり，例外的に可能とされることがある。行政裁判所においては，完全裁判訴訟には弁護士強制が課せられているが，越権訴訟では本人訴訟が可能である。なお，弁護士強制がなされていない場合においても，本人訴訟をするのでない限り弁護士以外の者に依頼することは原則としてできない。

　弁護士は，裁判補助者として活動する以外に，法廷外で市民の日常的法律相談業務を行うことも重要な仕事である。この面においても，こうした仕事をもっぱらにする法助言士（conseil juridique）が併存していた。私人の相談に応じて助言を与えるほか，とりわけ商事や税務に関して私署証書を作成したり，行政庁などに対して禁止されていない範囲で当事者を代理した。また裁判所においても，商事裁判所のように弁護士以外への委任による代理行為が許容されるものについては，代理人となることができた。1990年にこの法助言士も弁護士に一元化された。

　　B　職業的性格　　フランスにおいては，弁護士は人間の病をなおす専門

職として医師，聖職者とともに尊敬される存在である。人間がかかる病にも様々なものがあり，そのうち体の病は医師が，心の病は聖職者が，社会関係における悩みごとは弁護士がそれぞれいやす面倒をみてくれるわけである。大学が中世以来必ず医学部，神学部，法学部を有するのは，こうした社会的に不可欠な人材を養成するためである。いずれの職業も困っている者を助けるという使命から，無償で救いの手を差し伸べるのが本筋ということになり，またそうした奉仕活動は人格のある者でなければできまい。これを一言にすれば共通して使命感を伴う職業と性格づけることが可能であろう。弁護士に即して具体的にこの特徴を説明しよう。

第1に，弁護士は，困った者に対し親身になって助ける人間性豊かな者，人格高潔な者でなければならない。この点を具体的に担保すべく，フランスでは弁護士に大学卒業資格を一貫して要求し，教養ある人を得ることに努めた。わが国の司法試験が第1次試験として教養試験を設けていたことも，そうした趣旨と関連がないわけではあるまい。すなわち，単に法技術を身につけているだけでは足りず，大学出身者に備わっているような幅広い教養が根底にあって，全人格的な弁護活動をしなければならないのである。単に実務研修や徒弟的見習いで習得できる法技術では十分でないと考えているのである。

第2に，弁護士は，無償の奉仕をする気概をもたなければならない。弁護士は一種の公共サーヴィス活動をしていることに誇りをもっており，当然金銭的な面には無頓着であるべきことになる。そこで元来は，弁護士は訴訟依頼人に対して弁護士費用を請求することが一切認められていなかった。訴訟依頼人は，弁護士がなした労務への感謝の気持として，自分で支払える範囲内でまた自己が適当と思うだけの謝金を弁護士に渡せばよかったのである。直接に渡すとどうしても金額が気になるので帰り際に玄関の横に置いてある皿の上に置いていくといった方法が一般的であった。これは医師に診療してもらった謝礼を支払ったり，聖職者に悩みごとを相談した謝礼としての喜捨についても同様であった。医者や弁護士というのは，今日の日本ではもっとも収入が高い職業として知られており，隔世の感があって信じ難いかも知れないが，フランスにおいて元来はそうした職業であった。

弁護士については，近時に至るまで無償性が維持され，また今日でもその

名残りが弁護士報酬制度の上にみられる。すなわち，古くは，謝礼を受けとってもそれが不当利得とならないだけで，弁護士費用を約定すること自体が認められていなかった。その後弁護士費用を約定することは認められたが，これを弁護士が訴訟により請求することはできず，いわゆる自然債務（obligation naturelle）であったといえる。1957年法により，はじめて裁判上の弁護士費用の訴求が許容されたが，弁護士規約上依然として訴額に応じた報酬の約定は好ましくないとされる。それが弁護士をして金銭的利益の追求へと向かわせ，社会的弱者の救済，法の公平な下僕としての性格を損わせるからである。

　このようにして，弁護士として活躍すべき者は，大学に行って学問的法学教育を受けており，職業についてからも金銭について拘泥しなくとも生活してゆける人であるから，貴族的職業（profession aristocratique）ということになる。フランスでは精神的にも経済的にも余裕がある階層の者が弁護士となり社会的にも活躍したため，19世紀から20世紀前半において政治や経済の分野でリーダーシップをとった者には，弁護士出身者が多い。フランスにおける近代的法秩序は，基本的に立法によって形成されてきたといえるが，それを担ったのは議会の多数を占めた弁護士階層である。そもそも法典編纂で指導的役割を演じたのも旧制度下以来の法実務家であった。そこから，フランス法秩序の造形者は弁護士であるとする指摘がなされてきた。もっとも，近時は社会全体が大衆化し有産市民階級の子弟が法学部に多いという傾向も稀薄となった。また，弁護士といえども，本来の仕事で金を稼がなければ到底生活してゆけなくなっている。他方，行政の比重の高まりとともに，とりわけこれを法的側面から統制する国務院の役割が重要となっていく。また，執行権優位の統治機構が採用され，同時に国立行政学院出身者（énarque）が，新たな政治指導集団として登場してくる。弁護士の法秩序の造形者としての地位は相対的に低下しており，国務院を中核とする法学専門公務員集団に移行しているといえようか。

　(2)　裁判所付属吏（officier ministériel）　　自由業である弁護士と対照をなすのが，独占的営業権をもち裁判所付属吏として一括されている様々な裁判補助者である。裁判所付属吏は，一様に職株（office, charge）を有することがその職業を行使する要件とされている。官職株の売買（vénalité des offices）は旧

制度時代には広く行われており，最高法院（parlement）の裁判官職がこれによっていたことの功罪は既に指摘したところである。大革命ののち公務員一般や裁判官についてはこの制度は廃止されたものの，裁判所に付属する様々な職業については今日まで生き延びてきたのである。職株を取得するためには，その独占的権益に見合った相当の資力を要求される。しかし逆に，その職業に就いたのちには訴訟依頼人からの手数料収入で大いにもうけることは当然のこととされ，無償の奉仕が原則であった弁護士と根本的に異なる。職株保有者が引退したり死亡した時には，その職株を他の者が譲り受けて，これが行政によって認可されると営業権の変更ということになる。かつては職株の取得以外にあまり厳格な資格が要求されていなかったが，近時は各職業に応じて一定の法的能力を示す資格要件が課されている。

　もっとも典型的な職業として代訴士（avoué）があった。当事者を代理し訴訟書類——とりわけ申立書（conclusions）——を作成する，いわゆる訴訟代理（postulation）の任にあたる。他方法廷における口頭弁論は，弁護士の役割である。代訴士は訴訟手続の詳細な部分を熟知しており，またその専門技術を生かして手数料を稼ぐことを業とする。民事訴訟法を改正して，市民の裁判所へのアクセスを容易にする改革に対して懐疑的立場を採りつづけてきたのはそのためであり，また弁護士への一本化に対しても独占的営業権の喪失との関連で抵抗してきた。1971年法によりまず第一審裁判所において弁護士と一本化され，控訴院付代訴士（avoué près la Cour d'appel）となり，2011年法により全廃された。

　A　国務院・破毀院付弁護士（avocat au Conseil d'Etat et à la Cour de cassation）
省略して法院弁護士（avocat aux Conseils）とも呼ばれており，行政，司法の両最高裁判所において，弁護士と代訴士双方が伝統的に扱ってきた任務を1人で果たす。かくして，最上級審まで事件を争う場合には，今日でも弁護士，法院弁護士という2人に最低限依頼しなければならない。国務院・破毀院付弁護士となるためには，現在，法学修士の称号を有し弁護士としての一定の経験と年齢要件が課されている。職株数も少なくエリート職業と評価されている。

　B　執行士（huissier de justice）　わが国の執行官に相当する職業であって，当事者間の呼出状（assignation）や判決を送達し，判決の執行を確保する任に

あたる。現在，法学士の称号を有し，2年の研修を経て最終試験に合格することが必要とされている。

　C　競売士（commissaire-priseur）　裁判所から委託された強制競売さらには任意競売の任にあたる。法学士の称号および美術史または歴史の一般教育免状を有し，2年の研修を経て最終試験に合格することが必要とされている。

　D　商事裁判所の書記（greffier）

(3)　公務員　A　書記官（greffier）　書記官は，裁判所の書類の作成と保管の任にあたる。書記はかつてはすべて裁判所付属吏の身分を有していたが，1965年法により商事裁判所を除き公務員化された。

　B　裁判所職員　裁判所には，書記官のほかに一般の事務官，速記官，廷吏のような専門の事務官，契約職員などがおり，裁判所の仕事を補助している。

(4)　非職業的な裁判補助者　職業的法律家に分類することには，他に主たる職業を有していることから妥当ではないが，法に関する専門知識を生かして裁判補助者として活躍する仕事に，以下のものがある。

　A　管財人（administrateur）　債務者が裁判上の整理（règlement judiciaire）または財産の数額確定（liquidation des biens）の対象となったときに，その財産を管理するために執行裁判官によって指名される。

　B　裁判上の管財人（administrateur judiciaire）　民商事会社や社団が裁判上の整理の対象となった場合に，商事裁判所によって指名される管財人をとくにこう呼ぶ。かつては破産管財人（syndic de faillite）が存在していた。

　C　会社清算人（liquidateur de société）　商事会社が財産の数額確定の対象となった場合に，商事裁判所によって指名される。

　D　鑑定人（expert）　技術的知識や複雑な調査を要する事実について鑑定意見を述べるために，裁判所によって委嘱される専門家である。なお，商事鑑定人（arbitre-rapporteur）は，商事に関する技術的知識や複雑な調査を要する事実について意見を述べるために商事裁判所によって依嘱される専門家であったが，現在は廃止された。

　ほかにも，行為能力が十分にない者に対する後見人（tuteur）や保佐人（curateur）などの財産管理人（administrateur），相続人不存在の場合の財産管理人（curateur à successions vacantes），紛争解決のための勧解人（conciliateur）や仲裁

人 (arbitre)・衡平仲裁人 (amiable compositeur) など裁判所によって協力を要請される仕事は多い。

3 裁判所外の法律家

裁判所とは直接の関係を有しないが，日常生じる法的問題の処理に当たる職業的法律家がある。もちろん弁護士は，裁判所に関連する仕事以外に，こうした法律業務を遂行できるのであるが，ここではもっぱら裁判所外で仕事をする者に焦点を合わせて検討する。

(1) 自由業　法助言士 (conseil juridique) がこうした職業を行使するものとして組織化されていた。しかし，外国人法助言士が弁護士の職域を荒すという状況が深刻化し，1990年に弁護士に一本化され廃止された。とりたてて指摘すべきこの範疇の職業はなくなった。

(2) 裁判所付属吏　裁判所外で法的活動をなすにもかかわらず，その活動が間接的ながら裁判と緊密にかかわるため，裁判所付属吏としての性格を認められている法律家として公証人 (notaire) がある。公証人の基本的な仕事は，公署証書 (acte authentique) としての効力を有する公証人証書 (acte notarié) の作成にある。一般の私署証書 (acte sous seing privé) は，確定日付 (date certaine) を有せず，単なる反証によって覆されてしまうことがある。これに対して，公署証書は，裁判上虚偽記載 (inscription de faux) の立証がなされない限り証明力を失わない。虚偽記載を主張して敗訴した場合は刑事制裁を加えられることもあって，その証明力は容易に覆らない。また執行文のついた公署証書の謄本は，そのままで執行力を有する。

フランスにおいては，ある程度正式な法的文書を作成しようという場合には，必ず公証人が関与するといってよい。たとえば，土地建物の売買をする，一定額を超える金銭の貸借を場合により抵当権を設定しつつ行う，会社の定款を作成する，婚姻の際に夫婦財産契約を締結する，財産を与えて終身定期金を受領するように約する，遺言書を作成するといったものがあり，重要な法律行為をなす場合には，常に公証人に相談に行くという習慣ができているのである。弁護士が，裁判という手段に訴えるか否かは別として紛争が生じた場合に依頼するという性格が強いのに対して，公証人は紛争が生じていなくとも日頃常に世話になる法律家である。その意味で，かかりつけの医者や相談相手となる教区の主任司祭と並んで，日頃世話になる法律家というのは

公証人であるといえよう。フランスでも個人が顧問弁護士を有するというのは，よほどルーズな財産管理をしているのでなければ，きわどい商売をしている人である。紛争の種となるような事項はほとんどが公証人の関与により予防的に処理されるからである。

公証人となるためには，法学修士の称号を取得したのち第3課程の専修コースで免状を取得し（D.E.S.S.notariat），試験に合格し公証人高等免状（Diplôme supérieur du notariat）を得て研修することが必要である。

このほか法以外に経済の知識も要求される職業である証券仲買人（agent de change）も裁判所付属吏であったが，1988年法により廃止され，証券取引所会員会社（société de bourse）が代わって制度化された。

(3) 公務員　身分吏（officier de l'étatcivil）は身分証書（acte de l'état civil）を専門に扱い，抵当権保存吏（conservateur des hypothèques）は土地の公示（publicité foncière）を，名称から推測される抵当権のみならず所有権の移転など全般にわたって管理し，いずれも市民の法生活に重要な役割を果たす。

紛争解決の次元では，近時大都市を中心として司法機関が中心となって組織する「法務センター（maison de justice et du droit）」や自治体が中心的に担う「法務コーナー（boutique de droit）」が設けられ，公共の援助の下に日常的な紛争解決に無料で相談にのっている。和解による紛争解決（résolution amiable des litiges）を行い，フランス型の代替的紛争解決方法（mode alternatif de règlement des différends（litiges））の一翼を担っている。

第3節　社会生活と法

一国の法を担っている者は，前節で述べたような職業的法律家のみにとどまるものではない。裁判所とは無関係にまた依頼人をとることなしに，法知識を用いて社会的，経済的な活動をしている多くの者が企業にも官庁にもあって，法的側面からその運営を支えている。まず，本格的な法知識を要するこうした職業を概観する。このほか，市民一般も様々なかたちで日常的に法と係わりをもち，法形成にあずかっている。このように広く国民がどのような法生活をしているのかを知ることは，生きたフランス法のあり方を理解する上で不可欠である。この点に関しては，まず，フランスにおいて法が社会生活を規律する規範としていかに捉えられているのか，いわゆる法観念そ

第 3 節　社会生活と法　　　　　　　　243

のものを検討する。ついで，裁判を中心として紛争解決のために施されている仕組みと市民の行動実態について考察を及ぼしたい。

1　法知識を要する社会的活動

　フランスでは，一般的に就職の際にはその者の資格や能力を評価して，それを必要とする特定のポストに補するという方式を採用している。これに対してわが国では，会社にせよ官庁にせよ採用した傭い主が職業的教育は別途施すことを前提として，一般的な基礎学力を別とすれば，体力に自信のある者，協調性のある者，適応能力のある者を基準として採用を決定する傾向にある。「つぶしのきく法学部」，「法科万能」という指摘はよくなされるが，実は明治以来の教育体系，官僚養成機構の中での東京大学法学部が占めてきた特殊事情に負うところが大きく，つぶしのきく学部は別に法学部に限られない。文系学部であれば経済学部卒業でも社会学部卒業でも外国語学部卒業でも採用事情にほとんど変わりはない。様々な職種を経験させてゆくので，元気があって就職先に忠誠心があれば専門性は重視しない。こうした日本型就職と比較すれば，フランスでは他学部同様法学部卒業生には，その専門性を生かした職種への就職が主流である。

　とはいえ，イギリスの法曹学院（Inns of court），アメリカの法学校（Law school）といった法学教育機関がもっぱら弁護士という専門の法曹の養成のみを目ざすものと比べると，フランスは遥かに広い社会的活動分野に，法学部卒業生を送り出している。ドイツの法学部はといえば，確かに官庁や企業などにも人材を送り出しており，フランスと同様の傾向をもつ。しかし，学部卒業に相当する第 1 次国家試験のみならず，司法修習をおえて第 2 次国家試験に合格し完全法律家（Volljurist）でないと十分に評価されないことから，中途脱落者が多く一般性が弱い。フランスでは法学履習の学位を多様化していることがあって，能力に応じてはるかに多数のしかも多様な法学部卒業生を社会に提供しているのである。私部門と公部門とに分けて，どのような分野に進出しているかを検討してみよう。

　(1)　私部門（secteur privé）　　まず私部門のうち製造業においては，法務部，法規部ないしは法務を扱う部署を内包する総務部への就職が主流をなす。製造業は，もともとは新しい製品を開発しこれを安価で製造し，これをいかに販売するかを枢要な業務としてきた。しかし，企業の社会的役割が高まる

のに伴って，株主総会に関する準備，労働組合への対応，消費者とのトラブルの解決，商取引をめぐる紛争への法的助言，監督官庁への届出などの仕事が増加し，これを専門とする部署も設けられるようになる。このほかにも，とりわけ近時は労働者保護立法や社会保障関係の立法，さらには環境保全立法なども多く制定されており，それらへの的確な対応なくしては企業の正常な運営はなしえなくなっている。そこで，こうした多大の法知識を要する部署への法学部卒業生の進出が目ざましいのである。

第3次産業のうち，銀行 (banque)，保険 (assurance)，証券 (valeurs mobilières)，不動産 (immobilier) など事業内容が特定化されている企業活動については，それぞれに固有の法的規律が詳細にわたってなされており，その方面の業法知識も重視されるため就職する者が多い。これに対し，小売業，運送業などでは業法もさることながら，多くの現場従業員を抱えていることから，総務部的な場面での法学部卒業生の採用がみられる。

各種の団体，たとえば鉄鋼連盟 (U.I.MM., Union des industries métallurgiques et minières) といった職業団体，労働組合 (syndicat des salariés) など職業組合，農業経営者組合，S.A.F.E.R.，農業会議所といった農業組織は，団体構成員の利益を図るために，各種事業立法への統一的対応を協議したり新たな立法への働きかけを任務の重要な1つとしている。法規制のあり方が中核をなすため，多くの法学部卒業生がその活躍の場を見いだしている。

(2) 公部門 (secteur public)　　A　一般公務員　　公部門では，研究職，技能職を除く公務員 (fonctionnaire) 全般について，法学を修めた者に対して門戸が広く開かれている。幹部の国家公務員を養成する国立行政学院については既に述べたが，予備門としての性格をもつ政治学院 (Institut d'études politiques) の卒業生のほかに，相当数の法学部卒業生が含まれている。一般の国家および地方公務員試験においても法学科目の比重が高く，多くの法学部卒業生が公務員への道を進む。行政活動はすべからく法令にのっとってなされなければならないとするのが，近代の法治行政原理であるとするならば，こうした状況はある意味で当然のことである。

B　法学部教員 (enseignant)　　ほとんどすべての大学が国立大学であるフランスでは，法学系の教育研究単位の教員は，法知識を活用する特殊な範疇の公務員ということになる。法学部教員は大きく3つの職団に分かれ，そ

第 3 節　社会生活と法

れぞれ別の資格要件に服する。

　(a)　教授 (professeur)　　教員のうちもっとも上位の職団であって，法学博士号取得者が教授資格試験 (agrégation) を受けて合格すると教授資格者 (professeur agrégé) となり，全国の大学の空ポストに補せられる。教授資格試験は，空席となった教授のポストの数に応じて 2 年に 1 回行われる競争試験であって，受験資格要件からして極めて高いレヴェルで争われる。選抜は，博士論文の水準，法学知識，実際に試験官の前での講義の巧拙などを総合して行われる。優秀な若手研究者は20歳代後半でこれに合格するが，この資格もまた国家が認定したものであるから，以後原則68歳の定年まで40年間ほど身分が保障されることになる。専門領域に対する幅広い知識と教授能力が立証されれば，大学教授として十分であるとする考え方である。その代わり，教授資格試験の段階で厳しい能力審査が行われる。

　日本においては，大学院を修了したのちまず助手になり，助教に昇格しついで准教授となり，最後にやっと教授にたどりつくという段階方式を採用してきた。そこにおいては，少なくとも教授になるまでは業績作りにあくせくしなければならない。さらにアメリカのような競争を美徳とする国では，十分な業績をあげることができなかったり，学生による授業評価が極めて低かったりすると，正教授となる前は昇進できないばかりか，降格になったり免職とされてしまうおそれがある大学も少なくない。フランスはエリートが競争試験によって選抜されると，それが職団として機能し競争を排除する点に特徴がある。教授職団もその 1 つである (拙稿「後継者養成の展望——諸外国との比較の視点から」法律時報73巻 4 号 (2000年) 参照)。もっとも，教授資格試験合格者は最初は地方の大学にまず赴任し，その後特記すべき業績をあげた者がパリ第 1，第 2 大学など有力大学に呼び戻される。その際に教授資格試験の席次が相当に考慮されるという点が，試験国家フランスの特徴といえよう。教授は大学院の講義のすべて，学部の講義の大半，さらに大学院における研究指導や演習を担当する。

　(b)　講師 (maître de conférence)　　博士号を取得した者が，各大学区ごとで実施される競争試験を経て選考される。教授と同様に身分を保障されているが，逆に講師をいくら長期間務めていても自動的に教授になれるわけではない。講師は，教授の下で大学院演習を担当するほか，別科や外国人専用大

学院課程の講義も本科と比較したその重要性の低さ故に担当することが多い。さらに，教授の数が不足する場合には，学部本科の講義についても一部を分担することがある。学生数の増大に対して教授の補充が間に合わない事態が各大学で生じており，講師による代行現象が問題点として指摘されている。

(c) 助手 (assistant)　　第3課程1年目の研究教育免状を取得した段階で，応募する資格が生じる。各大学が独自に採用し，身分は契約的であって安定していない。博士論文を準備する者が生活費を稼ぐ目的でなることが多い。学部の演習を主として担当する。

2　法観念 (conception de droit)

フランス人の法観念がいかなる特徴を有するかについては，典型的な挿話を例にとって述べることは可能であり，一般に理解しやすい。ダヴィド教授は，ヴィシー政府時代の法令の効力をめぐる論争をとりあげ，法的議論を好むとする。しかし，一般論としてこれを十分実証することは難しい。同様に，法観念は国民性によっても説明され，また逆に国民性の一部をなすともみうるのであるが，国民性そのものが捉えにくいものである。そこで以下においては焦点をしぼって，法規範がどのような特徴を有しまた国民がこれをどのように考えているのかを検討する。法規範が実効性を有するためには，一方においてその内容が国民にとって理解しやすいものであることが必要であり，他方において国民がこれに対して規範意識を強く有することが必要である。前者が形式的要件とすれば後者は実質的要件とみうるものであり，両者が相まって実効性が担保されるといえよう。この度合いの検証により，ある程度客観化されたかたちで，フランス人の法との係わり方の特徴を知ることができよう。

(1)　法規範の明快さ　　法規範の内容が国民にとって分かりやすいものであるか否かは，民法典の編別構成がパンデクテン式であるかインスティテュティオネス式であるかといった，法技術的な面でも当然示される。この点は第3編第2章第1節1で民法典に関連して述べる。そこでここでは，より一般的に，法文の文理的把握の容易さという観点から検討する。具体的には，用語と文章の両者が係わっているが，フランスの法文はこのいずれについても明快さを担保する点で優れている。民法を例に考えてみよう。

A　用語 (vocabulaire)　　フランスで法文上用いられている言葉は，全体

として日常使われている言葉との整合性の度合いが高い。もちろんフランスにおいても，法律用語のうちには専門家でなければ使わないような言葉もあり——たとえば一般債権者 (créancier chirographaire) とか双務契約 (contrat synallagmatique) ——，また日常的に用いられる言葉であるが法的には特別な意味で使われるものもある——たとえば善良な家父 (bon père de famille) とか善意・悪意 (bonne foi, mauvaise foi) ——。それは法規というものが厳密な概念構成を必要とするために不可欠な傾向であって，わが国における法用語と比較するならばその親近性は際だっている。もっとも，「善良な家父の注意 (tous les soins d'un bon père de famille)」という民法典の各所で用いられてきた表現は，2016年の債務法通則改正の際に，「善良な管理者の注意 (tous les soins d'une personne raisonnable)」に変更された。ローマ法以来の「bonus pater familias」という通常人を示す表現が時代にそぐわなくなったためである。

　いくつかの例を挙げてみよう。身近な家族法に関して，フランス語の mariage や divorce は日常用語と同一である。これに対して日本語表現としては，法的には婚姻，離婚ということになるが，日常用語とは齟齬がみられる。前者については結婚という表現が一般的である。法律家であっても普段は結婚としか言わないのであって，法的議論のときのみ婚姻と使いわけざるをえない。後者については，妻を離縁したとか離縁の三下り半をつきつけるという表現が存在し，離縁が離婚の意味で用いられ，かつてはとりわけ一般的表現であった。ところが，法的には離縁はまったく別に養子縁組を解消する場合のみを示す言葉である。

　法のもっとも基本用語である droit〔subjectif〕についてはどうであろうか。フランスではこの言葉は日常的にもよく用いられ，わが国の権利といった重々しい響きはもたない。たとえば，日本の田舎にある本屋で小学生がマンガを立ち読みしていれば，本屋のおじさんが叩きを持って回ってきて「立ち読みしちゃだめだぞ」と言うところを，フランスでならば"Tu n'as pas le droit de lire ces livres（字句どおりに訳すと「立ち読みする権利はないぞ」)"と表現されたりする。同様に日本のシルバー・シートに相当する優先座席に健常者が座っていて，身体障害者 (handicapé) が乗り込んでくると，日本ならば「ちょっと座らせて下さいよ」とか言うところ，フランスでは"J'ai le droit de m'asseoir（同じく「私には座る権利がありますよ」)"となる。もっともフランスで

は優先座席の着席順位が法定されているので，恩恵的なものではなくまさに権利であるため実体法の背景がそもそも相違しているという面もある（拙稿「フランスの街角の法規」判例タイムズ495号（1983年）参照）。

　さらにフランス語のfauteには，日本の法律用語の故意過失といった堅苦しい語感はない。子供が何か不行跡をして母親にしかられたときに，「私のせいじゃないよ」といって抗議するとき口にするのが，"Ce n'est pas ma faute"である。これを「私は故意過失を犯してはいない」としたら，フランスの子供は何と理屈っぽいのだろうということになる。しかしそうではなく，日常用語と法律用語とが共通しているのである。droitの例で権利をいつも振り回す嫌な国民であると速断できないのと同様である。

　こうした相違は，何に由来するのであろうか。フランスにおいては，旧制度下における慣習法およびその研究成果を土台として法典編纂がなされたことから，そこで使われていた用語がほぼそのまま法典上の用語として利用されているのが特徴となっている。法典編纂をリードしたのも，学者ではなく法実務家であった。そのため，法的に明確さを欠くという欠点も指摘されるが，用語の上で生活に密着した親しみやすい法典となった。これに対してドイツ民法典には，学説の影響が強く抽象的で難解な用語が少なくない。さらに日本では，西洋的な法観念をもたなかったことから，明治期の法典編纂に際しては，法律用語のほとんどすべてが外国語を翻訳して創作された造語である。箕作麟祥によるフランス諸法典の翻訳作業は，この点でとりわけ注目される偉業であり，また漢語の存在が法律用語の創造に役立った。それはともかく，その当時においては権利といった基本的言葉すら存在していなかったのであるからして，法律用語が一般庶民の言葉からかけ離れているというのは，ある程度は不可避なことであった（拙稿「比較法的にみた日本法のアイデンティティ」早稲田大学比較法研究所叢書32号（2005年）参照）。しかも，その後におけるドイツからの法典および学説継受は，ドイツ法の理論志向的な用語法の影響を受け，法律家のための法律用語という傾向を助長した。この傾向は，今日裁判員制度の導入もあって改善が急務となっている。

　さらに問題なのは，法律家が何か素人とは異なる用語法をすることによって，専門家としての自負心を満足させているところがある。医者がかつて患者のことをクランケとか言ってやたらとドイツ語を振り回したのと，似てい

第3節　社会生活と法

なくもない。たとえば，法的に厳密にいうと「直ちに」と「遅滞なく」と「すみやかに」は緊急性の度合いが異なるようである。しかし，それは日常生活の用法とあまりにかけ離れている。これを改めるのではなく，法制局の担当者によって常識とか基礎的用法として解説されているのが現実である——たとえば，林修三・法令用語の常識（1975年，日本評論社）30頁，田島信威・法令用語の基礎知識（1984年，ぎょうせい）55頁——。

　B　文章（phrase）　　用語のみならず，文章についても，フランスの法文には一般人が読んで理解しやすいように十分注意が払われている。実はモンテスキューが，『法の精神』（29編「法の作り方について」の16章「法の作成において守るべき事項」）の中で，特別に項目を設けて理想的な法令の起草方法に関して種々の注意を与えている。民法典の起草者たちが『法の精神』を読んでその影響を相当強く受けていることは，起草者自身の発言からも知られるところであり，民法典がこうした指針にのっとって作成されていることは疑いない。

　モンテスキューは，主として次のようなことを指南している。なお，各項目につき興味ある具体例を挙げているのであるが，ここでは省略せざるをえない。「法の様式は，簡潔でなければならない。」（無駄を省いて，必要な事項のみを書くべきことになる），「法の様式は，単純でなければならない。直接的表現は，推敲を重ねた表現よりも常によりよく理解される。」（あまりひねって考えずに素直に表現することが肝要となる），「法律用語は，すべての者に同一の観念を抱かせることが基本的なことである。」（多義的表現は，誤解のもとであり，避けるに越したことはない），「法が何らかの数値表示をしなければならないときは，できる限り金額でそれをなすことを避けなければならない。無数の原因が貨幣の価値を変え，同じ名目であってももはや同じ内容を示すことにはならない。」（貨幣価値の変動の問題を既に指摘している），「法において，ものごとの概念を確実に定めようと思うならば，あいまいな表現に決して依拠してはならない。」（定義をまず明確にして始めるべきである），「法は，決して巧妙であってはならない。法は，凡人のために作られている。法は，論理の技術では決してなく，家父（père de famille）の単純な理性なのである。」（法は一般人が十分理解できるように平易に起草しなければならない）。

　このような明快な表現の例をあげるならば，民法典1240条（2016年改正前は1382条）は不法行為責任について次のように規定している。「他人に損害

(dommage) を惹起する (causer) 人の行為は何であれすべて、その者の故意過失 (faute) により損害が生じた者に対して、その損害を賠償する (réparer) 責を負わせる」(「法令原文資料」Ⅰ参照)。この一文の中には、不法行為の要件――加害者側の故意過失、被害者側の損害、両者の間の因果関係 (causalité) の存在――および効果――損害賠償の支払い (réparation) ――が正確に盛り込まれている。さらには、古来の法諺をそのまま条文にとり込んだようなものもあり、一層簡潔で印象が強い表現が用いられている。たとえば民法典2276条 (2008年改正前は2279条) 1項は、動産の即時取得について次のように規定している。「動産に関しては、占有は権原に値する」(「法令原文資料」Ⅰ参照)。

このように、古典的な諸法典とりわけ民法典は、フランス語の文章としても優れたものがあり、文豪スタンダール (Stendhal, Henri Beyle, 1783-1842) は、民法典を枕頭の書として愛読し、そのことによって文章法の上達に努めたという挿話が伝わっているほどである。もっとも、社会が複雑となるにつれて、徐々に法規範も単純なものでは済まされなくなっており、最近の法令や改正条文では、フランスでも文章は長くなり、条文の項の数が増加している。モンテスキューが読んだならば嘆くような、一般人に理解しにくい技術的条文も多くなっている (拙稿「フランス民法典改正拾遺」上智法学論集60巻 1 = 2 号 (2016年) の「池の魚」の項目を参照。もっとも、この規定は、2015年2月16日の法律第177号により民法典から動物の具体名をすべて削除したため、現在は存在しない)。これは租税回避行為を遮断する必要がある税法などでとりわけ顕著となっている。しかしながら、日本の条文の文章が、あるいは翻訳調が目立ったり、あるいは漢語調であったりというものが多く、美しい文章といえるものがほとんどない――労働組合法1条1項の目的に関する条文を読むと、典型的な悪文の見本が分かる――のと比較すれば、依然としてその特徴は保持されているといえよう。なお、法令の表現がわが国で堅苦しくなってしまう原因の1つには、日本語が論理的表現をするのに適しておらず、正確さを追求すると必然的に悪文となってしまうことも関連していよう。たとえば、フランス語には男性女性、単数複数に応じてこれを受ける代名詞や関係代名詞が異なるので、何を指示しているのか容易に理解できるのであるが、日本語では同じ表現を繰り返さなければならないことが多い。

(2) 規範意識の高さ　**A　背景の分析**　フランスにおいては法令に対

第3節　社会生活と法　　　251

する国民の規範意識が一般的にみて高い。規範意識が高くなる要件としては，一方では手続的正当性の問題があり，大革命は議会が定立する法律に国民の一般意志の表明としての意義を与えた点が重要である。しかし以下で主として問題とするのは，内容面での親近性という点である。まず，民法典以下の諸法典に盛られた規定は，旧制度下において既に慣習法として存在していたものであって，そのうち封建的な部分，非合理的な部分をとり払って実定化した性格を有する。事実，民法典の編纂にあたった者は旧制度下で実際に法を運用する任にあたっていた実務家であった。すなわち，国民が既に法規範として従っていたものを成文化したにすぎないと考えられており，そこに規範意識が高くなる1つの要素を見いだすことができる。こうした伝統への配慮と同時に，法典編纂には当時の啓蒙思想，自然法思想が背景となっており，実定法がいわば書かれた理性（ratio scripta）であるとも認識されていた。単に歴史的基礎があるということだけではなく，理論的基礎をも正当性の裏付けとして十分意識されており，規範意識を一層高める結果となった。この点は既に法典編纂の歴史的意義の説明で言及した（第1部第2編第2章第3節3）。

　法典の規定に対する規範意識の高さは，具体的にはどのようなかたちでフランス法のあり方に反映しているのであろうか。学問研究という面からいえば，法社会学研究および法哲学研究の伝統的低調さというかたちで示された。一方において，生ける法をそのまま法典化したという意識が強く，また現実にも実定法規範と生ける法とが乖離するという現象がとりわけ編纂直後は少なかった。そうであれば実定法がそのまま支配しない部分，いわば非法（non-droit）の領域を研究する余地があまりないことになり，法社会学的研究の必要性が感じられない。実定法の註釈学的研究こそ重要なのである。他方において，法典の規定が自然法に裏付けられて存在するのであれば，実定法のあり方をあるべき法の立場から，正義の光に照らして根本的に批判する余地はなかろう。19世紀を通じて法哲学研究もフランスにおいては必ずしも活発とはいえなかった。もちろん今日においては，法社会学研究も法哲学研究も多く行われるに至っているけれども，判例法を法源に含めた意味での実定法志向は依然として強い。

　わが国では，近代的諸法典の整備にあたって，単に法典国家としての体裁を早期に整えることに腐心したため，外国からの継受法が中核をなす。継受

にあたっては日本の国情をまったく無視したわけではないにしても，国民の生活に根ざした規範を取り込んだものではないし，合理的な思想的裏付けも欠いていた。そこから，実定法の予定する内容と大幅に異なる生ける法の実態というものが多く存在していた。こうした背景があって法社会学的研究は古くからみられ，社会科学的研究方法が確立した戦後においてとりわけ隆盛を極めることになる。その際にみられる実定法の特定の制度が国民の間でどれだけ定着しているのかという問題関心は，フランスでの発想とまったく逆であり興味がある。規範として根づいてきた国民の法行動という実績を土台にして法典編纂が行われたからである。他方，わが国で実定法を制定するにあたって思想的裏付けを必ずしも前提としていたわけではないことから，法哲学研究と正面から名づけるものでなくとも，あるいは一定の理念に立脚して実定法を批判する，あるいは実定法の基礎として当然に前提とされるべき理念を問い直すことが頻繁になされてきた。

　フランスにおける規範意識の高さは，一般的に，法規範が裁判規範（règle de jugement）として捉えられる以前に行為規範（règle de conduite）として意識される傾向が強いということでもある。強行規定（règle impérative）についていえば，それが最終的には裁判所によって制裁されるから服従しようというのではなく，あたかも道徳律（règle morale）に服するように，自主的にそれによって行動を律するのである。また任意規定（règle supplétive, dispositive ou interprétative）についても，明示的，黙示的にそれに準拠して法的活動を行うという姿勢が強くみられる。イギリスのように判例法主義に立脚する場合においては，行為規範が抽象的に成文のかたちをとって事前に定立されていない。判例を中心とする法規範は，何よりも裁判規範としての先例たる意味を有し，行為規範としての意識が形成されるのは事後的である。そこから，既に発効している制定法であっても，裁判所によって適用されないうちは，実効性を有する法規範としてはあまり意識されない。これに対してわが国は，制定法主義を採用する点においてフランスと同様であるが，法典編纂は国民の生活を実際に規律するものとしてあまり考えられずに，法典国家の形式だけを早く整えるためになされた。そのため，国民は法規を行為規範的に考える契機をもたず，また為政者も権利意識の高揚を恐れてそうした事態を必ずしも期待していなかった。

B　具体例の紹介　具体的な事例を採りあげて，法典の規定と行動様式や規範意識とのギャップを考えてみよう。婚姻をする際に婚姻後の夫婦の財産関係をどのようにするのかをあらかじめ取り極めることを，夫婦財産契約 (contrat de mariage) という。フランスでは，とりわけある程度の財産をもった者同志が婚姻する場合には，夫婦財産契約を締結することがいわば当然のこととされてきた。民法典にはそのため夫婦財産契約と夫婦財産制についてとくに1章を設けており，現在では様々な典型的形態（共通財産制，別産制，後得財産参加制）を規定し200条近い条文（1387～1581条）を備えている。わが国でも，こうした西洋の法典を参考にして編纂事業をなしたため，夫婦財産契約に関する条文を置いている。しかし，その意義に十分な自覚を欠いたため，婚姻の章の中で夫婦財産制全体について数か条（755～762条）の規定を置くのみであり，具体的な夫婦財産契約の提示は皆無である。夫婦財産契約は登記が対抗要件とされているため締結率が算出されているが，わが国では1パーセントにはるか及ばず事実上死文化している。典型契約 (contrat nommé) として列挙されているもののうちにも，終身定期金契約 (rente viagère) のように，継受母法であるフランスなどにおいて老後の生活設計のために頻繁に活用されている契約であるため規定したものの，わが国ではほとんど用いられることのない契約もある。

　他方，賃貸借契約 (louage des choses) のような典型契約は，もちろんわが国でも極めてよく利用されている契約形態である。ところがその実際の運用を検討するならば，法典が予想するような規定通りの適用とは異なる実態が明らかとなる。フランスでは，契約は当事者が自己の自由意思をもって内容の取り極めをなしたということが前提とされることから，契約条項の効力を尊重する傾向が強い。民法典1103条（2016年改正前は1134条1項，また契約 (contrat) でなく合意 (convention) という表現であった）は「適法に形成された契約は，それをなした者に対して法律に代わる効力を有する」（「法令原文資料」I参照）と規定する。当事者も裁判官もこうした「契約守るべし (Pacta sunt servanda)」で行動するところから，慎重な契約の締結があり，契約内容の不可変更性が当然の帰結とされる。行政契約に特有な不予見の理論 (théorie de l'imprévision) ——いわゆる事情変更の原則——や行政による契約内容の一方的変更権は，普通法上こうした合意内容の変更が一切認められないことの反映であった。

事情変更の法理は，2016年の債務法通則の改正により初めて民法上（1195条）で認められた。

　これに対しわが国では，法文の規定上はほぼ同一であるが，法的行動様式は相当に異なっている。まず当事者は市販の賃貸借契約書を用いてそこに家賃と契約期間を記入して署名捺印だけをすることが多い。契約書には違約行為による契約解除や損害賠償といった重要な事項が記載されているが，ほとんど目を通すことがない。しかし，それでも別段それほどの不都合が生じないのが，わが国における全体としての仕組みとなっている。まず約款の中には，両当事者の間で紛争が生じたときは誠意をもって話し合い解決に努めるという条項が入っていることが多い。またたとえこうした条項が挿入されていない場合であっても，契約書を盾にしていきなり訴訟に及ぶということはほとんどありえず，協議の上必ずしも契約書の文言にとらわれずに両者が納得のいく解決を求める。法典が本来予想する解決——すなわち契約書どおりの履行——との乖離は，契約当事者といった素人に限られるものでもない。紛争になっても弁護士は契約書どおりの履行を相手方に要求するよりも，依頼人に対して契約書を離れて相手方と和解で穏便に解決することをしばしば勧める。法規の適用を任とする裁判官までもが，まず調停員の下で和解をすることを勧め，訴訟になってからも法令を適用して裁判で決着をつけることを避け，和解を勧告する。最終的に裁判により決着をつける場合にあっても，あるいは例文解釈により，あるいは権利濫用・信義則違反を援用することにより，あるいはその他様々な一般条項を活用して，契約条項にとらわれない社会通念上妥当な解決が目ざされる。もちろん事情変更の原則も認められている。法典が定める契約法がそのまま支配しているというよりは，両契約当事者の具体的事情に応じて異なる契約関係に対し裁判官が後見的に規律しているといえよう（拙稿「フランス法における行政契約」法学協会雑誌95巻4～7，9号（1978年）参照）。

　(3)　文学作品と国民の法意識　　演劇や小説といった文学作品は，各国のそれぞれの時代における社会を描きだしている面があり，国民の法意識や法的行動様式を知る上で参考となる。古くは法学を修めたモリエール（Molière, Jean-Baptiste Poquelin, 1622-1673）は，『女房学校（L'école des femmes）』（1662年）の中で夫婦財産契約の効用について長口舌で説かせている。バルザック（Ho-

第3節　社会生活と法　　　　　　　　　　　　　　　　255

noré de Balzac, 1799-1850）は，自らが法律事務所で働いた経験を有することもあって，その小説の中に多くの法的場面を登場させている。『トゥールの司祭（Le curé de Tours）』（1832年）では，お人良しな老司祭が，軽率に契約書に署名をしたばかりに因業婆さんによって破滅に追い込まれていく過程が描かれている。『夫婦財産契約（Le contrat de mariage）』（1835年）という文字どおり法的題名をもつ小説では，夫となる者と妻となる者のそれぞれから依頼を受けた公証人が，自己の依頼人に有利な契約を締結しようとする場面を扱い，ベテランと生きのよい若手というタイプの異なる2人の法実務家が駆け引きを巡らすさまが生々と描写されている。モーパッサン（Guy de Maupassant, 1850-1893）のようにその経歴に法と縁が薄い（法学部1年間で召集を受け大学に戻らなかった）作家であっても，『酒樽（Le petit fût）』（1884年）において終身定期金契約をめぐる人間の貪欲さと背徳性を描き，『ピエールとジャン（Pierre et Jean）』（1888年）の中に公証人を登場させ，遺産相続を巡って展開する人間の葛藤を示している。これら若干の例からもうかがい知ることができるのは，演劇や小説の書き手の視点がどれだけ法的であるかということも少しは関係していようが，主としては社会を映す鏡と考えられることである。すなわち，一方ではフランスで法律家の利用や法的行動がそれだけ一般化している証左であり，他方では観客や読者といった受け手を意識して文学作品は作られているのであって，国民が共鳴するほどそれが日常化しているとみることができる。

3　紛争解決の様式

　これまでは必ずしも裁判とは関連させずに，法規範のあり方やその実効性について検討を加えてきた。以下においては裁判を中心として紛争解決における行動様式と，そこにおいて法がいかに捉えられているのかについて考えてみよう。

　(1)　紛争解決方法における裁判の地位　　**A　背景の分析**　　社会的紛争の解決方法が裁判に限られるものでないことは，どの国においても共通にいえることである。共通のボスが仕切って決着をつけるとか，実力で一方がごり押しするという場合もあろうが，代替的紛争解決方法（mode alternatif de règlement des différends）として，法的に制度化されたものに次の3種がある。第1に，当事者が互いに譲り合って妥協点を見いだすように促す勧解（conciliation）があり，わが国ではよく示談という表現も用いられる。第2に，第三

者である調停員（médiateur）を介して調停案が提示されるが，これを最終的に受けいれるか否かの決定権は当事者が留保している調停（médiation）がある。第3に，交渉の場につくか否かの自由は当事者にあるが，合意すれば第三者である仲裁人（arbitre, amiable compositeur）に最終仲裁案の作成を委ねる仲裁（arbitrage）がある。しかしフランスでは，裁判の重要性が抜きんでている。

　フランスにおいても，かつては治安裁判所において和解前置主義が採用されており，今日でも労働裁判所においては和解前置主義がとられている。また商事においては商事仲裁が頻繁に利用されている。裁判以外の紛争解決方法は多く存在し，またより好まれている法分野もある。しかし，裁判以外に紛争解決の手段を求める場合においても，最終的に法的な紛争処理を視野においているのか，そうではなく紛争の円満な解決に重点が置かれているのかは，解決の内容の差の問題とも絡んでくるが，重要な分岐点である。フランスにおいては，あくまで法的解決が背景にあり，それを先取りする──少なくとも当事者がそのように了解している──場合にのみ，裁判以外の紛争解決が有効に機能する。必然的にその働く領域は限られ，裁判による解決があくまで基本となる。もっとも近時は，民事訴訟法典でも代替的紛争解決方法を重視する構成となっている（第3編第2章第1節3参照）。

　これに対して，わが国においては裁判による紛争処理はむしろ例外であり，そうした状況下では裁判に拠った場合に予想される結果──裁判所もはるかに一刀両断的解決を下さない傾向はあるとはいえ──とは異なるかたちでの紛争の収束が多くなされ，それが一種裁判所外の法を形成していくことになる。逆に，フランス以上に裁判による紛争解決が多用されている国もあり，アメリカはその代表例である。その背景としては，日本と対極をなす多民族国家であるため，価値観の共有が困難であり，客観的ルールに依存せざるをえないことがよく指摘される。しかし同時に，判例法主義に由来する裁判規範的な法の理解も関係していよう。訴訟で検証しなければ権利の存在に確信をもたないのである。

　B　具体例の紹介　こうした対応の相違を具体例で説明しよう。たとえば，交通事故をおこした場合に，フランスなど欧米では，加害者は被害者に対してはたとえ自分にある程度の非があっても，責任を全面的に認めるような態度をとるべきではないとされる。被害者は当然に責任を追及してくるの

第3節　社会生活と法

であるからして，加害者側としては責任がないことをあくまで主張することによって，のちに訴訟になって事件が解決される場合にも，そのことが裁判官が心証を形成する上で自己に有利な影響を与える要素となるからである。これに対して日本では，加害者が被害者に対して「重々私が悪うございました」と謝れば，被害者の方でも「まあわざとぶつけたわけではないのであるから」と納得して，示談による相応の損害賠償で済む。ところが加害者が自分には責任がないとか被害者にも過失があったのではないかと言いだすと，被害者は立腹して容易に話し合いでは決着せず，結局は裁判所で高い損害賠償を支払わされかねない。裁判所も，被害者と示談で解決できずに法廷にまで持ち込まれるような事例が少ないため，加害者は悪質とみなして損害賠償を厳しく算定する傾向がある。

　他方，売買契約において顧客が商品に瑕疵があるとクレームをつけてきたというような場合においても同様である。フランスなど欧米では裁判となった場合を念頭に置いた法的対応を販売店側では常にすることになろう。これに対して日本では，商人間である取引先との関係では純然たる法的対応をなすとしても，顧客との関係では多少の無理難題にはより寛容な対応をとることが通常である。弱い立場である客とのトラブルは企業の重大なイメージ・ダウンとなることのほか，顧客との継続的に良好な関係の維持が，日本的取引社会においては長い目では得となることを企業は知っているからでもある。

　裁判による解決は，法にのっとって権利の有無を確定する解決であり，最終的には証拠と挙証責任によって必ず黒白がつく。たとえ自己に不利な結果が出ようともこのルールに即した解決を是とするところから，フランスの紛争解決方法は構築されており，裁判の優越的地位は不動となる。これに対してわが国では，「義理」「人情」規範の伝統もあって権利を定量的に必ずしも捉えない。あるいは完全に黒白がつくのに耐えるだけの強靱な精神をもちあわせないところから，裁判による解決とは異なる解決が和解や調停において期待されている。紛争解決方法としての裁判の地位は，近時重要となりつつあるとはいえ，必ずしも全面的に法的な紛争解決を促進するものとはなっていない。先に言及したように，法による解決よりも当事者に衡平と思われる，さらにいえば単に当事者が納得する解決を求め，裁判外の紛争解決に裁判所自身が歩み寄る面があるためである。「三方一両損——大工の吉五郎が落とし

た3両の金を，左官の金太郎が拾って届けたが，吉五郎が受け取らないので，大岡越前守が1両足して，両名に2両ずつほうびを与え，三者が一両損と裁いた——」という，法的には何も論理の通っていない解決が，名裁きとして今日でも伝えられている。これは，裁判そのものがルールにのっとった法的正義の実現よりも，当事者さらにはその背後にある国民に説得力がある解決を指向していることを象徴して興味深い。

(2) 裁判へのアクセス　裁判による紛争解決方法がどれだけ利用しやすいかが，裁判外の解決との関係に大きく影響してくる。たとえばわが国においては，明治以降の裁判制度には，近くに裁判所がない，弁護士といった補助者の整備が遅れるなど利用を阻害する欠陥が多く存在した。このことが裁判外における紛争解決への傾斜をもたらし，同時に権利意識の発現を妨げることにもなったと考えられる。裁判は手続が繁雑であり，時間がかかりさらには費用がかかるという認識が国民の間に深く浸透して，裁判所を近づきがたいものにしてきたのである。

フランスにおいては，裁判による法的紛争解決が裁判外の解決よりも優位して考えられているが，それは両者の解決内容への信頼と密接に関連する。すなわち，法を適用した結果ならば敗訴でも納得するが，法的ルールに必ずしもよらない解決は，ひょっとしたら自分にもっと権利があるのではないかという疑念を生じさせ，なかなか合意に達することが難しい。したがって，訴訟による解決よりも結局は時間と費用がともにかかり，また最終的には裁判にもち込まれるなど手続も面倒となることがおこる。裁判へのアクセスの容易さの確保は，こうした国では至上命令となる。

訴訟を提起することができる裁判所がどのくらい身近に存在しており，それを手助けしてくれる裁判補助者がどのように組織されているかについては，既に検討した。そこで以下においては，裁判所における紛争解決が国民にとってどの程度簡単に得られるものであるかを，訴訟そのものにしぼって検討する。阻害要因としては，訴訟手続の煩雑さ，審理期間の長期化による訴訟遅延，裁判費用の負担の重さといったものが考えられる。

まず訴訟手続 (formalité) については，元来は旧民事訴訟王令の流れをくむ煩雑で旧式な手続が民事訴訟法典に多く存在した。もっとも，代訴士強制主義がとられており，代訴士が訴訟代理人として一切の手続を代行する制度の

第3節　社会生活と法　　259

　下では，国民にとっての手続改革をめぐる関心事は，むしろ裁判所付属吏としての独占的営業権に基づく手数料支出の負担の軽減であった。近時代訴士と弁護士の職務が一元化され訴訟依頼の面で改善が加えられ，同時に民事訴訟法典の全面改正により手続の大幅な簡素化も実現した。

　訴訟遅延の問題は裁判の存在意義そのものに係わる重要な点で，この面でも改革の手が打たれている。原因の1つは，従来採用されてきた極端な当事者主義にあり，裁判の日程も原則的には訴訟当事者が話し合って決定することとされていた。これでは日程で折り合いがつかないだけでもどんどん決着が延びてしまい，訴訟引き延ばしも可能であった。近時手続の合理化と並んで職権主義的色彩をこうした面で相当強く打ち出し，訴訟促進に努めている。原因のほかの1つは，裁判官の絶対数が不足しているということである。訴訟事件の累積はとりわけ最高裁判所において顕著であり，司法裁判所においては破毀院の改組拡充，行政裁判所においては行政控訴院の創設といった対処が近時なされた。しかし上訴制限のような手続上の抜本的改革は，国民の裁判を受ける権利の保障との兼ね合いで難しい問題であり，いまだ本格的には実現していない。

　裁判費用（frais）についていえば，訴訟費用（dépens）は敗訴当事者が負担することになっており金額的にも大したことはないが，問題はむしろそれ以外の費用である。とりわけ代訴士や弁護士への支払いは，勝訴，敗訴にかかわりなく重い負担となる。フランスでは金銭的に困難な者を助けるために，かつては1851年設立の裁判扶助（assistance judiciaire）制度，ついで1972年より裁判援助（aide judiciaire）を実施していたが，1991年から法的援助（aide juridique）制度というかたちに代えて整備が図られた。

　法的援助は，その資力が一定の額を超えない訴訟当事者に対して，弁護士等の無償の協力を与える裁判上の援助（aide juridictionnelle）と，私人が裁判外手続で助言や扶助を受けることができる権利実現援助（aide à l'accès au droit）の2本立てとされた。さらに1999年の改正により，第3の柱として，留置（garde à vue）中並びに刑事調停（médiation）および刑事和解（composition）に関する弁護士の介入援助が設けられた。

第3編 法　　源

　法の創造と執行に主として係わる国家体制，法の解釈と適用を担う裁判制度の説明に引き続いて，そこで前提とされてきた法そのものの存在形式がフランスにおいてどのようであるかを，本編において全体の総括を兼ねて検討する。フランス実定法の具体的内容を研究する前提としてもっとも直接に知識を有する必要があるのも，実はこの法源のあり方についてである。

　まず何が一番重要な法源であるのかは，国によって異なっており必ずしも同一ではない。ある国では制定法が第一の法源であるのに対して，他の国では判例法が第一の法源であることがみられる。その場合に，自国の法源のあり方を念頭に置いて，他国の同種の法源をもっぱら調べて足れりとするのは短絡的であって，誤解のもとである。わが国でも採用している制定法主義は，フランスを筆頭とする大陸法諸国が，19世紀以降に採用した歴史的産物にすぎない。イギリスなど英米法に属する諸国においては，判例法こそが中核をなす法源である。そこにおいては制定法ももちろん多く存在しておりまぎらわしいのであるが，あくまで判例法を補充する二次的役割を有するにすぎない。これに対して，慣習法を主たる法源とする国は，現在では限られている。しかし，地域レヴェルでは採用する国は依然として多い。また歴史的にはフランスも古法時代においては慣習法主義を採用していたのであって，かつてはむしろ世界の主流を占めていたことを忘れるべきではなかろう。

　法源のあり方をめぐる問題は，それだけにとどまるものではない。等しく制定法主義を採用していても，その中で憲法，法律，命令などにどのような比重を置いているのかも決して一様ではない。いわゆる制定法規範の階層構造も知らなければ，同様にその知識は不正確となろう。また連邦制を採用する国においては，連邦法と州法との関係も十分に注意を払う必要がある。このように，一見何でもないような法源のあり方が，実は国によって極めて多様なのである。

さらにより根本的な問題としては，法典は立派なものが存在しているので形式的には制定法主義であることに何の疑問もない国において，実際にはそれらの法規が適用をみておらず，生ける法の運用がまったくかけ離れた別のかたちで行われていることがある。この場合にも，法典のみを研究しても成果は限られたものとなろう。むしろ，現実に規律している慣習法，道徳律，宗教戒律などいうなればその国の法文化全体まで十分視野にいれてはじめて，真にその国の法を理解したことになろう。

　フランスについていえば，法典編纂をいち早くなし遂げ，制定法主義を採用することで大陸法を代表する。伝統的に大陸法にならってきた日本法からみて異和感は少ない。しかし，近時は法典の再編が相次いでなされまた新たな法典が編纂されるなど内容的に流動化しており，他方命令の重要性の増大や国際的規律の浸透など新たな要素も見られる。まず法源の種類とその各々の重要性を考察し，ついで法分野ごとに主要な法規を法典の制定改廃動向を中心に概観する。さらに，より本格的なフランス実定法研究を行うための橋渡しとして，各種法資料の所在と調べ方を解説する。

第1章　法源の種類

　フランスにおいては，法源の種類とその適用順位を定める明文の規定は存在しない。ちなみにわが国においては，明治8年の太政官布告第103号「裁判事務心得」が，法律，慣習法，条理という法源の適用順位を定めている。ほかに法の適用に関する通則法3条（旧法例2条）が法源として制定法のほかに慣習法が認められることを明言し，商法1条は商慣習法の効力について言及する。外国でもスペイン民法6条2項——「紛争に正確に適用すべき法律がない場合には，その地方の慣習法を適用し，慣習法がない場合には，法の一般原理による」——，アルゼンチン民法16条——「民事の問題について，法律の文言によっても精神によっても適用すべき法律がない場合には，類推によって解釈し，それによっても解決しない場合には，法の一般原理によって裁判する」——のように，類似する規定を有する国がある。しかし，日本法は世界的にもっとも早い時期にこうした規定を設けており，注目されるとともにそのルーツに関心がもたれている。

第1章 法源の種類

　ところで実はフランスにおいても，民法典の制定過程では法源に関する規定が盛り込まれていた。すなわち，共和暦8年の草案の序編「法および法律」の第1章「一般的定義」においては，法源として法律のほかにこれを補完する慣習法，根本に存する自然法に言及されていた。ところが，議会における審議の際に護民院や立法院の激しい反対にあって，序編が大幅に削除された際にこれらの規定がすべて落ちてしまった。同時に，全体も6章からなる序編から単一の序章に変更になり，ごく不十分な法の適用準則に限定されたといういわくつきの部分である。ただ，この草案と同一の規定は，海を隔てたルイジアナ民法典に残されている。そこでは旧フランス領であったところから，英語で起草されているが成文の民法典を有しており，法源のあり方についてはフランス民法典ではなくその草案を継受したのである。

　このように，フランスでは実定規定としては法源について定める法文はないのであるが，草案にありまた他国で一般に認められているように，制定法，慣習法，法の一般原理の順序で適用すべきことが広く承認されている。加えて今日では，判例法が，形式的な意味で法源といえるかについて議論があるとはいえ，その存在を無視しえなくなっている。このほかにも，学説（doctrine）や実務（pratique〔extra-judiciaire〕）も，形式的意味で法源とは認められないが，法秩序を形成する上で大きな影響を及ぼしている。

　後二者のうちまず学説について一言するならば，ローマでは学説が完全な法源であることが認められていた時期がある。ローマでの裁判は訴訟当事者が一定の名簿から審判人（judex）を選んで，この者に審判を委ねるという形式であった。この審判人はおおむね法学の素人であったため，これを補佐して助言する法学者が必要であり，様々な法学者に諮問して判決が下された。しかし，法学者の見解は多様でありその混乱は裁判の権威をおとす結果となっていったので，アウグストゥス（Octavien, dite Auguste, B.C. 63-A.D.14）は一定の学者を選んでその者に解答権（ius respondendi）を与えた。当初はアウグストゥスの権威によって事実上の解釈権を有していたのであるが，ハドリアヌス帝（Hadrien, 76-138,〔117-138〕）はこれを制度的に整備し，解答権をもつ法学者（jurisconsultus）が一致した見解を示したときは法的拘束力を有するとした。彼らは法制定者（iura constituentes），立法許容者（quibis permissum est iura condere）とも呼ばれ，学者がある意味で立法者と同一に考えられたのである。

その後においても近世ドイツの学者（法学部判決団）の鑑定書のように類似する例がないわけではないが，学説の法源性を明確に正面から認めたのはローマである。今日こうした意味で学説が法源とならないことは言うまでもない。しかし，事実上の法形成力は軽視できないものがある。立法についていえば，技術的に法的規律を及ぼすべき事項が増加すると，法案作成の段階で学者の協力なくしては十分な立法作業ができない。他方基本的な立法についても，学者が中心となって実施する調査や法制審議会のような合議体における理論的深化が不可欠である。裁判についていえば，法の解釈において学説の影響力は極めて大きい。特定の事件について学者に鑑定意見を求めるというように，一層直接的に影響を与えることが予想される場合もある。もっとも，いずれにせよ学者の見解に法的拘束力があるわけではなく，終局的にはその学説の権威による。

　実務としては，約款（clause de style），ひな型契約（contrat-type），ひな型行為（acte-type），公証人慣行（pratique notariale），団体協約（convention collective）などが一般的効力を有し，考慮に入れる対象となろう。

　フランスでは，かつて19世紀を通じて制定法万能という考え方が極めて強かった。今日では，多様な法源が協働しつつ法形成に寄与しているというように認識に変化がみられる。以下においては，学説や実務の事実上の法源としての重要性を十分承知した上で，制定法，慣習法，判例法，法の一般原理についてのみ述べる。

第1節　制定法（droit établi）

　制定法という言葉は，成文法（droit écrit）とあまり厳密に区別されずに，ほぼ同義で用いられることがある。しかし，古法時代のフランスにおいて行われた慣習法の編纂事業も，アメリカにおいて行われている判例法のリステートメントも，成文化作業ではあっても制定法作成ではない。制定法は常に成文法のかたちをとるが，成文化された法には必ずしも法源としての効力を有しないものもあるわけである。したがって，広義の立法権を有する国家機関――近時は超国家機関の場合もある――が成文で制定した法規については，成文法ではなく制定法という表現を用いることにする。なお，loi は厳密には法律を指称するが，広義では制定法を意味することもある。

第1節　制定法

制定法は，その性格の相違から，憲法，法律，命令に大別することができる。このほか，条約など国際規範も国内法的に効力を有することがあり，特別な性格を有する制定法である。分権団体が制定する条例・規則に相当する多様な下位規範についてはここでは詳述しない。

1　憲　法

憲法規範は，法律以下の法規範が「憲法によって制定された権力（pouvoir constitué）」である国家機関，すなわち国会などによって作られるものであるのと異なり，「憲法制定権力（pouvoir constituant）」による直接に国家の基本構造に関する定めである。このようにして憲法は最高規範たる地位を有するわけであるが，フランスではこれを法的に担保するためのシステムが伝統的に不備であった。すなわち，憲法の規定に抵触する法規，とりわけ法律の効力を否定する仕組みが整備されていなかった。歴代の憲法典のうちには第1，第2帝政憲法典のように護憲元老院が違憲立法審査機関として設けられたこともあるが，この政治機関による統制は実効的に機能することがなかった。それ以外では憲法訴訟そのものが制度化されておらず，実際上は法律が最高の実定法規範として通用するというのが慣わしであった。1つには国民の意思を直接に代表する国会に対する信頼が厚かったためであり，事実上立法者意思と憲法制定権力の意思とが混同して考えられていたことがある。また1つにはそうした国会が制定した法律は，当然に合憲という判断の下に議決したと推定されるため，その当否を審査しうるだけの国会よりも高度の正当性を有する国家機関を想定できなかったためである。この点については，司法権に対する伝統的な不信も関係している。かくして，実定憲法上に憲法と法律の規範のヒエラルキーによる統制が憲法上登場したのは第4共和制憲法典が最初であり，違憲立法審査システムとして確立したのは，第5共和制憲法典に至ってからのことであるにすぎない。この点は第2編第1章第3節2「憲法院」の項で既に述べた。

憲法規範は，通常成文の憲法典（Constitution）というかたちで存在している。もっともこの呼称は民定憲法について用いられ，1814年や1830年にみられた欽定憲法については憲章（Charte）という呼称が用いられた。法典としてまとまった形式をとらない憲法規範，さらに憲法典を修正したりこれに付加したりする憲法的価値を有する規範は，憲法的法律（loi constitutionnelle）という。

憲法的法律は，法律という名称を有するが法源の効力としては法律の一種に含めることはできない。憲法制定〔ないし改正〕権力の行為形式であるためである。
　憲法規範といえども，社会情勢の変化に応じて部分的に修正を施す必要にせまられることがある。憲法制定〔この場合は改正〕権力の意思が十分に反映するように，通常の法律の制定手続よりは厳格な要件を定めるのが一般的であり，現行フランス憲法もこの方式によっている。これを硬性憲法といい，14章——現16章——改正の章（89条）に規定されている。この手続は2通りが可能であり，1つは首相の提案に基づき大統領による発議，または国会の両院が可決した場合に国会による発議について，これを国民投票にかけて決する方法である。他の1つは大統領による発議の改正案について，大統領が国民投票にかけずに両院合同会議（Congrès）で決することを選択した場合であり，この場合には総議員の5分の3の多数決を必要とする。
　このほか，フランス共同体に関する規定は，関係当事国との調整の必要から85条が特別な改正手続を定めていた。1960年6月4日のフランス共同体に関する85条，86条の改正は，この手続に基づく。もっとも，現在では共同体に関する規定の全体が廃止されている。さらに11条は，大統領が特定の事項につき法律案を国民投票にかけて決する権限を規定している。89条が別の手続を踏んで国民投票で決する方式を定めているため，11条を根拠として憲法改正を行うことは憲法違反であるとする理解がとりわけ当初は有力であった。しかし，ド・ゴール大統領はこの手続を強行し，1962年11月6日の大統領選出方法に関する6条，7条の改正はこれによるものである。また1969年4月の元老院および州に関する改正も同様の手続で試みられたが，否決されてド・ゴール退陣の引き金となった。
　憲法規範は，大別して統治機構に関する規定と基本的人権に関する規定とに分かれ，両者はやや異なったかたちで現われる。第1に統治機構に関する部分は不可欠であるのに対して，人権規定は必ずしも伴わない憲法典も存在する。これと関連して，統治機構がその時々の考え方によって様々な形態をとりうるのに対して，基本的人権は統治形態のいかんにかかわらず常に保障されなければならない普遍性を有する。1789年の人権宣言の実定法的効力の問題や，現行憲法典にみられるような過去の人権規定への言及によって済ま

第1節 制定法

せる方法は，こうした背景に基づく。

第2に憲法保障という面では，第5共和制憲法により憲法訴訟が制度化される以前においては，統治機構に関しては統制手段は何ら存在せず，適正な運用はもっぱら政治的な知恵に依存していた。そこから憲法学の政治学的傾向も生じていた。これに対して基本的人権に関しては，立法行為による侵害については同様であったとはいえ，行政活動による侵害に対しては行政裁判所によって担保がなされていた。適法性統制の規範として憲法も含まれていたことになる。ただし，当該行政活動が違憲と考えられるときであっても，法律に適法に基づいてなされたものである場合には，結局は法律の合憲性の審査に及ばざるをえず，それが行政裁判所の権限外であったことから，救済は与えられない。これを法律遮蔽の理論（théorie de loi-écran）という。

2 法 律 (loi)

(1) 法律の概念　法律は，現在では国会が制定する法規という限定された意味で用いられている。しかし，大革命前においては議会制が確立していない時期であるから必ずしもそのような厳密な用いられ方はなされておらず，制定法さらには法（droit, droit objectif）とほぼ同様に使われていた。モンテスキューの『法の精神（De l'esprit des lois）』は，まさにこうした用法である。ところが，大革命ののちは，法律に法の中でも特別に重要な意味が付与される。ルソーの『社会契約論』に示された考え方の影響を受け，法律は，国民の一般意志（volonté générale）を具体化したものであって，代議制（régime représentatif）の下にあっては国会が制定する法規にのみ最高の法源であることを示すこの名称が与えられた。もっとも現実には，強制委任（mandat impératif）の制度は採用されておらず，法律が国民の意思をそのまま体現しているわけではない。しかし，こうした擬制をなすことにより，法律の下にすべての国家活動を服せしめ，もって国民の自由と人権が保障されると考えた。大革命ののちは，このようにして自由主義的な法律観が支配する。

このことは同時に，法律以外の法源の存在と効力に大きな影響を与える。法源の存在という面では，慣習法は君主の権力を支えたり，封建的土地所有を認める内容のものであったため，大革命後は反感が強くその役割は法律を補完するまったく二次的な規範とされた。判例法に至っては，最高法院の行動に対する批判から，そもそもその存立の余地がないものという考え方が支

配的であった。かくして法律万能の体制となる。

　法律万能は，法律以外の制定法源との効力関係という面でも明確にみてとることができる。憲法との関係については，既に違憲立法審査制度に関連して言及したが，統制手段が伝統的に組織されていなかったことから，事実上法律は憲法に優越して適用された。これを少しく別の権力分立という視点からみると，フランスでは３つの権力が並立しているのではなく，立法権が最高の国家機関であって，執行権と司法権はその下に従属して法律の執行と適用にあたるという考え方となる。議会主権とか立法国家体制といわれる体制である。プロイセンドイツにおけるように法律から自由な行政活動を広く認める行政国家体制や裁判所に違憲立法審査権を与えるアメリカのような司法国家体制とは，まったく異なっている。イギリスの議会について「男を女に，女を男にすること以外は何でもできる」と表現されるのは，物理的に不可能なことでなければすべて法律により決めうることを意味するが，これはフランスの国会についてもまったく同様にいえることであった。

　命令との関係については，法律が立法権の発動であるのに対して，命令は執行権に属する規則制定権限の発動であるから，法律による行政の原理によりその上下関係は明白である。この適合関係を裁判的に担保する制度が，国務院による越権訴訟（recours pour excès de pouvoir）というかたちでの，行政行為——行政立法を含む——の適法性（légalité de l'acte administratif）の統制であった。命令に対する法律の優位は，第３共和制末期から，デクレ-ロワや非立法事項化などによりこれを回避する事態が多くみられるに至ったが，それはまさに法律優位が建前上強固に支配していたことの裏返しであった。

　ところが第５共和制憲法典に至って，こうした伝統的な法律の概念は根本的な修正を受けるに至る。既に述べたように，一方において，法律に対する違憲審査制が司法審査というかたちではなく憲法院による審査として設けられ，発展をみせる。他方において，法律事項と命令事項との区分が憲法上なされ，従来と同様の効力を有する従属命令のみならず，法律と同等の効力を有する独立命令が幅広く認められるに至る。しかも憲法の規定の仕方によれば，少なくとも形式的には法律事項が限定列挙されており，命令事項がむしろ原則なのである。さらに法律事項とされる範囲内の事柄についても，国会が政府に授権をなした場合には政府はオルドナンスという形式で立法を行う

ことが可能である。また大統領は，特定の事項につき適当と考える場合に法律案を国民投票に付す権限を有し，このようにして成立した法律，すなわち国民投票法律（loi référendaire）は，国会の立法権限を一層制限している。もっとも，実際上は法律領域の拡張という方向で近時は運用されている。

(2) 法律の種類　まず法律と近接する概念として法典（Code）について一言しておく。伝統的には，法律のうち特定の法分野についてその根本原理にさかのぼって総合的に規律するものを法典と名づけていた。法的効力という面では何ら他の法律と異なるところはない──ただし特別法は一般法に優先するという準則は該当する──が，一般原則を多く含んでいることから広い射程と優越的地位を与えられるのが常である。ナポレオン5法典が代表的なものであって，20世紀に入って新たに労働法典などが出現したが，同じ系列に属する。ところが近時は，行政法の諸分野を中心として法典化が積極的に行われるに至っており，性格の異なる法典が多くみられる。すなわち，第1に単なる既存法規の集成（compilation）にも法典という名称が冠せられるようになった。現行法規の法典化（codification à droit constant）という，内容には原則的に変更をもたらさない再編作業である。その多くは，法典自体に法律としての効力が認められない，デクレによる集成である。第2に法典は実質的意味の法典と形式的意味での法典が合致していたが，伝統的分野において逆に法典という名称をもたない大法令が出現し，乖離がみられるようになってくる。たとえば，商法の非法典化に伴い保険法が再編された際に保険法典とされたのに対して，一層大部な商事会社法には法典の名称が付せられていない。第3に，法律のみではなく，デクレやアレテを含めた当該法分野の法規を含めて法典と称することもなされている。たとえば，1992年に全面改正された刑法典第1部（法律の部）・刑法典第2部（国務院の議を経たデクレの部）といった法典である。ここに至って，法典が法律の一形態であるという表現も不正確なものとなった。

　法律は，その規律する対象に応じて，通常法律（loi ordinaire），組織法律（loi organique），予算法律（loi de finances），社会保障拠出法律（loi de financement de la sécurité sociale）および編成法律（loi de programmation）の5種が区別される。通常法律は憲法上は単に法律として示されており，一般的事項を規律する法律である。国会の両院の同一の文言による単純多数決による議決によって成

立する。さらに混合同数委員会招集後における両院の意見不一致の場合には，国民議会の単独議決によっても成立する。これらの詳細については，既に国会の権限の箇所で述べた。

　組織法律は，憲法付属法律と性格づけうる内容を定めるものであって，憲法と通常法律の中間に位置する重要性を有するといえる。わが国における国会法，内閣法，裁判所法，公職選挙法などがこれに該当しよう。フランス憲法上は，組織法律で定めるべき事項が列挙されており（2章2節1「憲法」の項を参照），それについては通常法律とはやや異なるより慎重な手続を踏んで制定することが義務づけられる。たとえば，国会に付託してから審議に入るまでに15日の期間を置くこと，両院の意見が一致せず国民議会が単独で最終議決をなす場合には議員総数の絶対多数を要すること，必ず憲法院による合憲性審査がなされることなどである。

　予算法律については，予算年度の開始に間に合わせるためにとりわけ迅速な手続が定められている。すなわち，国民議会が先議権を有し，付託されてから15日を経たのちに審議を開始し40日以内に賛否を決すべきこととされている。国民議会がこの期間内に採決を行わないときには，政府は元老院に付託し15日以内に採決を求めうる。さらに全体として国民議会への付託から70日以内に採択がなされない場合には，政府はオルドナンスにより予算案の各項目の執行をなしうる。予算は単年度主義が採られているため，予算法律の大部分は当該会計年度の終了とともに効力を失う。しかし，予算法律の中には予算に関連する一般的事項が規定されることもある。この場合にあっては，その規定は会計年度の終了後も法律としての効力を保持する。また2008年の憲法改正により，複数年次の予算の方向づけを決める編成法律が設けられた。

　社会保障拠出法律は，1996年の憲法改正により，財政の健全な運営の中で社会保障拠出をなす目的で新設された。その審議は予算法律に準じた手続が定められている。

　法律の種類としては，ほかに憲法的法律（loi constitutionnelle）という表現があるが，これは法源としては法律の一種というよりも憲法に属する。国民投票法律（loi référendaire）についても，制定手続に特殊性が認められるが内容的には通常法律か組織法律のいずれかとなろう。オルドナンス（ordonnance）についても，第5共和制憲法典により認められている授権法律（loi d'habilitation）

第1節　制定法　271

に基づくものについては既に述べた。追認の法律案が可決されたオルドナンスであれば法律と同等の効力を有するが，それは通常の法律の制定手続との対比からして当然であろう。なお，オルドナンスに関しては，第2次大戦直後や，1958年10月4日より4か月間憲法典92条により授権を受けたことによりド・ゴール政府の下で，法律と同等の効力を有するものとして発せられたものもある。さらに，先述したように第5共和制憲法下でも国会が予算案を議決しない場合の政府の命令，旧制度下の国王の命令にも使われており，多義的である点に注意を要する。

(3) 法律の効力発生　法律は国会の議決によりその内容が確定する。成立した法律は，ついで大統領に送付され，議事が手続的に適正であったかについて審査を受ける。問題がない場合には，大統領は「この法律は共和国の法律として執行される」旨の執行文を付して，日付を伴った署名を行う。この一連の大統領の行為を審署 (promulgation) といい，法律の日付はこの審署の日付をもって示される。審署は送付がなされてから15日以内になされなければならない。通常法律については，この審署期間 (délai de promulgation) 内に一定の提訴権者の提訴をまって憲法院による内容面での合憲性の審査が行われる。これに対して組織法律については，審署前の合憲性の審査は義務的である。

審署により法律は官公庁に対して拘束力を発するが，国民はこれを知る術を有しないため国民に対抗することができない。審署された法律は，ついで官報 (Journal officiel) に掲載されること，すなわち公布 (publication) により，国民は以後その内容を知ったものとみなされ，国民を拘束する効力をもつ。公布された法律は，法律に特別に施行時期について定めがある場合を除いて，直ちに適用がなされる。もっとも，法律が施行令の制定をまって初めて実施可能である場合には，適用はその制定時まで行われない（「法令原文資料」I参照）。

3　命　令 (règlement)

(1) 命令の概念　第5共和制憲法が成立するまでは，国会の制定する法律が最高の規範であって，命令は常にこれの下位にある従属命令 (règlement subordonné) であった。法律が大綱を決定し，命令がこれに基づいて細目を定めるもので，法律の委任を受けて制定される委任命令と法律を実施するため

の施行命令が区別された。もっとも，この時代においても命令が定める手続規定などにかなり重要なものが存在しており，無視しうるものでは決してなかった。しかし，ともかく法律が存在しない事項に命令は制定しえず，また法律の内容と抵触する命令は効力を認められず，その意味で二次的な役割しか有していなかった。

　ところが第5共和制憲法は，既に述べたように，34条で法律事項を限定列挙し，37条でそれ以外は命令事項に属するとした。すなわち，法律事項として国会の立法権に留保されている領域については，従来と同様にその委任に基づいたり施行のために従属命令としての効力を有する法規が定められる。これに対して，命令事項については，独立命令（règlement autonome）としての効力を有する法規を執行権は定めることができるようになった。これは，第4共和制下までの違憲の疑いもあるとされた非立法事項化（délégalisation）の憲法慣行を，憲法典が正面から容認したものである。新たに法規を制定する場合のみならず，従来法律で規律されていた事項についても，以後は命令で改廃することが許容される。さらに，法律事項とされるもののうちにも，根本原理（principes fondamentaux）のみを留保している事項については，命令の役割は拡大しており，全体として法律との対比における命令の重要性は飛躍的に増大した。憲法典は，他方で国会がこうした命令の権限領域を議員提出法律案によって侵害しないための手続的配慮をも，政府および当該議長が憲法院に対して裁定を請求しうるというかたちでなしている。

　もっとも，独立命令の領域が広く確保され，それに従来からの適法性の統制が完全に及ばないということになれば，執行権の立法裁量の幅が広きに失し，民主的統制への危惧がもたれた。しかし，一方では，法律事項や根本原理の範囲についてそれほど明確な境界がないのであるが，国会の立法がなされた場合に政府が異議を申し立てることはほとんどない。政府は申立権を有するが申立義務はないと解されていることによる。議会多数派の成立が必要性を減じているためであって，議会重視の運用となっている。他方では，独立命令が真に法律と並ぶ効力を有するというのであれば，それに対する行政裁判所による統制は不可能となるが，国務院はそのようには考えなかった。独立命令といえども命令であることには相違ないのであり，法律を基準としてではなく憲法と法の一般原理を基礎とする広義の適法性の審査をなしうる

とした。独立命令が，憲法院による合憲性の統制を受ける法律よりも裁判的統制から自由であるという事態は，こうして避けられている。

(2) 命令の種類　命令には，大統領や首相が制定するデクレ（décret）と大臣や知事が制定するアレテ（arrêté）とが区別される。デクレはわが国の政令に，アレテは同じく省令に近似する概念であるが，そこに若干の相違がみられる。第1に，デクレは大統領や首相，アレテは大臣や知事といった行為者に着目して名づけられており，政府や省庁といった機関に着目した命名ではない。第2に，デクレやアレテは必ずしも法規的行為（acte réglementaire）とは限らず，個別行為（acte individuel）をも含み，行為主体が対国民との関係で行政行為——行政立法を含む——をなす場合のすべてを指す。したがって，法規的デクレ，法規的アレテのみがここでの対象ということになる。また，デクレやアレテは，いずれもその職務に固有な行為形式であるので，大統領は国家元首としてはデクレを大統領府の長としてはアレテを発し，首相が大臣を兼任しているときは政府の長としてはデクレを，大臣としてはアレテを発することになる。なお，大統領は，ほかに議会との意思伝達手段としては教書（message）および演説（parole）の形式を，非常時には決定（décision）の形式をとってそれぞれ行為することもできる。

　命令でもっとも重要なものはデクレ，すなわち法規的デクレであるが，これを発する権限は原則として首相に属する。この命令制定権（pouvoir réglementaire）は，第3共和制下では大統領が有していた。もっとも，大臣の副署が必要とされており実際上この権限は名目的であった。内閣制度が発展し総理大臣の地位が確立するとともに，第4共和制以降は総理大臣の権限とされている。もっとも，命令制定は通常の場合首相が個人的に行うわけではなく閣議を経て発するのであり，第5共和制下においては閣議を主宰するのは大統領であることから，閣議を経た法規的デクレの制定については大統領の権限とされる。

　法規的デクレは，その制定手続によっていくつかの種類に区別される。もっとも重要なものとしてかつて行政規則（R. A. P., règlement d'administration publique）が存在していた。立法者により授権され，手続的には国務院の総会の議を経ることを必要とした。法律の適用措置を内容とすることが多く，その場合は施行令に相当した。しかし，委任できる事項の範囲に問題もあり，

1980年より廃止されて国務院の議を経たデクレ（décret pris en Conseil d'Etat）と統合された。これは，国務院の4つの行政部のうち管掌する部の意見を徴することが義務づけられているデクレである。さらに簡略な手続に従うものは，閣議を経たデクレ（décret en Conseil des Ministres）があり，国務院への諮問は義務的でない。発議は首相が行うことが多いが，関係大臣がイニシアティヴをとる場合もある。もっとも簡単なものは権限者である首相が単独で制定するデクレであって，単純デクレ（décret simple）という。ほかに法規により特別な諮問機関を経ることを義務づけられる場合もある。なお，デクレとしての効力は手続が厳格である順に強く，制定手続以上の手続によるのでなければ改廃することができない。

　アレテは大臣，知事，市町村長といったデクレ制定権者以外の長の行為形式である。大臣はここでは閣議の構成員として法規制定に関与する場合ではなく，各省庁の長官としての立場における行為を示す。知事は，わが国におけるように公選知事ではなく，政府の任命になる官選知事であり，内務省の出先機関としての地位のほかに国の県における代表者としての地位を有し，この資格でアレテを発することができる。市町村長は市町村次元で同様にアレテを発するが，とりわけ警察規則（règlement de police）は重要な役割を果たす。

　ほかに，わが国の条例に相当するものは，地方議会の議決（délibération）のうち法規の性格を有するものであり，市町村会，県会，州会の各レヴェルで存在している。さらに行政が発する要綱（directive）は，通達（circulaire）や訓令（instruction）が単なる行政内部的効果しかもたず，したがって法規の性格を有しないのに対し，行為者の裁量基準を示し，対市民との関係で一定の法的効力を認められる。

4　国際規範

　国際公法の成文法源として条約（traité）や国際協定（accord international）があり，国際的な関係が緊密になってきた昨今，その重要性が増大していることは言うまでもない。しかし，ここで問題としている国内法の法源としての効力は，別に考える必要がある。条約の対象は多くの場合国家間のものであって，直接個人にまで及ぶことは稀であったからである。しかし，一方で経済，社会的なレヴェルで様々な国際的規律に関する合意が交わされるよう

第1節　制定法

になると，条約は個人にとって無視しえない存在となってきており，他方でヨーロッパ連合は構成国の個人に直接効力を有する法規を制定する権限を付与されている。

(1) 条約・国際協定　一般の条約や国際協定は国家を名宛人としており，国内法として直接に適用されることはなく，国に対して国内法化するための立法義務を生じさせるにとどまる。しかし，条約によっては，そのまま国内法として適用可能な (auto-exécutoire) 規定を含んでいる。その場合には，国内法とりわけ法律と条約とで違った規定がなされ抵触するときに，どちらの規定を優先させるのかが問題となる——もちろん，国際法と国内法とはまったく別の法体系であって，そのまま適用される関係にないとする二元論にたてば別であるが，近時は一元論が有力である——。これに関しては後法優位の運用を行ってきたが，フランスでは第4共和制以来国際法優位が採用されており，憲法上これを明記している。第5共和制憲法典はその6章（52～55条）で条約について規定しているが，その55条がこれを定めている。すなわち，「条約または国際協定は，正規に批准または承認された場合には，公布の時から法律の効力に優越する。ただし，各条約または国際協定について相手国の承認を条件とする」。但書は相互主義を採用する趣旨である。批准または承認を要する条約というものは，53条に列挙されているが，その中に「法律としての性格を有する規定を改廃するもの」という項目がある。国会が条約を批准するというのは新たな立法を行うことと同様に考えることができるから，後法が先法に優越するという原理と大差ない。これに対して，条約を批准したのちに法律が制定されたり改正されて抵触するに至った場合には，まさに条約優位の原理が正面から働くことになる。一旦批准された条約は国内法規により改正廃棄することはできず，その限りで国家主権の行使が制限を受ける結果となるため，判例法は憲法の規定にもかかわらずこの原理を受容することを長らくためらった。しかし，国際協調主義に立脚する今日，こうした事態はやむをえないと考え，条約違反の法律の不適用というかたちで条約優位の解決をとるに至っている——1975年の破毀院のジャック・ヴァブル判決（Cass. ch. mixte, 24 mai 1975, Société des cafés Jacques Vabre），1989年の国務院のニコロ判決（C.E. Ass. 20 oct. 1989, Nicolo）——。なお，命令以下の制定法に対して条約が優位することは，言うまでもない（拙稿「フランスにおける国際法と国内法」

上智法学論集42巻1号（1998年）参照）。

　憲法と条約との効力関係については，憲法54条が規定を設けており，憲法典に抵触する条約については，憲法改正をしない限り批准することができないとする。この規定の仕方は，第4共和制憲法典における憲法と法律との効力関係に関する規定（第2編第1章第3節2「憲法院」の項を参照）と類似し，実質的には規範の抵触を避けるため憲法改正を行った上で条約の内容を実現していこうとする配慮から導かれている。マーストリヒト条約やリスボン条約の批准も，事前に憲法改正を行っており，この典型的ケースであった。しかし，形式的には憲法に反する内容の条約の存在を国内法的に認めない点において憲法優位の規定であることは疑いない。

　(2)　EU法（EC法を含む）　ヨーロッパ連合の機関が制定する法規は，EU機関や構成国を名宛人とする規範もあるが，直接に構成国の個人に対して効力を有する規範もある。規則（règlement）は国内法における法律に相当するものであるが，構成国の企業や個人に対して直接適用（applicabilité directe）され，しかも国内法に対して優位すること（primauté）が認められている。もっとも，この適用を確保する任に当たるのは各構成国の国内裁判所であるため，その解釈の統一を担保するべくEU（EC）裁判所（Cour de justice）が設置されており，各国の裁判所から移送されてきた先決問題について判断を下す。指令（directive）については，達成すべき目的と期限のみが示され，この目的を実現するための具体的立法は各構成国に委ねられる。したがって，指令がそのまま各構成国で適用されるということはないが，内容が十分に明確であり，期限が到来している場合には，これと抵触する国内法に対抗するために個人は指令を援用することができ（invocabilité），損害があった場合には立法義務者に対して賠償を求めることもできる。こうした範囲内では，指令も個人に対して効力を有するといえよう（拙稿「EUと各国法」木村直司編『EUとドイツ語圏諸国』（2000年），滝沢正他「国際裁判所と国内裁判所・フランス法」上智法学論集53巻4号（2010年）参照）。

　同様に，ヨーロッパ人権条約についてもフランスはこれを批准しているため，この条約が定める人権保障をフランス国民は直接に享受する。すなわち，国内諸機関に請求して最終的に救済が得られない場合には，ヨーロッパ人権裁判所に申立てをすることができ，この判断に国内諸機関は拘束される。

第 2 節　慣習法（coutume）

　慣習法は通常 coutume と呼ばれているが，この言葉は広くは単なる事実たる慣習を含めて理解されることがある。そこで両者を明確に使いわける場合には慣習法（droit coutumier），事実たる慣習（usage）という表現が用いられる。

　(1)　**慣習法の概念**　慣習法は，大革命前のフランスにおいては第一次的な法源であった。当時においても国王の命令といった制定法が存在しないわけではなかったが，あくまでも慣習法を補充する役割にとどまっていた。これに対して，中間法時代の法典編纂を経て近代法の時代に至り，慣習法主義が放棄され制定法主義が強く打ち出された。この転換がなされた背景としては，一方において慣習法が果たしてきた消極的役割が意識されたことがある。すなわち，旧制度下において慣習法は封建制の残滓をとどめており，古い体制を擁護する役割を果たしていた。こうした弊害を排除するためには，国民の一般意志が表現される法律こそが法源としてふさわしいものと考えられた。他方において，制定法主義の積極的な役割の認識も重要であった。慣習法はその存在が不明瞭であり，時と場所に応じて変化するため法的安定性に乏しかった。これに対して制定法には予測可能性があり，有産市民が求めていた取引活動の円滑化に不可欠であった。資本主義の発達もこれによって大いに促進されることになる。

　このようにして，近代法時代には慣習法の存在は可能な限り限定されることになった。今日まで基本的にはこうした状況に変化はない。しかし，法典が予想する社会と現実との間に乖離が自覚されその解決をせまられるようになった19世紀末頃から，生ける慣習への関心が高まりをみせる。慣習法そのものの認知に至ることは少ないが，制定法のあり方や判例法の形成に影響を与えてゆくことになる。

　慣習法が成立するためには，2つの要件が必要とされる。一般的で長期の慣行（diuturnus usus, usage continu）の存在と，その慣行を遵守しないことに対して法的制裁があることの自覚（opinio necessitatis）である。後者の法的確信が十分でないものは，事実たる慣習にすぎない。ただし，法的確信が存在しているかどうかの判定は非常に難しい問題であって，社会学的調査によっても十分に明らかにしうるとも思われない。そこでより現実に即して考えるなら

ば，慣習法の存在を認定する国家機関として裁判所が存在しているのであるから，その認定をまって初めて慣習法が成立するという見方もできる。裁判所によって法として強制されない限り慣習法が存在していると主張しても意味がないわけであり，こうした訴訟法的理解には説得力がある。

慣習法の存在はこのように不確実性があるので，誰がその証明をなすべきかという問題がある。裁判における証明責任の原則は，事実についてはその事実を援用する当事者が証明する責任を負い，法については裁判所が職権をもって適用するというものである。したがって，事実については，裁判官が釈明権を行使することはあるとしても，当事者の主張を超える認定をなすことは認められない。これに対して法については，当事者が援用しようがしまいが適用すべき法があれば適用しなければならない。原則はこのように確立しているが，慣習法の場合は通常の法源の適用の場合と異なり，当事者でその存在を主張する者が証明すべきこととされている。慣習法については従来よりこうした方式が採用されており，それは慣習法の存在を裁判官が逐一職権をもって調査しなければならないというのでは，負担が大きすぎるからである。その意味で慣習法は，法と事実の中間に位置しているともいえよう。

(2) **慣習法の種類**　慣習法は，制定法との効力関係からみて3種に区別される。第1は，法律による慣習法 (consuetudo secundum legem, coutume d'après la loi) である。これは法律が明文をもってその規律を慣習法に委ねているものであって，慣習法を適用することを法律自らが積極的に認めている場合である。こうした慣習法は大別して2つの類型に分かれる。

1つは土地の利用方法に関する民法上の規定である。民法典が編纂された当時は，フランスはいまだ農業社会であって，その経営形態は地域によって特色があり統一されていなかった。そこで法典では細かい事項は逐一規定せずに，各地の慣習法に譲ったわけである。わが国の入会権に関する規定の仕方はこの例であるが，フランスでは次のような事項がある。樹木の用益権 (usufruit) に関しては，「樹木の植えかえについてその地方の慣習 (usage des lieux) に従ってなされ……」(590条2項) とする。また地役権 (servitude) に関して，法定地役権として規定されているもののうち，水利 (645条)，障壁 (663条)，境界樹木の植栽 (671条)，井戸・厠坑 (674条) などのあり方について特別な規律 (règlements particuliers) や恒常的で公知の慣習 (usages constants et reconnus) への依拠が定められている。わが国の相隣関係に相当する事項である。

　他の1つは契約に関する慣習 (usage conventionnel) を認める規定であり，これは民法上のみならず商法上もみられる。慣行で内容が決まっているときは，契約において逐一詳細に定めないことがあるためである。農地賃貸借でいえば，地方により分益小作 (colonat) であったり定額小作 (fermage) であったり，また小作料の支払時期や支払方法もおおむね確立していた。民法典には次のような条文がある。「契約は，その中で表明されていることのみならず，衡平，慣習または法律がその性質により与える結果についても義務を負わせる」(1194条 (2016年改正前は1135条))。契約の解釈に関連しても，「あいまいなことは，その契約が締結された地方において慣習となっているものにより解釈される」(旧1159条)，「契約においては，その契約で慣習となっている条項は，それが契約の中で表明されていなくとも補充しなければならない」(旧1160条) といった規定がみられたが，2016年改正でこの2か条は削除された。個別具体的な契約類型に関連する条文としては，「賃貸借が書面によらずになされた場合には，その地方の慣習により定められている期間を遵守するのでなければ，当事者の一方は他方に対し解約をなすことができない」(1736条)，「賃借人が負担する家屋の修繕または小修理は，反対の条項がない限り，その地方の慣習によりそのように指定されるものである」(1754条) などがある。

　商法に関しては，商取引における商慣習法は極めて重要である。その時々の経済状態に即応して活動する必要があるため立法を待っていられないところから，むしろ慣習法が中心的に規律していると言ってもよい。しかも商慣習法というのは，地方というよりは商売の種類さらには商品によって異なりうる。そこで1866年6月13日の法律は，一括して商慣習法による事例を列挙している。たとえば，目方売りの場合に風袋込み (poids brut) であるか風袋抜き (poids net) であるかといったものである。

　第2は，法律と並ぶ慣習法 (consuetudo praeter legem, coutume à coté de la loi) である。現行の法体系と矛盾しない内容の慣習法を，制定法が存在しない場合に法源として認める場合である。法源の適用順位に関する法規が，「法律なきときは慣習法による」としているケースがこれであり，慣習法が機能する典型例である。

しかし，この具体的な例となると法典を有する国においてはあまり存立する余地がない。法典にはかなり抽象度の高い一般的規定が置かれており，様々な解釈技術を駆使することにより相当程度法の欠缺を補完することができるからである。フランスでは氏の制度がこの種の慣習法の例として引かれてきた。すなわち，民法典には1893年2月6日の法律による改正まで，氏に関する規定がまったく置かれていなかった。1893年の改正は離婚法に関するものであったが，299条に2項を追加し（現行264条），「離婚の結果として，夫婦の夫々は，その氏の使用を回復する」とした。フランスでは夫と妻は婚姻によっても氏は変更されず，別氏制を原則とするものであるが，妻は夫の氏に対して慣習法上使用権を有する。法改正は，婚姻によって氏の変更が可能なことを前提とする内容であり，裏から慣習法の存在を認定したことになる。したがって，日本法のような夫婦同氏制に伴う改氏する側の不利益は顕在化しない。もっとも，子の氏は父系氏（nom patronymique）の原則が同様に慣習法上認められており，そこに性差別の矛盾が集約されていた。2002年3月4日の法律により子は両親のいずれかの氏を称することとされ，この慣習法は失効した。

　第3は，法律に反する慣習法（consuetudo adversus〔contra〕legem, coutume contre la loi）である。制定法に違反する慣習法の存在がそもそも認められるのか，とりわけそれが強行法規である場合にはどうかについては，争いがある。一般にはそのような慣習には法源としての効力は認められないとされ，判例もその立場を崩していない。しかし実際上はどうかというと，強行法規に反する慣習法が事実上認められている場合がある。日本でいえば物権法定主義に抵触する譲渡担保や内縁関係のような事例が思い浮かぶが，フランスでも内縁関係に一定の法的効力を認めることがなされてきた。他の具体例としては，民法典の呼称がある。1804年のフランス人の民法典は，その後ナポレオン法典などと幾度か名称を変更したが，1870年以降は何らの法改正がなされないにもかかわらず，民法典（Code civil）が正式名称として採用されており，裁判所もこれを用いている。

　このように法律に反する慣習法が認められるというのは，むしろ法規の改廃が適切に行われないという点に問題があり，法律の不使用による廃用（désuétude）を認めてよいような場合である。ところが，大革命後はこの廃用

という観念を判例・学説が認めていないため，理論的説明に苦慮することになる。

第3節　判例法（jurisprudence）

　jurisprudence という言葉は，フランスではほとんど常に判例という意味で用いられる。同じ語源であっても英語の jurisprudence は法理学，法の一般理論という意味であるし，ドイツ語の Jurisprudenz は解釈法学すなわち Rechtsdogmatik を示すので注意する必要がある。なおイタリア語の jurisprudenzia やスペイン語の jurisprudencia はフランス語と同じラテン系であって，判例という意味で使っている。ラテン語の juris prudentia から由来している言葉であって，juris は「法の」，prudentia は prévoir に相当する言葉であり「予見する」と「通暁する」という2つの異なる内容をもち，前者からは判例という意味が後者からは法理学とか解釈法学という意味が出てきたことになる。フランスでも，かつては法学（science de droit）の意味にこの言葉を用いていたことがあり，また法学者以外の人は今日でもこうした用語法をなすことがある。そこでこうした誤解を避けるために判例法に précédent judiciaire を使う人もあるが，必ずしも一般化していない。したがって，法学者は判例という意味以外には用いず，特有の表現方法ということでとくに注意が必要である。ほかに，doctrine（学説），auteur（学者），privatiste（私法学者），publiciste（公法学者）なども，法学者の仲間うちでのみ通用する同じ部類の用語法といえよう。

　(1) 判例の概念　　判例は，イギリスやアメリカのようなコモン・ロー諸国においては，第一の法源であり，それが判例法主義を採用しているゆえんである。判例法主義では，先例拘束性の原理（doctrine of stare decisis）が支配している。先例とりわけ上級裁判所の先例がある場合には，それと同じ性質の事件には同じ解決を与えなければならないとするものである。stare decisus（判決されたところにとどまること）の原義どおりである。したがって，判例変更（overrule）は厳格に制限されており，原則的には立法によって修正を加えることになる。もっとも，こうした拘束力を有するのは，判断（ratio decidendi）の部分のみであって傍論（obiter dictum）には及ばない。

　これに対してフランスでは，大革命以来判例の法源としての効力を否定し

てきた。旧制度下において最高法院は，国王権力に対して自律した強大な地位を有しており，各管轄区域内において判例による相当自由な法創造を行っていた。同時に，固有の判例法の領域をこえて，法規的判決（arrêt de règlement）による立法も権限とされた。しかし最高法院が売官制を基礎として法服貴族の支配するところであったため，司法の国王行政への干渉や賄賂による不公正な判決も招き，その専横に対して強い反感がもたれていた。モンテスキューが裁判所の役割を限定し，権力分立を説いたのはこうした背景があり，ロベスピエールは正面から判例の法源としての役割を否定した。

　民法典5条が，「裁判官は，自己に付託された事件について一般的，法規的手段により判決することは禁じられる」（「法令原文資料」I参照）と定めるのは，直接には最高法院が行使してきた法規的判決の禁止を念頭に置く規定であるが，判例法の存在に対する否定的態度を示している。また，破毀裁判所が立法権の下に置かれて，司法裁判所に自由な法解釈を許さなかったというのは，判例の法創造力を認めないとする制度的裏付けであった。

　他方，大革命期に次々と法典が編纂されて，法のあり方が明瞭なかたちで示されるに至ると，実際上も判例法が存立する余地がほとんどなくなる。しかもその法典の規定が，制定当時は規律の対象である現実の社会と十分に整合的であったため，法文を離れた裁判所の解釈すなわち判例法が形成される必要もなかった。資本主義が発達していく段階において要求される予見可能性と法的安定性は，まさに制定法主義を歓迎したのである。註釈学派は，こうした法律万能主義を学説の側から補強した。

　ところが19世紀の末頃より，資本主義の高度な発達に由来する様々な社会問題が顕在化するようになって，事情は一変する。このような問題は法典がまったく予想していなかったため，法典から解決を導くには無理がある。たとえば，不法行為法に関していえば，労働災害や自動車事故が多発するようになると，被害者に従来通り加害者の故意過失を立証させることは酷となり，事実上救済の途を閉ざすことになる。こうした場合に，立法が適切に過失責任原理を修正する対応をすれば問題ないのであるが，どうしても社会の現実に遅れることが多い。しかし裁判所は，当事者間に生起した具体的事件に対して妥当な解決を図らなければならず，立法を待つことはできない。そこから，裁判所は，実際上法規の定めを超えるような解決を必要にせまられて採

るようになったのである。先の例に即していうならば，労働災害については1898年4月9日法により立法化がなされたのに対して，自動車事故については1930年の破毀院連合部のジャンドゥール判決（Cass. ch. réu. 13 févr. 1930, Jand'heur）により，故意過失を要件とする個人的行為に基づく責任（responsabilité de fait personnel）とは別に，1242条（2016年改正前は1384条「法令原文資料」I参照）1項を利用して無過失責任である無生物の所為に基づく責任（responsabilité de fait des choses inanimées）という範疇を新たに設け，自動車事故などの被害者の救済を可能とする判例法をひらいた。註釈学派に代わる科学学派は，まさにこうした立法の不適応現象を指摘して実定法を批判する視点を確立し，社会の現実に根ざした法学を構築しえたのであるが，その土台には常に判例の動向があった。判例評釈者（arrêtiste）が科学学派を支えたのは，このような理由に基づく。

　(2)　判例の法源性　　現在のフランスにおいて，判例が実質的意味での法源を構成することについては，誰一人異論を唱える者はいない。制定法主義を採用する国にあっても，判例研究を抜きにしては実定法の真の姿を捉えることができないことは確かである。しかし判例が，制定法や慣習法が法源であるのと同じ意味で，すなわち形式的意味においても法源であるかについては，学説上に対立がありいまだ決着をみていない。

　まず，フランスにおいては，判例法主義をとる国のように先例の拘束力に関する規律が何もない。すなわち，上級裁判所が下級裁判所の先例に従う必要のないことはもちろんであるが，同一審級の裁判所の先例にもさらには上級裁判所の先例にも拘束されない。ただし，上級裁判所とりわけ判例の統一の役割を担う破毀院は，判例変更（revirement de jurisprudence）に慎重な手続を予定しており，頻繁に判例変更がなされるわけではない。そこで破毀院判例に反する判決を下しても，結局は上訴により取り消されたり破毀されたりすることが大部分であるため，事実上上級裁判所の先例に従うことがなされるのである。こうした状況において下級審が破毀院判例に従わない，しかも破毀移送後の下級審も当該事件に関する破毀院の判断に従わないという場合もある。事実審裁判所の強い意向をそこに汲みとることができ，こうしたケースでは破毀院が総部会において判例変更をすることが少なからずみられる。

　先例拘束性が認められていないことに加えて，判例の法源性を否定する学

説は，権力分立の原理から判例が法源であるとすると立法権を裁判所に認めたことになるとか，前述した民法典5条が定める法規的判決の禁止を援用したりする。しかし，権力分立を厳格に解さず分業の中での協力と掣肘関係と捉えれば，判例に制定法を補完する役割を与えることは可能であるし，民法典5条が禁止する法規的判決と個別的判決の集積による判例法の形成は本質的に異なっており，いずれも決定的理由とはならないように思われる。

とはいえ，判例の法源性を肯定する学説も，その根拠づけを十分なしえているわけではない。立法権の黙示の承認がある，その部分に一種の慣習法が形成されたとみるべきである，法の一般原理であるといった様々な説明が試みられているが，いずれも他の法源を媒介としている点において限界がみられる。そこで正面から，先例に違反する判決をしても破毀される自由しか下級審にはないという理由で，現実の拘束力に着目し法源性を認める学説もあり，独自の法源と位置づけるにはそれ以外の説明はないのかもしれない。もっとも，法技術的にいえば，直接に判例違反のみを理由とする破毀申立ては認められず，形式的には依然として問題を残している。

ただし，判例法主義を採用する国における場合とは，判例の法源としての役割がいずれにせよ異なって考えられていることは留意すべきであろう。判例法主義にあっては，法の統一，法的安定性の確保のために先例拘束性が厳格に要求される。しかし，拘束力を有する部分は狭く，柔軟性は新たな判例法の創造により多くの場合確保される。それでも残される個別的不都合にのみ立法で対応していくことがなされる。これに対して，フランスのような制定法主義の下では，法規範をより抽象的レヴェルで捉えるところから，判例法に期待される具体的妥当性，柔軟性の役割も異なる。すなわち，判決の先例としての射程も，事案の個別的解決を離れて相対的に広く考えられている。あくまで判例法が果たす制定法の補充的役割を前提として，その範囲内における法源としての役割の承認なのである。

以上検討してきた判例の法源性に関する議論は，法典化がなされている司法裁判所の管轄に属する諸領域を念頭に置いた場合に妥当することである。これに対して通則的な部分が法典化されていない行政法については，判例の法源性に関する認識が当然に異なってくる。行政裁判所とりわけ国務院の判例の重要性は，まさに判例法主義の国々におけると同一である。行政行為の

効力，行政契約，行政賠償責任，行政訴訟手続など行政制度の大部分が判例法上の産物である。同様に，行政契約か普通法上の契約か，行政賠償責任か民事不法行為責任か，公物か公有私産か，公土木か否かといった行政法の領域を画する基準も，ここでは権限裁判所の判決も加わるもののすべて判例法上の所産である。しかも，国務院は行政裁判所としての社会的使命を自覚し，高度の威信を有しており，極めて大胆に普通法とは異なる内容で市民を擁護し行政を統制する判例法を展開してきた点に特色がある。

　このように，行政法の内容については判例を無視してはまったく語ることが不可能である。フランスにおいては，それでは行政判例には先例拘束性が認められているのかというと必ずしもそうではなく，法源性をめぐる議論もほとんどみられない。国務院が一審かつ終審としての原則的管轄権を有してきたことと無縁ではなかろう。その意味では，法源であることを当然の前提として，すべてが構築されてきたとみうる。法源であるか否かをいまさら論ずることには実益がないと単純に考えられているといえよう（拙稿「フランスにおける判例の機能」上智法学論集34巻2＝3号（1991年），同「フランスにおける判例の機能」比較法研究53号（1991年）参照）。

第4節　法の一般原理（principes généraux du droit）

　principes généraux du droitは，法の一般原則と訳されることもある。国際司法裁判所規程38条1項c号は，外務省の公定訳によれば「文明国が認めた法の一般原則」とされている。しかし，一般原則というと例外に対する基本という語感があり，条理的なものを指称するには一般原理がよりふさわしいと考え，表題の訳語を用いている。

　(1)　法の一般原理の概念　　形式的法源としての制定法も慣習法も存在しない場合に，事件の解決を求められた裁判官は，どのような対応をしたらよいのであろうか。ローマでは裁判拒否判決（non liquet）が認められていたから，適用すべき法規がない場合には裁判することを放棄することが許されていた。しかし，それでは一体何のために裁判所に訴えたのか意味がなくなり，ひいては自力救済が頻繁に行われるようにもなって社会の安定が損なわれる。そこで今日では，どの国でも裁判拒否（déni de justice）を認めない方針をとっている。

フランスにおいては，民法典4条が「法律の沈黙，不明瞭または不十分を口実として裁判することを拒否する裁判官は，裁判拒否罪で処罰される」（「法令原文資料」I参照）としているのは，同旨である。条文中の「口実として（sous prétexte de）」というのは，「理由として（en raison de）」とは異なり，法規制は本来法典編纂によって欠缺などない完璧なものとなったとする当時の確信を基礎とするものであろうが，いずれにせよ裁判官は裁判を拒否できないのである。裁判拒否が許されないとすると，最終的には制定法や慣習法として具体化されていない法原理，いわゆる法の一般原理に基づいて判断せざるをえないことになる。法源の適用順位に関する明文の規定を欠くフランスでは，この民法典4条が間接的に法の一般原理を法源として認める規定となっている。

　それでは，法の一般原理とは一体いかなる内容のものであろうか。法の一般原理があらかじめ何らかの具体的なかたちをとって存在していれば，それは場合に応じて制定法なり慣習法として効力を認めればよい。法の一般原理に依拠しなければならないのは，実際には何も判断基準がない場合であり，裁判官がその全人格をかけて判断する最終的決断のことをそう名付けたのである。ただし，裁判官の生の価値判断というかたちでは説得力に欠けるため，法源を適用したという外観を作るために法の一般原理が援用されることになる。自然法（droit naturel）上の規範によるとか，事物の本質（nature des choses, Natur der Sache）に従うと言い換えられることも多いが，それで内容が明確になるというものでもない。むしろ実定法を超越する原理というよりは，実定法に内在する基礎的原理を裁判官が確認する作業と考えた方が適当であろうか。

　なお，法の一般原理は，わが国の条理に対応する概念である。しかし，太政官布告第103号でも用いられている条理は，法的解決の基準として十分に昇華されていない傾向がある。江戸時代の儒学者である三浦梅園（1723-1789）は，条理について宇宙を支配している物理的，道義的原理であるとしている。これに対してフランスでは，条理とか道理をもちだしただけではやはり不十分であって，これを法的文脈で構成してはじめて法の一般原理というものになると考えられる。

　(2)　法の一般原理の存在領域　　法の一般原理は，制定法や慣習法に欠缺

がある場合に，裁判上これを補充する機能を営むものである。もっとも今日では，制定法が整備されており，法の一般原理を正面から援用する必要性は低下している。とりわけ私法の領域については，法典編纂がなされているため法典からの演繹という形式が採用しやすく，また司法裁判官のメンタリティからしても自己の判断を大胆に打ちだすという印象を与えることを避ける傾向にある。したがって民事法に関しては，具体例をあげることがかなり困難である。しかし，総則的な規定を有しないにもかかわらず，そこから敷衍して解決を導く場合には，法の一般原理に類似する規範を想定していると考えられる。たとえば，民法典725条は，相続に関して胎児に生まれた者と同じ権利を与えている。これはInfans conceptus pro jam nato habetur quoties de commodis ejus agitur（胎児はその利益が問題となるときは出生したものとみなされる）から由来するものであるが，相続権以外の権利について言及するところがない。日本民法も損害賠償請求権，相続権などについて，個別に規定するのみである。これに対して，スイス民法31条2項は，出生前の子は，生きて生まれるという条件のもとに権利能力を有している旨の一般的規定を置く。フランスではこの趣旨は法の一般原理として承認されているといえよう。同様に，フランス民法典は非債弁済（répétition de l'indu）は返還請求しうると規定する（旧1235条，旧1376〜1381条）が，これも「何人も他人の利得において損失することはない」という法の一般原理の上に築かれているものであって，不当利得（enrichissement sans cause）の返還請求がより広く判例上認められてきた。2016年の債務法通則の改正により，不当な利得（enrichissement injustifié）として民法典に明記された（1303条以下）。

　法の一般原理に類似する他の例は，法格言（maxime），法諺（adage）である。古くから法伝統の中に残ってきた原理は多いが，それらのうちには実定法秩序に矛盾しないところから，裁判所によって援用されるものが少なくない。人間の生活を支配している基本的な法的ルールであり，まさに事物の本質を法的な意味で定式化した規範といえる。慣習法との異同が問題となろうが，慣習法は特定の人々が法規範として意識しているものであって具体的内容をもつが，法諺は個別の生活関係を超越しており，それゆえに時と場所をこえて残っている規範なのである。その意味で，法の一般原理が具体化して現われたものとみる方が妥当と考えられる。それでは，法諺としてどのようなも

のが認められているのであろうか。代表的な事例をいくつか列挙してみよう。

　Locus regit actum（場所は行為を支配する）　国際私法で準拠法を決定する際の原則

　Actori incumbit probatio（証明は原告の負担である）　訴訟法で挙証責任を配分する際の原則

　Nemo plus juris ad alium transferre potest quam ipse habet（何人も自己の有する権利以上のものを他人に譲渡できない）　二重譲渡の禁止

　Nemo auditur propriam turpitudinem allegans（何人も不正に与えたものの取戻しの主張を許されない）　不法原因給付の返還請求の禁止

　Error communis facit jus（共通の錯誤は法を作る）　表見理論による善意の第三者保護

　En mariage il trompe qui peut（婚姻では騙せる者が騙す）　ラテン語の法諺が多い中にあってこれはフランス語の例である。婚姻については，通常の取引では詐欺になるようなことを言うことがあり，それを真正面から信じて婚姻し，のちに真実と違っていたということを理由として婚姻無効を主張できない。わが国の仲人口というものと同じである。

　これまで述べてきた私法の領域に対して，行政法はその通則的部分につき法典化がなされておらず，そのためこうした事項につき新たに解決をせまられる場合には，法の一般原理に基づいて判断せざるをえない。ある場合には正面から一般原理に依拠していることを明示して判決がなされるが，必ずしもそうではなくして事実上の認識にたって判断がなされることも多い。後者の場合は，行政判例法との区別が微妙となってくるが，法の一般原理はそれ自体判例変更の対象とならない基礎をなす準則であり，裁判所が創造するというより発見し適用するという形式がふさわしいものといえよう。行政判例上の法の一般原理は多いが，近代行政法の形成は新しいためラテン語のものはない。若干の事例を列挙するならば，行政行為の適法性の原理，行政行為の不遡及の原理，不利益処分への理由付記義務，行政の平等取扱い義務，市民の既得権の尊重，不利益処分に対する防禦権の保障，裁判手続における対審的性格の確保，などがある。

　近時における国際化の進展に伴い，国際法の一般原理がフランスの国内法に影響を与えることも注目される（拙稿「国内における『国際法の一般原則』の利

用」変容する社会の法と理論・上智大学法学部創設50周年記念（2008年）参照）。

第2章　各法分野の法源

　フランス法は，第1章で検討したように，全体としては制定法主義にのっとって構成されている。しかし，法分野によっては判例法がむしろ中核を占めているという状況もあり，また制定法が重視されている分野でも法典化の有無や法典の重要性に相違がみられる。以下では，実定法の内容に深く立ち入ることはせずに，各法分野ごとに大まかに法源の形態を示すと同時に，その特徴を指摘することにしたい。

　フランスにおいて実定法は大きく私法（droit privé）と公法（droit public）とに分けられる。私法と公法との概念区分はローマ法の時代からみられ，ウルピアヌスはその定義を次のように述べている。"Publicum ius est quod ad statum rei Romanae spectat, privatum (ius est) quod ad singulorum utilitatem（公法はローマ国に係わり，私法は個人の利用に係わる）"（Digeste I-2-1・1）国家に関係する法と個人に関係する法という基準である。しかし，実際にはこのように単純化しうるものではなく，またヨーロッパ中世でははっきり論じられることもなかった。この区別が再び明確に示されるのは，近代市民社会の確立に伴ってである。その理念モデルによれば，個々の市民は自由な権利主体であり，それが自己の権利を正当に行使してゆけば，お互いの権利義務の結びつきで調和のとれた平和な社会が維持される。経済的にはアダム・スミスの「見えざる手」により自由に活動することにより社会的均衡が保たれるのであるが，法的にも同様に考えられていたわけである。すなわち私法こそが法の中心となる。しかし，場合によっては個人のイニシアティヴではどうにもならない事項があり，公法を後見的にいわば必要悪として認める。市民法秩序を確保するための政治社会を規律する法としての公法であり，私法とは明確に区別される。すなわち，公法はなくては困るけれども，なるべく少ない方がよい法である。これが夜警国家体制の考え方であり，19世紀の自由主義の時代に支配的であった（拙稿「フランスにおける私法と公法」上智法学論集52巻1＝2号（2008年），同「私と公──フランス法の視点から──法律時報81巻2号（2009年）参照）。

しかし，この思想はその後破綻をきたしてくる。自由放任を徹底すれば経済的に強い者が常に有利な立場に立ち，経済的弱者が圧迫される。たとえば企業主と労働者は雇傭関係で事実上の不平等があるため，労働者に団結権やストライキ権を認めてその力関係に均衡を回復させることが図られる。いわゆる労働法の生成である。製造業者が独占的に製品を販売すると，個々の消費者はそれを言い値で購入する以外になくなる。独占的な営業を排して自由な競争を回復させたり，消費者を保護する経済法や消費者法が生成される。このように従来私的自治に委ねられていた領域に規制が及ぼされるようになり，私法に公法的原理が流入し，「私法の公法化」現象が指摘されるようになる。ついには私法に包含することがもはや困難であると判断して，社会法 (droit social) を独立した第三の分野と位置づける者もある。

他方，こうした動向は公法にも影響を与えずにはおかないものであった。社会国家，福祉国家の理念が強調されるようになり，国家が社会生活の隅々にまで関与することが要求されるようになる。ごみ処理，高齢者や子供の面倒をみる，道路や橋を整備するといった事項はもちろんのこと，文化面でも，昔は村落で自然発生的に行われていた村祭りが，今日では市民の日の行事にとって代わられつつある。フランス行政法における公役務概念の展開は，こうした変化を象徴する。さらには通常は私人が営利活動の一環としてなす運輸事業などの商工業的事業にも行政が関与するようになる。行政は行政活動に固有な分野のみならず各種サービス事業，すなわち私人とある意味で対等な立場で行動する分野にも進出し，「公法の私法化」現象がみられる。

このように，公法と私法の区別は相対化してきており，また先に述べたようにそのいずれにも属させることが難しい新しい分野も生じてきている。しかし，依然として法分野の基本的区分として有効であるとフランスで考えられており，それは主として次の2つの理由による。第1は，裁判所が二元的に組織されており，実際上事件を裁判所で処理するための必要性である。歴史的沿革によって司法裁判所と行政裁判所とが置かれており，基本的には前者が私法上の事件を管轄し，後者が公法上の事件を扱うのである。管轄権を決定するためには，問題となっている法律関係が私法であるか公法であるかの確定が前提となる。

第2は，第1の理由が背景となっているのであるが，教育上の法部門区分

が伝統的に私法と公法に大別されている。私法には民法，商法はもちろんであるが，民事訴訟法もさらにまた刑事法も含まれるとされる。他方公法には，憲法，行政法，財政法さらには国際法があり同時に政治学もこの部門に入れられる。特徴的な点につきコメントをしておこう。

　まず民事訴訟法については，当事者が国家に対して裁判を求める手続を規定するのであるから理論的には公法と考えられなくもない。ところがフランス法においては，民法や商法という実体法上の権利を実現するための手段を定める法であるところから，私法の付属法として位置づけられる。手続法重視の思考様式を有する英米法と異なりフランスでは実体法優先の思考が支配的であり，その上で理論的というより実際的分類を重んじた結果である。19世紀を通じてはもとより20世紀になってからもかなりの間は，民事訴訟法は民法学者が片手間に講ずるという位置づけしか与えられてこなかったことも，この分類の背景にあろう。なお，民事訴訟法は訴訟手続のみを定めているが，裁判所を通じて運用されるので，裁判所の構成を定める法も必要となる。いわゆる裁判所法である。司法裁判所法は民事訴訟法と切り離せず，ある意味で一体をなしているため，私〔民事〕裁判法（droit judiciaire privé）として一括されて講義されることも多い。これに対応するのが公裁判法（droit judiciaire public）であって，さらに2つに分かれて行政裁判法と刑事裁判法となる。しかし，私裁判法ほど一般的ではなく行政訴訟法，刑事訴訟法の一環として説明されるのが常である。

　他方刑事法についていえば，理論的には国家の刑罰権の行使に係わり，公法ということになる。しかし，刑罰とは人身や財物に対する侵害から私益を守ることが中核と理解されており，その意味で私法秩序を補完する法と考えられ，私法に分類されている。ここにおいても沿革的な理由があり，かつては民事責任と刑事責任とが明確に分化していない時代があった。たとえば，ローマ法では損害賠償は刑事の訴えであり罰金と区別ができなかった。今日でも付帯私訴（action civile）が刑事裁判所で認められるのは，その名残りといえよう。また，フランス語の délit は犯罪（délit pénal）を示すと同時に不法行為（délit civil）をも示し，そこに民刑未分化の時代をうかがうことができる。国家・公益に係わる犯罪もあるにもかかわらず，民法と刑法とは密接に結びついていると理解されており，刑法およびその付属法である刑事訴訟法は，

広くは私法に含められて民刑事法として一括されている。以下においては，私法，公法，新しい法分野に分けて各法分野の法源を紹介するが，フランスにおけるこうした伝統的分類にのっとっている（拙稿「紹介・フランス法」比較法研究58号（1997年）参照）。

第1節　私　法

フランス的に私法を広く民刑事法とし，司法裁判所の管轄権に属してきた法分野が含まれるとすれば，そのいずれもがナポレオンによる法典編纂によりナポレオン5法典として成立している点で共通する。ここでは，諸法典のその後の修正を踏まえて，法典の構成および特徴の概略について説明することにしたい。

1　民　法

民法については，今日でも1804年の民法典が中心的に規律している。その編纂は，まさにフランスにおける近代的法典国家への転換を画する大事業であって，既に第1部の歴史的説明の際に概略を検討した。

ところで，この民法典（Code civil）という名称は，第3共和制以降用いられるようになったものであり，制定当初は「フランス人の民法典（Code civil des Français）」と称しており，また「ナポレオン法典（Code Napoléon）」が正式名称とされた時期もあったことは既に指摘したとおりであって，同一の法典を指すことは注意しておくべきであろう。

(1)　構成　　民法典は，序章の6条（現在は2013年改正による同性婚の承認に関する6条の1を加えて7か条）を含めて3編36章2281条から成り立っていた。その編別構成は，以下のとおりである。

　　序章（Titre préliminaire）
　　第1編　人
　　第2編　財産および所有権の様々な変容
　　第3編　所有権を取得する様々な態様

最初の序章では，法一般ないしは私法一般の原理が定められており，わが国の「法の適用に関する通則法」に相当する。もともと草案の段階においては，序編（Livre préliminaire）と称して6章39条あった規定が，審議過程で護民院の激しい反対にあい，立法院において削除を重ねて条文が大幅に減ったた

め，名称も序章に改められた。このことは，フランスにおいてとりわけ国際私法の規定が不備とされる原因となった（「法令原文資料」Ⅰ参照）。

　全体を人事編，財産編，財産取得編に分けるという編別方式は，ユスチニアヌス式とかインスティテュティオネス式と呼ばれるものであり，ユスチニアヌス法典の法学提要（Institutiones, Institutes）という法学校における教科書に由来する。それによれば，民法は人の法（ius personarum），物の法（ius rerum），債務（obligatio），訴権の法（ius actionum）に分けられている。フランス民法典は，これらのうち今日民事訴訟法として独立した訴権の法を分離し，前3編の構成を踏襲する。世界の民法典にはこの方式にならうものが少なくない。わが国のボワソナードの起草になる旧民法も，人事編，財産編，財産取得編，担保編，証拠編の5編から成り立っており，基本的にはインスティテュティオネス式に依拠している。

　これと対立する編別方式が，パンデクテン式ないしはこれを最初に採用したザクセン州の名を冠してザクセン式と呼ばれるものであり，ドイツ民法典（BGB, Bürgerliches Gesetzbuch）はこれを採用している。すなわち第1編総則，第2編債務法，第3編物権法，第4編家族法，第5編相続法である。わが国の現行民法典はこちらの方式にならっており，周知のように総則，物権，債権，親族，相続の5編からなる。パンデクテン式は，ドイツにおいて近世自然法の考え方のうちに成熟してできた体系であり，ドイツのローマ法学者であるパンデクテン学派（Pandectes）の手になるところから，その名がついている。

　パンデクテン式は，総則において全体に共通する法原則を抽出して規定している点，財産法と家族法，債権法と物権法を峻別している点に特徴がある。より近代的な編別方式であり，理論的に体系化されていると評価されている。これに対してインスティテュティオネス式は，権利主体，権利客体および権利主体と権利客体の関係，権利主体間の関係というように捉えるものである。素人に理解しやすい面があるが，全体として雑然としており，構成として劣っているとの批評がある。確かにフランス民法典とドイツ民法典の間にはほぼ1世紀があり，その間における法学の展開を反映していよう。しかし同時に，フランス民法典が，慣習法を基礎として法実務家によって起草されたのに対して，ドイツ民法典は慣習法の統一が見通せないが故に形成された法

理論を基礎とし，学説を中心に起草されたという背景の相違によるところも大きい。法典に何を期待するかも，当然に異なって考えられていたわけである。したがって，パンデクテン式が唯一考えられる完成された編別構成とは，必ずしも断言できない側面がある。若干の具体例をあげてみよう。

　第1に，総則の存在が理論的であることの最大の特徴とされるが，それが果たして民法全体の総則といえるのか，むしろ財産法総則ではないかという疑問が呈される。また論理的に排列されていることは，裁判官など専門家が使う際には便利であろうが，総則の規定が前提とされた論述や準用が多いことは，素人にとっては決して分かり易い法典ではない。逆に総則は抽象的で具体性に欠けるため，これまた難解となる。法学部に入学したにもかかわらず法学嫌いになる者がわが国で少なくないのは，最初に勉強する民法がパンデクテン式の総則であることと無縁ではないように思われる。

　第2に，財産法と家族法，物権と債権といった体系的区別を重視することは，その実際的機能をある程度捨象して法典を組み立てることであって，その面でも規定の意味を理解する上で必ずしも最善とはいえない。日本の大学で実際に講義を受ける際にも，債権について勉強していないのに担保物権の機能を理解せよといっても実感がわいてこないという問題がある。これに対して，フランスの具体例をあげるならば，相続法は民法典では財産取得編の第1章に規定されている。財産法とは別の家族法という枠内で捉えられがちな相続が，実は人間のもっとも重要な財産取得形態であることを明確に認識させてくれる排列である。同編の第2章で贈与法と遺贈法とが一括して規定されていることも特徴である。パンデクテン式では，贈与は典型契約の一種とされ遺贈が相続法の一部としてまったく異なって規定されている。しかし，生前か死後かの相違はあれ，両者はほぼ同一の動機に基づき同一の相手に対してなされることが多い法律行為であることを，フランス民法典は認識させてくれる。現在では，章の表題も無償譲与（libéralité）に改められた（前掲拙稿「フランス民法典改正拾遺」参照）。同編の第5章で夫婦財産制の一環として夫婦財産契約について規定し，これが典型契約である売買の前に位置づけられていることも同じである。一生を左右するもっとも大切な契約が何かといえば，それは夫婦の間での財産関係をどう取り極めるかであることを示唆している。

　パンデクテン式で物権として一括されている権利も，その機能に応じて多

彩な配置がなされている。まず担保物権は，債権の存在が前提となっているところからそのあとに人的担保である保証債務と並列させて物的担保が規定されている。他方占有権については，取得時効と同一の章において扱われている。占有が取得時効の要件ともっとも密接に関連するものであるためである。さらに時効による権利の取得および喪失もまた，極めて特殊な形態であるため最終章とされているのであるが，財産取得の一種として第3編で規定されている。

　こうした機能重視の体系にのっとり総則規定を置かないという抽象度の低い方式では，本来理論的にすべてをカバーすべき規定が欠如し，一般理論が典型的事例を規定する個所で提示されるということになる。理解しやすいが，補充して考えるべき余地も大きい。法律行為の一般理論は契約に関連し，契約の一般理論は売買に関連して規定され，不当利得の一般的制度を規定せずに非債弁済のみを定める，留置権の一般的制度を規定せずに寄託契約などについて個別に定める，生存者間の贈与について一般的に規定せず特別な形式を必要とする類型のみを定める，胎児の能力一般について規定することなく相続権（725条）や受贈・受遺権（906条）についてのみ——わが国では不法行為に基づく損害賠償請求権についても定めがある——定めるといった例を挙げることができる。また，権利主体としては自然人のみが念頭に置かれて，法人の規定が欠如していた。このような体系的不備は，結局のちに判例や学説によって補われてゆき，さらに近時の債務法の諸改正——債務法通則改正により不当利得につき，担保法改正により留置権につき——によって法文上も整備された。

　(2)　改正の動向　　民法典は，ナポレオン5法典のうちでもっとも栄光につつまれている法典であり，近代的市民法典の輝ける金字塔的な存在である。そこに定められている基本理念，すなわち所有権の絶対，契約自由，過失責任，家族法の宗教からの解放などは，その後の世界各国の法に大きな影響を与えた。他方，民事法の内容は，基本事項に関することから商事法のようには頻繁に改正の対象となることもない。そのため，民法典は社会の変動にもかかわらず19世紀を通じてほとんど手を加えられることがなかった。極めて初期における重要な変更として離婚禁止があるが，これには特別な背景が存在していた。すなわち，民法典草案からして，大革命後期における保守化の

動向を承けて，離婚の自由を認めない趣旨の原案を作成していた。これに対して，ナポレオンは自らが離婚したいという個人的理由があって，革命初期に認められていた離婚の自由を復活させることを強力に主張し，民法典には離婚の規定が入っていたのである。ところがナポレオンが失脚して王政復古となるのに伴い，カトリックが国教として復活することになる。カトリックでは教義上離婚を認めない立場をとっていたことから，1816年5月8日に特別法により離婚を禁止した──これは1884年7月27日法で有責離婚を復活させるまでつづいた──のである。

その後における民法典の大幅な修正は，人権意識の高揚に合わせた改革として一括することができる。たとえば，1854年5月31日の法律は，第1編の1章2節2款に規定されていた民事死亡（mort civile）を廃止した。一定の犯罪を犯した者から権利能力を剥奪することは個人の尊厳と相容れないと考えられるようになったためである。1867年7月22日の法律は，第3編の16章に規定されていた身体拘束（contrainte par corps）を廃止し，いわゆる債務監獄をなくした。1927年8月10日の法律は，第1編の1章2節1款を廃止し，国籍法典を別に定めている。外国人を一律に民法上の権利能力なき者とすることが妥当性を欠くと考えられるようになったためである。

こうした部分的修正とは別に，社会の根本的な変動を反映して，民法典も100周年を祝う前後から原理そのものにおいて再検討を余儀なくされ，根本的改正の必要性が意識され始める。すなわち，所有権の利用が単なる農耕ではなく土地の高度利用ということになると，その絶対的自由よりも社会的制約を強調せざるをえなくなり，権利濫用（abus de droit）の法理が形成される。契約の締結が人格的には対等であっても経済的社会的に強い立場の者と弱い立場の者の間でなされる場合──使用者と労働者，地主と小作人，家主と店子，製造業者と消費者など──には，理念的なその自由を強調するよりも，実質的な契約内容の均衡に配慮せざるをえず，附合契約（contrat d'adhésion）論や約款論が唱えられるようになる。不法行為が個人的権利侵害というよりは，工場施設の危険に由来する労働災害であるような場合には，被害者に加害者の過失を立証させる旧来の方法は，はるかに重大となった災害に事実上救済の途を閉ざすことにつながった。災害の原因が機械の設計ミスにあるのか，機械の欠陥にあるのか，設置方法に瑕疵があったのか，操作上の過失か，維

第 1 節　私　法

持管理の不備かなどを追及することは，一労働者の能力をはるかに超えることであり，無過失責任 (responsabilité sans faute) の承認が必要となる。

　こうした事態に対し，立法としては特別法の制定により主たる対応がなされ，その及ばない部分については判例が様々な解釈技術を駆使して妥当な解決が目ざされた。しかし，このような手法には自ら限界があり，20世紀初頭より民法典自体の全面改正が話題にのぼるようになる。ついで1930年代にイタリアと共同で民商統一法典である債務法の作成が試みられたが，これはイタリアにおけるファシズムの台頭に伴って中断された。第 2 次大戦後においては，パリ大学のジュリオ・ド・ラ・モランディエール教授を委員長とする民法典改正委員会が設けられ，本格的な改正草案の起草作業が行われた。とりわけ家父長的家族観に基づく家族法の改正が急務であった。その成果は，第 1 編人事編についての全面改正草案として結実したが，第 2 編，第 3 編には及ばずまた議会を通過して成立するにも至らなかった。そこで，第 5 共和制下では一挙に全面改正を行う方針を改め，章ごとに可能なところから改正を進めることとした。また委員会方式をやめて，家族法関係の改正をパリ大学のカルボニエ教授の個人的イニシアティヴに委ねることとした。その結果，家族法関係の章別改正は1964年から1977年にかけて順次実現し，ほぼ全面的に新法がとって代わることとなった。伝統に立脚しつつも，ジュリオ・ド・ラ・モランディエール委員会の草案やカルボニエ教授による社会学的調査の結果を踏まえた，斬新な内容のものとなった（拙稿「フランス法のなかの性差」ライブラリー相関社会科学 2 巻（1994年）参照）。財産法関係については，20世紀中は，営利組合を除いては章の全面改正は見送られ，新しい典型契約に関する章の新設で対処することがなされた。21世紀に入り，担保法，時効法，債務法通則等の根本改正が実現した。家族法と財産法とに分けて，年代順にその後の動向を含めつつ主要な改正を列挙するならば，以下のとおりである。

　<u>家族法関係の改正</u>
・1964年12月14日の法律第1230号（第 1 編の10章 2，3 節全面改正）後見および親権解放
・1965年 7 月13日の法律第570号（第 3 編の 5 章全面改正）夫婦財産制
・1966年 7 月11日の法律第500号（第 1 編の 8 章全面改正）養親子関係——養子縁組から表題も改正

・1968年1月3日の法律第5号（第1編の11章全面改正）成年および法律によって保護される成年者——成年および無能力者から表題も改正
・1970年6月4日の法律第459号（第1編の9章全面改正）親権——父権から表題も改正
・1972年1月3日の法律第3号（第1編の7章全面改正）親子関係
・1974年7月5日の法律631号（第1編の10章1節改正）未成年　成人年齢を定める1条からなり，この改正により1964年改正と併せて10章の全面改正が事実上なされた。
・1975年7月11日の法律第617号（第1編の6章全面改正）離婚
・1977年12月28日の法律第1447号（第1編の4章全面改正）生死不明者
・1993年7月22日の法律第933号（第1編の1章の2新設）フランス国籍　1927年に国籍法典の規律に委ねられ，民法典からは削除されていたものを，内容を改めるとともに民法典に再び編入した。
・1993年7月22日の法律第933号（第1編の1章の節区分廃止）民事上の権利の享受——民事上の権利の享受および剥奪から表題も改正　剥奪の規定が民事死亡の廃止によりなくなっていた実態に合わせた。
・1994年7月29日の法律第653号（第1編の1章に節区分を再導入し，2，3節新設）民事上の権利——民事上の権利の享受から章の表題を再び改正（内容を含めて，前掲拙稿「フランス民法典改正拾遺」参照）
・1999年11月15日の法律第944号（第1編に12章新設）連帯民事協約（PACS, pacte civil de solidarité）および内縁　同性や婚姻しないカップルに婚姻に準じた一定の効果を認めた（拙稿「紹介・フランス」比較法研究62号（2001年）参照）。
・2001年12月3日の法律第1135号（第3編の1章1～3節を全面改正）　生存配偶者，姦生子の相続分に大幅な変更を加えた。
・2004年5月26日の法律439号（第1編の6章再度全面改正）離婚
・2006年6月23日の法律第728号（第3編の1章の相続を大改正，2章を大改正）相続・無償譲与——生存者間の贈与および遺言から2章の表題も改正
・2007年3月5日の法律第308号（第1編の11章再度全面改正，10章改正，12章新設）10章と11章に共通する規定を「12章未成年者および後見に付された成年者の財産管理」として収め，10章は簡素化するとともに「未成年，後見および解放」から「未成年および解放」に表題を改正する。旧12章は13章とする。

- 2010年7月9日の法律第769号（第1編に14章新設）暴力の被害者の保護措置
- 2013年5月17日の法律第404号（第1編の5章を改正）同性の者の婚姻を認める
  （拙稿「フランス民法典の改正と生命倫理」生命と倫理3号（2016年）参照，第1編の1，5，14の各章の改正が対象）

　かくして，技術的性格が強い2章身分証書，3章住所を別とすれば5章の婚姻を除きすべての家族法の章が1970年代までに全面改正されたことになる。また第3編の1章相続，2章贈与・遺言（現在は無償譲与）も，全面改正ではないが1971年7月3日の法律第523号などにより，相当大幅な修正が加えられた。さらに1990年代以降2007年の成年後見の改革に至るまで，再び新たな改正が実施されている。単なる家族法の「近代化」を超えて，生命倫理法との関係や家族像の新たな変遷を反映するものといえる。

財産法関係の改正
- 1971年7月16日の法律第579号（第3編に8章の2新設）不動産開発契約（contrat de promotion immobilière）
- 1972年7月5日の法律第626号（第3編に16章新設）仲裁契約（compromis）　16章は身体拘束が廃止されて以来空白となっていた。
- 1976年12月31日の法律第1286号（第3編に9章の2新設）不分割の権利の行使に関する協定（conventions relatives à l'exercice des droits indivis）
- 1978年1月4日の法律第9号（第3編の9章全面改正）営利組合　営利組合の規定は商法上の商事会社との関連もあり，既存の典型契約としては唯一全面改正がなされた。
- 1998年5月19日の法律第389号（第3編に4章の2新設）欠陥製造物による責任　製造物責任に関するEC指令を承けた立法である（拙稿「紹介・フランス法」比較法研究60号（1999年）参照）。
- 2006年3月23日のオルドナンス第346号（第3編の14，17および18章の廃止，第4編の新設）　担保法の全面改正であり，内容については次の「編の再編」を参照。
- 2006年4月21日のオルドナンス第461号（第3編の19章全面改正）　不動産の売買価格の差押えおよび配分——強制徴収および債権者間の順位から表題も改正
- 2007年2月19日の法律第211号（第3編に14章新設）信託（fiducie）　14章は担保編の独立で保証が廃止されて以来空白となっていた。

- 2008年6月17日の法律第561号（第3編の20章全面改正，21章追加）　これまで20章で時効および占有として規定していた内容を20章消滅時効，21章占有および取得時効に分けた。また一般的な時効期間の短縮を図った。
- 2011年3月28日の法律第331号（第2編に5章新設）土地公示
- 2016年2月10日のオルドナンス第131号（第3編3章，4章，4章の2の全面改正）
債務法通則関連（中田裕康「立法紹介」日仏法学29号（2017年）参照）

1970年代においては典型契約に新しい類型を追加する改正であったが，2000年代に至ると担保法，時効法さらに債務法通則といった財産法の基本的部分に踏み込んだ改正が実施されていく。

<u>編の再編</u>

2002年12月19日のオルドナンス第1476号により第4編マイヨットに適用される規定が追加された。さらに2006年3月23日のオルドナンス第346号により第4編担保が第3編より分離再編され（2007年2月20日の法律により追認され，法律の効力を有する），これに伴い旧第4編は第5編となった。

新第5編についていえば，他の諸法典についても共通する傾向であるが，海外領土や海外地方公共団体に関する特則を附則や特別法において言及するのではなく，法典中に編をわざわざ設けて規定するのが，近時の方式である。こうした地域に対する配慮がうかがえる。

他方で新第4編は，制定後200年を経て初めての実質的な民法典の編別の改正である。この編は人的担保に関する第1章と物的担保に関する第2章からなる。担保法が体系的に整備されると同時に，留置権など規定が不備ないし欠落していた事項が盛り込まれた。なお，これに伴い第3編に置かれていた14章（保証），17章（質権）および18章（先取特権および抵当権）が廃止された。わが国のボワソナード民法すなわち旧民法は，既に指摘したように，基本的にはフランス民法典の編別に依拠しながらも，第4編として担保──さらに第5編として証拠──を置いていたことに独自性が認められた。フランスの改正民法典の編別を，わが国は実質的に100年以上前に先取りしていたと評価することも可能である。

担保法の全面改正は，パリ第2大学のグリマルディ教授を委員長として草案が起草され，今般実現した。債務法通則の全面改正は残された課題であり，パリ第2大学のカタラ名誉教授，ついでパリ第2大学のテレ名誉教授が中心

となって作業が行われ，政府草案を経て，2016年に不法行為等（条文番号の移動のみ）を除いて成立した。残りの部分についても2017年には政府草案が作成され，最終段階となった。ヨーロッパで統一市場が形成されたあとに，統一私法の形成が趨勢であり，EC諸国のモデルとなるような国内私法の再編が各国で競って行われている。体系的で分かりやすく，しかも現代的取引に適合的な法への改訂という流れは，こうして国際的要因が契機となり，債務法通則という最後に残された民法典の主要部分の再編を呼び起こした。さらに物権法についても，パリ第2大学のペリネ-マルケ教授を委員長として改正案の検討が開始されている。

民法の主要な関連法としては，製造物責任は民法典に盛り込まれたが，交通事故は，1985年7月5日の法律第677号のいわゆる「交通事故被害者法」が規律する。消費者関連は，1993年7月26日の法律第949号が消費法典（Code de la consommation）を組織していたが，2016年3月14日のオルドナンス第301号により，新法典に移行した。

2　商　法

商法の分野については，商法典（Code de commerce）が存在し，商事関係を中核的に規律していた。商法は民法から独立して現在では私法の二大部門となっており，わが国と同様に民商法と呼ばれるほどである。しかし，一方において商法が民法に対して十分に独立した性格を有するかは，必ずしも明白ではない。すなわち，かつては商人階級というギルド上の特殊身分を規律する法であったが，近代市民社会下では相対的区分にすぎない。いわゆる民商統一法の問題である。他方において，商法が内部的に果たして統一性をどこまで保っているかという問題もある。会社法，保険法，海商法などが並立し，共通の理論的基盤を見いだし難いからである。さらに近時のフランスでは，これらの諸分野が法典としても分離独立する傾向が強まっている。これらの点は商法改正に関連するので，のちに検討する。

商法典の編纂も，大革命の勃発した直後から着手されているが，現行法典の具体的審議は1801年から開始されている。しかし，民法典とは異なり編纂の過程がはっきり分かっておらず，誰が中心となって起草したのかすら知られていない。しかも草案のままでかなり長く放置されていたところ，1806年に破産が続出したので，これに対処するためナポレオンが急遽立法を命じた

結果，拙速に審議を終えて，1807年9月の諸法律により成立している。そのためコルベール時代の陸上商事，海事の両王令をほとんどそのまま採り入れた部分があり，その出来栄えには物足りない面があった。民法典と比べてそれほど重要と考えられていなかったためであり，成立時からあまり評判がよくはなかった。しかし，商人階級のための法から市民の商行為を規律する法への転換は，市民社会での商法のあり方を示すものであって，その後における資本主義の発達を法的な面から支える力となったことは疑いない。

　(1)　構成　　成立時の商法典は，4編648条から成る。2000条を超える民法典と比較して条文数はかなり少ない。編別構成は以下のとおりである。

　　第1編　商一般
　　第2編　海商
　　第3編　破産および裁判上の整理，会社更生，ならびに破産犯罪および
　　　　　 破産に関するその他の違反
　　第4編　商事裁判権

日本的観点からは商法典中に入るべきでないような規定も含まれている。第3編破産は商人破産主義を採用していたため商法典中に入っており，第4編商事裁判権は旧制度下における商人仲間による商事裁判官（consul）制度があり，大革命期にも廃止されることなく存続したため，民事訴訟法の領域に属するにもかかわらず商法典中に入っている。したがって実体的規定は第1編と第2編であり，それぞれ商一般および陸上商法，海商法に対応する。もっとも，商法典は民法典と比較して準備作業が十分でなかったため編別構成の技術面にも問題があった。たとえば，海上保険については第2編に規定が盛り込まれたのに対して，陸上保険については第1編にまったく規定が置かれなかった。

　(2)　改正の動向　　商法典は，内容的には重商主義時代のあり方を多く基礎としており，成立の時から既に時代後れの面をもち，近代的な取引に関する規定は不備であった。その後における資本主義の発展に伴ってそのことが痛感され，早急な改正をせまられることになった。商法典が民法典と比較して経済発展に一層迅速に対応する必要がある法分野であることも，改正に拍車をかけた。

　その代表的なものが会社（第1編3章）の規定である。法典編纂当時は会社

といえば合名会社や合資会社が主流であって，知っている者同志数人が集まって織物工場を経営するといった形態が念頭に置かれていた。したがって，株式会社（société anonyme）に関する規定はわずか数条であり，しかもその設立に政府の許可が必要とされていた。大きな会社の存在は国家にとって脅威となるからであり，また営業には国王の勅許を得なければならないという，かつての重商主義的思想を受け継いでいた。しかし，その後における経済活動の大規模化に伴い，大量の資金を集めて事業を興すことが多くなり，同時に投下資本の回収までに長期間を要することにもなる。こうした要請を満たす株式会社が中核をなすにつれ，会社法の規定はまったく現状にそぐわなくなる。そこで1867年7月24日の法律により，商法典が規定するものとは別に株式会社法が制定され，特別法に実質的規律が移行する。ほかに，先進資本主義国であるイギリスからの法技術の導入として，1858年5月28日の法律による倉荷証券（warrant），1865年6月24日の法律による小切手（chèque）などがある。

　さらに20世紀に入ると，商法典の全面改正も本格的に検討されるようになる。その際に民商統一法典の制定も視野に入れられ，1930年代に統一債務法典の起草をイタリアと共同で試みたことがあり，第2次大戦後にも同様の提案がみられた。元来民法と商法の区別は，大革命前においては民法が一般生活を規律するのに対して，商法は特殊の身分である商人階級を規律し次元の異なるところで機能していた。ところが，大革命を経て市民の商法というように位置づけが変わったのに伴い，民商法の分化は原理的に異なることがなくなる。もっぱら法技術的な差異であり，等価交換原理として商法が機能的に優れているということになれば，それが徐々に民法に入ってくることになる。「民法の商化」と呼ばれる現象であるが，その本質が合理化されることであれば，区別は益々相対的にならざるをえない。こうして2つの違った法分野として存続させることが妥当であるかが論じられたわけである。しかし，フランスでは両者を区別する伝統的な考え方が強く，別々に改正への道を歩むことになる。

　ちなみに諸外国では，スイスは1907年12月10日民法（第1編〜第4編），1911年7月7日債務法（第5編）を制定しているが，この債務法は世界で最初の民商統一法典である。他方イタリアは，1865年の民法典（Codice civile）はフラン

ス民法典にもっとも忠実な民法典であったが，民商統一法典制定への動きが極めて活発となり，1941年の現行民法典は，民商統一法典であるばかりか，さらには労働法の規定をも含む一層広汎な内容を有するものとなっている。

　第2次大戦後では，民法典の全面改正が問題となり民法典改正委員会が作られたのと相前後して，商法典および会社法改正委員会が設置される。パリ大学のエスカラ教授を委員長とする委員会は精力的に仕事をなし，改正草案も起草されたが，実現には至らなかった。しかし，1960年代に至るともはや改正に猶予はなく，民法典の場合と同様に，全面改正ではなく次々と部分改正を積み重ねて対処してゆく方式に転換がなされる。ただ民法典と異なる点は，民法典は法典の体系を尊重してその各章を新しい章に置きかえるというものであったのに対し，商法典は，法典中の時代後れの規定を削除し，新しい規律を特別法に委ねるという手法が採用された。このようにして，商法典という枠は残されているが，その中には商行為法と手形法のほかにはほとんど重要な実体法上の規定がないという形骸化した状況になっていた。これを商法の非法典化（décodification du droit commercial）現象と呼んでいる。商法典の構成に対応させつつ，関連する特別法を具体的に指摘するならば，以下のとおりである（拙稿「フランスにおける商法の非法典化」上智法学論集28巻1 = 2 = 3号（1985年）参照）。

第1編　商一般関係の改正
　3章会社を削除し，商事会社法を制定（1966年7月24日の法律第537号）1807年の極めて不備な規定を補うために，1867年7月24日の法律が別に株式会社および株式合資会社について定めたことは既に述べた。その後は，この株式会社法が改正に改正を重ね，また株式会社法に対する特別法も多数制定され，あたかも密林に迷い込んだ感がすると評されるほど錯綜していた。1966年法は商法典中の会社の章および1867年の株式会社法および多数の付属法を廃止し，全面的に新商事会社法の規律に委ねている点に特徴がある。かくしてここに商事会社に関する509条から成る一大法律が成立し，削除条文の多い商法典そのものよりも大部の特別法が成立した。

　4章商業登記簿を削除し，商業および会社登記簿法を制定（1958年12月27日のデクレ第1355号）　1967年3月23日のデクレ第237号により特別法を全面改正し，1984年5月30日のデクレ第406号によりさらに新法に置きかえた。

第1節　私　法

　7章売買は109条という1条のみから成っていたが，1980年7月12日の法律第525号により全面改正され，表題も「商行為の証明」と変更された。
　8章為替手形・約束手形についていえば，ジュネーヴ条約により国際的に統一が図られたために，これに応じてフランスも国内法の一新を行った。商法典中の手形法は1935年10月30日のデクレ-ロワにより全面改正され，特別法である小切手法も同日のデクレ-ロワにより全面改正された。
　8章の後に，1948年8月18日の法律により189条の2が付加され，9章時効が新設された。
　<u>第2編　海商関係の改正</u>
　1章船舶およびその他の海上建造物，2章船舶の差押えおよび売買，3章船舶所有者を削除し，船舶およびその他の海上建造物法（loi portant statut des navires et autres batiments de mer）を制定（1967年1月3日の法律第5号）
　4章船長，9章海上保険貸借を削除し，艤装および海上売買法（loi relative à l'armement et aux ventes maritimes）を制定（1969年1月3日の法律第8号）
　5章船員および乗組員の傭い入れおよび賃金は，1926年12月13日の法律により海上労働法典が規定し，それに伴い削除された。
　6章原始契約，貸切契約および海上物品運送契約，7章船荷証券，8章傭船料を削除し，傭船および海上運送契約法（loi sur les contrats d'affrètement et de transport maritimes）を制定（1966年6月18日の法律第420号）
　10章保険，14章請求不受理事由（一部）を削除し，海上保険法（loi sur les assurances maritimes）を制定（1967年7月3日の法律第522号）　なお，のちの1976年7月16日のデクレ第666号により陸上保険法と併せて法典化がなされ，現在は保険法典（Code des assurances）の一部をなしている。
　11章海損，12章投荷および分担，14章請求不受理事由（一部）を削除し，海上事故法（loi relative aux événements de mer）を制定（1967年7月3日の法律第545号）
　以上に紹介した海商法については，パリ大学のロディエール教授の主導で改正作業が進められ，1960年代後半に大きくは5つの特別法に再編されることになった。商法典には13章時効の1条のみ（1971年7月16日の法律第586号による改正でその後2条となる）が残された。
　<u>第3編　破産法関係の改正</u>
　1955年5月20日のデクレ第583号が破産犯罪に関する部分を除き法典の規定

を削除し，全文181条から成る破産法を定めた。ところが1958年12月23日のオルドナンス第1299号１条は，この特別法をそのまま商法典第３編中に組み入れ，条文が追加された部分は技番号としている。これに対して，1967年７月13日の法律第563号は，商法典に編入されていた1955年破産法を廃止し，裁判上の整理，財産の数額確定，個人的破産および破産犯罪に関する法律（loi sur le règlement judiciaire, la liquidation des biens, la faillite personnelle et les banqueroutes）を定めた。商人破産主義を放棄し裁判上の整理を中核とする新法は，当然に商法典には編入されない。この裁判上の整理法も，企業の経営難の予防および同意整理に関する1984年３月１日の法律第148号および企業の裁判上の更生および清算に関する1985年１月25日の法律第98号により，企業を念頭に置く新しい制度にとって代わられている。いずれにせよ，1967年以降は商法典第３編には条文が１つも存在しない。

<u>第４編 商事裁判権関係の改正</u>
　1961年８月３日のデクレ第923号により商事裁判所裁判官の選任方法に変更が加えられるなどの修正はみられたが，基本的には当初の制度が商法典中では近時まで比較的よく残されていた。しかし，民事訴訟法典にも手続を中心に商事裁判に関する規定が置かれていた。そのため新民事訴訟法典の制定に伴い移行廃止条文が多く，司法組織法典の制定により実効性を失った規定も少なくない。控訴院において訴訟を行う形式に関する第４章は，1972年８月28日のデクレ第788号により結局全廃となった。さらに，1987年７月16日のデクレ第550号による諸条文の廃止に伴い，１，３，４章は表題も廃止し，管轄権限のみに集約された。

　(3)　新法典の制定　　2000年９月18日のオルドナンス912号は，こうした状態を改め商法典，商事会社法を始めとする関連法規を廃止し，新商法典が制定された。法典再編（recodification）へと舵を切ったものであるが，内容的には既存法規の集成（compilation）であって，法典としての機能に明白な限界が認められる。なお，命令の部分の法典化は2007年３月25日のデクレ第431号によって実現された。海商法や保険法は含まれず，さらに商事裁判権に関する規定も当初は含まれておらず，その編別構成は以下のとおりである。
　　第１編　商一般
　　第２編　商事会社および経済利益団体（groupement d'intérêt économique）

第3編　売買の一定の形式および排他条項
第4編　価格の自由および競争
第5編　手形および保証
第6編　企業の経営難
第7編　商事裁判権（2006年6月8日のオルドナンス第673号により追加）および商業の組織
第8編　規制される若干の職業
第9編　海外に関する規定

3　民事訴訟法

　民事訴訟法については，1806年4月24日に制定された旧民事訴訟法典が，長い間この分野を規律してきた。この法典の編纂は，共和暦10年の5人の編纂委員の任命に始まる。トレイヤール（Jean Treilhard, 1742-1810）のほか，ピグー（Pigeu），セニィエ（Segnier），ベルテルトロー（Berthertereau），トリ（Try）である。編纂委員会は2年たらずで草案を作りあげ，この草案が民法典に引き続いて同様の立法手続を経て議決された。自由心証主義や理由付記義務など近代民事訴訟法の原則が盛り込まれている一方，商法典と同様に，コルベールの立法の1つである1667年の民事訴訟王令に多くを負っていた。したがって，その出来栄えは制定当時から必ずしも十分なものとは考えられていなかった。

　(1)　構成　　他のナポレオン諸法典は編に分けられているのに対し，民事訴訟法典はさらにひとつ上の分類である部にまず分けられており，2部1042条から成っていた。第1部は「裁判所における手続」と題され，通常の民事訴訟手続を規定し，次の5編によって構成されている。

第1編　治安裁判所
第2編　下級裁判所
第3編　控訴裁判所
第4編　判決を攻撃する特別な方法
第5編　判決の執行

　第1編および第2編は1958年12月28日のオルドナンスによりそれぞれ小審裁判所，大審裁判所となった。第4編では，第三者異議の訴，再審，裁判官相手取訴訟の3つの類型が規定されている。確定判決に対する攻撃方法とし

ては，破毀申立てもあるが，破毀裁判所が法令の解釈を統一することを任務とする機関であるが故に，当時は司法権ではなく立法権に属すると考えられたことから，民事訴訟法典中に破毀手続を含まない。沿革上の理由としては，旧制度下において類似する役割を果たした訴訟関係顧問会議の手続が，民事訴訟王令とは別の1738年の規則によって定められていたことも挙げられる。

第2部は「各種の手続」と題され，次の3編から構成されている。

　第1編　（表題なし）
　第2編　相続の開始に関する手続
　第3編　（表題なしで仲裁という単一章からなる）

第1編はわが国の非訟事件手続法に相当する規定が多いが，若干の人事訴訟法に関係する条文も入っている。多くは民法典の中にも手続規定が定められている。第2編はわが国では民法相続編の中に実体法規定とともに規定されているものである。フランスでは相続を財産取得手段として重視しており，慎重に扱おうとする伝統があり，特別に規定されている。第3編の仲裁は広くは訴訟手続に含まれるものである。このように全体として雑然たる規定が一括されて入っており，統一性に乏しい。

　(2)　改正の動向　　民事訴訟法典は，当初より当事者主義，書面主義と口頭主義の併用といったものを特徴としてきた。前者については，19世紀初頭における自由主義・個人主義の高揚に対応して極端に押しすすめたかたちで実施されてきていたが，その後は訴訟遅延などの弊害が目立っていた。後者は，代訴士，弁護士の二元主義をフランスにおいては招来したが，これまた訴訟依頼人にとって手続の煩雑さを惹起していた。全般的な不出来の是正の要請と相まって，民事訴訟法典の改正はかなり早い段階から試みられた。まず1898年に新民事訴訟法典草案が作成されたが，成立するには至らなかった。部分的改正としては，第1次大戦前の頃よりかなり大幅な改正の試みがあり，とりわけ1935年10月30日のデクレ-ロワ，1944年7月15日の法律などとして実現されていった。これらの改正は，今まで徹底した当事者主義を採っていたものを改め，オーストリアなどヨーロッパの他の諸国を参照しつつ次第に職権遂行主義を採り入れたものである。

　他方，1944年11月には民事訴訟法典改正委員会が設けられ，1955年には改正草案も公表されたが，これまた立法化されるには至っていない。訴訟手続

の簡素化を骨子とする根本的な改正には，手続が煩雑であることに利害関係を有する裁判所付属吏たち，とりわけ代訴士の強い反対があり，困難を極めた。比較的大きな改革は1958年12月22日付の諸法によるが，これはド・ゴール将軍が臨時に政権を委ねられて新憲法の制定にあたっていた時期であり，事実上の独裁権を行使していた時代の産物である。裁判所組織の大改革も，同日のオルドナンスによって実現された。さらに第5共和制憲法典では，ド・ゴール将軍は圧力団体に弱い国会に民事訴訟法の改正を任せてはおけないと考え，この事項を法律事項として留保しなかったため，命令事項とされる。民事訴訟法典は，ナポレオン5法典のうちで唯一つ，それ以後命令によって全面的に改正，新法典への移行がなされていくことになる。訴訟手続の改正はこの命令事項化によってスムーズとなり，1965年10月13日のデクレ第872号による準備手続の改正，同年11月26日のデクレ第1006号による訴訟迅速化の改正，1971年12月31日のデクレ第1130号による第一審段階における弁護士・代訴士の一本化などが実現される。ついで，1971年以降は全面的に訴訟手続を改革する4つのデクレ（1971年9月9日のデクレ第740号，1972年7月20日のデクレ第684号，1972年8月28日のデクレ第788号，1973年12月17日のデクレ第1122号）が順次制定され，1975年12月5日のデクレ第1123号によって，これらの諸デクレを整理統合して新民事訴訟法典——後述する第1，2編に該当する部分である——とした。1975年のデクレにより修正されたり新たに設けられた規定も少なくない。しかし全編は完成しておらず，未完成の部分については廃止されていない旧民事訴訟法典の該当部分の規定が引き続き適用されることとされていた。2007年に移行が終了し，旧法典との区別の必要性が消滅したため，それまで法典名の一部であった「新」がとれて民事訴訟法典とされた。新しい民事訴訟法典の編別構成は，以下のとおりである。

第1編　すべての裁判所に共通する規定
第2編　各裁判所に特別な規定
第3編　一定の事項に特別な規定（第7節和解は第5編への移行により廃止）
第4編　仲裁（arbitrage，2011年1月13日のデクレ第48号により全面改正）
第5編　和解による紛争解決（résolution amiable des différends，2012年1月20日のデクレ第66号，当初予定されていた「強制執行」から表題，内容ともに変更）

第6編　海外に関する規定

　旧法典でみられた2部構成は廃止され他の諸法典と同じ編構成に改められ，第2部各種の手続で規定されていた事項を第3，4編とし，第1部第5編の判決の執行は第5編に移動させることにした。また第2編には新たに破毀院における手続も規定された。1981年5月12日のデクレ第500号は，一部に欠落部分はあるものの第3編と第4編を追加した。さらに1991年7月9日の法律第650号は，不動産執行を除いて民事執行手続を全面改正したものの旧法を改正する形式をとっており，新法典に第5編「強制執行」の内容は組み込まれていない。結局，強制執行については別に民事執行法典（Code des procédures civiles d'exécution）が，2011年12月19日のオルドナンス第1895号（2015年2月16日の法律第177号により追認）によって制定された。第5編には代わって調停人（médiateur）や勧解人（conciliateur de justice）による和解による紛争解決に関する規定が設けられ，代替的紛争解決方法（mode alternatif de règlement des différends）の重視が鮮明となった。

(3)　裁判所法の制定　　民事訴訟法典に関連して，司法裁判所の組織に関する法制について述べるならば，1978年3月16日のデクレ第329号によりそれまで個別に存在していた法規を集成して法典化がなされ，司法組織法典（Code de l'organisation judiciaire）が規律している。法律の部（L.）とデクレの部（D.）とに分けて，十進法番号を採用した新しい型の法典である。現在の司法組織法典は，2006年6月8日のオルドナンス第673号（2009年5月12日の法律第526号により追認）により再編成されている。その編別構成は，以下のとおりである。

　　第1編　司法裁判所に共通する規定
　　第2編　第一審裁判所
　　第3編　第二審裁判所
　　第4編　破毀院
　　第5編　サンピエール・エ・ミクロン，マイヨット，ワリス・エ・フトナ，フランス領南方・南極領土，フランス領ポリネシアおよびヌヴェル・カレドニに特別な規定

4　刑　法

　刑法については刑法典が規律しているが，他のナポレオンの諸法典と異な

り，大革命直後に作成された法典が既に存在した。民法典と並んで立法事業の最重要課題とされたためである。そもそも1789年の人権宣言は，その8条で「法律は，厳格かつ明白に必要な刑罰のみを定めることができる。何人も，犯罪前に制定され，かつ，公布された法律であって，適法に適用されるものによるのでなければ，処罰することができない」とし，罪刑法定主義の原則を掲げた。1791年9月25日―10月6日の刑法典は，こうした理念に基づいて厳密な刑罰体系を定め，すべての刑を画一的に固定して適用上量刑の幅を認めなかった。ついで，1795年10月24日に刑事訴訟手続に重点を置いた「犯罪および刑罰法典」が制定され，1791年刑法典の厳格な体系はかなり緩和された。ナポレオンによる1810年2月22日の刑法典（Code pénal）は，これら革命期の諸法典を参考にしつつ再編して制定された。

　フランスにおいて200年近くの間適用されることになるこの刑法典は，当時としては極めて斬新な内容をもつ。旧制度下の権威主義的で恣意的であった刑法の原理に対して，ベッカリア（Cesare Bonesana Beccaria, 1738-1794）などの18世紀の個人主義の思想に立脚する新しい刑法原理を全面的にとりいれているためである。そのため，民法典とともに評価が高く，近代的法典の模範として大きな影響を与えた。罪刑法定主義と同時に，犯罪と刑罰との均衡への配慮，刑罰の一身性の確立，残酷な刑罰の廃止，刑に量定の幅を設けるなどが実現された。

　(1)　構成　　1810年刑法典は全4編516条から成っており，その編別構成は以下のとおりである。

　　第1編　重罪および軽罪に関する刑罰およびその効果
　　第2編　重罪および軽罪に処すべき者，免責者または有責者
　　第3編　重罪，軽罪およびその刑罰
　　第4編　違警罪およびその刑罰

　刑法典では犯罪を重罪（crime），軽罪（délit），違警罪（contravention）の3類型に分類し，刑罰との対応を明確にして体系化を図った点に特徴が認められる。その反面，総則が置かれておらず共通原則が不足していることも指摘される。たとえば，正当防衛についての一般的規定はなく，殺人・傷害罪に関連して規定されているにすぎない。これは民法典にも共通する革命期フランスの法典編纂技術の特質でもある。理論的精緻さにおいて劣るところがある

が，一般人にとって分かりやすいものとなっている。

(2) 改正の動向　刑法典は，その後の時代の進展に伴い，刑罰が厳格にすぎるなど不都合が目立つようになり，1832年には情状酌量制度が一般化され，残されていた身体刑——足枷，首輪，連鎖，焼ゴテによる烙印など——が廃止され，重罪とりわけ死刑となる事例も整理されて減少する。同時期に新設された政治的刑罰も，その後現実には適用されなくなる。1863年には犯罪分類に変更が加えられ，1885年には社会防衛の観点から流刑や居住制限が設けられる。1891年には仮釈放や執行猶予制度が導入されている。また逆に，犯罪予防のための規定や新たな犯罪類型に対処する規定も盛り込まれており，行刑の導入もみられた。

こうした改正にもかかわらず，刑法典は全体として時代後れであって根本的修正が不可欠であるという認識が広まり，全面改正の必要性が痛感される。1887年と1930年には全面改正が試みられたが成立せず，1974年11月8日のデクレにより刑法改正委員会が設立されたのちは，とりわけ多くの草案が起草された——1976年草案〔総則〕，1981年草案〔各則〕，1983年草案，1985年草案，1986年草案——。しかし，人権擁護派と治安重視派の間で意見の対立は厳しく，新法典はなかなか成立にこぎつけなかった。この間にも，刑法典の修正は行われており，その代表例は1981年10月9日の法律第908号による死刑廃止である。フランスにおいては，刑法12条の死刑に関する規定において「死刑の宣告を受けた者は，斬首する」と定めており，1792年3月20日のデクレにより斬首刑は断頭台（guillotine）で執行されることとなっていた。断頭台は，大革命期に医師ギヨタン（Joseph Ignace Guillotin, 1738-1814）が発明したものであり，苦しみがもっとも少なくてすむ死刑執行方法であるとされ，人道的措置と考えられていた。しかし，死刑そのものが多くの国で廃止されている現代において，これは野蛮な慣行で時代錯誤というほかはない状況であった。なお2007年には，死刑禁止が憲法上に明記された。

新刑法典は，1992年7月22日の法律第683〜686号によってようやく成立した。法律の部のほか1993年3月29日のデクレ第726号によるデクレの部をもつ。またナポレオン5法典としてははじめて，条文のナンバリングを編章節を示す3桁の数字にハイフンで条文をつなぐ新方式，十進法番号を採用している。5編689条から成っていたが，その後海外領土等に関する編が追加され

た。その編別構成は以下のとおりである。
　　第1編　総則
　　第2編　人に対する重罪および軽罪
　　第3編　財産に対する重罪および軽罪
　　第4編　国民，国家および公の平和に対する重罪および軽罪
　　第4編の2　戦争の重罪および軽罪（2010年8月9日の法律第930号により追加）
　　第5編　その他の重罪および軽罪
　　第6編　違警罪（1996年3月28日のオルドナンス第267号により表題明示，611-1条の売春行為の規定を除き，デクレの部で定める）
　　第7編　海外に関する規定（2011年3月29日のオルドナンス第337号により表題変更）
　重罪，軽罪および違警罪という3種に犯罪を類型化し，適用される刑罰および法制度さらには管轄する裁判所を異ならせるという基本は維持された。しかし，総則を設けて共通する原則を規定したこと，法人に対する罪を明示したことなどに斬新さがみられる。

5　刑事訴訟法

　刑事訴訟法典の前身は1808年11月から12月の諸法律によりナポレオン5法典の1つとして制定された治罪法典（Code de l'instruction criminelle）であり，現行の刑事訴訟法典にとって代わられるまでのおよそ150年の間，刑事訴訟に関する基本法典としての効力を有していた。治罪法典は，民事訴訟法典と同様に，ルイ14世時代の刑事訴訟王令に多くの規定を依拠しているが，同時に革命期における刑事裁判制度の抜本的な改革も採りいれており，その性格はかなり複雑なものであった。
　(1)　構成　　治罪法典は2編644条から成り，その編別構成は以下のとおりであった。
　　第1編　捜査手続
　　第2編　裁判手続
　フランス刑事訴訟手続には，予審制度の存在，民事的請求の付帯および重罪に関する特別手続の3点で特徴がある。これらは基本的には新法典にも受け継がれているため，若干の説明を加えておきたい。第1に，公訴権の発動

と刑事訴追の開始との間に予審（instruction préparatoire）手続が介在し，訴追が適当であるか否かが判断される。予審は重罪については義務的であり，軽罪以下については任意的である。予審手続は，書面，非対審，秘密審理の建前が採用されており，旧制度下の遺物を治罪法典が引き継いでいた。こうした糺問主義的原則は，1897年以降緩和され，新法典下では，被疑者の出頭および本人尋問，民事当事者（犯罪被害者）との対質および尋問，対質における弁護士の立合いなどを規定し，その弊害の除去に努めている。予審の結果訴追が適当と判断されれば，各々の判決裁判所へ移送がなされる。判決手続は，公開，口頭審理，対審による。訴訟進行および証拠調べ上の裁判官の権限はかなり強く，ここでも糺問主義的性格が顕著であったが，近時新法典への移行とも相まって弾劾主義への大幅な転換がみられている。

　第2に，刑事訴訟において犯罪被害者である私人が関与する局面が広く認められている。まず，公訴権（action publique）の発動は，検察官および一定の司法警察官のほか，付帯私訴（action civile）を提起する私訴当事者（partie civile）のイニシアティヴによってもなされる。また，犯罪被害者は，当該犯罪事実が構成する民事不法行為責任につき，刑事裁判所において同時に民事上の請求を行うことが認められる。

　第3に，重罪の場合に特別な手続が定められている。義務的予審制度がその1つであるが，陪審制（jury）の採用がとりわけ注目される。陪審制は大革命期にイギリスを模範として採りいれられたものである。しかし，その後は独自の展開を示し，今日ではむしろ参審的機能を果たしている。

　(2)　改正の動向　　刑事訴訟手続は，実体法である刑法典にもまして人権と密接に結びついている。人権宣言もその7，9，10条でこの旨を規定していた。第2次大戦後に至り，刑事裁判の迅速化と被告人の権利擁護の強化を目的として，1957年12月31日の法律により，新たな法典が名称も刑事訴訟法典（Code de procédure pénale）と改められて制定された。ほぼ同時期に各法典の全面改正が試みられたが，いち早く実現されたのがこの法典である。英米流の弾劾主義の考え方が急速に広まり，人権保障との関連で改正に猶予が許されなかったためである。

　刑事訴訟法典は序章と5編に分かれ，801条から成っていたが，その後海外領土等に関する編が追加された。編別構成は以下のとおりである。

序章　総則（2011年8月10日の法律第939号により「公訴権および民事訴権」から表題変更）
第1編　刑事政策の指導（2013年7月25日の法律第669号により追加），公訴権の行使および審理
第2編　判決裁判所
第3編　特別な申立方法
第4編　各種の特別手続
第5編　執行手続
第6編　海外に関する規定（2011年3月29日のオルドナンス第337号により表題変更）

第2節　公　法

　公法分野については憲法と行政法に大別されるが，両者は法源として対照的なあり方を示してきた。憲法規範は，憲法制定権力の意思によって形成された最高法規であるが，憲法裁判所が機能するまでは実定規範としての効力は稀薄であった。また，現行憲法典は公布された16番目のものであり，目まぐるしい交替に特徴がある。これに対して，行政法規範は，憲法によって制定された権力である立法権により形成された下位規範にすぎないが，国務院を頂点とする行政裁判所において早くから行政作用の十全な展開と適法性の統制が確保され，独特の実効性担保がみられた。また，統一的な行政法典は存在しないが，判例法を中核として継続的な法形成がなされている。

1　憲　法

　憲法の主要な内容は憲法典（Constitution）に収められている。統治機構については，当然に憲法典に規定が置かれるが，フランスにおいては人権規定については扱いが分かれている。本文中に置かれることは少なく，人権宣言を付加する例が多いが，前文で規定したり人権宣言を伴わないものもみられる。現行実定規範について考える場合にも，統治機構と人権とに分けて検討することが妥当となる。

　(1)　統治機構　　現在は1958年10月4日のフランス共和国憲法典が規律している。通常第5共和制憲法典と呼ばれている。西欧諸国の中では，憲法慣習による不文憲法規範を多く残すイギリスを別にしても，アメリカの1788年

憲法，ベルギーの1831年憲法はもとより，第2次大戦後に制定された1948年のイタリア共和国憲法，1949年のドイツ連邦共和国憲法と比較しても新しい。第2次大戦後に再び全面的に作り直しているわけで，西欧先進国では一番若い憲法典を有する。もっとも，この憲法典は様々な問題をかかえながらもフランスにおいては第3共和制についで2番目に長続きしている憲法体制なのである（拙訳「ロベール『第五共和政の行方』」日仏法学21号（1998年）参照）。前文，1条のほか15章から成りたっていたが，その後の改正により現在は17章である。その章別構成は以下のとおりである。

 第1章 主権
 第2章 大統領
 第3章 政府
 第4章 国会
 第5章 政府と国会との関係
 第6章 条約および国際協定
 第7章 憲法院
 第8章 司法機関
 第9章 高等院（2007年表題変更）
 第10章 政府構成員の刑事責任（1993年新設）
 第11章 経済社会環境評議会（旧10章，2008年表題変更）
 第11章の2 権利擁護官（2008年新設）
 第12章 地方公共団体（旧11章）
 第13章 ヌヴェル・カレドニに関する経過規定（1998年新設，旧12章〔フランス〕共同体は1995年廃止）
 第14章 フランス語圏および提携協定（旧13章，2008年表題変更）
 第15章 ヨーロッパ連合（1992年新設，2009年リスボン条約の発効により表題変更）
 第16章 改正（旧14章）（旧15章経過規定は1995年廃止）

 第1章第1節1で述べたように，現行フランス憲法典は硬性憲法である。しかし，これまで既に24回の改正を経ている。その概要は以下のとおりである（拙稿「フランスにおける憲法改正」現代ヨーロッパ法の展望（1998年）参照）。

 ・loi constitutionnelle du 4 juin 1960 フランス共同体に関する85，86条を，共同

体規定改正に固有な85条の手続で改正した。
- loi constitutionnelle du 6 novembre 1962　大統領に関する6，7条を，11条に定める大統領の国民投票権限で改正し，大統領直接選挙制へ移行した。なお11条を根拠として改正手続を行うことに対しては違憲とする主張が強くなされた。また，1969年の元老院および地方制度改革を含む憲法改正が再び11条の手続で強行され，結局は否決されド・ゴール大統領の退陣につながった。こうしたことから，1963年改正を含めて，その後はすべて89条が定める通常の手続により改正が実現されることとなった。
- loi constitutionnelle du 30 décembre 1963　国会に関する28条　会期制度を手直しし，会期が夏のバカンスに重ならないように改めた。
- loi constitutionnelle du 29 octobre 1974　憲法院に関する61条　違憲の提訴権者を国会議員に拡大した。
- loi constitutionnelle du 18 juin 1976　大統領に関する7条を再び改正し，選挙方法などに手直しを加えた。
- loi constitutionnelle du 25 juin 1992　マーストリヒト条約を批准するにあたって，憲法典と抵触する部分につき憲法を改正し，ヨーロッパ連合に関する章を追加する。同時に2条にフランス語を国語とする規定も盛り込まれた。
- loi constitutionnelle du 19 juillet 1993　司法権に関する65条を改正して司法官職高等評議会を改組し，高等法院に関する68条を改正して共和国法院を68条の1，68条の2として別の章で新設し，関連して経過措置を93条に定める。裁判所関連の改革は懸案とされていたが，直接には輸血エイズ事件が引き金となった。
- loi constitutionnelle du 19 novembre 1993　移民制限に関するパスクワ法が庇護〔亡命〕権を定める憲法の規定に適合しないとされたことと関連し，また1985年のシェンゲン協定との調整もあって，「条約および国際協定」に関する章に53条の1を追加し，審査の非重複原則をとり込む内容とし，また庇護を国家の権限として位置づけ直した。
- loi constitutionnelle du 4 août 1995　大統領に関する11条を改正し国民投票事項を拡大し，国会に関する28条を改正し単一会期制に戻し，同じく26条を改正し国会議員の不逮捕特権に限定を加えた。同時に，死文と化していたフランス共同体に関する規定や経過規定のうち既に不用となったものを削除するなど全般的な化粧直し (toilettage) も施された。とりわけ，1章の前に置かれていたフ

ランス共同体との連携を唱える1条を廃止し，2条1項にあったフランス共和国の基本原理をもって代置した。

- loi constitutionnelle du 22 février 1996　社会保障支出の増大が国家財政の破綻をもたらしかねず，そのことがひいてはＥＵ通貨統合の障害となっていることに鑑みて，社会保障拠出を法律事項とした上で，この法律案を予算法律案と類似する議決手続に服させることとした（拙稿「紹介・フランス」比較法研究58号（1997年）参照）。
- loi constitutionnelle du 20 juillet 1998　ヌヴェル・カレドニに関する経過規定
- loi constitutionnelle du 25 janvier 1999　アムステルダム条約の批准に備えた。
- loi constitutionnelle du 8 juillet 1999　国際刑事裁判所を創設する条約を批准するにあたって，抵触を回避するために第6章に53条の2を追加した。
- loi constitutionnelle du 8 juillet 1999　男女の平等を促進するために，3条および4条に項を追加した。これを具体化するため，2000年6月6日の法律第493号により，議員候補者男女同数法が制定された（以上4件の憲法改正につき，拙稿「紹介・フランス」比較法研究61号（2000年），また議員候補者同数法については，拙稿「紹介・フランス」同62号（2001年）参照）。
- loi constitutionnelle du 2 octobre 2000　大統領任期を5年に短縮した。
- loi constitutionnelle du 25 mars 2003　欧州逮捕状に関する規定を追加した。
- loi constitutionnelle du 28 mars 2003　地方分権に関する規定を追加，改正した。1条にも地方分権主義を追加規定した。
- loi constitutionnelle du 1er mars 2005　欧州憲法条約の批准に備えた。
- loi constitutionnelle du 1er mars 2005　環境憲章に憲法と同じ効力を認めた。
- loi constitutionnelle du 23 février 2007　ヌヴェル・カレドニに関する経過規定を改正した。
- loi constitutionnelle du 23 février 2007　高等院における大統領の罷免事由を変更した。
- loi constitutionnelle du 23 février 2007　死刑禁止を憲法原理として定めた。
- loi constitutionnelle du 4 février 2008　リスボン条約の批准に備えた。
- loi constitutionnelle du 23 juillet 2008　共和制の諸制度の近代化と称して，全47条で12の章に関連する大改正である。体制の基本的枠組の範囲内で，議会制民主主義への回帰が鮮明となった。

第5共和制憲法典は，統治機構については基本的な規定を設けているが，各憲法上の機関の詳細にわたって定めることはその性質上無理であり，これを組織法律に委ねている。主たる組織法律には，以下のものがある。
- Ordonnance n° 58-1136 du 28 novembre 1958 portant loi organique concernant les nominations aux emplois civils et militaires de l'Etat
- Code électoral（国会議員選挙に関して組織法律（L. O.）の規定を含む）
- Loi organique n° 2001-692 du 1er août 2001 relative aux lois de finances
- Ordonnance n° 58-1067 du 7 novembre 1958 portant loi organique sur le Conseil constitutionnel
- Ordonnance n° 58-1270 du 22 décembre 1958 portant loi organique relative au statut de la magistrature
- Ordonnance n° 58-1271 du 22 décembre 1958 portant loi organique sur le Conseil supérieur de la magistrature
- Ordonnance n° 59-1 du 2 janvier 1959 portant loi organique sur la Haute Cour de justice（旧法制を規定，高等院については未整備）
- Loi organique n° 93-1252 du 23 novembre 1993 sur la Cour de justice de la République
- Ordonnance n° 58-1360 du 29 décembre 1958 portant loi organique relative au Conseil économique, social et environnemental（2010年6月28日の組織法律第704号により表題変更）
- Loi organique n° 2011-333 du 29 mars 2011 relative au Défenseur des droits

　組織法律の多くは，憲法制定直後のド・ゴール将軍に全権が委ねられていた時期に制定されていることから，オルドナンスの形式を採っている。
　統治機構の具体的内容については，既に第1編第1章第1節において検討した。憲法典では，これらを2章以下で規定するに先だち，1章主権を設け，国民主権（souveraineté nationale）の原理を述べ（3条），同時にフランスが不可分，非宗教的，民主的，社会的共和国であると宣言し，その後地方分権主義（2003年）さらに男女共同参画社会の実現（2008年）が付加されている（旧2条1項，1995年の憲法改正により1章の前に置かれ1条となる）。また国の言葉がフランス語（ただし75条の1で地域語の存在に言及する），国旗が赤白青の三色旗，国歌がラ・マルセイエーズ，国の標語が自由・平等・博愛（liberté, égalité, fraternité），

国の統治原理が「人民の，人民による，人民のための統治」であることを定める（2条，以上につき「法令原文資料」Ⅱ参照）。さらに政党政治の原理を掲げる（4条）。

(2) 人権　憲法の他方の柱である人権に関しては，第5共和制憲法典は，極めて不十分な規定しか設けていない。すなわち，前文第1段において，「フランス人民は，1789年の人権宣言によって定められ，1946年憲法典前文によって確認され補完された，人権と国民主権原理への愛着を厳粛に宣言する」としており，間接的に人権尊重を基本方針とする旨を表明するにとどまる。憲法典中にはフランス国家の基本的性格を定める2条1項〔現1条〕において平等原理と信仰の自由を，3条で投票の平等を定め，司法権に関する66条で刑事訴訟手続における人権の保障に言及するなど断片的な規定を置くだけである。なお2005年の憲法改正では，2004年に制定された環境憲章に憲法的価値が認められた（「法令原文資料」ⅡおよびⅤ参照）。

そこで，前文で言及されている人権規定の実定法的効力が問題となる。古典的な自由権いわゆる第1世代の人権を中心に規定するのが1789年の人権宣言である。こうした19世紀的な人権については人権宣言を確認するにとどめて，社会権を中心としたいわゆる第2世代の人権を規定するのが，1946年憲法典前文である。このいずれもが，今日では前文の言及により実定法としての性格を承認されている。さらに，1946年憲法典前文は，第1段において「フランス人民は……共和国の諸法律によって承認された根本原理を厳粛に再確認する」（「法令原文資料」Ⅳ参照）としており，こうした根本原理（principes fondamentaux）もまた二重の言及により現行憲法の実定法上の人権規範としての効力を有することになる。第2段で言及されている「現代にとりわけ必要な経済的，政治的，社会的原理」（「法令原文資料」Ⅳ参照）も，多くは前文中に明文化されているが，同様である。もっとも，その具体的内容は憲法裁判所の認定をまって明らかとなる。1971年7月16日の憲法院判決は，1901年の結社の自由を定める法律がこのような性格を有すると初めて認めて注目された。憲法院はさらに，「憲法的価値を有する原理」や「憲法的価値を有する目的」に言及しつつ，合憲性審査基準を拡大しつつある。

ほかにも近時認知された実定人権規定として，ヨーロッパ人権条約（La Convention européenne des droits de l'homme）がある。この条約そのものは1950年11

月4日に調印され，1953年9月3日のルクセンブルクの批准によって発効していた。しかし，フランスの批准は遅々として進まず，1956年10月26日のイタリアの批准によりヨーロッパ審議会原加盟国ではフランスのみが残されていた。結局，1974年5月3日に批准し，これは参加17か国中16番目であった。条約起源であることから，フランス憲法の一部というよりも，超国家的実定法である国際法規としての効力を有する。

2 行政法

　行政法規は，法治行政の原理の下で行政活動をなすために不可欠なものであり，福祉国家，社会国家の進展に伴い行政活動が重要となるのに応じてその数が著しく増大している。私的自治が支配し基本的に任意規定からなる私法と根本的に相違する点である。かくして今日では，全法規の9割は行政法規であるといわれるほどである。しかし，行政法に関しては，その通則的部分は立法化もさらにはもちろん法典化もなされていない。その意味では，法規の量にもかかわらず逆説的に，行政法はその基本的部分につき判例法によって成り立っているといえよう。

　判例法が規律している事項としては，行政法と普通法とを区別する基準——行政行為か私法上の行為か，行政契約か私法上の契約か，行政賠償責任か民事不法行為責任か，公物か公有私産か等——があり，これは単に行政裁判所と司法裁判所の管轄権を画定する際に重要であるのみならず，行政法上の規範がどのような基礎概念の上に打ち立てられているかを知る上で不可欠である。同様に実体法規範そのものについても，行政行為法，行政契約法，行政賠償責任法，行政訴訟法などが基本的にこうした性格を有する。また公務員法や公物法のように今日立法化がなされているものについても，判例法の内容を成文化したという性格のものが多く，判例法の重要性が理解される（拙稿「行政法と民法典」日仏法学24号（2007年）参照）。

　行政法が基本的部分につき判例法的性格を有しているとはいえ，行政法規は数多く存在しており，しかも近時は法典（Code）の名称を有する，相当程度にまとまった領域をカバーする法規がみられるようになった。これは1960年代以降に本格的に行われるに至ったものであり，この編纂作業を行政法の法典化（codification du droit administratif）と呼んでいる。代表的なものに次の諸法典がある。

・地方公共団体一般法典（Code général des collectivités territoriales）　1996年2月21日の法律第142号による。なお，1945年11月2日のオルドナンスによる授権に基づき，1957年5月22日のデクレ第657号による市町村行政法典（Code de l'administration communale），ついで1977年1月27日，3月7日，3月28日の一連のデクレによる市町村法典（Code des communes）が先行していた。

・選挙法典（Code électoral）　1964年10月27日デクレ第1086，1087号による。なお，1955年3月30日の法律による授権に基づき，1956年10月1日のデクレ第981号による旧法が先行していた。

・行政裁判法典（Code de justice administrative）　2000年5月4日のオルドナンス第387号による。なお，1973年7月13日のデクレ第682，683号による行政地方裁判所法典（Code des tribunaux administratifs），1987年12月31日の行政控訴院の創設に対応して改訂された行政地方裁判・行政控訴院法典（Code des tribunaux administratifs et des cours administrative d'appel）が先行していた。

・国家・地方公務員一般身分規程（Statut général des fonctionnaires de l'Etat et des collectivités territoriales）　1983年7月13日の法律第634号（Ⅰ総則），1984年1月11日の法律第16号（Ⅱ国家公務員），1984年1月26日の法律第53号（Ⅲ地方公務員），1986年1月9日の法律第33号（Ⅳ病院公務員）。

・公有財産一般法典（Code général de la propriété des personnes publiques）　2006年4月21日のオルドナンス第460号による。なお，1962年3月14日のデクレ第298―300号による国有財産法典（Code du domaine de l'Etat）が先行していた。

・官庁契約法典（Code des marchés publics）　2001年3月7日のデクレ第210号による。なお，1964年7月17日のデクレ第729号による旧法が先行していた。

・公用収用法典（Code de l'expropriation pour cause d'utilité publique）　1977年3月28日のデクレ第392号による。

・都市計画法典（Code de l'urbanisme）　1973年11月8日のデクレ第1022号による。なお，1976年12月31日の法律第1285号により第1部に法律の効力が付与されている。

・租税一般法典（Code général des impôts）　1948年にそれまでの7つの法律をまとめる。課税基準（assiette）・税額確定（liquidation）および徴収（recouvrement）の2編と4つの付則（annexes）からなる。

　しかし，これらの法典は，いくつかの点において民刑事分野における古典

的法典と性格を異にする。手続的にはデクレによる法典化を基本にしており、法律によって規律される事項を対象とする大部分の場合においては、内容に一切の修正を加えることができず、既存法規の集成（compilation）にすぎなくなる。重複部分の削除や矛盾の解消もなしえず、ましてや法典編纂に不可欠な通則的部分を付加することもない。単に参照の便宜に供するものにとどまるわけであるが、その点についてもいくつかの問題がある。法規としての真の効力を有するのは依然として集成前の法規であって、その正確な内容は元来の文脈の中でこそ理解しうるものとなる。同様に、廃止法令が当然に削除されるものでも、新たな立法が当然に法典に編入されるわけでもない。

こうした不都合に対する応急的な対応策としては、デクレにより法典化された内容を法律で有効化することや、当初より法律によって法典化する手法も一部でとられている。しかし、内容に及ばない法典化では一定の理念の下に体系化することが不可能であり、おのずからその成果には限界があり、いずれにせよ伝統的な法典編纂と同列に論じることはできない（拙稿「フランスにおける行政法の法典化」上智法学論集23巻1号（1979年）参照）。

第3節　新しい法分野

1804年から1810年にかけてナポレオン5法典が編纂され、フランスは近代的な法典国家としての体裁をいち早く整えることができた。しかし、その後における社会の変容に伴って新しい法分野が形成され、そこに新しい法典編纂がなされていった。これを社会法と産業法に大別して主要なものを紹介する。なお、前者に属する労働法典と社会保障法典、後者に属する農業法典に関しては、今日いずれも商事裁判所と並んで例外裁判所の管轄事項を形成している。

1　社会法

(1)　労働法　　労働法については今日労働法典（Code du travail）が中心的に規律している。労働法典がどのようにして成立したかはフランスにおいて労働法という法分野がいかに形成されていったのかと軌を一にする。資本主義経済体制を採用している国に特有の法であって、資本主義が発達するにつれて資本家と労働者に明確に分離してゆく。ところで持たざる者である労働者は、労働力を売って生活の糧を得る以外に手段がなく、対等当事者を想定す

る雇傭契約は，そのままでの適用が妥当性を欠くものとなる。もっとも，民法典の該当規定は1780条，1781条の2か条しかない不備なものであり，しかも1781条では傭い主と労働者の間で賃金の支払い等に関して紛争が生じたときは，「傭い主の主張が信じられる」という内容を定めていた。民法典の規定そのものが，局面によっては市民の平等に基づくものでなく有産市民の使用人に対する優位を容認していたのである。

　労働問題は，フランスでは19世紀半ばに産業革命が完成した頃から提起される。1848年に2月革命が成功して第2共和制が確立するのであるが，そのかげに労働者の力が極めて大きなものがあった。しかし終ってみると，むしろブルジョワ革命の完成への道程であった。というのも，労働者の協力で有産市民が権力を掌握しえたのであるが，労働者があまりに強力になってその地位をおびやかすことに有産市民が危惧を覚えたのである。そこに軍の力を借りた大弾圧が行われた原因があり，いわゆる6月事件の勃発である。しかしこの事件は，労働者に主体的自覚を促すものであり，労働者が団結してその地位の向上を目ざすいわゆる労働運動へとつらなっていく。

　フランスではこうした動きに対して法制上の重大な障害が存在していた。それは大革命期に樹立された団結禁止である。まず1791年3月2日—17日の法律によって，同業組合のすべてを絶対的に禁止する。ギルドの規制によって自由な商工業活動が阻害されており，有産市民にとって桎梏となっていたためである。ついで1791年6月14日—17日の法律，提案者の名を冠して通常ル・シャプリエ法と呼ばれる法律は，さらに進んで同業組合のみならずあらゆる職業上の団結を禁止した。刑法典には，これに対する制裁規定が設けられ（291〜294条），相当厳しい刑罰をもってこれにのぞんだ。

　団結禁止は傭い主にも労働者にも適用されるが，実際には労働者に苛酷な状況をもたらし，個々の労働者は経済的立場が弱く安価で買い叩かれ，惨めな地位に置かれてきた。そこで何よりも労働者の団結権を認めることが先決であり，第2帝政も後半に至りいわゆる自由主義帝政（empire libéral）の時期に具体的な動きとなって示される。当初は弾圧から運用による緩和がみられたが，1864年5月25日の法律により刑法典の団結罪が廃止され，1868年8月2日の法律により民法典1781条が廃止される。第3共和制に至って，労働者は政治的にも成長して運動はさらに進み，1884年3月21日の法律により労働

者の団結権が認められる。以後は，労働組合運動を梃子として労働者保護立法が次々と制定されていく。

　その中でも注目されるのは，1898年4月9日の労働災害法である。大規模な工場が設けられるのに伴い，労働災害が頻発するようになる。ところが民法典1382条の不法行為の規定では，傭い主などの故意過失を労働者側が立証しなければならず，事実上救済の道が閉ざされる。そこで労働契約上の問題と考え，傭い主は労働者を安全な環境の下で働かせる義務を負っているのであるから，その義務違反があったとして契約責任を問うことができるという理論が設けられた。ここでは挙証責任の転換がなされており，労働者は災害を被ったという債務不履行の事実を立証すれば足り，傭い主は自己の義務の懈怠がないという証明をしない限り責任を免れない。しかし，労働契約に免責約款が入れられておれば別であり，根本的解決とはならなかった。1898年法では，危険責任により傭い主が無過失でも損害賠償を義務づけられた。

　こうして個別立法のかたちで制定されたものが，次第に労働法という1つの大きな法域を構成することが意識されていく。そうであれば無秩序に並存しているのは好ましくなく，ある程度系統だてて整備する必要がある。1901年11月27日に商務省の内部に委員会が設けられ，法典化が企てられる。当初の考えでは，対象としては労働・社会福祉法典（Code du travail et de la prévoyance sociale）とし，広く社会法領域をカバーすることが目ざされた。また，手続的には編ごとに完成に応じて公布していく方針がたてられた。こうしてまず最初に成立したものが1910年の「第1編労働に関する約定」であり，引きつづいて1912年に「第2編労働の規制」，1924年に「第4編裁判所，調停，仲裁，職業代表」，1927年に「第3編職業団体」が公布される。本来はこのあとに「第5編社会保険」，「第6編福祉」，「第7編扶助」が続く予定であったが，第4編までで構想以来20年以上を費やしたため一応完結とし，労働法典（Code du travail）とされた。

　労働法典は，ナポレオン5法典に匹敵する幅広い規律を労働法の領域にもたらしたが，その手続および形式において異なるものがある。手続的には19世紀末から20世紀にかけて制定された既存の法律を法典のかたちに編纂し直すことに重点が置かれた。行政法の法典化における集成（compilation）にその点では近似する。また形式的には，各編ごとに独立しており，条文が通し番

号になっていないことがある。引用する際には何編の何条であるかを明示する必要があった。

　労働法は社会変動を敏感に反映するものであり，その後も各条文の改正や追加がしばしば行われた。たとえば第1編31条には31A条から31Z条までの枝番号を設けたが間に合わず，31Ｚa条から31Ｚc条という小枝番号まで現実に存在していた。このようにおびただしい手直しで雑然とした労働法典に代えて，1973年1月2日の法律第4号，同年7月10日の法律第623号および同年11月15日のデクレ第1046〜1048号によって新労働法典が編纂された。新労働法典は，内容を一新すると同時に，条文のナンバリングを編章節を示す3桁の数字にハイフンで条文をつなぐ新方式，十進法番号を採用している――第3章第1節1参照――。また施行令やデクレも含めて法典化しており，法律の部，施行令の部，デクレの部の3部に分かれる。今日ではさらに，2007年3月12日のオルドナンス第329号によって，部編章節の4桁のナンバリングを有するさらに新しい労働法典がとって代わっている。部の構成は以下のとおりである。

　　第1部　個別的労働関係
　　第2部　集団的労働関係
　　第3部　労働時間，賃金，利益配分，参加および賃金貯蓄
　　第4部　健康および労働安全
　　第5部　雇用
　　第6部　生涯にわたる職業教育
　　第7部　特定の職業に関する特別な規定
　　第8部　労働立法の適用の統制

　(2)　社会保障法　　労働法典が当初社会保障法を含めて法典化される予定であったにもかかわらず実現されず，そのため労働法に含まれる事項でも労働災害に関する法規などは，法典への編入がなされていなかった。これらの法典化は第2次大戦後にもち越され，社会保険や生活保護とあわせて，社会保障法典（Code de la sécurité sociale）として実現した。すなわち，労働者のみならず国民一般を広く社会保障の観点から規律することを目ざすものである。1955年5月20日のデクレ第601号による授権により，1956年12月10日のデクレ第1279号により成立した。現在では，1985年12月17日のデクレ第1353号に

よる新社会保障法典がとって代わっている。新労働法典と同様に十進法番号を採用する。全8編から成っていたが，その後第9編が追加された。その編別構成は以下のとおりである。

第1編　総則―基礎制度の全部または一部に共通する規定
第2編　一般制度の組織，金庫の予防活動，衛生・社会活動
第3編　社会保障および一般制度と関連づけられた様々な範疇の者に関する規定
第4編　労働災害および職業疾病（固有な規定および他の部門と共通する規定）
第5編　家族手当およびこれに準じる手当
第6編　非賃金労働者の制度
第7編　各種の制度―各種の規定
第8編　老齢者への手当―身体障害成年者への手当―社会的宿泊手当―若年の子の監護のための雇用への援助―恵まれない者を一時的に宿泊させるまたは旅行者の受け入れ所を管理する団体および組織への援助―健康に関する補充的保護
第9編　賃金および非賃金労働者の補充的・補完的社会保護および同数的性格を有する制度に関する規定（2006年3月23日のオルドナンス第344号により追加）

　ほかにも社会法関連では，公衆衛生法典（Code de la santé publique）――2000年6月15日のオルドナンス第548号（2002年3月4日の法律第303号により追認）――，社会施策・家族法典（Code de l'action sociale et des familles）――旧家族・社会援助法典を2000年12月21日のオルドナンス第1249号により再編――などが編纂されている。

2　産業法

(1)　農業法　　農業の基本となる土地の利用や農地賃貸借については，民法典に多くの規定が設けられている。編纂当時は，農業中心の経済構造であったためである。しかし，その後農業に固有な様々の特別な規定が増加したことにより，いち早く「デクレによる法典化」の手法を用いて，農業関係諸法規を統合して農業法典（Code rural）が成立した。1953年3月12日の法律第185号による授権に基づき，1955年4月16日のデクレ第443号および1955年9月27日のデクレ第1265号による。なお，1958年4月3日の法律第185号に

より追認され，法律としての効力を付与された。全8編1336条から成る大法典であった。農業法典は，1999年7月9日の法律第574号により改編され，同じく全8編から成るが現行の編別構成は以下のとおりである。

　　第1編　農業空間の整備および設備
　　第2編　家畜検疫および植物保護
　　第3編　農業経営
　　第4編　農地賃貸借
　　第5編　農業職業機構
　　第6編　生産および取引
　　第7編　社会的規定
　　第8編　農業の学校教育，職業教育および改良，農学研究

　農業法典とは別に，1960年8月5日の農業の方向づけに関する法律および1962年8月8日のその補完法律があり，農業政策全体の指針を明らかにしている。

　(2)　林業法　　森林関係については，農業法典と同一の手法で，しかしそれよりも早く1951年5月8日の法律第516号による授権に基づき，1952年10月29日のデクレ第1200号により法典編纂がなされた。この林業法典（Code forestier）は，農業法典とともに，農村の法秩序を網羅することとなった。全5編227条から成っていた。なお，1979年1月25日のデクレ第113号（第1部），第114号（第2部）により新林業法典が編纂されている。

　(3)　鉱業法　　第二次，第三次産業は多様な形態をとって発展したため，特別な規制法規は多いが法典化までに至ることは少ない。これに対して第一次産業では，農業および林業のほかに鉱業についても，1955年5月26日の法律第720号による授権に基づき，1956年8月16日のデクレ第838号により法典化がなされた。鉱業法典（Code minier）は，2編207条から成る。ほかに，1952年3月22日の法律第325号による授権に基づき，1952年7月16日のデクレ第849号による手工業法典（Code de l'artisanat）も制定されている。

第3章　法資料の手引

　外国法を本格的に勉強しようとする場合には，どうしても直接第一次資料

にあたる必要がでてくる。そのためには，法令や判決の形式，法令集や判例集の種類，その検索方法と引用法などについて知っておくことが必要となる。以下においては法令と判例に各1節を割り当てるとともに，第3節として学説を採りあげている。学説は，法源としては第1章で言及したように今日間接的役割を果たすにすぎないが，外国法を知るための法資料としては，むしろ通常はもっとも重要な役割を担っているためである。

第1節 法 令

1 法令の形式

　法令は，法令の種類，法令番号，表題，日付の順に付せられて識別される。たとえば，Loi n° 70-1234 relative à la police municipale du 6 novembre 1970という具合に表示され，日本語に訳すれば「市町村警察に関する1970年11月6日の法律第1234号」となる。Loi の代わりに，Loi organique（組織法律），Ordonnance（オルドナンス），Décret（デクレ），Arrêté（アレテ）などで法令の種類は示される。既存法令では，デクレのうち施行令にあたる行政規則（règlement d'administration publique）には，Décret portant règlement d'administration publique pour l'application de la loi n° 70-1234 relative à la police municipale du 6 novembre 1970のような表示がなされて，他のデクレとの識別が可能とされていた。今日では，Décret pris pour l'application de la loi n° 70-1234 relative à la police municipale du 6 novembre 1970のようにのみ記される。ほかに旧形式のDécret-loiやOrdonnanceで有効なものにはそうした名称が残っている。これらは法令集の中ではしばしば略されて，L., L.-O., O., D., A., R., D.-L. といった記号で示される。またデクレのように制定手続に応じて効力が区別されるものは，法典化された部分ではD*, D**のように記号化されることがある。日付については多言を要しない，法律については現在は審署の日をもって法令の日付とされていることは既に指摘した。法令番号はかつては付せられていなかったが，昨今は同一日付で複数の法令が発せられることも少なくなく，必ず付せられている。年度ごとに順次つけてゆくのであり，例に示した n°70-1234の最初の2桁は1970年の下2桁であるので，日本語に訳す場合には省略してさしつかえない。表題とのつなぎの部分は，portant…（～を定める），sur…（～についての）；relatif à…（～に関する）のほか，modifiant

(～を修正する)，réglementant…（～を規律する）など様々な形式が用いられている。

　法令の基本的な区分は条 (article) である。まれに単独条文 (article unique) の法令もあるが，多くは複数の条文からなる。条文が多数になると章 (titre) や節 (chapitre) に分けて体系化して規律することが行われる。どの区分を用いるかについての規則はなく，chapitre と section とに分けられることもあり，日本語ではこれを章，節と訳すことも可能である。すなわち概念区分の上下は確定しているが，どの部分を切りとって用いるかは原則として自由なのである。古典的な法典においては，編 (livre)，章 (titre)，節 (chapitre) が基本となり，その下位に款 (section)，項 (paragraphe) が置かれることがある。これ以上に区分する場合には，編の上位に部 (partie)，款の下に項 (sous-section) が設けられることがあり，後者の場合には paragraphe は目に格下げになろう。

　条の下位区分としては項 (alinéa) があり，段落ごとに1項，2項と呼ぶ。わが国と異なり，項には通常番号が付せられてはおらず，段落を数えていくことになる。もっとも，近時の条文には1条のうちにこみ入った内容を含むものがあり，その場合には，Ⅰ，Ⅱといったローマ数字で段落が示されることもなされている。条は，a. とか art. と，項は al. と省略して引用されることが多い。1つの文章の中で列挙をなす場合には，1°，2°が用いられ，号 (numéro) に相当する。また項の中での段落のない文章の区切りは，段 (phrase) という。

　編章節などの区分は，各上位区分の内部で順次番号が付せられるのに対して，条は全法文を通じて通し番号が付せられるのが原則である。したがって，条文の引用は条のみを指示して行われるのが通例である。これに対して，大革命期の立法や旧労働法典などには編や章ごとで条文番号を変えることが行われた。この場合には第何条であるかのみを指摘するのでは該当条文を示すことができないので，章節などから明示する。改正により条を追加する場合には，art. 10-1，art. 10-2 のように枝番号を設けていく。わが国では枝番号は10条の2のように2から設けていくのが慣わしであるが，フランスでは1からつけていく。古い枝番号には，art. 10 bis, art. 10 ter. や art. 10A，art. 10B といったものや，これにさらに小枝番号がついた art. 10Ba や art. 10Bb といった例もみられる。そこで改正が頻繁にみられる法典では，こうした条文

の錯綜を減らす目的で3桁の編章節を示す番号にハイフンで条文番号を節ごとにつなぐ方式を採用するものがある。これを十進法番号（numérotation décimale）という。すなわち，条文は111-1条に始まり，節が変わると112-1，章が変わると121-1となる。たとえばart. 123-45は，123条の45という枝番号ではなく，第1編第2章第3節の第45条であり，通しで数えた条文数とはまったく異なる。なお編の上に部をもつ労働法典，公衆衛生法典などでは，十進法番号が4桁となる。

2 法 令 集

法令集は，大別して2つの異なる目的に仕える。1つは，それぞれの時期にいかなる法令が制定されたかを知らしめるためのものであり，他の1つは，現行法がどのようになっているのかを知らしめるためのものである。

(1) 年代順法令集　制定法令をそのままのかたちで検討するには，総合法律雑誌を参照することが便宜である。総合法律雑誌には，立法のみならず判例さらには論説も含まれていることが通例であるが，毎年制定される主要な法令はこれに載せられるので，その内容を知ることができる。創刊の古い順に次の各種がある。

　　Recueil Sirey　正式にはRecueil général des lois et arrêtsと称するが，通常は創始者である破毀院付弁護士シレー（Jean-Baptiste Sirey）の名を冠してシレー集と呼ばれている。シレーとドヌヴェール（Denevers）が1801年に創刊した判例集が1808年に分離したのが起源であり，当初は大革命期の1791年にさかのぼり判例のみを収録していた。これに対し1831年以降は5部構成となり，第4部までが各種の判決を載せ，第5部が立法（lois et décrets）にあてられている。1965年以降は次に紹介するダローズ集と合併となり，独立しては存続していない。

　　Recueil Dalloz　1801年に創刊された判例集が，前述のシレー集と1808年に分離して成立した。当初は破毀院の書記ドヌヴェールが判例を集めて，法廷新聞（Journal des audiences de la Cour de cassation et des cours d'appel, 1808-1826）と称していた。のちにダローズ（Désiré Dalloz）が1821年より協力するようになり，1825年には全面的にダローズが引き継いだ。正式の名称は頻繁に変わった――Jurisprudence générale du Royaume；Jurisprudence générale；Recueil périodique et critique 1845-1924；Dalloz périodique & Dalloz hebdomadaire 1924-1940；Dalloz critique & Dalloz analytique 1941-1945；Recueil Dalloz 1945――が，ダローズ集の通称は一貫している。

1940年までの構成はシレー集と類似するが，1941年以降は3部構成であり，第3部が立法（législation）にあてられている。なお，Recueil Dallozの立法の部を基礎として毎年の主要な法令を収録するものに，Bulletin législatif Dalloz, Actualité législative Dallozがある。法令集として独立しているので，法令の参照に便宜である。

　<u>Recueil Dalloz-Sirey</u>　　シレー集とダローズ集は，1965年以降は合併してダローズ－シレー集となった。構成は基本的にダローズ集の方式が踏襲されている。

　<u>Gazette du Palais</u>　　裁判所（Palais de justice）新聞という名称で1881年から刊行されており，3部構成で第3部が立法（législation）にあてられている。

　<u>Semaine juridique</u>　　法律週報という名称で1927年から刊行されており，3部構成で第3部が法令（textes de lois）にあてられている。別名をJ.C.P.〔Jurisclasseur périodique〕といい，引用の際はむしろこの名称で示されることが多い。

　<u>Duvergier, Collection complète des lois, décrets et ordonnances, 1788-1950</u>
現代の立法を知るというよりも大革命期を中心として古い法令を調べる場合に利用される。しかし，新しい法令も加えられており，法令集そのものとしてはもっとも完備している。

　これらの法令集に掲載されているものは重要な立法のみであり，より細かい法令を調べたい場合には官報（Journal Officiel）を参照しなければならない。官報は大部であるためいきなりこれに拠って調べることは大変である。上記の法令集を参照するならば，原文が載せられていない場合であっても，官報の掲載日と頁が指示してあるので，それに従って探すと簡便である。

　法令を検索するにあたっては，法令の日付が分かっている場合には，年代順索引（table chronologique）によって掲載頁を知るのがもっとも簡単である。ある年度に立法されたことは分かっているが正確な日付が不明な場合は，事項別索引（table alphabétique）によっていくつかの可能性をしぼった上で，あとは具体的に法令をみて該当する立法であるか否かを確認することになる。特定の分野に関する立法の流れを捉える場合にも，もちろん事項別索引が有益である。

　(2)　現行法令集　　法令を参照する場合には，それぞれの立法がなされた当時の正確な内容を知るというのではなく，むしろ各法分野における現行法の全体を知ることが必要な場合もある。実務にあってはとりわけそうであり，この要請に応えるのが，いわゆるわが国で「六法」といわれている法令集で

ある。これには，Dalloz 社から出版されている《Petits Codes Dolloz》双書が定評がある。ただし，日本と比較して版が小型であり，しかも一般に条文数が多く詳細な解説が付せられていることから，1冊に全法令を収めきれず，民法，商法，民事訴訟法，刑法，刑事訴訟法，労働法，社会保障法，行政法，税法など分野ごとに刊行されており，いわば「一法全書」である。他の出版社から刊行されている法令集もいくつか存在している。ダローズ社の赤表紙に対して Litec 社は青表紙，Prat/Europa 社は黄表紙である。しかし，いずれも「一法全書」で類似する形式をとる。なお憲法典については，行政法典（Code administratif）――こういう名称の法典が現実に存在しているわけではないが，行政関係の諸法令集をこう名づけている――中に含められることが多かった。近時は重要性の拡大に伴い独立させるようになり，重要判例の掲載もみられる。

なお，民法については，両機能を備えた編纂以来の改正経緯が分かる旧規定付民法典（Le Code civil textes antérieurs et version actuelle, Flammarion）があり，便宜である。憲法については，歴代の旧憲法を網羅した憲法資料集があり，古典的なものとしては，L. Duguit, H. Monnier et R. Bonnard , Les Constitutions et les principales lois politiques de la France depuis 1789, L.G.D.J. があり，ほかに Les Constitutions de la France depuis 1789, Garnier Flammarion ; Didier Linotte, Les Constitutions françaises, Litec ; Les Constitutions de la France, Dalloz も出版されている。

他方，法典化が進んでいない領域では学習に便宜なように関連法令を編纂した書物もある。憲法に関しては比較憲法集や資料集の機能まで持たせた書物として，Maurice Duverger, Constitutions et documents politiques, P.U. F. や Pierre Pactet, Textes de droit constitutionnel, L.G.D.J. がある。行政法に関しては，Charles Debbasch et Marcel Pinet, Les grands textes administratifs, Sirey や Yves Gaudemet, Berhard Stirn et al., Les grands avis du Conseil d'Etat, Dalloz があり，国際法に関しては，Pierre-Marie Dupuy, Grands textes de droit international public, Dalloz があり，EU 法に関しては，Louis Dubouis et Claude Gueydan, Grands textes de droit de l'union européenne, Dalloz がある。

主要な法典を1冊に収めたものとしては，Codes et lois usuels 〔Codes d'audience〕, Dallozという法令集がある。注釈は一切付せられておらず条文のみであるが，わが国の六法全書に相当する大部のものである。法実務家とりわけ司法裁判所に関連して働く法律家を念頭に置いているところから，民法典以下の5法典に労働法典，農業法典，林業法典を加えた8法を独立して掲載し，これに付属法令で1冊にまとめている。裁判系列が異なる憲法典や行政法規がまったく含まれていないところにフランス的特徴がみられる。これに対して，Code de droit public, Prat/Europaは，公法分野全体の主要な法令を網羅する。

全法分野を含みさらに大部なものとしては，Jurisclasseur, Codes et lois, Droit public et droit privéがある。加除式で常に現行法を参照しうるように配慮がなされている。年代的にも1566年の法令から収録されており，現行規定であれば古い法令をも参照しうる。ただし，重要と思われる分野でも網羅的に採録しているわけではない。すなわち，わが国の《法令全書》に該当するものは，フランスには存在していない。Jurisclasseur社からはほかに，税法だけを独立させた Jurisclasseur, codes et lois, droit fiscal がある。

(3) 法令の引用法　条文を欧文のまま引用する場合には，フランスでの表記に従い，art. 1 de la loi du 15 octobre 1912 sur les aliénés ; art. 2, al. 3 du décret du 1er juillet 1940 relative à l'enfance délinquante のようにし，1945年以降は法令番号も付して，art. 4 de la loi n° 70-1234 du 6 novembre 1970 relative à la police municipaleと表記する。法典の場合はその存在が知られているので，日付を示す必要はなく，art. 1134 al. 1 du Code civil あるいはさらに略して art. 1134 al. 1 du C. c. のように表記すれば足りる。

第2節　判　例

1　判決の形式

判決文がどのような形式にのっとって起草されるかは，内容とは直接には無縁な問題であるが，それぞれの国における裁判所のあり方や法源に関する考え方が端的に反映しており，比較法的に興味深い。フランスの判決形式の特徴は，それが一文によって書かれていることである。すなわち，まず主語として当裁判所に相当するものが，裁判所の種類に応じて La Cour, Le Tribunal, Le Conseil d'Etat などで示される。ついで参照条文（visa）が vu(e)…とい

うかたちで引用され，引き続いて判決理由に相当するものが，attendu que....という副詞句で示される。判決理由のことをフランスにおいて《attendu que》と呼ぶことがあるのは，こうした慣行に由来する。なお，attendu queは2つ目以下では単に"; que...."と省略されることがある。また控訴院や行政裁判所の判決にあっては，attendu que… の代わりに considérant que.... を用いることが通例である。判決理由の副詞句は，多いものでは10個を越えて付せられる判決がないわけではないが，たとえば通常の破毀院判決であれば，最初の節で事実の概要が述べられ，次の節で原審の判断とこれに対する破毀申立理由を紹介し，最後の節で破毀院の判断を示す程度の簡潔なものである。もっとも，破毀申立理由が複数あるような場合には，sur le premier〔second〕moyenというように分けてそれぞれに判決理由が付せられることになり，国務院判決が管轄権について先決的に判断をしなければならない場合には，sur la compétence と sur le fond に分けて理由が示されることがある。いずれにしても，すべてが一文中の副詞節として収められていることに変わりがない。それらのあとに，par ces motifs（以上の理由により）というつなぎの文章が入って，主文に相当する部分が述語のかたちで示される。破毀院で原審判決を破毀する場合には，"casse…et renvoie devant la Cour d'appel…"，請求棄却の場合には，"rejette…"となり，事実審で請求認容であれば，"ordonne…"という実体法上の命令を裁判所がなす場合もある。最後に訴訟費用の負担が，同様に述語のかたちで述べられる。主文に相当する部分は，以下のように判断する（décide:）として条文のかたちで示すことも憲法院では行われている。いずれにせよ，裁判所が常に文章の主語であるので，判決主文は3人称単数形の述語で受けることになる。なお，判例集では，この主文に相当する部分は省略して破毀移送（casse et renvoi），棄却（rejet）などと表示されていることが多く，訴訟費用の負担は重要でないので通常は省略されている。

　フランスにおける判決は，より実質的には簡潔性（brièveté）をもって特徴とするが，それは何よりもこうした判決形式から必然的にもたらされる。1個の文章の中で主語と述語が物理的にあまりにかけ離れているのは，不自然であるからである。まず，事件の事実関係に関する記述は極めて簡単であって，詳細については判決文のみからはほとんど不明であるといっても過言ではない。とりわけ破毀院は，法律問題をもっぱら扱うところからこの傾向が

一層顕著である。英米のように判例法主義を採用する場合にあっては，どのような事実関係の下でいかなる法的判断がなされたのかという点が重要であって，それが判決の先例としての範囲を決定づける。いわゆる ratio decidendi の確定である。フランスでは判例法主義がとられているわけではないのであって，法律審で事実関係に拘泥する必要はないという方向が明確である。その点で同じく制定法主義に立脚するわが国の判例研究は，英米法の影響を受け事実関係を詳細に詮索する傾向がある。もっとも，判決は具体的事件に関連して下されるわけであるから，フランスのようにあまりに簡略であると判決を理解する上で不親切という欠点はある。

　判決理由も，事実に劣らず極めて短い文言で述べられるのが常である。条文の解釈であれば，事実関係とは切り離してその意味内容を確定することが法律審の任務であり，原審のこの点に関する解釈との照合で足りると考えられている。いずれにせよどの裁判所でも自らが採用する解釈がなぜ正当であるかにまで立ち入った説明は，基本的にはなされない。ましてや，学説を援用することは皆無である。そこで，検察官や政府委員（報告官）の総括意見書（conclusions）がなされた事件では，その内容から推測することが可能となるのである。もっとも，これも常に行われるわけではない。紛争解決の基準として，制定法規ではなく法の一般原理が採用される場合には，一層その根拠が問題となろうが，同様にそこまでの立ち入った言及がなされずに前提とされることが多い。法律審における判決理由は，事実関係や理論的背景とは独立して，純粋に解釈原理を定立する範囲で有効なものとフランスでは考えられている。そこで学説にも，こうした判例を批判するよりは，理論的に根拠づけたり既存の法体系と整合的に構成する役割が期待されているといえよう。

　判決の一文形式とそれに由来する簡潔性は，反対意見等を載せない慣行とも結びついて，判決の顕著なフランス的特徴を形成した。しかし，英米法の影響やＥＵ（ＥＣ）裁判所との関係の深まりに応じて，もう少し事実関係を詳細に記述する，判決理由を丁寧に説明しようとする動きがあり，そのために判決一文形式そのものを廃止する試みも実施されている。しかし，いまだ一般化するには至っていない（拙稿「フランスにおける判決の簡潔性について」上智法学論集29巻1号（1986年）参照）。

　判決の原本は，細字（minute）で書かれていることから《minute》と呼ばれ，

裁判所の書記課で保管されている。判決を執行する際には，この原本を謄本にして，その下に「当裁判所は，執行士に対して，この判決文のとおりに執行することを命じ……」とする執行文を付す。この執行文は太字（grosse）で書かれることから，判決謄本は《grosse》と呼ばれる。タイプが普及した今日，筆記の太字，細字の区別はなくなっているが，こうした名称として残されている。

2　判例集

判例集も，法令集と同様に大別して2つの異なる目的に仕える。1つは，各時期にどのような内容の判決が下されたかを正確に知らしめるためのものであり，1つは，判例法の現状がどのようになっているのかを概観させるためのものである。

(1)　年代順判例集　　判決が下されるのに応じ順次その内容を知るためには，法令集で紹介した総合法律雑誌のほか，公撰，私撰の専門判例集がある。後者から紹介することにしたい。

Bulletin des arrêts de la Cour de cassation　　破毀院の主要な判例を集める公撰判例集であり，民事と刑事に分かれる。わが国の最高裁判所判例調査会による最高裁判所判例集に相当するものと考えてよい。しかし，必ずしも判例を引用する際に第一に挙げられるというわけではなく，総合法律雑誌が判決の出典として掲げられることが少なくない。

Recueil des décisions du Conseil d'Etat statuant au contentieux, des décisions du Tribunal des conflits, de la Cour des comptes et du Conseil des prises, 1821-　Roche et Lebon, Recueil des arrêt du Conseil d'Etat 1799-1839が前身をなし，ルボン（Lebon）が編集にあたったことから，通常ルボン判例集（Recueil Lebon）と呼ばれている。私撰判例集であるが，国務院および権限裁判所の主要な判決を網羅的に収録しており，行政法研究には欠かせない。

Recueil des décisions du Conseil constitutionnel, Imprimerie Nationale, 1993年より Dalloz　　憲法院の判決を登載する公撰判例集である。憲法訴訟が数多くなり重要性が増している昨今，憲法研究には欠かせない。

Recueil des décisions de la Cour de justice　　EU（EC）法はフランスの国内法としても直接，間接に効力を有するので，EU（EC）法の解釈に関するEU（EC）裁判所の判決も各関連法分野の研究をなす上で無視しえない。

次に，判決を登載する総合法律雑誌であるが，これに関しては既に法令集の個所で紹介したところと重複する面が多い。重複をいとわず指摘するならば，創刊の古い順に次の各種がある。

　Recueil Sirey　　1801年の創刊であるが1791年の判例から収めており，大革命期の判例を参照しようという場合にはこれによることになる。最初の6巻が1791年から1830年の判決を載せており，1831年以降は，第1部で破毀院判決，第2部で下級裁判所判決，第3部で国務院判決が扱われている。――なお，第4部は外国裁判所の判決である――。他の判例集でもそうであるが，重要な判例には脚注のかたちでかなり詳細な判例研究（note de jurisprudence）が古くから付せられている。フランスでは判例紹介から独立した判例評釈というものは少なく，判例の意義を知る上で貴重な資料をなしている。1965年以降は次のダローズ集と合併された。

　Recueil Dalloz　　シレー集よりやや創刊は遅れたがこれと肩を並べるものである。1940年までの構成はシレー集と類似するが，1941年以降は3部構成で第2部が判例にあてられている。行政・司法の重要判例が下級審を含めて採録されており，判例評釈がつく点も同様である。なお，1965年以降は，シレー集と合併してRecueil Dalloz-Sireyとなっており，基本的にダローズ集の構成が受け継がれた。

　Gazette du Palais　　1881年に創刊，3部構成で第2部が判例にあてられている。

　Semaine juridique　　1927年に創刊，3部構成で第2部が判例にあてられている。引用の際はむしろJ.C.P.〔Jurisclasseur Périodique〕が普通であり，近時はダローズ－シレー判例集にもましてよく使われている。

　このほかにも，第3節2で紹介する各種の法律専門雑誌は，それぞれの専門領域に関する重要判例について，その内容を掲載し，同時に判例評釈を付しているものが少なくない。民事判例につき，Revue trimestrielle de droit civil ; Revue trimestrielle de droit commercial, 行政判例につき，Revue de droit public ; Actualité juridique-Droit administratif, 労働判例につき，Droit social などである。

　判例を検索するにあたっては，裁判所の種類と判決の日付が分かっている場合には，年代順索引（table chronologique）によって掲載頁を知るのがもっとも簡単である。国務院判例集のように判決が日付順に登載されている場合はいきなり本文を探しあてることができる。ある年度に判決がなされたことは分かっているが正確な日付が不明な場合は，事項別索引（table alphabétique）に

第 2 節　判　例　　　　　　　　　　　　　　339

よっていくつかの可能性にしぼられるので，あとは具体的に判決にあたって該当する判決であるか否かを確認することになる。特定の分野に関する判例の流れを捉える場合にも，もちろん事項別索引が有益である。ほかに訴訟当事者名が分かっている場合には，訴訟当事者索引（table des noms des parties）を用いて目ざす判決を探しあてることも可能である。

　判決を参照するのではなく，裁判所の判例の動向や司法行政につき知るためには，裁判所が自ら作成している報告書を参照することが便宜である。

　　Rapport de la Cour de Cassation , La Documentation française

　　Etudes et Documents, Conseil d'Etat, Imprimerie nationale

　　Jurisprudence du Conseil d'Etat, principales décisions et rapport sur l'éxécution des décisions des juridictions administratives, La Documentation française

　　Rapport du Médiateur, Direction des Journaux officiels

　(2)　重要判例集　　それぞれの判決がなされた当時の正確な内容を知るというのではなく，むしろ各法分野における判例法の全体を知ることが必要な場合もある。研究にあたっては，わが国における判例体系に相当するような本格的な判例集成が必要である。フランスにおいては，前述した法令集に相当詳細な関連判例が載せられている。

　他方，教育にあたっても，判例研究の重要性が近時意識されるようになっており，わが国で「判例百選」と呼ばれているものに相当する判例集《grands arrêts》が出版されている。各法分野の重要な判例に解説を付した代表的なものに，ダローズ社およびシレー社——もっとも今日では従来シレー社刊行のものもダローズ社に統一されている——の重要判例集がある。

　　Henri Capitant, François Terré et Yves Lequette, Les grands arrêts de la jurisprudence civile, Dalloz　　民法重要判例集。初版は Henri Capitant の手になり，のち Léon Julliot de la Morandière さらに Alex Weill が改訂にあたったが，現在では表記の 2 名の改訂による。

　　Roger Houin, Les grands arrêts de la jurisprudence commerciale, Dalloz　　商法重要判例集

　　Jacques Mestre, Emmanuel Putman et Dominique Vidal, Les grands arrêts du droit des affaires, Sirey　　取引法重要判例集

　　Claude Beer et Hubert Groutel, Les grands arrêts du droit de l'assurance, Sirey

保険法重要判例集

　Bertrand Ancel et Yves Lequette, Les grands arrêts de la jurisprudence française de droit international privé, Sirey　国際私法重要判例集

　Jean Pradel et André Varinard, Les grands arrêts du droit criminel, 2 tomes, Sirey　刑事法重要判例集

　Gérard Lyon-Caen et Jean Péllissier, Les grands arrêts de droit du travail, Sirey　労働法重要判例集

　Xavier Prétôt, Les grands arrêts du droit de la sécurité sociale, Sirey　社会保障法重要判例集

　Marceau Long, Prosper Weil et Guy Braibant, Les grands arrêts de la jurisprudence administrative, Sirey　行政法における判例法が占める重要性から，極めてよく利用される行政法重要判例集である。評釈も行き届いており，G.A. として引用されることも少なくない。近時 Pierre Delvolvé と Bruno Genevois が編者に加わっている。

　Jean-François Lachaume, Les grandes décisions de la jurisprudence : droit administratif, P. U. F.　ロンほかによる行政判例集が年代別編成であるのに対して，これは事項別編成を採用している。

　その他，行政法各分野の重要判例集として次のものがある。

　Cyrille David, Olivier Fouquet, Marie-Aimée Latournerie et Bernard Plagnet, Les grands arrêts de la jurisprudence fiscale, Sirey

　Francis J. Fabre et Anne Froment-Meurice, Les grands arrêts de la jurisprudence financière, Sirey

　Jean Paul Gilli, Hubert Charles et Jacques de Lanversin, Les grands arrêts du droit de l'urbanisme, Sirey

　Louis Favoreu et Loïc Philip, Les grandes décisions du Conseil constitutionnel, Sirey　憲法院が憲法裁判所として重要な役割を果たすようになり，憲法判例の集積に伴って刊行された憲法重要判例集である。

　Jean Boulouis et Roger-Michel Chevallier, Grands arrêts de la Cour de justice des communautés européennes, 2 tomes, Dalloz,　ＥＣ法重要判例集

　Vincent Berger, Jurisprudence de la CEDH, Sirey

　Frédéric Sudre et al., Les grands arrêts de la CEDH, PUF　ヨーロッパ人権裁

判所重要判例集

(3) 判例の引用方法　　判例を引用する場合には，裁判所名，判決日付の順に示し，そのあとに適宜その判決が登載されている判例集を指摘する。たとえば，Cass. civ. 1er, 23 févr. 1955とあれば，破毀院民事第１部の1955年２月23日判決ということになる。Cass. のあとに crim. とあれば刑事部，req. とあれば予審部，soc. とあれば社会部（後二者は現在は存在しない）判決である。Paris, 23 févr. 1955のように都市名で示されるのは控訴院判決であり，パリ控訴院の1955年２月23日判決ということになる。下級裁判所の判決は，Trib. Seine とか，T. G. I. Seine, 23 févr. 1955のように裁判所を明記して示され，セーヌ大審裁判所の1955年２月23日判決である。

　C. E. sect. 10 juillet 1996とあれば国務院単独課の1996年７月10日判決であり，C. E. のあとに Ass. とあれば訴訟会議判決である。古い判決にはこの区別の記載はない。C. A. A. Paris や T. A. Paris はそれぞれパリ行政控訴院，パリ行政地方裁判所ということになる。T. C. は権限裁判所である。これらの裁判所については，日付のあとに原告名ないしは原告名 contre 被告行政名を付すことが通例であり，これを付さない司法判例と対照をなす。また判決をこうした事件名で引用することも多く，判例法主義の色彩がうかがえる。

　判例集は，D. 1955. J. 177；G. P. 1955. II. 177, J. C. P. 1955. J. 177などの略称でその掲載個所が示される。Sirey（S.），Dalloz（D.），Dalloz-Sirey（D.-S.）．Gazette du Palais（G. P.），Semaine juridique=Jurisclasseur périodique（J.C.P.）；Bulletin des arrêts de la Cour de Cassation rendus en matière civile ou criminelle（Bul. civ. ou Bul. crim.），ついで年度（下２桁の場合もある），さらに部が Jurisprudence を略して J. とかローマ数字で部をIIのように示す。Rec. Lebon と丁寧に表記するものや Rec. は行政判例や権限裁判所の際に国務院判例集を示し，単に頁のみが記される。判決年の判例集に必ず登載されるためである。

　憲法院判決は，C. C. 7 mai 1977, n° 77-257, Rec. 177のように年度ごとでなく通しで判決番号をつける。前の２桁は西暦年号の下２桁であるので日本語で引用する際には省略してさしつかえない。Rec. は同様にここでは当該年度の憲法院判例集を示す。ＥＵ（ＥＣ）裁判所の判決についても同様である。

　重要な判決については，判決に先だって検察官や政府委員（報告官）の総括意見書（conclusions）が述べられることがある。場合によってはこれも判決本

文とともに判例集に掲載されることがあるし，評釈（note, chronique）が付せられることもある。その場合にはその旨が判例集の頁のあとに，concl.〜, note 〜 のように示されている。総括意見書は，判決文が簡潔であるフランスにおいて，事実上判決の理由づけを補完する重要な役割を担っている。もちろん総括意見書が判決を拘束することはないし，総括意見書と反する結論の判決も存在する。しかし，判決主文が同一の結論である場合には大抵の場合総括意見書の判例分析や理論的裏付けに依拠していると考えられる。とりわけ行政判例では，政府委員の総括意見書は，判決自身と同様に重要視されている。こうした総括意見書や判例評釈を引用する場合には，note sous (conclusions sur) C. E. 10 juillet 1996, D.-S., 1996, J. 177のようにする。

第3節　学　説

　法令と判例は，それぞれ制定法と判例法という今日の実定法研究に欠かせない二大法源を直接に対象とする法資料である。これに対して，学説は法令や判例を体系的に説明したり，個別的に掘り下げた解説をしたりするものである。その意味でいわば二次的資料にすぎないわけであるが，法を知る上では実際には法令や判例以上の重要性をもつ。また学説が法令を制定する上でも判例法を形成する上でも大きな影響を与えていることは，既に指摘したとおりである。学説が実定法を扱う切り口としては，実定法全体の現状を客観的に呈示し解説する，個別の法領域について背景を分析したり将来の方向を示唆する，体系的な叙述により特定の法分野について概観を与えるといった各種が考えられる。以下においては，事典・辞典，雑誌，研究書，概説書，参考書，データ・バンクさらに日本語による文献資料を加えて主要な文献を概観しておく。

1　事典・辞典

　(1)　事典（encyclopédie, répertoire）　もっとも本格的な法律百科事典は，Editions Techniquesから出版されているJuris-classeurのシリーズである。実務家向けに，明快で客観的に記述することを旨としており，また加除式で常にup-to-dateに保たれている。次のような分野に分かれている。

　　Juris-classeur civil, 30 volumes
　　Juris-classeur commercial, 15 volumes

第3節　学　説

　Juris-classeur des sociétés, 13 volumes
　Juris-classeur procédure civile, 8 volumes
　Juris-classeur pénal, 10 volumes
　Juris-classeur procédure pénale, 4 volumes
　Juris-classeur de droit international, 10 volumes
　Juris-classeur administratif, 7 volumes
　Juris-classeur fiscal, 20 volumes
　Juris-classeur travail, 4 volumes
　Juris-classeur sécurité sociale, 3 volumes

　Juris-classeur よりはややコンパクトではあるが，同様の方式をとる法律百科事典に Dalloz から出版されている Encyclopédie juridique Dalloz シリーズがある。通称の Répertoires の名で知られており，次のような分野に分けられている。

　Répertoire de droit civil, 8 volumes
　Répertoire de droit commercial, 6 volumes
　Répertoire des sociétés, 4 volumes
　Répertoire de droit pénal et de procédure pénale, 5 volumes
　Répertoire de droit du travail, 3 volumes
　Répertoire de procédure civile, 4 volumes
　Répertoire de contentieux administratif, 2 volumes
　Répertoire de la responsabilité de la puissance publique, 1 volume

　上記の法律百科事典に記載されている事項について，全法分野を数巻で簡略に説明する事典の代表的なものとして，Dictionnaire de droit, 2 vol. avec supplément, Dalloz がある。

　(2)　辞典　　様々な法制度について説明を加えるというよりは，法律用語を解説する辞典としての性格を有するものに次の各種がある。

　　Gérard Cornu (sous la direction de), Vocabulaire juridique, P. U. F., 1987　　Henri Capitant によって1936年に出版されたものを全面的に改訂した，もっとも定評ある辞典。8版が2000年に出ている。
　　Raymond Guillien et Jean Vincent (sous la direction de), Lexique de termes juridiques, Dalloz, 11ᵉ éd., 1998　　後掲邦語参考文献に掲げる邦訳がある。

François de Fontette, Vocabulaire juridique, P. U. F., 《Que sais-je ?》, 2ᵉ éd., 1989

O. Samyn, P. Simonetta et C. Sogno, Dictionnaire des termes juridiques, De vecchi, 1986

Raymond Barraine, Dictionnaire de droit, L. G. D. J., 3ᵉ éd., 1967

Lemeunier, Dictionnaire juridique, La maison de dictionnaire, 1988　ラテン語成句, 略語を付録にもつ

Henri Roland et Laurent Boyer, Adages du droit français, Litec, 3ᵉ éd., 1992

Henri Roland et Laurent Boyer, Expressions latines du droit français, L'Hermès, 2ᵉ éd., 1985

Henri Roland et Laurent Boyer, Locutions latines du droit français, Litec, 3ᵉ éd., 1993

Michel Gendrel, Dictionnaire des principaux sigles utilisés dans le monde juridique, Les cours de droit, 1980

各法分野に関する辞典として,

Raymond Barrillon et autres, Dictionnaire de la Constitution, Cujas, 4ᵉ ed., 1986

Raymond Barrillon et autres, Lexique, Droit administratif, P. U. F., 1979

Gabriel Lepointe, Petit vocabulaire d'histoire du droit français, 1948

法律家の人名辞典として,

Patrick Arabeyre, Jean-Louis Halpérin et Jacques Krynen, Dictionnaire historique des juristes français, P. U. F., 2007

2　雑　誌

　わが国では法学雑誌というと, いくつかの総合雑誌——ジュリスト, 法律時報, 法学セミナー, 法学教室など, 判例集中心であるが判例時報, 判例タイムズなど——, 学会機関誌——私法, 公法研究, 国際法外交雑誌, 比較法研究など——, 専門雑誌——民商法雑誌, 自治研究, ＮＢＬ, 商事法務など——のほか, 各大学がその名称は様々であるが必ず紀要を有しており, そこに掲載される論文の数は厖大な量にのぼる。これに対してフランスでは, 法令集および判例集の個所で引用した総合法律雑誌は, わが国と同様に論説を掲載するスペースを設けている。Recueil Dalloz-Sireyでは第1部が論説 (chronique) であり, Gazette du Palaisでも第1部が学説 (doctrine) にあてられており, Semaine juridiqueでも同様に第1部が学説である。学者の判例評論の多くも, 直接に判例集の部で評釈するなり, 学説の部で特別に解説するなりし

第3節　学　説　　　　　　　　　　　　　　345

てここに載せられる。これらは著者名索引（liste des auteurs de chroniques, notes et conclusions）で探すことができる。

　わが国の学会機関誌に相当するものはほとんど存在しないが，偉大な法学者を偲ぶ国際的学会として次のものが毎年報告書を刊行している。

　　Journées Henri Capitant, Travaux de l'Association Henri Capitant des amis de la culture juridique française, Economica

　　Journées René Savatier, Publications de la Faculté de droit et des sciences sociales de Poitiers, P. U. F.

　大学紀要に相当するものもほとんどフランスでは存在しない。Revue de la recherche juridique, Droit prospectif, Presses universitaires d'Aix-Marseille はそうした中で定評あるものである。かくして，総合法律雑誌でないとすれば，論文は各種専門法学雑誌が参照されることになる。実定法分野の雑誌であれば，各雑誌の編集方針によっても異なるが，論説のほか当該分野に関係する立法解説や判例評釈，さらには判例概観や学界展望などの記事を含み，重要な立法や判例そのものを載せる雑誌も少なくない。

(1)　民刑事法分野

A　民法

Revue trimestrielle de droit civil, Sirey　　この分野の基本的雑誌であり季刊

Répertoire du notariat Defrenois, 同名　　公証人のための基本的雑誌であり隔月刊

ほかの法律専門家向け民事法雑誌として，

Journal des notaires et des avocats

La semaine juridique, édition notariale et immobilière

B　商法

Revue trimestrielle de droit commercial et de droit économique, Sirey　　この分野の基本的雑誌であり季刊

Revue des sociétés,

L'actualité fiduciaire

Revue des procédures collectives

Revue de jurisprudence commerciale

La Semaine juridique-Cahiers de droit de l'entreprise

Le droit maritime français

Revue française de droit aérien et spatial

C 刑事法

Revue de science criminelle et de droit pénal comparé, Sirey　　この分野の基本的雑誌であり季刊

Droit pénal

Revue internationale de criminologie

D 社会法

Droit social, Techniques　　この分野の基本的雑誌であり季刊

La semaine sociale LAMY

Liaisons sociales

Action juridique

Droit du travail

Revue pratique de droit social

Revue trimestrielle de droit sanitaire et social

E 産業法

　(a) 保　険

L'Argus-Journal international des assurances

Revue générale des assurances terrestres

Responsabilité civile et assurances

　(b) 銀　行

Banque

Revue de droit bancaire et de la bourse

　(c) 不動産

Actualité juridique-propriété immobilière

Loyers et copropriété

Revue de droit immobilier

　(d) 農　業

Revue de droit rural

F 知的財産権法

Cahier du droit d'auteur

第3節 学　説

Le droit d'auteur

Revue internationale du droit d'auteur

G　国際私法・国際取引法

Revue critique de droit international privé, Sirey　この分野の基本的雑誌であり季刊

Droit et affaires C.E.E. Internationale

Droit et pratique du commerce international

Journal du droit international,《Clunet》

Revue de l'arbitrage

Revue de droit des affaires internationales

(2)　公法分野

Revue de droit public et de la science politique en France et à l'étranger, L. G. D. J.　憲法と行政法にまたがるこの分野の基本的雑誌であり隔月刊

A　憲　法

Pouvoirs〔Revue française d'études constitutionnelles et politiques〕

Revue française de droit constitutionnel

B　行政法

Actualité juridique de droit administratif, Moniteur　R. D. P. と並び行政法の基本的雑誌であり月刊

Revue française de droit administratif

C　財政法・税法

Revue française de finances publiques

Droit fiscal

Revue de jurisprudence fiscale

Cahiers juridiques et fiscaux de l'exportation

D　国際法・ＥＵ法

Revue générale de droit international public, A. Pedone　国際法分野の基本的雑誌であり季刊

Annuaire français de droit international

Journal du droit international

Politique étrangère

Revue trimestrielle de droit européen, Sirey　ＥＵ法分野の基本的雑誌であり季刊

Cahiers de droit européen

Revue du Marché Commun

Revue des affaires européennes

(3)　公法・私法にまたがる分野

Revue juridique et économique du sport

Revue juridique de l'environnement

(4)　基礎法分野

Revue historique de droit français et étranger

Revue internationale de droit comparé, Sirey　日本人の寄稿も多い比較法雑誌であり季刊

3　研　究　書

　論文よりも大がかりな研究書（monographie）には，特定のテーマについて適宜出版されるものがある。たとえば，Henri Capitant, De la cause des obligations, Dalloz, 1923といった著作で，第1部第3編で学説の動向を紹介した際に若干の代表的な書物は紹介した。若手の博士論文（thèse）については，そのうち，優れた内容のものが出版の機会に恵まれる。L. G. D. J. 社がとりわけこの刊行に熱心であり，民法であれば Bibliothèque de droit privé, 1957——シリーズ，行政法であれば Bibiliothèque de droit public, 1956——シリーズ，国際法であれば Bibliothèque de droit international シリーズ，憲法であれば Bibliothèque constitutionnelle et de science politique シリーズ，アフリカ法が対象であれば，Bibliothèque africaine et malgache シリーズがある。ほかに Economica 社は Etudes et Recherches シリーズとして，Litec 社は，Bibliothèque de droit de l'entreprise シリーズとして，P. U. F. 社は，Les grandes thèses de droit français シリーズとして出版している。博士論文でも出色の内容で学界に衝撃を与え，今日でも参照されるものが少なくない。たとえば私法では，Gabriel Marty, La distinction du fait et du droit, essai sur le pouvoir de contrôle de la Cour de cassation sur les juges de fait, Sirey, 1929 ; Alex Weill, Le principe de la relativité des conventions en droit privé français, Dalloz, 1939といった書物，公法では，Roland Drago, Les crises de la notion d'établissement public, Pedone, 1950 ; Jean-Louis de Corail, La crise de la notion juridique de service public en droit administratif français, 1954といった2つの「危機」を扱う書物がある。

4 概説書

特定の法分野の全体について記述する書物である。このうち概論（traité）は，扱われている分野に関し詳細な論述を全般になす体系書である。本格的な研究をなすことを考える者は，何よりもまず参照すべき書物ということになる。これに対して提要（manuel）とか要説（précis）は，教育のためのテキストとして用いられるものであり，必ずしも網羅的記述ではないが，とりわけ明快であることを要求されている。さらに復習（aide-mémoire）用に講義内容の骨子と解説するものとして摘要（mémento）がある。

(1) 概論　主要な法分野の代表的概論に以下のものがある。

　A　民　法

A. Ponsard (sous la direction de), Traité de droit civil de C. AUBRY et C. RAU, 7e éd., Librairies Techniques, en 12 volumes

J. Ghestin (sous la direction de), Traité de droit civil, en 8 volumes, L. G. D. J.

Ph. Malaurie et L. Aynès, Traité de droit civil, en 9 volumes, Cujas

G. Marty et P. Raynaud, Traité de droit civil, en 9 volumes, Sirey

MM. Mazeaud et F. Chabas, Leçons de droit civil, en 9 volumes, Montchrestien

　B　商　法

J. Hamel, G. Lagarde et A. Jauffret, Traité de droit commercial, en 2 volumes, Dalloz

G. Ripert et R. Roblot, Traité de droit commercial, en 2 volumes, L. G. D. J.

R. Rodière, Traité de droit des transports, Sirey

R. Roblot, Les effets de commerce, Sirey

M. Picard et A. Besson, Les assurances terrestres en droit français, L. G. D. J.

J. Bigot (sous la direction de), Traité de droit des assurances, L. G. D. J.

　C　民事訴訟法

H. Solus et R. Perrot, Traité de droit judiciaire privé, en 2 volumes, Sirey

　D　国際私法

H. Batiffol et P. Lagarde, Traité de droit international privé, en 2 volumes, L. G. D. J.

E 刑事法

R. Merle et A. Vitu, Traité de droit criminel, en 3 volumes, Cujas

F 社会法

A. Brun et H. Gallond, Traité de droit du travail, en 2 volumes, Sirey

G. H. Camerlynck (sous la direction de), Traité de droit du travail, en 9 volumes, Dalloz

Y. Saint-Jours (sous la direction de), Traité de sécurité sociale, en 5 volumes, L. G. D. J.

G 行政法

A. de Laubadère, J.-C. Venezia et Y. Gaudemet, Traité de droit administratif, en 4 volumes, L. G. D. J.

J. M. Auby et R. Drago, Traité de contentieux administratif, en 2 volumes, L. G. D. J.

H 国際法

Ch. Rousseau, Traité de droit international public, en 4 volumes, Sirey

I 政治学

G. Burdeau, Traité de science politique, en 9 volumes, L. G. D. J.

(2) 提要・要説　法学部生の増加および出版事情の変化により，法学出版の各社が参入して近時大幅に増加している。各出版社によりシリーズもの (collection) として刊行されているものに次の各種がある。

Presses Universitaires de France　《Thémis》双書，《droit fondamental》双書

Dalloz　《Précis Dalloz》双書

L. G. D. J.　collection de droit

Litec　collection de droit

Masson　《Droit-Sciences économiques》双書

Montchrestien　《Précis Domat》双書

Economica　《enseignement》シリーズ

Armand Colin　《Droit privé》シリーズ

Cujas　《Droit civil》双書

Francis Lefèbre　《Mémentos pratiques》双書　実務家向け

(3) 摘要　シリーズものに次の各種がある。

Presses Universitaires de France 《Mémentos》
Dalloz 《Mémentos Dalloz》双書

5 参 考 書(ouvrage de méthode)
学生は演習において発表をしたり，試験に備えて答案の書き方といった技術にも習熟しなければならない。そうした学習参考書として，シリーズものに次の各種がある。

Presses Universitaires de France 《Exercices et corrigés》双書
Dalloz 《Méthodes du droit》双書 この双書には各実定法を扱う一般的なものや，"L'analyse de texte"，"Le commentaire d'arrêt en droit privé"，"La dissertation et le cas pratique en droit privé"といったもののほかに，"La technique de cassation"，"Théorie générale du droit"，"Logique juridique"のような独創的なものも含まれている。
L. G. D. J. 《Préparation à l'examen》双書，《Les epreuves écrites de droit civil》双書
Sirey 《Travaux pratiques》双書
Montchrestien 《Exercices pratiques》双書
Armand Colin 《Je veux réussir mon droit》双書

6 データ・バンク(banque de données)
法情報科学(informatique juridique)の発展により様々な電子機器を通じて各種の法情報を入手することが可能となっている。

こうした電子化された法情報には，一般的な内容のものもあるが，法令，判例に関する情報がとりわけ重要である。1970年代より裁判所が中心となって設立された公的機関で判例を中心としてデータベース化が進められ，その後 Jurisclasseur 社の Juris-Data や Dalloz 社の CEDAD も参入した。他方で，政府の肝いりで電話回線を利用してのキャプテンによる検索，いわゆるミニテルが早くから普及した。ただし，その分だけインターネット対応が遅れる結果となったが，近時は急速に展開している。代表的なものを，インターネットと CD-ROM に分けて紹介する。

①インターネット 政府の公式サイトである Légifrance, Le service public de l'accès au droit http://www.legifrance.gouv.fr が法令，判例の双方を扱っており，もっとも信頼に足る。各公共機関のサイトも充実してきており，国会では国民

議会につき www.assemblee-nationale.fr 元老院につき www.senat.fr がある。行政機関については，まず 官報につき http://www.journal-officiel.gouv.fr があり，政府関連では各省庁のもの，たとえば大統領につき http://www.elysee.fr，首相につき http://www.premier-ministre.gouv.fr，司法省につき http://www.justice.gouv.fr もあるが，www.admifrance.gouv.fr が一般的である。裁判所では破毀院につき http://www.courdecassation.fr 国務院につき http://www.conseil-etat.fr 憲法院につき http://www.conseil-constitutionnel.fr がある。

②CD-ROM　既存の情報の電子版としては，法令・判例集につきRecueil Dalloz CD-ROM, JCP CD-ROM があり，法学雑誌につき RTDciv. CD-ROM がある。他方で，新たに CD-ROM 化をしたものに，Jurisdisque（Lamy 社），L'Atelier juridique〔Intégral des sources du droit〕（Légisoft 社）がある。

7　日本語による文献資料
(1)　文献案内・学習案内

片山金章「独仏法——新しく法律学を学ぶ人々のために」法律時報22巻4号（1950年）

牧野英一「仏独法の理論と思想についてどんな本を読んだらよいか」法律時報24巻5号（1952年）

野田良之「学生のための法学基礎文献——フランス法」法律時報26巻6号（1954年）

大野実雄「比較法入門——フランス法入門」総合法学1巻6号（1959年）

石崎政一郎「フランス法の道しるべ」法学教室6号（1963年）

五十嵐清「比較法——四フランス法」別冊ジュリスト法学案内（1963年）——同 比較法入門／日本評論社（1968年）所収——

高橋康之「フランス法」別冊ジュリスト新法学案内（1966年），別冊ジュリスト法学案内新訂版（1973年），別冊ジュリスト法学案内三訂版（1976年）

山本桂一「日本書入門——フランス法」中川善之助ほか編『読書案内法学』（1968年，社会思想社）所収

大木雅夫「外国法（比較法）」法学教室増刊新法学案内（1985年）

なお，『日仏法学』11号（1981年）以下に会員による文献報告が掲載されており，『法律時報』の毎年12月号の学界回顧に「フランス法」の項目がある。他方，フランス語概説書・研究書の紹介として，いずれも『比較法研究』所収である

が，民法につき北村一郎（47，51号），野村豊弘（48，49号）；憲法につき滝沢正（49号），矢島基美（55号）；行政法につき小早川光郎（47号），滝沢正（48，50，51，52，53，57号）；社会法につき山口俊夫（47号）；環境法につき滝沢正＝田辺江美子（56号）；ＥＣ法につき滝沢正（55号）；法と言語につき大村敦志（54号）があり，北村一郎（49号）は前掲1(2)のCornuの辞典を紹介する。ほかに民法については大村敦志ほか『民法研究ハンドブック』（2000年，有斐閣）241頁以下が詳しい。

(2) 文献の調査・引用の方法

高橋康之「フランス法律語の略し方と法令，判例，文献等の引用方法」法学教室3号（1962年）

野田良之「フランス法」田中英夫ほか『外国法の調べ方』（1974年，東京大学出版会）

山口俊夫「フランス法律文献，資料の引用方法」法学教室第二期7号（1975年）

板寺一太郎『法学文献の調べ方』（1978年，東京大学出版会）

町村泰貴「インターネットで外国法——フランス法」法学セミナー505号（1997年）

町村泰貴「フランス」指宿信編著『インターネットで外国法』（1998年，日本評論社）

北村一郎「フランス法」北村一郎編『アクセスガイド外国法』（2004年，東京大学出版会）

(3) 法令　法律の邦訳は紀要・雑誌等に随時載せられることがあるが，法典については以下の単著がみられる。なお，法務資料については新訳のみ掲げている。

箕作麟祥訳『佛蘭西法律書』（1887年，自由閣翻該）

神戸大学外国法研究会編『佛蘭西民法』（1936-38年，1956年復刊，1988年復刻）・現代外国法典双書(14)-(18)

同編『佛蘭西商法』（1940年，1957年復刊）・現代外国法典双書(19)・(20)

同編『独逸仏蘭西国際私法』（1938-41年，1957年復刊）・現代外国法典双書(21)

同編『独逸仏蘭西工業所有権法』（1938-40年，1957年復刊）・現代外国法典双書(21)

稲本洋之助ほか訳『フランス民法典：家族，相続関係』法務資料433号（1978年，法曹会）

稲本洋之助ほか訳『フランス民法典：物権，債権関係』法務資料441号（1982年，法曹会）
山本桂一訳『フランス商事会社法』法務資料398号（1967年，法曹会）
早稲田大学フランス商法研究会『注釈フランス会社法』1巻（1976年），2巻（1977年），3巻（1982年，いずれも成文堂）
谷口安平ほか訳『註釈フランス新民事訴訟法典』法務資料434号（1978年，法曹会）
中村義孝編訳『ナポレオン刑事法典史料集成』（2006年，法律文化社）治罪法典と旧刑法典および付属法令
新倉修ほか訳『フランス新刑法典』法務資料452号（1995年，法曹会）
林真琴訳『フランス刑事訴訟法典』（1999年，法曹会）
宮沢俊義編『世界憲法集』（1960年，岩波書店）──フランス共和国憲法／野村敬造訳
高橋和之編『新版世界憲法集』（2007年，岩波書店）──フランス／高橋和之訳
高木八尺ほか編『人権宣言集』（1957年，岩波書店）──フランス／山本桂一訳
野村敬造『フランス憲法・行政法概論』（1962年，有信堂）巻末の「資料フランス憲法」に歴代憲法典の翻訳が載せられている
中村義孝編訳『フランス憲法史集成』（2003年，法律文化社）
新倉俊一ほか編『事典現代のフランス』（1977年，大修館）──人および市民の権利の宣言，第5共和国憲法典／稲本洋之助訳
阿部照哉＝畑博行編『世界の憲法集』（第3版，2005年，有信堂）──フランス共和国／和田進＝光信一宏訳
樋口陽一ほか編『解説世界憲法集』（第4版，2001年，三省堂）──フランス共和国／辻村みよ子訳
初宿正典ほか編『新解説世界憲法集』（第4版，2017年，三省堂）──フランス／辻村みよ子訳
村上順訳『フランス市町村法典〔改訂版〕』（1994年，地方自治総合研究所）
村上順訳『フランス地方分権改革法』（1996年，地方自治総合研究所）

　(4)　判例　判例の邦訳や解説は紀要，雑誌等に随時載せられることがあり，とりわけ『比較法研究』の「紹介・フランス」で多く扱われている。判例集としては次のものがある。

野田良之序文『フランス判例百選』別冊ジュリスト25号（1969年，有斐閣）

フランス憲法判例研究会編『フランスの憲法判例』（2002年，Ⅱ 2013年，信山社）

ほかに，『判例タイムズ』378号（1979年）以下に不定期で，フランス判例研究会「フランス判例研究」が掲載されている——32回・646号（1987年）までで中断——。

(5) 事典・辞典

杉山直治郎訳『仏蘭西法諺』（1951年，日本比較法研究所）

柳川勝二『佛和法律辞書』（1975年，判例タイムズ社）

法務省刑事局外国法令研究会編『法律用語対訳集——フランス語編』（1993年，商事法務研究会）

中川登『フランス法律基本用語』（1999年，大修館）

中村紘一ほか監訳，Termes juridiques研究会訳『フランス法律用語辞典』（第 3 版，2012年，三省堂）　Raymond Guillien et Jean Vincent (sous la direction de), Lexique de termes juridiques, Dalloz, 11ᵉ éd., 1998の邦訳

山口俊夫編『フランス法辞典』（2002年，東京大学出版会）

(6) 雑誌　邦語によるフランス法の雑誌に日仏法学会の機関誌『日仏法学』がある。1 号（1961年）以降 3 年に 2 回程度の不定期刊行であり，現在29号（2017年）まで出ている。論説，講演翻訳などのほか，11号（1981年）より1975年以降に発表された会員の文献報告欄が設けられており，12号（1984年）より立法紹介欄がさらに設けられている。ほかに比較法学会の機関誌『比較法研究』にも，フランス法に関する学会報告が多数掲載されているほか，フランス法の紹介欄が常設されており，立法や判例の動きおよび学界の動向を知る上で便宜である。

(7) 論文集　フランス法全般に関連する献呈論文集，個人論文集，日仏共同研究集会の成果

『杉山直治郎教授還暦祝賀論文集』（1942年，岩波書店）

福井勇二郎編訳『仏蘭西法学の諸相』（1943年，日本評論社）

杉山直治郎『法源と解釈』（1957年，有斐閣）

江川英文編『フランス民法の150年上』（1957年，有斐閣）

『石崎政一郎先生古稀祝賀論文集・現代ヨーロッパ法の動向』（1968年，勁草書房）

日仏法学会編『日本とフランスの契約観』（1982年，有斐閣）

『野田良之先生古稀記念・東西法文化の比較と交流』（1983年，有斐閣）

日仏法学会編『日本とフランスの裁判観』（1991年，有斐閣）

大村敦志『法源・解釈・民法学』（1995年，有斐閣）
ジェラール・レジェほか／植野妙実子ほか訳『フランス私法講演集』（1995年，中央大学出版部）
『山口俊夫先生古稀記念・現代ヨーロッパ法の展望』（1998年，有斐閣）
J.シェバリエほか／植野妙実子編訳『フランス公法講演集』（1998年，中央大学出版部）
西海真樹＝山野目章夫編『今日の家族をめぐる日仏の法的諸問題』（2000年，中央大学出版部）
日仏法学会編『日本とフランスの家族観』（2003年，有斐閣）
北村一郎編『フランス民法典の200年』（2006年，有斐閣）
石井三記編『コード・シヴィルの200年』（2007年，創文社）

(8)　実定法概説書　（翻訳を含む）

山口俊夫『フランス債権法』（1986年，東京大学出版会）
ステファニほか／沢登俊雄ほか訳『フランス刑事法・刑法総論』（1981年，成文堂）
ステファニほか／沢登佳人ほか訳『フランス刑事法・刑事訴訟法』（1982年，成文堂）
野村敬造『フランス憲法行政法概論』（1962年，有信堂）
同　　『フランス憲法と基本的人権』（1966年，有信堂）
辻村みよ子＝糠塚康江『フランス憲法入門』（2012年，三省堂）
リヴェロ／兼子仁ほか訳『フランス行政法』（1982年，東京大学出版会）
ウェールほか／兼子仁＝滝沢正訳『フランス行政法――判例行政法のモデル――』（2007年，三省堂）
ルソー／小谷鶴次ほか訳『国際公法上』（1968年，柳原書店）

(9)　実定法研究書（本書の邦語参考文献として364頁以下に掲げる研究書は除く）

　　A　民法

有地亨『家族制度研究序説――フランス家族概念とその史的展開――』（1966年，法律文化社）
稲本洋之助『近代相続法の研究』（1968年，岩波書店）
ミレイユ・デルマーマルティ／有地亨訳『結婚と離婚――フランス婚姻法入門――』（1974年，白水社）
木村健助『フランス法の氏名』（1977年，関西大学出版広報部）

原田純孝『近代土地賃貸借法の研究』(1980年，東京大学出版会)
千藤洋三『フランス相続法の研究』(1983年，関西大学出版部)
稲本洋之助『フランスの家族法』(1985年，東京大学出版会)
滝沢聿代『物権変動の理論』(1987年，有斐閣)
新関輝夫『フランス不法行為責任の研究』(1991年，法律文化社)
金山直樹『時効理論展開の軌跡』(1994年，信山社)
安井宏『法律行為・約款論の現代的展開』(1995年，法律文化社)
大村敦志『公序良俗と契約正義』(1995年，有斐閣)
藤原明久『ボワソナード抵当法の研究』(1995年，有斐閣)
吉田克己『フランス住宅法の形成』(1997年，東京大学出版会)
高橋朋子『近代家族団体論の形成と展開』(1999年，有斐閣)
松川正毅『変貌する現代の家族と法』(2001年，大阪大学出版会)
大村敦志『フランスの社交と法』(2002年，有斐閣)
伊丹一浩『民法典相続法と農民の戦略』(2004年，御茶の水書房)
滝沢聿代『物権変動の理論２』(2009年，有斐閣)
大村敦志『20世紀フランス民法学から』(2009年，東京大学出版会)
広峰正子『民事責任における抑止と制裁』(2010年，日本評論社)
小梁吉章『フランス信託法』(2011年，信山社)
松川正毅他編『判例にみるフランス民法の軌跡』(2012年，法律文化社)
斎藤哲志『フランス法における返還請求の諸法理』(2016年，有斐閣)

B　商法
山本桂一『フランス企業法序説』(1969年，東京大学出版会)
橋本良郎『フランス特許制度の解説』(1972年，発明協会)
早稲田大学フランス商法研究会『フランス会社法』(1975年，国際商事法研究所)

C　民事訴訟法
江藤价泰『フランス民事訴訟法研究』(1988年，日本評論社)
徳田和幸『フランス民事訴訟法の基礎理論』(1994年，信山社)
矢澤昇治『フランス国際民事訴訟法の研究』(1995年，創文社)
若林安雄『日仏民事訴訟法研究』(1996年，信山社)
本田耕一『レフェレの研究――フランスにおける仮処分命令の発令要件――』(1997年，中央経済社)

大濱しのぶ『フランスのアストラント』(2004年，信山社)
小梁吉章『フランス倒産法』(2005年，信山社)

D 刑事法
平野泰樹『近代フランス刑事法における自由と安全の史的展開』(2002年，現代人文社)
白取祐司『フランスの刑事司法』(2011年，日本評論社)

E 社会法
労働省労政局労働法規課編著『フランスの労使関係法制』(1992年，日本労働研究機構)
大和田敢太『フランス労働法の研究』(1995年，文理閣)
山崎文夫『フランス労働法論』(1998年，総合労働研究所)
水町勇一郎『労働社会の変容と再生』(2001年，有斐閣)
外尾健一『フランス労働協約法の研究』(2003年，信山社)
　同　　『フランスの労働組合と法』(2003年，信山社)
伊奈川秀和『フランス社会保障法の権利構造』(2010年，信山社)
笠木映里『社会保障と私保険』(2012年，有斐閣)

F 憲法
林瑞枝編著『いま女の権利は』(1989年，学陽書房)
村田尚紀『委任立法の研究――フランス現代憲法における授権法――』(1990年，日本評論社)
辻村みよ子『人権の普遍性と歴史性――フランス人権宣言と現代憲法――』(1992年，創文社)
小泉洋一『政教分離と宗教的自由』(1998年，法律文化社)
皆川治廣『プライバシー権の保護と限界論』(2000年，北樹出版)
中村睦男ほか編『欧州統合とフランス憲法の変容』(2003年，有斐閣)
上村貞美『現代フランス人権論』(2005年，成文堂)
小泉洋一『政教分離の法』(2005年，法律文化社)
糠塚康江『パリテの論理――男女共同参画の技法――』(2005年，信山社)
日仏公法セミナー編『公共空間における裁判権』(2007年，有信堂)
澤登文治『フランス人権宣言の精神』(2007年，成文堂)
辻村みよ子『フランス憲法と現代立憲主義の挑戦』(2010年，有信堂)

植野妙実子編『フランス憲法と統治構造』(2011年，中央大学出版部)
小島慎司『制度と自由』(2013年，岩波書店)
山元一『現代フランス憲法理論』(2014年，信山社)
大津浩『分権国家の憲法理論』(2015年，有信堂)
マチュー／植野妙実子＝兼頭ゆみ子訳『フランスの事後的違憲審査制』(2015年，日本評論社)
植野妙実子『フランスにおける憲法裁判』(2015年，中央大学出版部)
奥村公輔『立法手続と権力分立』(2016年，信山社)
辻村みよ子編集代表『政治・社会の変動と憲法全2巻』(2017年，信山社)

G　行政法

神谷昭『フランス行政法の研究』(1965年，有斐閣)
兼子仁『現代フランス行政法』(1970年，有斐閣)
阿部泰隆『フランス行政訴訟論』(1971年，有斐閣)
滝沢正『フランス行政法の理論』(1984年，有斐閣)
村上順『近代行政裁判制度の研究』(1985年，成文堂)
兼子仁ほか『フランス行政法学史』(1990年，岩波書店)
フランス行政法研究会編『現代行政の統制』(1990年，成文堂)
近藤昭三『フランス行政法研究』(1993年，信山社)
伊藤洋一『フランス行政訴訟の研究』(1993年，東京大学出版会)
三好充『フランス行政契約論』(1995年，成文堂)
フランス住宅税制研究会『フランスの住宅税制』(1995年，日本住宅総合センター)
橋本博之『行政法学と行政判例――モーリス・オーリウ行政法学の研究――』(1998年，有斐閣)
木村琢麿『財政法理論の展開とその環境――モーリス・オーリウの公法総論研究――』(2004年，有斐閣)
高村学人『アソシアシオンへの自由』(2007年，勁草書房)
斎藤健司『フランススポーツ基本法の形成（上・下）』(2007年，成文堂)

法令原文資料 (les textes choisis)

I **民法典** Code civil du 21 mars 1804〈全2534条〉
　　Titre préliminaire　De la publication, des effets et de l'application des lois en général（ 1 ～ 6 - 1 ）

Art. 1　① 　Les lois et, lorsqu'ils sont publiés au *Journal officiel* de la République française, les actes administratifs entrent en vigueur à la date qu'ils fixent ou, à défaut, le lendemain de leur publication. Toutefois, l'entrée en vigueur de celles de leurs dispositions dont l'exécution nécessite des mesures d'application est reportée à la date d'entrée en vigueur de ces mesures.

　② 　En cas d'urgence, entrent en vigueur dès leur publication les lois dont le décret de promulgation le prescrit et les actes administratifs pour lesquels le Gouvernement l'ordonne par une disposition spéciale.

　③ 　Les dispositions du présent article ne sont pas applicables aux actes individuels.

Art. 2　La loi ne dispose que pour l'avenir ; elle n'a point d'effet rétroactif.

Art. 3　① 　Les lois de police et de sûreté obligent tous ceux qui habitent le territoire.

　② 　Les immeubles, même ceux possédés par des étrangers, sont régis par la loi française.

　③ 　Les lois concernant l'état et la capacité des personnes régissent les Français, même résidant en pays étranger.

Art. 4　Le juge qui refusera de juger, sous prétexte du silence, de l'obscurité ou de l'insuffisance de la loi, pourra être poursuivi comme coupable de déni de justice.

Art. 5　Il est défendu aux juges de prononcer par voie de disposition générale et réglementaire sur les causes qui leur sont soumises.

Art. 6　On ne peut déroger, par des conventions particulières, aux lois qui intéressent l'ordre public et les bonnes moeurs.

　　Livre 1　Des personnes　　（ 7 ～515-13）

Art. 9　① 　Chacun a droit au respect de sa vie privée.

Art. 16　La loi assure la primauté de la personne, interdit toute atteinte à la dignité de celle-ci et garantit le respect de l'être humain dès le commencement de sa vie.

　　Livre 2　Des biens et des différentes modifications de la propriété　　（515-14～710- 1 ）

Art. 544　La propriété est le droit de jouir et disposer des choses de la manière la plus absolue, pourvu qu'on n'en fasse pas un usage prohibé par les lois ou par les règlements.

　　Livre 3　Des différentes manières dont on acquiert la propriété　　（711～2283）

Art. 1102　Chacun est libre de contracter ou de ne pas contracter, de choisir son cocontractant et de déterminer le contenu et la forme du contrat dans les limites fixées par la loi.

Art. 1103　(≒ Ancien art. 1134①)　　Les contrats légalement formés tiennent lieu de loi à ceux qui les ont faits.

Art. 1104（≒Ancien art. 1134③）　Les contrats doivent être négociés, formés et exécutés de bonne foi.
Ancien art. 1134　①　*Les conventions légalement formées tiennent lieu de loi à ceux qui les ont faites.*
　②　*Elles ne peuvent être révoquées que de leur consentement mutuel, ou pour les causes que la loi autorise.*
　③　*Elles doivent être exécutées de bonne foi.*
Art. 1240（Ancien art. 1382）　Tout fait quelconque de l'homme, qui cause à autrui un dommage, oblige celui par la faute duquel il est arrivé, à le réparer.
Art. 1241（Ancien art. 1383）　Chacun est responsable du dommage qu'il a causé non seulement par son fait, mais encore par sa négligence ou par son imprudence.
Art. 1242（Ancien art. 1384）　①　On est responsable non seulement du dommage que l'on cause par son propre fait, mais encore de celui qui est causé par le fait des personnes dont on doit répondre, ou des choses que l'on a sous sa garde.
Art. 1241（projet）　*On est responsable du dommage causé par sa faute.*
Art. 1242（projet）　*Constitue une faute la violation d'une prescription légale ou le manquement au devoir général de prudence ou de diligence.*
Art. 1243（projet）　*On est responsable de plein droit des dommages causés par le fait des choses corporelles que l'on a sous sa garde.*
Art. 2276（Ancien art. 2279）　①　En fait de meubles, la possession vaut titre.
　　　　Livre 4　Des sûretés　（2284〜2488）
　　Livre 5　Dispositions applicables à Mayotte　（2489〜2534）

Ⅱ　**第5共和制憲法典**　Constitution du 4 octobre 1958〈前文2段，本文全89条〉
Préambule　1　Le peuple français proclame solennellement son attachement aux Droits de l'homme et aux principes de la souveraineté nationale tels qu'ils ont été définis par la Déclaration de 1789, confirmée et complétée par le préambule de la Constitution de 1946, ainsi qu'aux droits et devoirs définis dans la Charte de l'environnement de 2004.
Art. 1　①　La France est une République indivisible, laïque, démocratique et sociale. Elle assure l'égalité devant la loi de tous les citoyens sans distinction d'origine, de race ou de religion. Elle respecte toutes les croyances. Son organisation est décentralisée.
　②　La loi favorise l'égal accès des femmes et des hommes aux mandats électoraux et fonctions électives, ainsi qu'aux responsabilités professionnelles et sociales.
　　　　　　　　Titre 1　De la souveraineté　（2〜4）
Art. 2　①　La langue de la République est le français.
　②　L'emblème national est le drapeau tricolore, bleu, blanc, rouge.
　③　L'hymne national est *la ⟨Marseillaise⟩*.
　④　La devise de la République est "Liberté, Égalité, Fraternité".
　⑤　Son principe est : gouvernement du peuple, par le peuple et pour le peuple.
Art. 3　①　La souveraineté nationale appartient au peuple qui l'exerce par ses représentants et par la voie du référendum.

Titre 2 Le Président de la République （5〜19）

Art. 5 ① Le Président de la République veille au respect de la Constitution. Il assure, par son arbitrage, le fonctionnement régulier des pouvoirs publics ainsi que la continuité de l'État.

② Il est le garant de l'indépendance nationale, de l'intégrité du territoire et du respect des traités.

Art. 6 ① Le Président de la République est élu pour cinq ans au suffrage universel direct.

② Nul ne peut exercer plus de deux mandats consécutifs.

Ⅲ 人および市民の権利の宣言　Déclaration des droits de l'homme et du citoyen du 26 août 1789 〈全17条〉

Art. 1 Les hommes naissent et demeurent libres et égaux en droits. Les distinctions sociales ne peuvent être fondées que sur l'utilité commune.

Art. 2 Le but de toute association politique est la conservation des droits naturels et imprescriptibles de l'homme. Ces droits sont la liberté, la propriété, la sûreté, et la résistance à l'oppression.

Art. 3 Le principe de toute souveraineté réside essentiellement dans la nation. Nul corps, nul individu ne peut exercer d'autorité qui n'en émane expressément.

Art. 4 La liberté consiste à pouvoir faire tout ce qui ne nuit pas à autrui : ainsi, l'exercice des droits naturels de chaque homme n'a de bornes que celles qui assurent aux autres membres de la société la jouissance de ces mêmes droits. Ces bornes ne peuvent être déterminées que par la loi.

Art. 5 La loi n'a le droit de défendre que les actions nuisibles à la société. Tout ce qui n'est pas défendu par la loi ne peut être empêché, et nul ne peut être contraint à faire ce qu'elle n'ordonne pas.

Art. 6 La loi est l'expression de la volonté générale. Tous les citoyens ont droit de concourir personnellement, ou par leurs représentants, à sa formation. Elle doit être la même pour tous, soit qu'elle protège, soit qu'elle punisse. Tous les citoyens étant égaux à ses yeux sont également admissibles à toutes dignités, places et emplois publics, selon leur capacité et sans autre distinction que celle de leurs vertus et de leurs talents.

Art. 16 Toute société dans laquelle la garantie des droits n'est pas assurée, ni la séparation des pouvoirs déterminée, n'a point de Constitution.

Art. 17 La propriété étant un droit inviolable et sacré, nul ne peut en être privé, si ce n'est lorsque la nécessité publique, légalement constatée, l'exige évidemment, et sous la condition d'une juste et préalable indemnité.

Ⅳ 第4共和制憲法典前文　Préambule de la Constitution du 27 octobre 1946 〈全2段〉

1　Au lendemain de la victoire remportée par les peuples libres sur les régimes qui ont tenté d'asservir et de dégrader la personne humaine, le peuple français proclame à nouveau que tout être humain, sans distinction de race, de religion ni de

croyance, possède des droits inaliénables et sacrés. Il réaffirme solennellement les droits et les libertés de l'homme et du citoyen consacrés par la Déclaration des Droits de 1789 et les principes fondamentaux reconnus par les lois de la République.
2   Il proclame, en outre, comme particulièrement nécessaires à notre temps, les principes politiques, économiques et sociaux ci-après :
　　La loi garantit à la femme, dans tous les domaines, des droits égaux à ceux de l'homme.
　　Tout homme persécuté en raison de son action en faveur de la liberté a droit d'asile sur les territoires de la République.
　　Chacun a le devoir de travailler et le droit d'obtenir un emploi. Nul ne peut être lésé, dans son travail ou son emploi, en raison de ses origines, de ses opinions ou de ses croyances.
　　Tout homme peut défendre ses droits et ses intérêts par l'action syndicale et adhérer au syndicat de son choix.
　　Le droit de grève s'exerce dans le cadre des lois qui le réglementent.
　　‥‥‥

V　環境憲章　Charte de l'environnement du 24 juin 2004 〈全10条〉
Art. 1　Chacun a le droit de vivre dans un environnement équilibré et respectueux de la santé.
Art. 2　Toute personne a le devoir de prendre part à la préservation et à l'amélioration de l'environnement.

＊法令の全体の条文数は現行法を示す。当初の状況や改正経緯については本文の概説個所を参照されたい。
＊条文中の項および前文中の段の番号は原文にはなく，著者が便宜的に補ったものである。
＊法令中で全文をイタリックで表示してある条文は，旧規定または草案の規定であって，参考のために記載しているものである。

邦 語 参 考 文 献

〈序〉

野田良之「明治初年におけるフランス法の研究」日仏法学1号（1961年）
三ヶ月章「フランス民事訴訟法研究の意義」法学協会雑誌78巻1号（1961年）
星野英一「日本民法典に与えたフランス民法の影響」日仏法学3号（1965年）
　　同　　「編纂過程から見た民法拾遺」法学協会雑誌82巻3号（1966年）
野田良之「日本における外国法の摂取／序論・フランス法」伊藤正己編『外国法と日本法・岩波講座現代法14巻』（1966年，岩波書店）
　　同　　「日仏法学交流の回顧と展望」日仏法学6号（1972年）
有地　亨「旧民法の編纂過程にあらわれた諸草案――旧民法とフランス民法との比較検討の準備作業として――」法政研究39巻2=3=4号（1973年）
大久保泰甫「ギュスタァヴ・ボワソナアド――人と業績――」日仏法学8号（1974年）
　　同　　『日本近代法の父ボワソナアド』（1977年，岩波書店）
富田仁＝西堀昭『日本とフランス――出会いと交流――』（1979年，三修社）
山口俊夫「日仏法学会30周年記念挨拶」日仏法学17号（1991年）
佐木隆三『司法卿江藤新平』（1995年，文藝春秋社）
北村一郎ほか「日仏法学会創設50周年記念・日本におけるフランス法研究――回顧と展望――」ジュリスト1395，1396号（2010年）

〈第1部第1編〉

久保正幡「フランス法制史研究手引」国家学会雑誌60巻4号（1946年）
　　同　　『西洋法制史研究――フランク時代におけるゲルマン法とローマ法――』（1952年，岩波書店）
野田良之『フランス法概説上Ⅰ，Ⅱ』（1954・55年；合本再版1969年，有斐閣）
ジャン・アンベール／三井哲夫＝菅野一彦訳『フランス法制史』（1974年，白水社）
Fr. オリヴィエ=マルタン／塙浩訳『フランス法制史概説』（1986年，創文社）
宮崎揚弘『フランスの法服貴族――18世紀トゥルーズの社会史――』（1994年，同文舘出版）
大木雅夫「ドイツ法とフランス法の別れ道」比較法文化4号（1996年）
西村隆誉志『ヨーロッパ近代法学形成史の研究』（1998年，敬文堂）
石井三記『18世紀フランスの法と正義』（1999年，名古屋大学出版会）
鈴木教司『フランス旧制度の司法』（2005年，成文堂）

〈第1部第2編〉

宮崎孝治郎『ナポレオンとフランス民法』（1937年，岩波書店）
ポルタリス／野田良之訳『民法典序論』（1947年，日本評論社）
長谷川正安『フランス革命と憲法』（1952-53年，日本評論新社；再録1984年，三省堂）
石崎政一郎「フランスにおける民法典編纂の過程の素描」江川英文編『フランス民法の150年上』（1957年，有斐閣）
杉原泰雄『国民主権の研究――フランス革命における国民主権の成立と構造――』（1971年，岩波書店）
浦田一郎『シエースの憲法思想』（1987年，勁草書房）

辻村みよ子『フランス革命の憲法原理』(1989年，日本評論社)
ジャン・モランジュ／藤田久一ほか訳『人権の誕生』(1990年，有信堂)
オリヴィエ・ブラン／辻村みよ子訳『女の人権宣言』(1995年，岩波書店)

〈第1部第3編〉

宮沢俊義「公法学における諸傾向」フランス学会編『フランスの社会科学』(1930年，刀江書院)
横田喜三郎「私法学における諸傾向」フランス学会編『フランスの社会科学』(1930年，刀江書院)
カピタン／杉山直治郎訳『仏蘭西民法の変遷』(1932年，梓書房)
ゴドメ／福井勇二郎訳「19世紀における仏国民法学の発達」福井勇二郎編訳『仏蘭西法学の諸相』(1943年，日本評論社)
野田良之『法における歴史と理念』(1951年，東京大学出版会)
　　同　　「註釈学派と自由法」『法哲学講座3巻』(1956年，有斐閣)
　　同　　「本論／総論」江川英文編『フランス民法の150年上』(1957年，有斐閣)
内田新「フランスにおける地方制度の形成」自治研究35巻6，8，10号，36巻6，7号 (1959-60年)
山本桂一編著『フランス第三共和政の研究——その法律，政治，歴史——』(1966年，有信堂)
樋口陽一「ルネ・カピタン先生の憲法論」日仏法学8号 (1974年)
　　同　　「戦後フランス憲法思想における転換」公法研究38号 (1976年)
高橋和之「戦後フランス憲法学の諸特徴」公法研究38号 (1976年)
磯部力「フランス行政法学の新傾向」公法研究38号 (1976年)
大木雅夫「独仏法学交流の史的素描」上智法学論集19巻2＝3号 (1976年)
山口俊夫「フランス法学」碧海純一ほか編『法学史』(1976年，東京大学出版会)
高橋和之『現代憲法理論の源流』(1986年，有斐閣)
山岸敬子「フランスの地方制度——フランスの中央集権体制——」『地方自治大系1巻』(1989年，嵯峨野書院)

〈第2部第1編〉

須貝脩一「フランス」『各国官吏制度の研究』(1948年，プレブス社)
ルネ・カピタン／野田良之訳「1958年のフランス憲法の重要な諸相」法学協会雑誌75巻6号 (1959年)
野田良之「フランス第五共和制憲法に関する研究資料」国家学会雑誌73巻7号 (1960年)
深瀬忠一「フランス第五共和制憲法の成立とその基本構造」ジュリスト194号 (1960年)
　　同　　「立法過程の研究／フランス」比較法研究23号 (1962年)
宮沢俊義「フランスにおける大統制の効用」立教法学5号 (1963年)
近藤昭三「第五共和国における非常大権について」法政研究29巻1＝2＝3号 (1963年)
野村敬造「フランス第五共和国と小選挙区制」ジュリスト366号 (1967年)
　　同　　「フランス憲法と政党」公法研究30号 (1968年)
高野真澄「フランス憲法における大臣と議員の兼職禁止」神戸法学雑誌19巻1＝2号 (1969年)
G.ヴデル／深瀬忠一訳「議員制と大統領制の間のフランス第五共和制」ジュリスト557号 (1974年)
高野真澄「戦後フランスの議会制と議会運営」公法研究38号 (1976年)

野村敬造「フランス憲法30年のあゆみ」法律時報49巻7号（1977年）
大河原良夫「フランス憲法院と法律事項」東京都立大学法学会雑誌29巻1，2号（1988年）
勝山教子「フランス第五共和制における『合理化された議院制』の構造とその改革」同志社法学40巻6号，41巻1号（1989年）
　同　　「フランス議会の復権に関する一考察」同志社法学41巻6号（1990年）
田辺江美子「フランス公務員法における懲戒制度」『現代行政の統制』（1990年，成文堂）
　同　　「フランスにおける裁判官の身分保障」上智法学論集38巻2号（1994年）
勝山教子「フランスの首相の役割とその限界」同志社法学48巻3号（1996年）

〈第2部第2編〉

渡辺宗太郎「仏蘭西における行政裁判法の沿革」法学論叢18巻1，3，6号（1927年）
刑部荘「破毀裁判所の任務と性質」『杉山直治郎教授還暦祝賀論文集』（1942年，岩波書店）
雄川一郎「フランス破毀院」比較法研究1号（1950年）
三ヶ月章「フランスの司法制度について」『臨時司法制度調査会資料』（1953年）
星野英一「フランスの法学部学生の生活」緑会雑誌復刻2号（1958年）
　同　　「フランスの法学教育」『法学教育』（1959年，有斐閣）
大西芳雄「コンセイユ・デタ——行政訴訟の実態——」立命館法学34号（1960年）
山下健次「コンセイユ・デタ——その立法行政活動——」立命館法学34号（1960年）
山本桂一「フランスの司法高等法院 Haute cour de justice」国家学会雑誌74巻3＝4，5＝6，7＝8，9＝10号（1961年）
杉原泰雄「フランスにおける違憲立法審査の歴史と理論」一橋大学法学研究4号（1962年）
石川良雄『フランスの司法制度』司法研究報告書13輯2号（1962年）
石崎政一郎ほか「座談会・フランスの大学」ジュリスト292号（1964年）
稲本洋之助「パリ大学の法学部の学生」法学セミナー100号（1964年）
F. テレ／野田良之訳「フランスにおける司法改革の展望」法学協会雑誌81巻2号（1965年）
小山昇「フランスの裁判官制度」ジュリスト314，316，318，320号（1965年）
　同　　「フランスにおける裁判官の独立について」北大法学論集16巻2，3号（1965年）
　同　　「フランスの弁護士制度」『各国弁護士制度の研究』（1965年，有信堂）
山口俊夫「フランスにおける労働訴訟——労働審判所（Conseil de prud' hommes）における労働争訟を中心として——」日本労働法学会誌32号（1968年）
田中館照橘『フランス行政裁判制度』国会図書館調査資料67巻2号（1968年）
山本桂一「フランス商事裁判所の事物的権限とその制度の存在意義」『兼子一博士還暦記念・裁判法の諸問題中』（1969年，有斐閣）
稲本洋之助「フランスにおける司法官養成の問題点」法律時報43巻4号（1971年）
大久保泰甫「法制史教育の現状と問題点／フランス」法制史研究22号別冊（1973年）
河原正和「フランスの弁護士制度改革の背景と新制度」『諸外国の弁護士制度』（1976年，日本評論社）
北村一郎「契約の解釈に対するフランス破毀院のコントロオル」法学協会雑誌93巻12号，94巻1，3，5，7，8，10号，95巻1，3，5号（1976—78年）
中村睦男「フランス法における人権の保障」公法研究38号（1976年）
　同　　「フランス憲法院の憲法裁判機関への進展」北大法学論集27巻3＝4号（1977年）
沢登佳雄「検察官／フランス」比較法研究38号（1977年）
山口俊夫「フランスの法律家」ジュリスト700号（1979年）
矢口俊昭「フランス憲法院の構成」香川大学経済論叢51巻6号（1979年）

北村一郎「フランス破毀院の新たな相貌」日仏法学11号（1981年）
　同　　「フランスにおける公的輔佐（ministère public いわゆる検察）の概念」『野田良
　　　之先生古稀記念・東西法文化の比較と交流』（1983年，有斐閣）
ジャン・フワイエほか／山口俊夫編訳『フランスの司法』（1987年，ぎょうせい）
矢口俊昭「フランスの憲法裁判」『講座憲法訴訟Ⅰ』（1987年，有斐閣）
北村一郎「フランスにおける民事紛争解決のための課題」自由と正義41巻4号（1990年）
小島武司ほか編『フランスの裁判法制』（1991年，中央大学出版部）
江藤价泰「フランスにおけるコンセイユ・デタの政府委員および検察官について」『三ヶ月
　　　章先生古稀祝賀・民事手続法学の革新上』（1991年，有斐閣）
西川知一郎「フランスにおける司法官研修制度」司法研修所論集86号（1992年）
北村一郎「フランスの『法律援助』制度について」法の支配89号（1992年）
矢島基美「1990年フランス憲法院提訴権改革法案」徳山大学論叢37号（1992年）
　同　　「フランスにおける違憲審査の現在──1990年憲法院改革法案をめぐる論議のな
　　　かから──」比較法研究54号（1992年）
山口俊夫「フランスにおける法曹養成の実情」ジュリスト1022号（1993年）
司法研修所編『フランスにおける民事訴訟の運営』（1993年，法曹会）
北村一郎「フランスの法学教育」法律時報67巻3号（1994年）
矢口俊昭「フランスにおける憲法裁判の現況」ジュリスト1037号（1994年）
大村敦志「フランスの法学教育」法学教室169，170号（1994年）
山本和彦『フランスの司法』（1995年，有斐閣）
司法研修所編『フランスにおける行政裁判制度の研究』（1998年，法曹会）
小粥太郎「フランス司法試験事情」司法研修所論集100号（1999年）
司法研修所編『イギリス，ドイツ及びフランスにおける司法制度の現状』（2000年，法曹会）
芦澤政治「フランスの刑事参審制度について」ジュリスト1195号（2001年）
アントワーヌ・ガラポン／河合幹雄訳『司法が活躍する民主主義』（2002年，勁草書房）
鈴木雅久「フランス近隣裁判制度について」判例タイムズ1303号（2009年）
矢島基美「フランスにおける合憲性統制の新段階」『滝沢正先生古稀記念・いのち，裁判と
　　　法』（2017年，三省堂）

〈第2部第3編〉

野田良之「フランス法上における判例の地位」復刊判例民事法月報10（1955年）
ウーアン／山本桂一訳「フランス民法典改正委員会の事業」ジュリスト81号（1955年）
野田良之「フランスにおける民事判例の理論」法学協会雑誌75巻3号（1958年）
江川英文ほか訳「フランス民法典改正草案」比較法雑誌4巻1＝2，3＝4号，5巻2＝3＝
　　　4号（1958-60年）
藤田初太郎「フランスにおける行政諸法典の編纂」外国の立法7号（1964年）
野田良之「判例の比較法的研究／フランス」比較法研究26号（1965年）
野村豊弘「フランスにおける最近の民法典改正」日仏法学10号（1978年）
植野妙実子「フランスにおける法の一般原則」比較法雑誌16巻臨時3号（1983年）
古川照美「フランス国内裁判所の国際条約解釈権」『野田良之先生古稀記念・東西法文化の
　　　比較と交流』（1983年，有斐閣）
伊藤洋一「フランス行政判例における『法の一般原理』について」法学協会雑誌103巻8号
　　　（1986年）
大谷良雄「フランス国内裁判所におけるEC法の適用」国際法外交雑誌87巻1号（1988年）
時本義昭「マ条約批准のための憲法改正」ジュリスト1015号（1993年）

勝山教子「フランソワ・ミッテランの改憲構想と1993年7月27日憲法改正」同志社法学45巻3・4号（1993年）
小原清信「マーストリヒト条約及びフランス憲法改正の問題と憲法院判決」久留米大学法学16=17号（1993年）
大河原良夫「フランス憲法院と条約」東京都立大学法学雑誌34巻1号（1993年）
建石真公子「『法律に対する条約優位原則』の裁判的保障」名古屋大学法政論集151号（1993年）
白取祐司＝赤池一将「フランス改正刑事訴訟法の現況」ジュリスト1029号（1993年）
今田浩之「フランス憲法院と『共和国の諸法律によって承認された基本的諸原理』」阪大法学43巻4号（1994年）
徳田和幸「民事執行法の改正について」日仏法学19号（1995年）
森下忠「フランス新刑法典の誕生」日仏法学19号（1995年）
辻村みよ子「ミッテラン時代の憲法構想――フランスの改憲動向をめぐって――」日仏法学19号（1995年）
室井敬司「フランスの憲法改正」比較憲法学研究8号（1996年）
蛯原健介「憲法院判例における合憲解釈と政治部門の対応」立命館法学259，260号（1998年）
小林真紀「フランス公法における『人間の尊厳』の原理」上智法学論集42巻3＝4号，43巻1号（1999年）
　同　　「フランスにおける合憲性審査基準の変容」上智法学論集45巻3号（2002年）
　同　　「『憲法的価値を有する原理』と『憲法的価値を有する目的』の機能」比較法研究63号（2002年）
水野貴浩「フランス離婚給付法の再出発」民商法雑誌129巻1，2号（2003年）
　同　　「フランス新離婚法」同志社法学56巻3号（2004年）
金山直樹「フランス民法典改正の動向」ジュリスト1294号（2005年）
小林真紀「ヨーロッパ人権裁判所によるEC派生法の条約適合性審査の可能性」愛知大学法経論集172号（2006年）
平野裕之＝片山直也訳「フランス担保法改正オルドナンスによる民法典の改正及びその報告書」慶應法学8号（2007年）
山野目章夫ほか「2006年フランス担保法改正の概要」ジュリスト1335号（2007年）
　同　　　　　「2006年フランス担保法の改編の概要とその思想的含意」比較法研究69号（2008年）
平野裕之＝片山直也訳「フランス担保法改正予備法案」慶應法学9号（2008年）
ミシェル・グリマルディ／北村一郎訳「フランスにおける相続法改革（2006年6月23日の法律）」ジュリスト1358号（2008年）
曽我部真裕「フランスの2008年憲法改正の経緯」法学教室338号（2008年）
南野森「フランス――2008年7月の憲法改正について」法律時報81巻4号（2009年）
曽我部真裕「議会内における野党会派の位置づけについて」法学論叢164巻1～6合併号（2009年）
　同　　「2008年7月の憲法改正」日仏法学25号（2009年）
三輪和宏「フランスの統治機構改革」レファレンス700号（2009年）
　同　　「2008年7月23日のフランス共和国憲法改正」外国の立法240号（2009年）
清水恵介「フランス新成年後見法」日本法学75巻2号（2009年）
門広乃里子「フランス民法典第2編『財産』法改正準備草案の紹介と試訳」國學院法学47巻1号（2009年）

事 項 索 引　　　（太数字は該当頁以下で詳述箇所）

▼あ行

アナーニ事件　35, 50
アラリックの簡単書　→西ゴード・ローマ法
アレテ　147, 204, 269, 273, 274
アントニヌス勅法　22
違警罪　190, 191, 311, 313
違警罪裁判所　190, 192
一括投票　134, 142
一般政策の表明　143
委任裁判〔権〕〈古法における〉　40, 44, 60
委任裁判〔権〕〈近代法における〉　91, 107, 108, 202
委任命令　136, 147, 271
インスティテュティオネス式（ユスティニアヌス式）　246, 293
ヴァロワ朝（家）　19, 36, 37
ウイーン会議　86
ウイーン体制　86, 87
ヴィシー政府　104, 123, 246
ヴィレレーコトレの王令　34
ウェストファリア条約　37
ヴェルサイユ条約　165
ヴェルダン条約　24, 173
英米法（コモン・ロー）　4, 165, 179, 223, 229, 230, 231, 261, 336
エヴィアン協定　104, 129
役務分権　153, 157
演説　129, 273
王権神授説　38
王政復古　85, 86, 91, 92, 98, 296
往復審議　143
オルドナンス　129, **134**, 136, 147, 268, 270, 319
オルレアン家　87, 99
恩赦　129

▼か行

海外県　166, 167, 170
海外地方公共団体　167, 169
海外領土　166, 169, 170
会計院　145, 150, 200, 233
戒厳令　134
解散　129, 130, 144
海事王令　43, 80, 302
海事裁判所　191
階層的監督　151, 153
科学学派（近代学派）　95, 113, 114, 283
書かれた理性　83, 251
各省大臣　133
学説　94, 96, 113, 117, 263, 264, **342**
閣内会議　133
革命裁判所　58, 60
革命政府　58, 63, 70
カタラウヌムの戦い　22
株式会社法　93, 109, 303, 304
カペー朝（家）　19, 28, 34, 35
ガリア　16, 17, 20, 21, 22, 25, 26
ガリア人　16, 20
ガリアーローマ　19, 20, 22, 30
ガリアーローマ人　20, 25, 26, 27
カロリング朝　23, 24
勧解　255
環境憲章　104, 320
関係閣僚会議　133
諫言権　41
慣習法　25, 26, 27, 28, 30, 31, 32, 33, **45**, 52, 82, 83, 84, 93, 113, 261, 262, 263, 264, 267, **277**
慣習法地方　30, 31, 32, 82
官職株の売買　→売官制
鑑定人　225, 240
カントン　59, 106, 151, 152, 156
官報　271, 332
カンポフォルミオの講和　70
議員提出法律案　141, 204
議院内閣制　123, 124, 125, 131, 137, 139, 142, 144
議会統治制　58, 122
議決　274
議事日程　141

技術大学校　*217*
技術大学免状　*217*
旧制度　*51, 60, 61, 62, 63, 64, 66, 67, 68, 73, 83, 85, 153, 156, 194, 197, 277, 282, 302*
旧民法　→ボワソナード法典
教育研究単位　*216, 217*
教会裁判権　*29, 30, 40*
教会法　*19, 27, 32, 34, 49, 50, 65*
教会法大全　*32*
教授　*223, 245, 246*
教授資格試験　*220, 245*
教書　*129, 273*
行政斡旋官　*151*
行政監督　*153, 155*
行政規則　*204, 273*
行政控訴院　*108, **199**, 259*
行政地方裁判所　*110, **198**, 199, 203*
行政部　*202, 204, 205, 274*
行政法の法典化　*112, 269, 321, 325*
競争試験　*160, 222, 235, 245*
恐怖政治　*58, 59, 123*
共和国委員　*152*
共和国副検事　*228*
共和国法院　*139, 145, 206, **213**, 317*
共和暦　*58*
共和暦8年の草案　*78, 83, 263*
虚偽記載　*241*
キリスト教　*20, 23, 24, 27*
近代学派　→科学学派
近代法　*17, 18, 53, 85, 277*
欽定憲章　→憲章
近隣裁判所　*186*
郡　*73, 106, 151, 152, 153*
郡裁判所　*73, 184*
軍事地方裁判所　*194*
計画経済　*112, 148, 156, 157*
軽罪　*190, 191, 311, 313*
軽罪控訴部　*106, 191*
軽罪裁判所　*74, 190, 191*
経済社会環境評議会　*145, **146***
経済社会評議会　*138*
経済評議会　*148*
刑事訴訟王令　*43, 313*
刑事訴訟法典　*111, **313***

刑事部　*106, 195, 196*
競売士　*240*
刑法典　*5, 17, 80, 81, 93, **310**, 324*
刑法典（新）　*111, 269, **312***
決裁裁判官　*188*
決定　*130, 273*
ゲルマン法　*19, 25, 26, 27, 31, 47, 82*
県　*59, 73, 75, 151, 152, 153, **155**, 156, 157*
権威主義帝政　*89*
県会　*73, 156, 274*
県会議員　*153, 156*
研究教育免状　*218, 227, 246*
権限裁判　*91, 92, 207, 208*
権限裁判所　*94, 108, **206**, 285*
権限争議　*108, 206, 207, 208, 209*
県際参事会　*107, 199*
県裁判所　*73*
検察官　*146, 181, 214, 225, 226, 227, 228, 229, **231**, 232, 234, 336, 341*
県参事会　*73, 75, 91, 107, 198, 199*
厳粛法廷　*192, 197*
憲章（欽定憲章）　*86, 87, 265*
県地方長官　*152*
憲法　*55, 261, **265**, 315*
憲法委員会　*210*
憲法院　*129, 130, 139, 145, 180, 206, **209**, 265, 268, 270, 271, 272, 316, 320*
憲法制定権力　*134, 136, 140, 265, 266, 315*
憲法の法律　*97, 103, 123, 265, 270*
憲法［典］〈一般〉　*56, 57, 58, 69, 70, 72, 74, 86, 87, 88, 90, 265, 333*
憲法［典］〈第4共和制〉　*102, 104, 123, 124, 134, 145, 210, 211, 276*
憲法［典］〈第5共和制〉　*103, 122, 123, 124, **125**, 210, 211, 212, 266, 267, 268, 270, 271, 272, 275, **315***
憲法によって制定された権力　*134, 136, 265, 315*
権利実現援助　*259*
原理的問題　*196*
権利擁護官　*145, 151*
元老院　*137, 138, 211, 317*
元老院議員　*138*

事項索引　371

元老院議決　*72, 74, 89, 92*
公安委員会　*58*
公役務　*90, 105, 108, 117, 118*
公役務の一時的協力者　*159*
公開法廷　*185, 192*
後期註釈学派　*49, 50*
鉱業法典　*112, 328*
後見監督　*153, 155, 156*
合憲性審査基準　*211, 320*
合憲性の優先問題　*211*
公権力　*117, 118, 149*
公裁判法　*291*
講師　*223, 245*
公施設　*151,* **157**
公証人　*241, 255, 264*
公証人証書　*241*
公署証書　*241*
控訴院　*74, 91, 106, 107, 145, 146,* **191***, 196, 235, 306, 335*
控訴院弾劾部　*193*
控訴院付代訴士　*239*
控訴裁判所　*74*
高等院　*139, 145, 146, 206,* **212***, 213, 318*
高等専門学校　*160, 222, 227, 232*
口頭弁論　*235, 236, 239*
高等法院　*212, 213, 317*
公土木　*90, 112, 158, 209, 285*
公布　*271*
公物　*112, 149,* **162***, 285, 321*
公務員　*112, 149,* **159***, 232, 238, 240, 242, 244*
公用認定施設　*158, 235*
合理化された議会制　*210*
国王顧問会議　*41, 201*
国際協定　*274*
国土整備　*149, 156*
国民議会〈第 4 共和制における〉　*137*
国民議会〈第 5 共和制における〉　*129, 130, 135, 138, 143, 144, 212, 270*
国民議会議員　*126, 131, 138, 144*
国民公会　*53, 57, 59, 60, 64, 68, 69, 72, 77*
国民投票　*58, 72, 129, 134, 141, 266, 269, 317*
国民投票法律　*141, 269, 270*

国務院　*41, 71, 74, 75, 78.91, 96, 97, 107, 108, 145, 149, 150, 198, 199,* **200***, 203, 204, 206, 207, 208, 209, 232, 233, 234, 273, 274, 284, 285, 315, 335, 337*
国務院・破毀院付弁護士　*239*
国務大臣　*133*
国務長官　*133, 150*
国有化　*102, 112, 148, 158*
国立行政学院　*160, 205, 217, 222, 232, 233*
国立司法職学院　*214, 216, 222, 227, 228, 229*
護憲元老院　*71, 210, 265*
国 会　*129, 130, 131, 134, 134,* **136***, 145, 147, 265, 266, 267, 268, 269, 270, 271, 272*
国家公安法院　*194*
国家博士号　*219*
古法　*17, 19, 53, 83, 261, 264*
護民院　*71, 78, 263, 292*
コモン・ロー〈大陸法に対する〉　→英米法
コモン・ロー〈衡平法に対する〉　→普通法
混合同数委員会　*134, 142, 270*
混合部　*195, 196*
根本原理〈法律事項に関する〉　*140, 272*
根本原理〈第 4 共和制[憲法典前文]におる〉　*320*

▼さ行

最高法院　*37,* **40***, 44, 45, 51, 60, 61, 62, 80, 83, 94, 180, 183, 192, 197, 201, 239, 267, 282*
裁判援助　*259*
裁判官　*40, 61, 74, 91, 107, 145, 146, 181, 182, 183, 184, 185, 187, 188, 189, 191, 192, 193, 208, 212, 213, 214, 225, 226, 227, 228,* **229***, 231, 232, 233, 234, 259, 278, 285, 286*
裁判官たる大臣[の理論]　*75, 107, 202*
裁判拒否　*91, 285, 286*
裁判拒否判決　*285*
裁判上の援助　*259*
裁判所付属吏　*112, 226, 234, 238, 240, 241, 242, 259, 309*

裁判扶助　*259*
裁判補助者　*226*, *234*, *258*
サヴァリ法典　→陸上商事王令
サリカ法典　*26*
サン-ジェルマンの王令　*34*
参審員　*189*, *225*
参審制　*182*, *183*, *189*, *191*, *193*
サンディカリスム　*101*
サン・ベルテルミの虐殺　*36*
シェンゲン協定　*317*
至高院　*40*
至高法院　*40*
施行命令　*136*, *147*, *272*
私裁判法　*291*
事実上の公務員　*159*
事実問題　*181*, *195*, *200*
私署証書　*241*
施政方針　*143*
自然法　*39*, *48*, *49*, *83*, *84*, *286*
7月革命　*52*, *87*
市町村　*59*, *73*, *151*, **153**, *155*, *156*, *274*
市町村会　*154*, *274*
市町村会議員　*154*, *156*
市町村長　*155*, *156*, *274*
執行士　*239*
十進法番号　*111*, *310*, *312*, *326*, *331*
執政府　*69*, *71*, *72*
実務　*263*, *264*
司法学院　*216*, *227*, *235*
司法官　**226**, *227*, *234*, *235*
司法官職高等評議会　*107*, *122*, *129*, **145**, *207*, *229*, *317*
司法修習生　*226*, *227*
司法組織法典　*107*, *306*, **310**
事務分散　*151*, *153*
社会部　*106*, *191*, *195*, *196*
社会保障拠出法律　*269*, *270*
社会保障裁判所　*106*, *189*
社会保障事件裁判所　**189**, *191*
社会保障法典　*111*, *323*, *326*
社会保障法典（新）　*111*, **326**, *327*
ジャックリーの乱　*35*
州　*152*, *153*, **156**, *192*
州会　*157*
州会議員　*157*

重罪　*190*, *191*, *193*, *311*, *312*, *313*, *314*
重罪院　*181*, *190*, *191*, **193**
修習弁護士　*235*
自由主義帝政　*89*, *324*
重商主義　*38*, *43*
集成　*112*, *269*, *323*, *325*
従属命令　*136*, *268*, *271*, *272*
州知事　*152*, *156*, *157*
重農主義　*39*, *55*
自由フランス政府　*102*
授権法律　*134*, *270*
手工業法典　*112*, *328*
首相　*129*, *130*, *131*, *132*, *133*, *134*, *136*, *142*, *143*, *144*, *150*, *210*, *273*, *274*
首相府　*150*
ジュネーヴ協定　*103*, *170*
省　*150*, *151*
証券取引所会員会社　*242*
証券仲買人　*242*
上座裁判所　*40*
商事会社法　*109*, *269*, *304*, *306*
商事裁判所　*74*, *91*, *106*, **186**, *188*, *236*, *306*, *323*
商事裁判所弁護士　*236*
商事部　*196*
小審裁判官　*188*, *189*
小審裁判所　*106*, *184*, **185**, *189*, *190*, *196*, *236*
常設軍事裁判所　*194*
少年裁判所　*190*, *194*
消費法典　*111*
商法典　*6*, *17*, *80*, *95*, *97*, *109*, **301**
商法典（新）　*112*, **306**
商法の非法典化　*112*, *269*, *304*
条約　*139*, *164*, *265*, **275**, *320*
書記官　*240*
植民地百年戦争　→第2次百年戦争
助手　*223*, *245*, *246*
助役　*154*
素人裁判官　*182*, *187*, *189*, *191*
人権規定〈1946年憲法典の〉　*103*, *104*, *211*, *320*
人権宣言・人権規定〈一般〉　*58*
人権宣言〈1789年の〉　→人および市民の権利の宣言

事項索引　373

審署　*129, 210, 271, 329*
審署期間　*210, 271*
身体拘束　*94, 296*
信任問題　*143*
人民戦線　*102, 148*
親臨法廷　*41*
政治学院　*160, 216, 233*
制定法　*261, 262, 263, 264, 265, 267, 342*
聖堂区　*66, 153*
政府　**131**, *140, 141, 142, 143, 144, 147, 212, 213, 273*
政府委員（報告官）　*234, 336, 341*
政府提出法律案　*134, 141, 204*
成文法　*264*
成文法地方　*30, 31, 32, 82*
絶対王政　*19, 33, 34, 36, 37,* **38**, *39, 41, 42, 44, 45, 51, 52, 54, 56, 62, 73, 164, 201*
設定定期金　*65*
全国経済評議会　*146*
全国身分会議　*35, 37, 40, 41, 51, 56*
専修教育免状　*219*
専門職同業団体　*149, 200*
総会〈司法裁判所における〉　*185, 192, 197*
総会〈国務院における〉　*204, 273*
総括意見書　*231, 232, 234, 336, 341, 342*
総部会　*196, 197, 283*
属人法主義　*25, 27*
属地法主義　*27, 30*
組織法律　*210, 269, 270, 319*
訴訟関係顧問会議　*41, 61, 62, 180, 194, 197, 201, 308*
訴訟代理　*236, 239*
訴訟部　*203, 204, 205*

▼た行

第一審裁判所　*73, 74, 91, 106, 184*
大学一般教育免状　*217, 219, 221, 222*
大学高等免状　*219*
大学入学資格試験　*220, 221*
大学博士号　*219*
大革命　*17, 18, 39, 42, 51,* **52**, *53, 54, 57, 59, 60, 77, 84, 121, 153, 156, 157, 186, 187, 194, 197, 267, 277, 281, 282, 301, 311*
大革命の限定相続人　*54, 83*
代官裁判所　*40*
帯剣貴族　*40*
大公道違警罪　*163*
第3課程博士号　*219*
大赦　*139*
太守　*166*
大臣　*129, 130, 131, 133, 144, 150, 273, 274*
大臣会議　*129, 132, 133, 150*
大審裁判所　*74, 106, 145, 146,* **184**, *189, 190, 192, 236*
代訴士　*236, 239, 309*
大統領　*88, 99, 104, 121,* **125**, *130, 131, 132, 133, 136, 137, 138, 143, 144, 145, 146, 150, 273, 316, 318*
大統領制　*88, 121, 125, 214*
大統領府　*150*
第2次百年戦争（植民地百年戦争）　*38, 101, 164, 173*
大反逆罪　*132, 213*
大離教　*50*
大陸法　*4, 165, 179, 261, 262*
単独部　**195**
治安裁判所　*60, 74, 91, 106, 185, 186*
治安判事　*106, 185, 186*
地域的公施設　*152, 157*
治罪法典　*17, 80, 81, 93, 111,* **313**
知事　*73, 152, 155, 156, 199, 273, 274*
地方　*43, 59, 156, 157*
地方公共団体　*152, 157*
地方総監　*43, 73, 152, 201*
地方分権　*90, 153*
地方身分会議　*43*
註解学派　*50*
中間法　*17, 51, 52, 53, 54, 85, 277*
仲裁　*256*
註釈学派〈ローマ法における〉　*31*
註釈学派〈フランス法における〉　*94, 95, 113, 114, 282, 283*
調査官　*233, 234*
調査判事　*195*
調査部〈破毀院における〉　*106, 195*
調査部〈国務院における〉　*203*

超大統領制　125
調停　256
聴聞官　233
追認的国民投票　72, 89
追認の法律案　134, 271
通常会　139
通常法廷　192, 197
通常法律　269
ディストリクト　59, 60, 73
ディストリクト裁判所　60, 73
帝政　69, 72, 86, 88, 89, 90, 97, 98, 104
抵当権保存吏　66, 242
テオドシウス法典　26
デクレ　129, 135, 139, 204, 269, 273, 274
デクレ-ロワ　135, 141, 268
テルミドールの反動　53, 68, 69
トゥール-ポワティエ間の戦い　23
当然会　139
統領府　71
登録　221, 222
独裁権　131, 139, 141, 212
持定性[の原理]　153, 158
独立命令　136, 147, 268, 272
土地定期金　65
土地の公示　66, 76, 242
ドレフュス事件　100
トロワの和約　35

▼な行

内閣総理　131, 133
ナポレオン5法典(ナポレオン諸法典)　5, 17, **80**, 269, 292, 295, 307, 310, 313, 323, 325
ナポレオン法典(フランス人の民法典, 民法典)　17, **79**, 80, 83, 94, 165, 280, 292
ナントの勅令　36, 38
2月革命　52, 88, 324
二元的裁判制度　42, 179, 197, 206
西ゴート・ローマ法(アラリックの簡単書)　26
西ゴート法典　26
農業法典　112, 323, 327, 328
農業法典(新)　**326**
農地賃貸借同数裁判所　106, **188**, 189

▼は行

売官制(官職株の売買)　40, 44, 61, 74, 182, 184, 238, 282
陪審員　193, 225
陪審制　81, 182, 190, 193, 314
廃用　80, 280
破毀院　41, 74, 81, 91, 95, 106, 107, 146, 180, 181, 183, 193, **194**, 203, 206, 208, 213, 228, 259, 335, 337
破毀裁判所　61, 62, 74, 180, 194, 201, 282, 308
パスクワ法　317
パリ・コミューヌ　52, 98
パリ条約〈植民地に関する〉　165
パリ条約〈ヨーロッパ石炭鉄鋼共同体に関する〉　174
判事補　228
蛮族法　26
半大統領制　125
パンデクテン式　7, 246, 293, 294
判例変更　283
判例法[主義]　44, 45, 94, 113, 117, 230, 234, 261, 263, 264, **281**, 288, 336, 337, 339, 340, 342
東ローマ帝国　23, 24, 28
卑俗法　26
人および市民の権利の宣言([1789年の]人権宣言)　**55**, 56, 57, 58, 63, 64, 81, 103, 104, 211, 266, 311, 314, 320
非法　251
百日天下　86
百年戦争　35, 36, 101, 172
評議部　185, 192
評定官　233
非立法事項化　136, 140, 268, 272
ブーランジェ事件　100
不可動　74, 91, 229
副署　130
副代官裁判所　40
副知事　152
付帯私訴　81, 291, 314
普通法(コモン・ロー)　44
普仏戦争　90, 173

事項索引   375

フランク王国   19, 23, 24, 25, 27
フランス共同体   104, 169, 170, 171, 266, 317
フランス教会の自立（ガリカニスム）   34, 50
フランス語圏   172
フランス人の民法典（ナポレオン法典，民法典）   79, 280, 292
フランス連合   169
ブリアン-ケロッグ協定   102
ブリュメール18日のクー・デタ   70
ブルグンド法典   26
ブルグンド・ローマ法   26
ブルボン朝（家）   19, 36, 86, 87, 98, 99
フロンドの乱   37
分権   153, 157
弁護士   214, 225, 228, 229, 231, **234**, 238, 239, 241, 259
弁護士会   235
弁護士職適格証明書   216, 234, 235
編成法律   269, 270
保安委員会   58
法院弁護士   →国務院・破毀院付弁護士
法学士   214, 218, 221, 222, 227, 240
法学修士   214, 218, 221, 222, 234, 239, 242
法学博士号   219, 245
法学別科免状   214, 219
法規的判決   40, 94, 282, 284
法諺   48, 83, 287
封建税   63
封建制度   19, 28, 29, 31, 32, 33
報告官   →政府委員（報告官）
法助言士   236, 241
法的援助   259
法典   269, 292, 321, 325
法典編纂   17, 18, 43, 47, 48, 53, 54, 63, 75, **77**, 81, 82, 84, 85, 92, 93, 94, 111, 112, 223, 230, 238, 248, 251, 252, 262, 277, 286, 287, 292, 302, 323
法の一般原理   206, 230, 262, 263, 264, 272, **285**, 336
法服貴族   37, 40, 43, 44, 45, 282
法律   121, 129, 134, 135, 139, 141, 147, 261, 262, 263, 265, **267**, 271, 272, 275

法律事項   136, 140, 268, 272
法律遮蔽［の理論］   267
法律と並ぶ慣習法   279
法律に反する慣習法   280
法律による慣習法   278
法律問題   181, 195, 200, 203
法令登録権   41
保革共存   104, 125, 131
補充者   144
ボワソナード法典（旧民法）   7, 82, 293

▼ま行

マーストリヒト条約   130, 174, 276, 317
未成年者重罪院   191, 193, 194
身分証書   66, 242
身分吏   66, 242
ミラノ勅令   21
民事死亡   94, 296
民事訴訟王令   43, 80, 258, 307
民事訴訟法典   17, 80, 93, 181, 258, **307**
民事訴訟法典（新）   107, **309**
民事部   106, 191, 195, 196
民事部総会   195
民法典（ナポレオン法典，フランス人の民法典）   6, 17, 53, 72, 76, 79, 80, 82, 83, 84, 92, 94, 95, 109, 246, 249, 250, 253, 263, 278, 279, 280, 282, 284, 286, 287, 292, 300, 304, 311, 324, 325, 333
名士会   42
命令   121, **136**, 261, 265, 268, **271**
命令事項   136, 140, 268
命令制定権   134, 136, 273
メルセン条約   24, 173
メロヴィング朝   22, 23
申立書   239
問責動議   143, 144
モンティル-レートゥールの王令   46

▼や行

ユグノー   36, 37, 38
ユグノー戦争   36
ユスティニアヌス式   →インスティテュティオネス式．

ユスチニアヌス法典　*26, 28, 31, 47, 49,*
　293
ユトレヒト条約　*165*
予算法律　*139, 269, 270*
予審　*81, 193, 313*
予審判事　*193*
予審部〈破毀院における〉　*106, 195, 203*
予審部〈国務院における〉　*203*
ヨーロッパ安全保障協力会議　*177*
ヨーロッパ安全保障協力機構　*177*
ヨーロッパ議会　*156, 175*
ヨーロッパ共同体（EC）　*104, 170, 174,*
　275
ヨーロッパ経済共同体　*104, 174*
ヨーロッパ原子力共同体　*104, 174*
ヨーロッパ審議会　*176, 321*
ヨーロッパ人権委員会　*176*
ヨーロッパ人権裁判所　*176, 276*
ヨーロッパ人権条約　*176, 177, 276, 320*
ヨーロッパ石炭鉄鋼共同体　*104, 174*
ヨーロッパ特許条約　*176*
ヨーロッパ特許庁　*176*
ヨーロッパ連合（EU）　*4, 172,* ***174****, 177,*
　276, 316
ヨーロッパ連合憲法条約　*174*

▼ら行

陸上商事王令（サヴァリ法典）　*43, 80, 302*
理事部　*197*
リスボン条約　*174, 276*
立憲議会　*51, 53, 55, 56*

立法院　*71, 78, 263*
立法府諮問　*62, 91*
リプアリア法典　*26*
留保裁判[権]〈古法における〉　*40, 41, 62,*
　201
留保裁判[権]〈近代法における〉　*75, 91,*
　107, 202
両院合同会議　*126, 137*
領主裁判権　*29, 30*
両頭制　*104, 125*
林業法典　*112, 328, 334*
林業法典（新）　*328*
臨時会　*129, 139*
ル・シャプリエ法　*65, 105, 324*
労働裁判所　*74, 91, 106,* ***187****, 189, 256*
労働・社会福祉法典　*111, 325*
労働法典　*111, 269,* ***323****, 334*
労働法典（新）　*111,* ***326***
ロカルノ条約　*102*
ローマ　*17, 19, 20, 21, 22, 25, 28, 263,*
　285
ローマ条約　*174*
ローマ法　*19, 22, 25, 26, 27, 28, 31, 32,*
　34, 47, 49, 50, 82, 224, 291
ローマ法の継受　*50*

▼わ行

ワーテルローの戦い（敗戦）　*79, 87*
和解　*186, 188, 189*
枠組法律　*135, 141*

人 名 索 引

アイゼンマン　118
アウグストゥス　263
アーゾ　31
アックルジウス　31
アッチラ　22
アダム・スミス　289
アブドーアル-カーディル　167
アペール　6
アラリック2世　26
アリストテレス　116
アルトワ伯　87
アンセル　116
アンリ2世　36
アンリ3世　36
アンリ4世（ナヴァール公アンリ）　36, 37
井伊直弼　5
イルネリウス　31
ヴァルス　133
ヴィヴィアン　97
ヴィトリア　48
ヴィレー　116
ウェリントン　87
ヴェルサンジェトリックス　20
ヴォルテール　39, 45
ヴォルフ　48
ヴデル　118
梅謙次郎　7
ウルピアヌス　26, 289
江藤新平　5, 6
エスカラ　109, 116, 304
エスマン　117
エドワード3世　35
エドワード黒太子　35
エベール　59
エロー　133
エンクルマ　171
大岡忠相　258
大木喬任　6
オーコック　97
オドアケル　22
オーブリ　95
オランド　128, 133

オリヴィエ-マルタン　116
オーリュウ　117

▼カ行

ガイウス　26
カエサル　17, 20
カズヌーヴ　133
カタラ　300
カトリーヌ・ド・メディシス　36
カピタン（H.）　114
カピタン（R.）　114, 118
カラカラ　22
カール5世　36
カルボニエ　109, 115, 297
カレ・ド・マルベール　117
ガロー　116
カロンヌ　41
カンバセレス　71, 77, 83
ギーズ公　36
ギゾー　88, 96
キュジャス　49
ギヨタン　312
クーヴ・ド・ミュルヴィル　132
クック　168
グラッソン　116
グリマルディ　300
クール　36
グレヴィ　100
クレッソン　132
クレマンソー　101
クローヴィス　22, 23, 27
グロチウス　48
ケネー　39
コキーユ　47
ゴドフロワ　49
コラン　114
コルベール　37, 43, 164, 302, 307
コルムナン　96
コロンブス　16
コンスタン　96
コンドルセ　57

▼サ行

サヴァティエ　115
サヴァリ　43
サルコジ　128, 132
サレイユ　114
サン・イヴ　32
シェイエス〔シエース〕　56, 70
ジェーズ　118
ジェニー　114
ジェランド　96
ジスカール・デスタン　127, 132
ジャクミノ　77
シャトーブリアン　96
シャバンーデルマス　127, 132
シャルモン　116
シャルル（シャルル大帝）　24, 28
シャルル2世　24
シャルル3世　28
シャルル4世　35
シャルル5世　35
シャルル6世　35, 36
シャルル7世　34, 35, 46
シャルル8世　36, 46
シャルル9世　36, 37
シャルル10世（アルトワ伯）　87
シャルル・マルテル　23
ジャン2世　35
ジャンヌ・ダルク　35
シャンプラン　165
シャンボール伯　98
ジュッペ　132
ジュリオ・ド・ラ・モランディエール　109, 115, 297
ジョスパン　127, 128, 132
ジョセフィーヌ　78
ジョッフル　101
ジョン　34
シラク　127, 128, 131, 132
スアレス　48
スタンダール　250
セク・トーレ　171
セニィエ　307
セル　118
副島種臣　5
ゾラ　100

▼タ行

ダヴィド　115, 246
ダゲッソー　41, 43
ダゴベール　23
ダラディエ　102
ダランベール　39
ダルジャントレ　47
タルド　116
タレイラン　86
タンク　115
ダントン　59
チェンバレン　102
ツァハリエ　97
ティエール　98
ディオクレチアヌス　21
ディドロ　39
テオドシウス　22
テネシー・ウィリアムズ　165
デュヴェルジェ　118
デュギー　117
デュクロ　127
デュクロック　97
デュ・ゲクラン　35
デュプレックス　164
デュムーラン　47
デュラン　115
デュラントン　95
デュルケーム　117
テュルゴー　39, 41
ド・ヴィルパン　132
ドゥブレ　104, 132
ドゥモロンブ　95
徳川昭武　89
徳川慶喜　89
ド・ゴール　102, 104, 123, 124, 126, 127, 130, 138, 143, 212, 266, 271, 309, 317, 319
トックヴィル　18, 96
ドヌー　69, 71
ドノー　49
ドマ　48, 83, 84

人名索引

トマス　116
富井政章　7
トリ　307
トリボニアヌス　28
トレイヤール　307
ドレフュス　100
トロロン　95
トロンシェ　77, 82

▼ナ行

ナポレオン1世（ナポレオン）　17, 52, 53, 54, 58, 69, 70, 71, 72, 73, 74, 76, 77, 78, 79, 81, 83, 85, 86, 88, 91, 111, 123, 150, 152, 173, 187, 201, 292, 296, 301, 311
ナポレオン2世　78
ナポレオン3世（ルイ・ナポレオン）　79, 88, 89, 90, 98, 123, 169, 173
ネッケル　41
ネルソン　70
野田良之　19, 116

▼ハ行

バイル　128
バトビー　97
ハドリアヌス　263
バブーフ　69
バラデュール　127, 132
パリ伯（H.）　99
パリ伯（L. Ph.）　99
バール　127, 132
バルザック　254
バルドゥス　95
バルドス　49
バルトルス　49
バルナーヴ　56
ピグー　307
ビゴープレアムヌ　77, 82
ピック　116
ビドー　103
ピニョー　169
ビュニェ　94
ビュフノワール　113
ファビウス　132

フィヨン　128, 132
フィリップ　133
フィリップ2世　31, 34
フィリップ4世　35, 50
フィリップ6世　35
フカール　97
ブスケ　6
ブーダン　113
ブーフェンドルフ　48
フュステル・ド・クーランジュ　116
プラケンチヌス　31
プラニオル　114
ブーランジェ（G.）　100
ブーランジェ（J.）　114
フランソワ1世　34, 36
ブリアン　101
ブリッソー　57
プールジョン　48
プルードン　101
ブルム　102
プレヴォーパラドル　96
ペタン　101, 102
ベッカリア　311
ペパン　23, 24
ペリネーマルケ　301
ベルテルトロー　307
ベルテルミ　99
ヘンリー5世　35
ポエール　127
ボシュエ　38
ポティエ　48, 83, 84
ボードリーラカンティヌリ　95
ボニファティウス8世　35, 50
ボーマノワール　33
ポルタリス　66, 77, 82
ボワシ・ダングラス　69
ボワソナード　6, 7, 293
ポワンカレ　101
ポンピドゥ　127, 130, 132

▼マ行

マカレル　97
マクシミリアン　89

マクーマオン　99
マクロン　107, 128, 133
マケンティヌス　32
マザラン　37
マゾー（H.）　115
マゾー（J.）　115
マゾー（L.）　115
マラー　58
マリー－アントワネット　51, 57
マリー・ルイーズ　78
マリア・テレジア　51
マルヴィル　77, 79, 82
マルグリット（マルゴ王妃）　36
マンデス－フランス　103
三浦梅園　286
箕作麟祥　5, 7, 248
ミッテラン　127, 131, 132, 148
ミラボー　56
メスメル　132
メーヌ・ド・ビラン　96
メルラン・ド・ドゥーエ　95
メロヴェ　22
モネ　148
モーパッサン　254
モリエール　254
モーロワ　132
モンテスキュー　39, 61, 121, 122, 249, 250, 267, 282

▼ヤ行

ユーグ・カペー　28
ユスチニアヌス　28

▼ラ行

ラ・サール　165
ラツベ　114
ラファイエット　55, 56
ラファラン　132
ラフェリエール　117
ラ・ペルーズ　168
ラマルティーヌ　88

ラモワニョン　48
ランベール　114
リヴェロ　118
リシュリュー　37
リペール　114
リヨン・カーン（C.）　115
リヨン・カーン（G.）　116
ルイ1世　24
ルイ2世（ルードウィヒ）　24
ルイ9世　34
ルイ11世　36
ルイ13世　37
ルイ14世　34, 37, 43, 80, 313
ルイ15世　38, 41, 43
ルイ16世　41, 51, 86
ルイ18世　86, 87
ルイ・フィリップ　87, 88
ルイ・フィリップ・ジョセフ　87
ルイ・ブラン　88
ルーヴォワ　37
ルカニュエ　127
ル・シャブリエ　65
ルソー　39, 55, 56, 122, 267
ルナール　117
ルブラン　71
ルペン　128
レオ3世　24
レースラー　6
レミ司教　23
ロー　95
ロカール　132
ロタール　24, 25
ロディエール　112, 116, 305
ロバデール　118
ロブロ　115
ロベスピエール　59, 61, 282
ローラン　97
ロワイヤル　128
ロワゼル　48

▼ワ行

ワイス　114

人名索引

※第2部第3編第3章法資料の手引で紹介する著書名である人名,および巻末の邦語参考文献に掲げる著著名である人名は除く

法令・判例索引

(太数字は該当頁以下で詳述個所,カッコ内のローマ数字は歴代憲法典の順番)

▼古法時代

212	アントニヌス勅法―ローマ市民権の付与	*22*
313	ミラノ勅令―キリスト教の公認	*21*
438	テオドシウス法典	*26*
5C	ブルグンド法典	*26*
5C	西ゴート法典	*26*
506	西ゴート・ローマ法(アラリックの簡単書)	*26*
?	ブルグンド・ローマ法	*26*
529―34	ユスティニアヌス法典(市民法大全)	*26, 28, 31, 47, 49, 293*
6C	サリカ法典	*26*
8C	リプアリア法典	*26*
843	ヴェルダン条約	*24, 173*
870	メルセン条約	*24, 173*
12C―14C	教会法大全	*32*
1219	ローマ法の適用禁止	*31, 34*
1420	トロワの和約	*35*
1438	フランス教会の自立(ガリカニスム)	*34, 50*
1454	モンティル-レ-トゥールの王令―慣習法の編纂	*46*
1498	慣習法の編纂	*46*
1539	ヴィレル-コトレの王令―フランス語の公用語化	*34*
1598	ナントの勅令―信教の自由	*36*
1648	ウェストファリア条約	*37*
1667	民事訴訟王令	*43, 80, 110, 307, 308*
1670	刑事訴訟王令	*43, 313*
1673	陸上商事王令(サヴァリ法典)	*43, 80, 302*
1679	サン-ジェルマンの王令―フランス法の講義	*34*
1681	海事王令	*43, 80, 302*
1685	ナントの勅令の廃止	*38*
1713	ユトレヒト条約	*165*
1731	贈与法	*43*
1731	遺言法	*43*
1738	訴訟関係顧問会議の設置	*41, 308*
1744	信託的補充指定法	*43*
1763	パリ条約	*165*
1783	ヴェルサイユ条約	*165*
1787	身分証書	*66*

▼中間法時代

1789. 8. 4	土地所有権	*64*
8.26	人および市民の権利の宣言(人権宣言)	*55, 56, 57, 58, 64, 81, 103, 104,*

　　　　　　　　　211, 311, 314, 320
　　10. 3—12　利息付金銭消費貸借　*65*
　　11. 2　　土地所有権　*64*
　　12.22　　行政組織　*62*
1790. 3.15　　土地所有権　*64*
　　 8.16—24　司法組織　*60, 61, 62, 67*
　　 9. 6, 7—11　行政事件　*62*
　　11.27—12.1　破毀事件　*61*
　　12.18—29　土地所有権　*64*
1791. 3. 2—17　同業組合　*64, 324*
　　 6. 5—12　土地所有権　*64*
　　 6.14—17　同業組合（ル・シャプリエ法）　*64, 65, 105, 324*
　　 9. 3　　憲法典（Ⅰ）　*56, 57, 62, 70, 77*
　　 9.16—29　刑事訴訟法典　*77*
　　 9.25—10. 6　刑法典　*77, 81, 311*
　　 9.28　　土地所有権　*64*
1792. 3.20　　死刑執行方法　*312*
　　 9.20—25　身分証書・家族　*66, 67*
　　12.19　　身分証書　*66*
1793. 1.22　　家族　*67*
　　 3.28　　土地所有権　*64*
　　 6.24　　憲法条例（Ⅱ）　*57, 88*
　　 7.17　　土地所有権　*64*
　　10. 5　　共和暦の採用　*58*
　　11. 2　　非嫡出子　*67*
1794. 1. 6　　相続　*68*
1795. 6.27　　不動産登記（登記法典）　*66, 75*
　　 8.22　　憲法典（Ⅲ）　*69, 72, 73*
　　 9. 2　　行政事件　*62*
　　10.24　　犯罪および刑罰法典　*77, 311*
1796. 8. 2　　非嫡出子　*76*
1797.10.18　　カンポフォルミオの講和　*70*
1798. 4. 4　　家族　*76*
　　11. 1　　不動産登記　*75*
1799.12.13　　憲法典（Ⅳ）　*70, 73, 74, 198, 201*
1800. 2.17　　行政組織　*73, 75, 198*
　　 3.18　　司法組織　*74*
　　 3.25　　相続　*76*
　　 8.12　　民法典起草委員会の設置　*77*
1802. 8. 4　　元老院議決（Ⅴ）　*72*
1804. 3.21　　民法典（フランス人の民法典・ナポレオン法典）　*6, 17, 53, 72, 76, 77, 78,*
　　　　　　　　79, 80, 82, 91, 92, 94, 95, 109, 110, 249, 250, 253, 263, 278, 279, 280, 282,
　　　　　　　　284, 286, 287, ***292****, 300, 311, 324, 325*
　　 5.18　　元老院議決（Ⅵ）　*72, 74*
1806. 4.24　　民事訴訟法典　*17, 80, 93, 110, 181, 258,* ***306***

1807. 9. 3　民法典の名称　79
　　　9. 10 etc.　商法典　6, 17, 80, 92, 95, 109, 110, **301**
1808. 11. 17 etc.　治罪法典　17, 80, 81, 93, **313**
1810. 2. 22　刑法典　5, 17, 80, 81, 93, 110, **310**, 311, 324
　　　4. 20　司法組織　74

▼近代法時代

1814. 6. 4　憲章（Ⅶ）　86, 265
1815. 4. 22　帝政憲法典付加法（Ⅷ）　86
　　　6. 9　ウィーン会議最終議定書　86
1816. 5. 8　離婚の禁止　92, 295, 296
1830. 8. 14　憲章（Ⅸ）　87, 265
1837. 4. 1　破毀事件　91
1848. 11. 4　憲法典（Ⅹ）　87
1852. 1. 14　憲法典（Ⅺ）　90
　　　11. 7　元老院議決（Ⅻ）　90
1854. 5. 31　民事死亡の廃止　92, 296
1855. 3. 23　不動産登記　76
1858. 5. 28　倉荷証券　303
1864. 5. 25　団結罪の廃止　324
1865. 6. 24　小切手　303
1866. 6. 13　商慣習法　279
1867. 7. 22　身体拘束の廃止　92, 296
　　　7. 24　株式会社　93, 303
1868. 8. 2　労働事件　324
1870. 5. 21　元老院議決（ⅩⅢ）　89
1871. 8. 10　県　105
1872. 5. 24　行政裁判　107, 108, 202, 207
1873. 2. 8　ブランコ判決〈権限裁判所〉　108
1875. 2. 24　元老院の組織（ⅩⅣ）　97
　　　2. 25　公権力の組織（ⅩⅣ）　98
　　　7. 16　公権力の関係（ⅩⅣ）　98
1884. 3. 21　労働者の団結権　105, 111, 324
　　　4. 5　市町村　105
　　　7. 27　離婚　296
1889. 12. 13　カド判決〈国務院〉　107, 202
1893. 2. 6　氏　280
1898. 4. 9　労働災害　111, 283, 325
1901. 7. 1　結社　105, 211, 320
1905. 12. 9　政教分離　105
1910—1927　労働法典　111, 269, **325**
1918. 11. 11　休戦協定　101
1925. 3. 2　有限会社　111
　　　10. 16　ロカルノ条約　101
1926. 9. 6　県際参事会　107, 199

1927. 8.10　国籍法典　*298*
1928. 8.27　不戦条約（ブリアン-ケロッグ協定）　*102*
1930. 2.13　ジャンドゥール判決〈破毀院〉　*283*
1935.10.30　小切手　*109*
1946. 3.19　海外県，海外領土　*166,167,169*
　　 10.19　国家公務員　*159*
　　 10.27　憲法典（第4共和制憲法典）(XV)　*102,104,123,124,135,145,210,276*
1949. 2. 9　治安裁判所　*186*
　　　5. 5　ヨーロッパ審議会　*176,177*
1950.11. 4　ヨーロッパ人権条約　*176,276,320*
1951. 4.18　ヨーロッパ石炭鉄鋼共同体（パリ条約）　*104,174*
1952. 4.28　地方公務員　*159*
　　　7.16　手工業法典　*112,328*
　　 10.29　林業法典　*112,328*
1953. 9.30　行政裁判　*108,198,199*
1954. 7.21　ジュネーヴ協定　*103,170*
1955. 4.16；9.27　農業法典　*112,327*
1956. 8.16　鉱業法典　*112,328*
　　 12.10　社会保障法典　*111,326*
1957. 3.25　ヨーロッパ経済共同体（ローマ条約）　*104,174*
　　　3.25　ヨーロッパ原子力共同体（ローマ条約）　*104,174*
　　 12.31　刑事訴訟法典　*111,***314**
1958. 6. 3　憲法制定授権　*103,123,124*
　　 10. 4　憲法典（第5共和制憲法典）(XVI)　*103,122,123,124,***125**,*210,211,212,213,266,267,268,270,271,272,275,***315**
　　 12.22　司法裁判　*106,184,185,191,309*
1961. 8. 3　商事裁判所　*187*
1962. 3.18　エヴィアン協定　*104,129,170*
1965. 4. 8　ヨーロッパ共同体　*104,174*
1966. 7.24　商事会社法　*109,269,304*
1971. 7.16　結社法改正法律判決〈憲法院〉　*211,320*
1973. 1. 2；7.10；11.15　労働法典（新）　*111,***326**
　　　1. 3　行政斡旋官　*151*
　　　7.13　行政地方裁判所法典　*108,322*
　　 10. 5　ヨーロッパ特許条約　*176*
1975. 5.24　ジャック・ヴァブル判決〈破毀院〉　*275*
　　　8. 1　ヨーロッパ安全保障協力会議　*177*
　　 12. 5　民事訴訟法典（新）　*110,***309**
1976. 7.16　保険法典　*269,305*
1978. 3.16　司法組織法典　*107,306,***310**
1979. 1.25　林業法典（新）　*328*
1981.10. 9　死刑の廃止　*312*
1983. 7.13　公務員一般身分規程　*159,322*
1984. 1.11　国家公務員身分規程　*159,322*
　　　1.26　地方公務員身分規程　*159,322*

1985. 1. 3　社会保障事件裁判所　*189*
　　　 1. 24　国務院　*203*
　　　 7. 5　交通事故法　*115, 301*
　　　12. 17　社会保障法典（新）　*111*, **327**
1986. 1. 9　病院公務員身分規程　*159, 322*
1987. 12. 31　行政控訴院　*108*
1988. 11. 9　ヌヴェル・カレドニ　*168*
1989. 10. 20　ニコロ判決〈国務院〉　*275*
1992. 2. 7　ヨーロッパ連合（マーストリヒト条約）　*130, 174, 276*
　　　 7. 22　刑法典（新）　*111, 269*, **312**
1993. 7. 26　消費法典　*111*
　　　 7. 27　共和国法院　*213*
1999. 7. 9　農業法典（新）　**328**
2000. 5. 4　行政裁判法典　*110, 322*
　　　 6. 6　議員候補者男女同数　*318*
　　　 6. 15　公衆衛生法典　*326*
　　　 9. 18　商法典（新）　*110*, **306**
　　　12. 21　社会施策・家族法典　*326*
2006. 6. 8　司法組織法典（新）　*107, 309*
2007. 2. 23　高等院　*130, 212*
　　　 3. 12　労働法典（新）　*111*, **326**
　　　12. 13　ヨーロッパ連合（リスボン条約）　*174, 276*
2008. 7. 23　権利擁護官　*145, 151*
2011. 12. 19　民事執行法典　*308*
2016. 2. 10　債務法通則　*111, 247, 253, 287, 295, 299*, **300**

※法令で，〜法，〜法典とないものは対象事項を示す．なお，改正法は原則として採りあげておらず，また法源の箇所で列挙している法令――国民投票法律（131頁），憲法改正のための憲法的法律（314―317頁），組織法律（317―318頁），行政諸法典（114頁，320―322頁）など――は省略した．法典など主要な法令の改正については，第2部第3編第2章各法分野の法源を参照．

〔著者紹介〕
滝　沢　　正（たきざわ・ただし）
　　1946年7月生まれ
　　1969年6月　東京大学法学部卒業
　　1976年2月　東京大学法学博士
　　1976年4月　上智大学法学部助教授
　　1984年4月　上智大学法学部教授
　　2004年4月　上智大学法科大学院教授
　　2017年4月　上智大学名誉教授
　〈主要著書・訳書〉
　　『行政法第2巻』（共著）有斐閣，1980
　　『フランス行政法の理論』有斐閣，1984
　　『現代ヨーロッパ法の展望』（編著）東京大学出版会，1998
　　『比較法学の課題と展望』（編著）信山社，2002
　　『ウェール＝プイヨー／フランス行政法』（共訳）三省堂，2007
　　『比較法』三省堂，2009

　　フランス法　第5版
　　1997年 3月10日　初版第1刷発行
　　2002年 4月10日　第2版第1刷発行
　　2008年 9月10日　第3版第1刷発行
　　2010年10月20日　第4版第1刷発行
　　2018年 4月10日　第5版第1刷発行

　　　　　　著　者　　滝　沢　　正
　　　　　　発行者　　株式会社　三　省　堂
　　　　　　　　　　　　　　　代表者　北口克彦
　　　　　　印刷者　　三　省　堂　印　刷　株　式　会　社
　　　　　　発行所　　株式会社　三　省　堂
　　　　〒101-8371　東京都千代田区神田三崎町二丁目22番14号
　　　　　　　　　　電話　編集　(03)3230-9411
　　　　　　　　　　　　　営業　(03)3230-9412
　　　　　　　　　　　　http://www.sanseido.co.jp/

　© T. Takizawa 2018　　　　　　　　　　　Printed in Japan

　　　落丁本・乱丁本はお取り替えいたします。　〈5版フランス法・400 pp.〉

　　　　　　本書を無断で複写複製することは，著作権法上の例外を除き，
　　　　　　禁じられています。また，本書を請負業者等の第三者に依頼
　　　　　　してスキャン等によってデジタル化することは，たとえ個人
　　　　　　や家庭内での利用であっても一切認められておりません。

　　　　　　　　ISBN978-4-385-32303-9